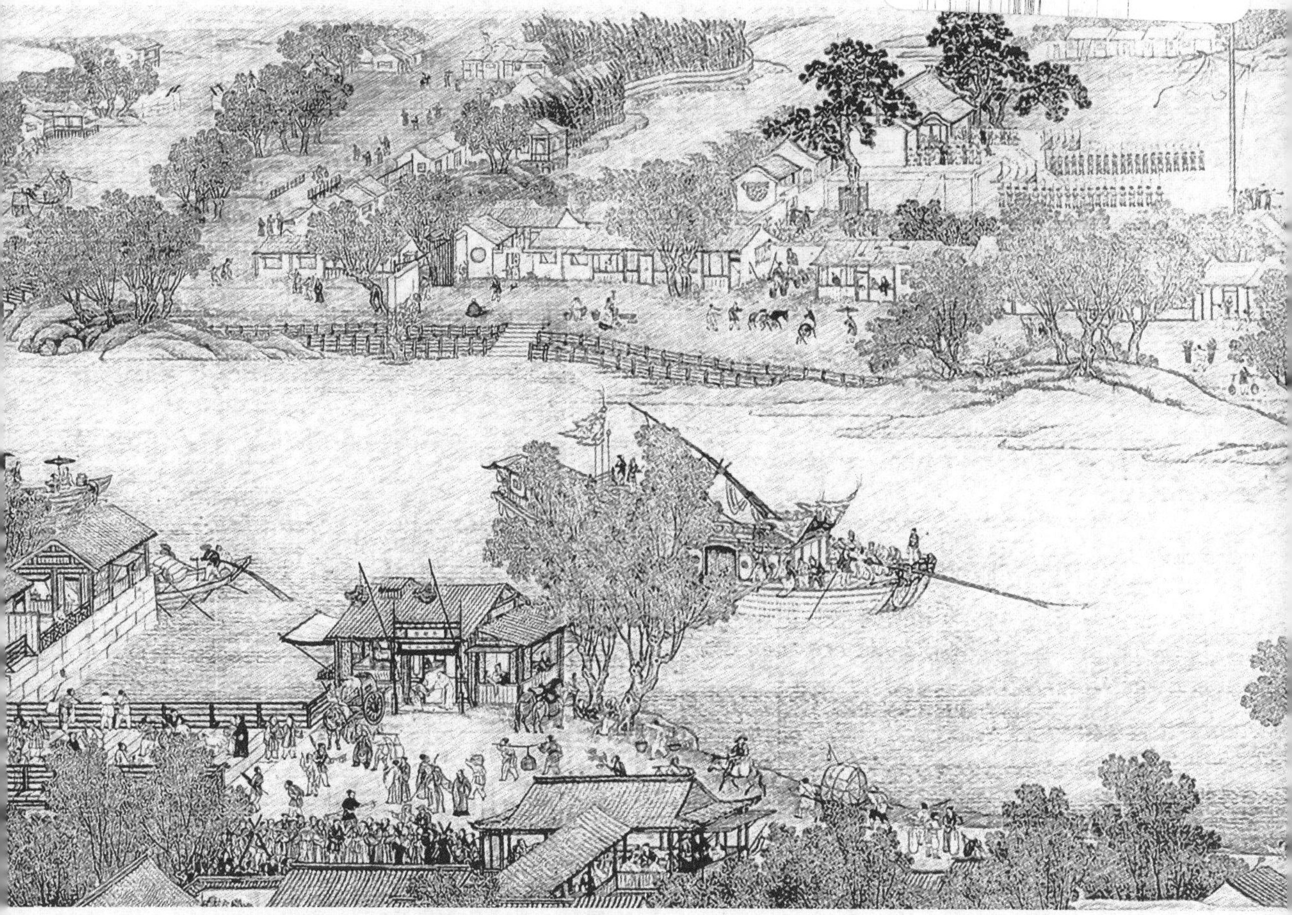

高等学校金融科技专业主要课程教材

# 金融科技学

## （第二版）

主编 李建军 彭俞超

高等教育出版社·北京

## 内容简介

本教材是为适应金融科技专业建设需要而编写的。教材突出了金融科技学科基础的理论性、专业学习的匹配性、教学实践的适用性。从历史的视角，梳理科技驱动金融发展变化的规律与金融创新；介绍金融科技的技术应用原理，突出技术原理与金融应用的契合性；基于金融科技的实践，介绍支付清算、商业银行、金融市场、保险业和金融风险管理领域的金融科技专题；从宏观管理者的视角，讲解金融科技带来的货币管理、风险管理、征信管理以及金融科技监管法律问题和监管科技目标与技术问题。本次修订配套丰富的即测即评习题，便于学生掌握所学知识。

本教材可作为金融科技、互联网金融、金融学、金融工程、数字金融与数字经济等专业的本科教学用书，也可作为其他层次教学的参考用书。

## 图书在版编目（CIP）数据

金融科技学 / 李建军，彭俞超主编. -- 2版. -- 北京：高等教育出版社，2025.1. -- ISBN 978-7-04-063431-0

Ⅰ.F830

中国国家版本馆CIP数据核字第2024T9H901号

Jinrong Kejixue

| | | | | | | | |
|---|---|---|---|---|---|---|---|
| 策划编辑 | 付雅楠 | 责任编辑 | 付雅楠 | 封面设计 | 张 楠 | 版式设计 | 杨 树 |
| 责任绘图 | 杨伟露 | 责任校对 | 刘娟娟 | 责任印制 | 刘思涵 | | |

| | | | | |
|---|---|---|---|---|
| 出版发行 | 高等教育出版社 | 网　　址 | http://www.hep.edu.cn | |
| 社　　址 | 北京市西城区德外大街4号 | | http://www.hep.com.cn | |
| 邮政编码 | 100120 | 网上订购 | http://www.hepmall.com.cn | |
| 印　　刷 | 天津画中画印刷有限公司 | | http://www.hepmall.com | |
| 开　　本 | 787 mm×1092 mm　1/16 | | http://www.hepmall.cn | |
| 印　　张 | 21.25 | 版　　次 | 2021年1月第1版 | |
| 字　　数 | 490千字 | | 2025年1月第2版 | |
| 购书热线 | 010-58581118 | 印　　次 | 2025年9月第4次印刷 | |
| 咨询电话 | 400-810-0598 | 定　　价 | 52.00元 | |

本书如有缺页、倒页、脱页等质量问题，请到所购图书销售部门联系调换
版权所有　侵权必究
物　料　号　63431-00

# 第二版前言

党的二十届三中全会和中央金融工作会议均强调,要积极发展科技金融、绿色金融、普惠金融、养老金融、数字金融。其中,数字金融要求数字技术对金融领域全面赋能,是金融科技在数字经济时代的重要体现。近年来,中国人民银行聚焦金融业数字化转型,出台实施《金融科技发展规划(2022—2025年)》,推动金融机构和金融基础设施优化组织架构,运用数字化渠道和技术创新金融产品、优化服务流程、加强风险管理,有效提升金融服务质效。

《金融科技学》自2021年出版以来,得到了各界的广泛关注,尤其得到了全国高校同仁们的大力支持。结合近年来国内外金融科技发展的变化和人们对金融科技问题认识水平的提升,以及读者反馈的意见和建议,编写团队对教材进行了修订。本次修订中,逻辑体系和框架结构仍然保持了原来的16章内容。修订的重点主要包括,一是有机融入了党的二十大、中央金融工作会议和党的二十届三中全会精神,二是新增了大语言模型等金融科技新发展,三是修订更换了一些案例和习题。

本教材第一版由中央财经大学金融学院金融科技系教师团队编写,华中师范大学经济与工商管理学院的杨柳老师也参与了编写。教材由中央财经大学李建军教授设计总体框架,彭俞超教授设计内容结构。本次修订均由各章原作者完成,分工如下:李建军编写第一章、第二章和第九章,王忏编写第三章,彭俞超编写第四章和第十四章,戴韡编写第五章,张宁编写第六章和第十一章,王靖一编写第七章,郭豫媚编写第八章,吴锴编写第十章,蔡如海编写第十二章,鄢莉莉编写第十三章,杨柳编写第十五章,丁娜编写第十六章。李建军、彭俞超对全书进行了修改和审定。

感谢教育部金融科技专业虚拟教研室全体成员为教材修订提供的帮助,感谢教材读者提出的宝贵意见和建议。高等教育出版社经管法事业部的领导和有关编辑参与了策划、修订并提出了很好的意见,为本教材的出版付出了辛勤的劳动,在此一并向他们表示衷心的感谢!修订之中存在的不足之处敬请广大师生批评指正。

编者

2024年8月2日于北京

# 第一版前言

在人类历史长河中,经济发展中的科技与金融两大元素相辅相成。党的二十大强调,必须坚持科技是第一生产力。科技通过创新,改进生产效率,推动物质创造与社会进步;中央金融工作会议指出,金融是国民经济的血脉。金融配置资源、润滑生产,成为实体经济发展的保障。曾被比喻为"经济社会发展两大车轮"的金融与科技也在不断相互作用、相互融合,形成了金融科技范畴。党的二十届三中全会强调,要积极发展科技金融、绿色金融、普惠金融、养老金融、数字金融。其中,数字金融要求数字技术对金融领域全面赋能,是金融科技在数字经济时代的重要体现。金融更多地体现为社会生产关系,科技更多地体现为社会生产力。金融科技可以说是生产力与生产关系的统一体。

## 一、金融科技实践的发展与人才需求变化

金融科技(Financial Technology,FinTech)作为学术词语出现在1972年的英文文献中,由 Manufacturers Hanover Trust 的副总裁 Abraham Leon Bettinger 提出,他所指的 FinTech 是将银行专业知识与现代管理科学技术和计算机相结合。这一概念在当时并未引起人们的注意。进入21世纪,通信技术、互联网、大数据、云计算、区块链、人工智能等现代科技快速发展,在金融领域的应用日益广泛,推动了金融实践的创新,"金融科技"一词变得流行起来。以移动支付、互联网银行、智能投资顾问、保险科技等为主要形态的金融科技不断升级迭代,极大地改进了金融效率,提升了金融消费者的体验。围绕金融科技创新发展的基础设施、技术服务等也得到迅猛发展,金融科技的产业链成为风险投资者的关注热点,全球在该领域的投资规模也不断增长。

2018年6月,北京市提出了打造"北京金融科技与专业服务创新示范区"的设想,当年12月公布建设方案,2019年4月正式启动建设。2019年9月,中国人民银行印发了《金融科技(FinTech)发展规划(2019—2021年)》,明确了金融科技工作的指导思想、基本原则、发展目标、重点任务和保障措施。2020年1月8日,上海市人民政府办公厅印发《加快推进上海金融科技中心建设实施方案》。2020年4月,《成都市金融科技发展规划(2020—2022年)》编制完成。截至本书完稿之际,国内多个城市发布了金融科技发展规划方案。金融科技实践正在成为地方政府金融治理的重要抓手,也是地方经济金融发展的新增长点。

随着技术引领日趋成为金融发展的新特征,金融科技人才培养愈发重要。学科交叉发展是未来金融学科的方向,金融与科技不断融合是大势所趋。金融服务与产品数字化、货币虚拟化、金融机构技术化、金融监管科技化是未来金融业的主要特征。金融人才应该具备复合化的专业知识体系,拥有金融管理、现代技术应用能力。

## 二、本教材定位与逻辑架构

本教材是顺应金融科技专业建设与人才培养需要编写的。"金融科技学"教材名称确定也颇费周折。学界已经有采用"金融科技""金融科技导论""金融科技概论"等名称的教材,笔者最终选择了"金融科技学"。书名中的"学"字代表了学科内涵。笔者同时给出了对应的英文翻译"Economics of Financial Technology"。选择这样的名称基于以下三点考虑:第一,从学科归属角度看,金融科技专业是教育部高等教育司在金融类本科专业下设置的新专业,授予的是经济学学位,作为专业核心课程,其学理基础是现代经济学。研究的问题是金融资源的配置,要归在经济学的学科架构中。第二,金融科技作为理论研究范畴与实践拓展领域,它的基本内涵是"技术驱动的金融创新",这是金融稳定理事会(FSB)给出的界定,以中国人民银行为代表的全球主要央行也采纳了这一定义。金融科技的本质既然是金融创新,那么,在现代技术发展基础上出现的货币形式变化、金融组织和金融市场变化、金融服务模式的创新等,都是金融科技的研究内容,这些也都属于现代金融学的范畴。金融科技并不是技术本身,而是技术与金融服务的融合。金融科技可以形成相应的学科体系。第三,从实践的角度看,金融科技更多地体现在互联网银行、智能银行或智慧金融服务,也表现为智能投资顾问、程序化交易、现代化的支付结算与汇兑体系,是技术在金融领域的应用创新,改进的是金融的效率。所以,金融科技专业人才培养应立足于金融实践需要,金融科技学是经济学的范畴。

《金融科技学》教材按照课程建设的要求编写。该课程在金融科技本科专业人才培养方案规定的课程体系中,居于专业核心课的位置,是本专业的统领性课程。那么,本课程要教给学生什么样的理论、怎样的知识,培养学生的哪些能力?笔者认为,本教材应该构建起金融科技的理论与基本知识体系框架,学生应掌握金融科技发展规律,理解经济与科技交叉融合出现的金融科技相关理论,这有别于纯经济学的理论和信息科技、计算机科学、数据科学等理学或工学的学科理论。学科的交叉性是本课程的显著特点。

为此,本教材突出了学科基础的理论性、学生专业学习的匹配性、教学实践的适用性。本教材共包括四篇十六章,第一篇为基础篇,包含第一章"导论:认识金融科技",第二章"金融科技发展简史"。本篇从历史的视角,梳理科技驱动金融发展变化的规律,归纳科技带来的金融创新,以及代表性的金融科技形态和服务产品,学习者可以树立起金融科技发展的全景图画,对金融科技有一个客观全面的认识。第二篇是原理篇,包括第三章"金融科技的功能理论",第四章"信息不对称、金融共识机制与共享金融",第五章"区块链、通证经济与数字加密货币设计原理",第六章"金融大数据与机器学习原理",第七章"人工智能、深度学习与自然语言处理原理"。本篇主要为学科交叉原理内容,重点讲述金融科技的技术应用原理,结合技术在金融领域的应用来介绍相关交叉学科的理论知识,突出了这些技术原理与金融应用的契合性,特别是在信任解决、共识达成、激励机制、信息搜寻、交易匹配等方面的技术效能。本篇是教材的难点也是重点,没有相关学科知识背景的教师需要补充学习,做到融会贯通。第三篇是实践篇,包括第八章"现代支付体系",第九章"现代银行的金融科技",第十章"现代金融交易体系",第十一章"现代保险科技",第十二章"金融风险管理中的现代科技"。本篇内容基于金融科技的实践,探讨支付清算、商业银行、金融交易市场、保险业和金融风险管理领域的金融科技专题,本部分内容重点在于金融与科技融合后的金融创新形态,培养学习者将现代科技应用于金融服务创新的意识和能力。第四篇是管理篇,包括第十三章"数字货币、货币供求与货币政策",第十四章"金融科技风险及其管理",第十五章"大数据征信与管理",第十六章"金融科技监管与监管科技"。本篇从宏观管理者的视角,立足中央银行、金融监管部门的理论与实践基础,讲解金融科技带来的货币管理、货币供求变化、货币政策调控机制变化,金融科技本身的风险管理、征信管理、金融科技监管法律问题和监管科技目标与技术问题。本篇可使学习者拓展金融科技的宏观应用与管理视野,掌握金融科技未来的宏观调控与监管的变化,以及相应的理论发展。此外,本教材各章均配备了习题和延伸阅读书目,供学习者拓展学习。

### 三、本教材编写团队及分工

本教材由中央财经大学金融学院金融科技系教师编写,华中师范大学经济与工商管理学院的杨柳老师也加入编写团队。教材由李建军教授设计总体框架,彭俞超副教授设计讲义架构。各章分工如下:李建军编写第一章、第二章和第九章,王忏编写第三章,彭俞超编写第四章和第十四章,戴韡编写第五章,张宁编写第六章和第十一章,王靖一编写第七章,郭豫媚编写第八章,吴锴编写第十章,蔡如海编写第十二章,鄢莉莉编写第十三章,杨柳编写第十五章,丁娜编写第十六章。李建军、彭俞超对全书进行了修改和审定。

在教材编写过程中,夏聪参与了第九章第一稿的撰写,包宏、刘佳倩、王丽梅承担了第二章资料收集整理和初稿编撰,冯可欣承担了第九章的资料整理和初稿编撰,杨浩淼承担了第十二章的资料收集,王明明承担了第十二章的资料收集和初稿编撰,马思超、何山承担了第十四章的资料收集,彭子岍、刘俊承担了第十五章的资料收集,邢真承担了第十六章的资料收集,陈鑫、马思超、姜世超、李明洲承担了部分章节的审校调整工作。

教材从设计到完成历经两年时间。其间分别在中央财经大学、山东财经大学、四川外国语大学举行了大型教材建设研讨会。2020年抗击新冠疫情期间,举行了两场云会议,研讨解决教材编写中的问题。教材第三稿以讲义形式在中央财经大学本科教学中试用,编写团队总结了使用中的问题,并对书稿做了修订。感谢山东财经大学副校长彭红枫教授、四川外国语大学国际商学院院长李训教授对会议的精心组织安排。高等教育出版社有关编辑为本教材的出版付出了大量的时间和精力,全程参与了教材编写审校过程,在此一并致谢。本教材肯定还存在诸多的不足和问题,需要在使用过程中不断改进,敬请广大师生批评指正。意见反馈邮箱:ljjlsh@126.com;yuchao.peng@cufe.edu.cn。

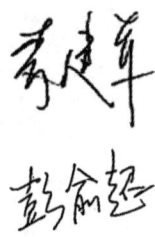

2020 年 5 月 6 日于北京
(2024 年 7 月 31 日修订)

# 目 录

## 第一章 导论:认识金融科技 ............1
  章前导读 ............1
  本章学习目标 ............1
  第一节 经济社会发展中的金融与科技 ............1
    一、经济社会发展的两大动力 ............2
    二、经济社会发展中金融形态的演进 ............3
    三、技术革命与金融创新 ............5
    四、科技改变金融 ............8
  第二节 金融科技范畴与理论问题 ............9
    一、金融科技范畴的形成 ............10
    二、金融科技理论 ............12
    三、金融科技学中的几个关键问题 ............14
  第三节 金融科技学的教学 ............15
    一、金融科技学的学科属性与拟解决的问题 ............16
    二、金融科技学教学中应注意的问题 ............17
  本章小结 ............17
  关键名词 ............17
  复习思考题 ............18
  即测即评 ............18
  延伸阅读 ............18

## 第二章 金融科技发展简史 ............19
  章前导读 ............19
  本章学习目标 ............19
  第一节 早期的金融技术 ............19
    一、早期的结算、汇款与票号 ............20
    二、早期支付工具的创新 ............21
    三、推动早期金融创新的技术 ............25
  第二节 电气时代的金融科技 ............26
    一、电气时代 ............26
    二、银行电汇业务 ............27
    三、证券交易的变化 ............28
  第三节 电子信息时代的金融科技 ............29

一、电子计算机的发明及影响 29
　　二、电子计算机带来的金融创新 31
　　三、计算机与金融创新的关系 32
　第四节　互联网金融阶段 34
　　一、互联网与互联网金融 34
　　二、传统金融的互联网业务创新 35
　　三、替代性网络金融 36
　第五节　智能金融阶段 38
　　一、人工智能技术与产业变革 38
　　二、人工智能与金融的融合 40
　　三、智能金融发展中的伦理问题 43
　本章小结 44
　关键名词 44
　复习思考题 44
　即测即评 45
　延伸阅读 45

## 第三章　金融科技的功能理论 46
　章前导读 46
　本章学习目标 46
　第一节　支付清算功能的科技需求 47
　　一、金融的支付清算功能 47
　　二、支付清算功能实现对科技的需求 48
　　三、科技提升支付清算功能 50
　第二节　金融长尾市场、金融科技与普惠金融 51
　　一、长尾理论与金融长尾市场 51
　　二、普惠金融理论 52
　　三、金融科技与普惠金融的实现 53
　第三节　融资市场摩擦、搜寻成本与金融科技改进 56
　　一、融资市场摩擦 56
　　二、搜寻成本 57
　　三、传统正规金融体系、融资市场摩擦与搜寻成本 57
　　四、金融科技、融资市场摩擦与搜寻成本 58
　第四节　金融机制设计与技术实现 59
　　一、机制设计理论 59
　　二、金融机制设计 60
　　三、金融机制设计与金融科技 61
　第五节　金融创新的技术驱动与监管博弈 62
　　一、金融创新的技术驱动 62

二、金融创新与监管博弈 …………………………………………………………64
　本章小结 ………………………………………………………………………………66
　关键名词 ………………………………………………………………………………66
　复习思考题 ……………………………………………………………………………66
　即测即评 ………………………………………………………………………………67
　延伸阅读 ………………………………………………………………………………67

## 第四章　信息不对称、金融共识机制与共享金融 …………………………68
　章前导读 ………………………………………………………………………………68
　本章学习目标 …………………………………………………………………………68
　第一节　信息不对称原理 ……………………………………………………………68
　　一、不确定性、风险、信息与信息不对称 …………………………………………69
　　二、委托代理理论 …………………………………………………………………70
　第二节　金融共识机制 ………………………………………………………………74
　　一、共识与共识机制 ………………………………………………………………74
　　二、金融体系中的共识机制 ………………………………………………………76
　　三、区块链共识机制 ………………………………………………………………78
　第三节　共享金融 ……………………………………………………………………80
　　一、共享经济与共享金融的内涵 …………………………………………………80
　　二、共享金融的主要表现形式 ……………………………………………………81
　　三、共享金融的共识基础 …………………………………………………………83
　本章小结 ………………………………………………………………………………84
　关键名词 ………………………………………………………………………………84
　复习思考题 ……………………………………………………………………………84
　即测即评 ………………………………………………………………………………85
　延伸阅读 ………………………………………………………………………………85

## 第五章　区块链、通证经济与数字加密货币设计原理 ……………………86
　章前导读 ………………………………………………………………………………86
　本章学习目标 …………………………………………………………………………86
　第一节　簿记、分布式记账与区块链技术 …………………………………………86
　　一、簿记和记账方法 ………………………………………………………………86
　　二、区块链和分布式记账 …………………………………………………………88
　　三、基于区块链的支付清算 ………………………………………………………90
　第二节　通证经济理论 ………………………………………………………………92
　　一、通证的定义和特性 ……………………………………………………………92
　　二、通证经济理论和实践应用 ……………………………………………………93
　第三节　数字加密货币设计原理 ……………………………………………………97
　　一、总体设计 ………………………………………………………………………97
　　二、加密算法设计 …………………………………………………………………98

三、数字加密货币共识机制的设计 ... 100
　　四、网络结构设计 ... 102
　本章小结 ... 102
　关键名词 ... 103
　复习思考题 ... 103
　即测即评 ... 103
　延伸阅读 ... 103

## 第六章　金融大数据与机器学习原理 ... 104
　章前导读 ... 104
　本章学习目标 ... 104
　第一节　大数据概述 ... 104
　　一、金融迎来大数据时代 ... 104
　　二、大数据特征 ... 106
　　三、大数据的可视化、分布式并行处理和工具软件 ... 107
　第二节　金融大数据分析方法 ... 111
　　一、金融大数据的获取 ... 111
　　二、金融大数据的预处理 ... 113
　　三、金融大数据的关联分析 ... 113
　第三节　机器学习原理 ... 114
　　一、机器学习介绍 ... 114
　　二、监督学习 ... 115
　　三、无监督学习 ... 120
　　四、半监督学习 ... 122
　　五、强化学习 ... 122
　本章小结 ... 123
　关键名词 ... 124
　复习思考题 ... 124
　即测即评 ... 124
　延伸阅读 ... 124

## 第七章　人工智能、深度学习与自然语言处理原理 ... 125
　章前导读 ... 125
　本章学习目标 ... 125
　第一节　人工智能 ... 125
　　一、人工智能的定义与相关概念 ... 125
　　二、人工智能学派的思想 ... 127
　第二节　深度学习 ... 131
　　一、深度学习的定义 ... 131
　　二、深度学习的代表性算法 ... 133

三、深度学习在金融中的应用 ································· 137
第三节　自然语言处理 ······································· 137
　　一、文本预处理 ········································· 137
　　二、文本相似性的计算 ··································· 138
　　三、基于深度学习的自然语言处理入门 ····················· 139
本章小结 ··················································· 142
关键名词 ··················································· 142
复习思考题 ················································· 142
即测即评 ··················································· 142
延伸阅读 ··················································· 142

## 第八章　现代支付体系 　144

章前导读 ··················································· 144
本章学习目标 ··············································· 144
第一节　现代支付清算体系与支付手段 ························· 144
　　一、现代支付清算体系概述 ······························· 144
　　二、现代支付工具 ······································· 146
第二节　技术推动下的新兴支付方式 ··························· 151
　　一、依托现代技术的第三方支付 ··························· 151
　　二、移动支付 ··········································· 154
　　三、科技改善支付体验 ··································· 157
第三节　银行清算制度及其发展 ······························· 158
　　一、行内结算系统 ······································· 158
　　二、行间清算系统 ······································· 158
　　三、跨境支付清算系统 ··································· 160
本章小结 ··················································· 161
关键名词 ··················································· 162
复习思考题 ················································· 162
即测即评 ··················································· 162
延伸阅读 ··················································· 162

## 第九章　现代银行的金融科技 　163

章前导读 ··················································· 163
本章学习目标 ··············································· 163
第一节　现代银行体系 ······································· 163
　　一、银行的功能与本质 ··································· 163
　　二、现代银行体系构成 ··································· 164
　　三、中国现代银行体系的建立与发展 ······················· 165
　　四、现代银行的内部控制 ································· 166
第二节　商业银行的金融科技创新 ····························· 167

一、电子汇兑与支付结算 167
　　二、智能银行 168
　　三、网上银行服务 170
　　四、移动银行 171
　　五、直销银行 172
　　六、银行电商 174
　第三节 现代银行技术业务 175
　　一、开放银行 175
　　二、银行金融科技平台 177
　　三、营销场景搭建与客户体验设计 179
　　四、内控与风险管理技术 180
　本章小结 181
　关键名词 181
　复习思考题 182
　即测即评 182
　延伸阅读 182

# 第十章 现代金融交易体系 183

　章前导读 183
　本章学习目标 183
　第一节 现代交易所体系 184
　　一、金融交易所概述 184
　　二、我国交易所体系概述 185
　第二节 资产配置与财富管理 188
　　一、资产配置概述 188
　　二、财富管理概述 190
　第三节 智能投资顾问 192
　　一、智能投资顾问概述 192
　　二、智能投资顾问的功能 194
　　三、智能投资顾问的核心技术与业务模式 194
　第四节 量化投资交易 196
　　一、量化投资交易的概念与特点 196
　　二、量化投资交易方法 197
　　三、量化投资交易风险 198
　　四、量化投资交易策略 198
　第五节 程序化交易 199
　　一、程序化交易原理 199
　　二、程序化交易的实践 201
　本章小结 203

关键名词 203
复习思考题 203
即测即评 203
延伸阅读 203

## 第十一章 现代保险科技 204

章前导读 204
本章学习目标 204
第一节 风险、保险与保险科技 204
　一、风险与保险概述 204
　二、保险科技概述 211
第二节 互联网保险 213
　一、互联网保险概述 214
　二、互联网保险产品种类 215
　三、互联网保险的创新模式 216
第三节 现代科技在保险业务中的应用 217
　一、大数据与保险定价 217
　二、核保核赔中的新科技 219
　三、产品营销与推荐 221
　四、智能保顾 222
　五、数字员工 222
本章小结 223
关键名词 223
复习思考题 223
即测即评 223
延伸阅读 223

## 第十二章 金融风险管理中的现代科技 224

章前导读 224
本章学习目标 224
第一节 金融风险管理的功能与层级 224
　一、金融风险管理的功能 224
　二、金融风险管理的层级 225
　三、金融风险管理系统 226
第二节 风险管理的技术基础 227
　一、金融风险识别方法 227
　二、金融风险度量方法 228
　三、金融风险预警方法 229
　四、金融风险控制方法 229
第三节 科技支撑下的风险管理框架体系 230

一、大数据在金融风险管理中的应用 231
　　二、云计算在风险管理中的应用 234
　　三、人工智能在金融风险管理中的应用 236
　　四、区块链在金融风险管理中的应用 238
本章小结 240
关键名词 240
复习思考题 240
即测即评 240
延伸阅读 240

## 第十三章　数字货币、货币供求与货币政策 241
章前导读 241
本章学习目标 241
第一节　私人数字货币、货币供求与货币政策 241
　　一、数字货币的概念界定与分类 241
　　二、私人数字货币与货币需求 242
　　三、私人数字货币与货币供给 245
　　四、私人数字货币与货币政策 247
第二节　央行数字货币的发行与管理 248
　　一、央行数字货币的研发动因 248
　　二、中国数字人民币的研发进展 249
　　三、数字人民币的总体框架 250
　　四、数字人民币的运行机制 252
　　五、数字人民币系统的系统架构 255
第三节　央行数字货币与货币政策 258
　　一、央行数字货币与货币政策工具创新 258
　　二、央行数字货币有助于提高货币政策有效性 260
本章小结 262
关键名词 263
复习思考题 263
即测即评 263
延伸阅读 263

## 第十四章　金融科技风险及其管理 264
章前导读 264
本章学习目标 264
第一节　金融科技的技术风险 264
　　一、金融科技风险的内涵与特征 264
　　二、金融科技技术风险的分类 266
　　三、金融科技技术风险的形成 266

第二节　金融科技的伦理风险·······267
　　　一、金融科技伦理风险的内涵与特征·······267
　　　二、金融科技伦理风险的分类·······268
　　　三、金融科技伦理风险的形成·······271
　　　四、应对伦理风险的道德原则·······272
　　第三节　金融科技风险管理·······273
　　　一、金融科技风险管理的内涵与理念·······273
　　　二、金融科技风险管理组织与机制设计·······275
　　　三、金融科技风险管理技术·······278
　本章小结·······279
　关键名词·······280
　复习思考题·······280
　即测即评·······280
　延伸阅读·······280

## 第十五章　大数据征信与管理　281
　章前导读·······281
　本章学习目标·······281
　第一节　征信与大数据征信概述·······282
　　　一、征信概述·······282
　　　二、大数据征信概述·······285
　　第二节　大数据征信的理论基础·······287
　　　一、征信制度的经济学分析·······287
　　　二、大数据征信的信息经济学分析·······289
　　第三节　大数据征信体系的模式·······290
　　　一、征信体系框架与功能·······290
　　　二、大数据征信流程与数据链·······291
　　　三、大数据征信体系的主要模式·······294
　　第四节　大数据征信的监管·······297
　　　一、大数据征信存在的问题·······297
　　　二、大数据征信监管实践·······298
　本章小结·······300
　关键名词·······301
　复习思考题·······301
　即测即评·······301
　延伸阅读·······301

## 第十六章　金融科技监管与监管科技　302
　章前导读·······302
　本章学习目标·······302

## 第一节 金融创新的技术与制度基础 ········· 302
一、金融创新的内涵 ········· 302
二、金融创新的技术基础 ········· 303
三、制度改革推动的金融创新 ········· 303

## 第二节 金融科技创新发展 ········· 304
一、金融科技创新的内涵与特点 ········· 304
二、金融科技创新表现 ········· 306
三、金融科技创新的动力 ········· 307

## 第三节 金融科技监管 ········· 308
一、金融科技监管的必要性 ········· 309
二、金融科技监管的内容 ········· 311

## 第四节 监管科技 ········· 313
一、监管科技的逻辑 ········· 313
二、监管科技的技术应用 ········· 314

本章小结 ········· 316
关键名词 ········· 317
复习思考题 ········· 317
即测即评 ········· 317
延伸阅读 ········· 317

# 主要参考文献 ········· 318

# 第一章
## 导论：认识金融科技

**章前导读**

2019年8月，中国人民银行印发了《金融科技(FinTech)发展规划(2019—2021年)》。规划指出，金融科技的快速发展促使金融业务边界逐渐模糊，金融风险传导突破时空限制，给货币政策、金融市场金融稳定、金融监管等方面带来新挑战。2022年1月，中国人民银行印发《金融科技发展规划(2022—2025年)》，提出新时期金融科技发展指导意见，明确金融数字化转型的总体思路、发展目标、重点任务和实施保障。自2010年开始，金融科技(FinTech)一词一直热度不减，实业界、理论界、教育界以及政府部门等都对这一领域的发展高度关注。那么，我们应该如何认识理解金融科技的内涵、功能与本质、动力与决定因素、经济社会影响与未来的发展趋势？本章将回答这些基本理论问题。

**本章学习目标**

本章从金融与科技的关系入手，揭示金融形态演进与科技进步的内在逻辑，归纳技术革命带来的金融创新；在历史分析基础上，厘清金融科技、科技金融、互联网金融、数字金融等相关范畴的范围边界和相互关系，从理论视角概括金融科技的发展动力、效率与效应，对金融科技发展中的法律规制、伦理道德、技术边界问题进行分析；提出金融科技学科体系的架构、内容，以及本教材的使用建议和授课方案。通过本章的学习，可以掌握金融与科技两个范畴发展的内在关系，认清金融科技的内涵和外延，对金融科技发展中的理论问题以及学科框架有一个清晰的把握。

## 第一节　经济社会发展中的金融与科技

在人类历史长河中，经济发展中的科技与金融相辅相成。科技是第一生产力，通过创新，改进生产效率，推动物质创造与社会进步；金融是经济的核心，配置资源、润滑生产，成为实体经济发展的保障。

### 一、经济社会发展的两大动力

曾被比喻为"经济社会发展两大车轮"的金融与科技在历史的长河中相互作用、相互融合。其中,金融更多地体现为社会关系,科技更多地体现为生产力。

(一)金融的贡献:生产关系的视角

在了解金融的贡献之前,需要先界定金融。在理论界,金融的定义林林总总,仁者见仁,智者见智,但归结起来,"凡是既涉及货币又涉及信用的所有经济关系和交易行为的集合"[①]都属于金融的范畴。抽象一点描述的话,金融是指围绕资源跨期配置所形成的信用关系和由此进行的资产交易、定价、风险管理等经济活动的总称。资源包括了货币、资本、商品和服务等。如果资源进行了跨期配置,必然产生信用关系,由于跨期内部的不确定性形成了风险,相关交易要围绕风险因素进行合理定价以促成交易。无论是债权、股权,还是收益权、选择权,存续期内的风险管理成为金融活动的重要内容。

金融在经济发展中的贡献主要体现在协调生产关系方面。在经济货币化进程中,金融促进了经济增长。[②]其中的机制是,在实体经济发展过程中,各类经济主体之间的经济活动,如生产、流通、交换、分配、消费、投资等,彼此结成了各种各样的关系,关系链接是价值转移或转换,实现这种转换需要信用的维系,而信用关系的内在是债权债务关系,无论是直接形成的信用,还是间接达成的信用,以及在信用基础上衍生出来的财富管理、投资定价、风险管理等内容,本质上就是金融关系。良性的金融关系可以润滑社会经济,推进生产关系的协调,进而使得生产过程、分配过程、消费过程、投资过程各环节能够顺畅运转。总之,金融是社会生产关系的一种外在体现,金融运行顺畅代表生产关系流畅,有利于价值创造和生产力的发展。

(二)科技改变效率:生产力的提升

科技是科学与技术的复合词,科学解决理论问题,技术解决实践问题。科学要解决的问题,是发现自然界中确凿的事实与现象之间的关系,并建立理论把事实与现象联系起来;技术解决的是实际问题,注重现实应用。技术的进步需要科学理论的方向引领,科学与技术构成了社会进步的基石,解决了思想问题和实践应用问题,形成了实实在在的生产力。1988年9月,邓小平根据当代科学技术发展的趋势和现状,在全国科学大会上提出了"科学技术是第一生产力"的论断。这一论断体现了马克思主义的生产力理论和科学观。

生产力包括三要素:劳动者、劳动工具和劳动对象。劳动者是社会经济活动的主体,是智力与体力的融合体;劳动工具是劳动者在生产等活动过程中实现目标借助的手段,劳动工具影响劳动效率;劳动对象包括自然物质经劳动加工后的原材料等。劳动者一旦掌握了劳动工具,便成为劳动过程的生产力;科学技术物化为劳动工具和劳动对象,就成为物质的生产力。劳动者在管理过程中的管理智慧、技能等也属于生产力的范畴。现代科学的发展,为生产管理提供了科学理论、方法和手段,使生产力诸要素更有效地组成一个整体,从而使其最大限度地发挥作用。因此,科技发展有力推动了生产力的提升。

---

[①] 黄达,张杰.金融学.4版.北京:中国人民大学出版社,2017.
[②] 王广谦.经济发展中金融的贡献与效率.北京:中国人民大学出版社,1997.

## 二、经济社会发展中金融形态的演进

### （一）从计算到货币

人类的经济活动需要计量和计算，计算就需要数字、单位和标准。人类最早的技术应该是制陶技术，陶器作为早期人类文明主要的工具，不仅仅是器皿，更是计量容器、计量单位和计算标准。陶罐的大小就是一个计量尺度。为了增加计量的公信力，作为计量器皿的陶罐底座下面刻有特殊标志，体现了当时人们的信仰和价值观。应该说，金融最早的形式是计算，计算当时生产力水平下的社会产品交易形成的债权债务。一个特定容积的陶罐，就可能成为标准的计量单位。有了计量单位和计量容器，原始农业类交易活动就可以进行下去，也就出现了一件兽皮换两罐黍米的交易。在那个时代，粮食是最主要的生活资料，粮食交易都需要容器来计量。因此，在众多的交易等价物中，陶罐逐步成为一般等价物，具有了货币的一些属性。在早期文明中，无论是两河流域的苏美尔文明，还是南美的玛雅文明，都曾经出现过寓意太阳崇拜的万字符号"卍"，刻在重要的物件上。中国黄河流域的马家窑遗址出土的陶罐，同样有类似的情况。作为计量工具、计量尺度或计算单位，标准的陶罐需要有公信力，需要有当时人们崇拜或信仰的标志来支撑这种价值内涵。

### （二）支付清算形式演进

随着经济交易的不断升级，债权债务关系成为人类社会经济关系的最主要形式，清偿支付成为最主要的经济诉求。由此，采用什么手段进行支付，如何进行支付成为交易能否达成的关键问题。从历史的视角看，支付是金融发展的第一功能要求，也是金融的第一形态，围绕支付需要产生了支付手段和计算标准，这种支付中介固定到金属上的时候，标准的货币也就产生了。金属货币相较于早期的非金属货币而言，具有价值稳定、容易保管、分割技术成熟等特点，成为交易的主导媒介。但是，金属货币质量比较大，不容易携带的缺陷制约了它作为交易和支付手段的功能发挥。随着造纸术与印刷术的进步，纸质票据甚至是替代金属货币的纸质货币成为重要的交易支付工具，一度占据支付主流地位数千年之久，直到今天还发挥着重要的作用。电气化时代，电报和电子支付成为主要支付结算形式。在此基础上，20世纪90年代中期以后，依托互联网等技术的支付清算体系建立起来。在互联网经济快速发展的带动下，电子货币支付、虚拟货币支付、数字货币支付等得到一定的发展。在非实体的有形货币支付大发展的背景下，现代支付清算体系也构筑起来，万事达、维萨等国际信用卡组织，中国银联等金融机构共建的支付清算组织，科技公司、电子商务公司等运作的第三方清算组织，各国中央银行建设的支付清算系统等，构建起了现代支付清算系统。依托现代科技，支付清算的安全性和效率得到极大的提升，促进了货币流通和经济各环节的高效运转。随着现代通信技术、区块链技术、人工智能技术等前沿科技的发展，支付清算模式还会有变革性的进步，支付清算追求的效率与安全性会更具有保障。

### （三）金融组织与市场的变化

在自然经济占主导地位的原始社会和奴隶制社会，金融的支付清算功能发挥先后经历了偶然的等价物、商品形式的一般等价物、商品货币、金属货币作为媒介的阶段，对应的借贷活动多发生在人与人之间、氏族部落之间，自然人借贷或集体之间的借贷是主要形式，经营货币的金融组织很少，基本上没有标准的金融组织形式。随着金属冶炼技术的进步,冷兵器使得族群的武力提升,奴隶制城邦出现。在城邦中,经济活动具有了市场属性,集市经济活动变得很普遍,交易借贷的需要催生了高利贷放款组织,这些组织多是奴隶主庄园。平民借贷不慎,破产后可能沦为奴隶。金融活动的存在形态多以高利贷为主,出现专门经营借贷的钱庄。进入封建社会以后,封建地主成为资本的主要拥有者,与农民、手工业者之间时有借贷关系,借贷形式多以实物借贷为主。在经济相对发达的城市,或者贸易中心,逐步产生了经营银钱保管生意的组织,最初是提供金属货币的鉴定、保管和结算,之后逐步发展成为借贷性质的钱庄。中国北宋时期的钱庄已经比较发达,在东京汴梁(今河南开封)、成都等地,钱庄快速发展,比西方的近代银行(如威尼斯银行、纽伦堡银行等)出现的时间还要早。随着异地贸易、跨境贸易的发展,资金的远距离清收、运送、安保等成为突出的问题,于是,在商人组织的商会内部,开始发展出专门经营异地汇兑业务的组织,这就是票号。中国的票号发展出现在明代,清代达到鼎盛,后由于各类战争导致衰落。其中,山西平遥的日升昌票号(1824—1932年)、祁县的大德通票号(1884—1949年)具有一定的代表性。近代银行组织模式从西方兴起,随着蒸汽机的工业应用,股份制流行起来。第一家股份制组织形式的现代银行——英格兰银行在1694年诞生。历经300多年,现代银行业组织不断创新变化,成为现代金融体系的最主要支撑。随着当代金融的发展,大型金融组织通过全球化布局组成了混合型金融财团,组织治理日趋复杂化和标准化。

金融市场的初期形态是集市型自发市场,交易对象主要是不同国家的货币和有价证券。在金融市场发达的美国,证券市场的建立与美国建国较晚有关系。在证券发行之初,并没有集中的证券交易所,证券交易大都在咖啡馆和拍卖行里进行。1792年5月17日,24个证券经纪人在纽约华尔街68号外一棵梧桐树下签署了《梧桐树协议》,协议规定了经纪人的"联盟与合作"规则,通过华尔街现代老板俱乐部会员制度交易股票等商品。1817年3月8日这个组织起草了一项章程,并把名字更改为"纽约证券交易委员会",直到1863年才改为纽约证券交易所。期货交易最初主要是为了规避农产品等价格波动风险,1848年美国芝加哥期货交易所(Chicago Board of Trade,CBOT)建立,与其并行的还有1874年成立的芝加哥商业交易所(Chicago Mercantile Exchange,CME)。CME于1972年5月推出7种货币的期货合约,于1975年推出抵押担保证券的期货合约。2006年10月17日,芝加哥商业交易所和芝加哥期货交易所合并,成立CME集团。全球交易所市场组织还有无形市场,如美国全国证券交易商协会自动报价系统(National Association of Securities Dealers Automated Quotations,NASDAQ),简称纳斯达克市场。现代金融市场是多层次的市场,如在资本市场层次当中,还有三板市场、粉单市场等。债券市场还有银行间债券交易市场等。按照市场交易品种,外汇市场、黄金市场等基本可以分为有组织的场内市场和基于报价系统形成的场外市场。中国的金融市场组织,大部分为会员制,交易所市场以股票、债券、基金、黄金、期货、期权等金融产品交易为主,银行等交易商市场报价系统多以债券、票据、单证等交易为主。现代金融市场具有融合化发展趋势。

(四)中央银行与监管制度

在金融发展过程中,货币发行经历了由商业银行分散发行到中央银行集中发行的过程。中央银行制度的形成也是在金融实践中探索出来的。现代商业银行组织模式发展起来以后,银行市场竞争愈发激烈。银行为了盈利,往往利用手中的发钞权来加强竞争。支付清算、银行流动性困难时最后的贷款人由谁来承担,都成为重要的问题。加上发钞的无序、支付清算的竞争等,金融变得不是很稳定,需要一个权威的金融组织来发挥中央银行的职能。1844年英格兰银行垄断了发钞权,1854年承担起了最后贷款人的角色,1872年成为最后贷款人,已经成为事实上的中央银行。中央银行推出法定准备金制度以后,事实上已经承担了对商业银行监管的职责。中央银行与政府财政之间是通过政府赤字融资连接起来的。财政当局代表政府融资,发行国库券、中长期国债等,一般多经由中央银行办理,在法制约束比较弱的时候,财政往往通过账户透支来向中央银行融资。证券市场的发展,最初的监管职责也由中央银行来承担。第一次世界大战结束后,世界主要国家都建立起中央银行制度,相应的货币发行、货币政策、金融监管的职能由中央银行统一行使。之后,证券、保险等行业的快速发展以及为防范金融风险在系统间传递,以美国等为代表的西方国家,逐步建立起单独的证券监管系统、保险监管系统,甚至建立了独立的货币监管系统。中央银行的职责主要是通过货币政策实施来调控宏观经济运行。当代世界各国的金融制度多数为独立中央银行和独立金融监管体系,少数实施综合金融监管制度。尽管中央银行也承担了在资金清算等方面的监管职能,但金融监管的其他职能都由专业分工明确的组织机构承担。中央银行与金融监管制度的建立和完善,体现了现代金融在社会经济发展中的重要作用和影响力。

### 三、技术革命与金融创新

人类在探寻自然规律的过程中,以自身发展需要为出发点,通过技术变革,实现生产工具的不断创新,提高了生产效率,发展了生产力。同时,技术革命也带来了金融创新。尤其是第二次工业革命后,进入电气、电子时代,金融创新更加频繁。

#### (一)前电报时代的几次关键技术与金融变革

在工业革命之前,人类的重大技术进步可以归纳为制陶技术、冶炼技术、造纸与印刷技术。制陶技术促进了计量与计算,解决了早期部落、氏族之间的交换计量难题,也使得"债务"能够被记录与标准化,为商品货币发展提供了条件。之后的冶炼技术,早期以铜的冶炼为主,后来发展为铁和其他金属冶炼,包含金和银贵金属。冶炼技术为商品货币过渡到金属货币提供可能,也促进了城邦经济和民间高利贷发展。造纸术与印刷术的出现,推动了文明的发展,为文明进步留下了可以阅读的文字记录。造纸和印刷技术为钱庄、银号、票号、近代银行的发展打开了空间。首先是纸质货币的出现,中国北宋的"交子",从1008年到1023年,经历了私人发行到政府发行的演变,成为世界最早的纸质货币。纸币比金属货币容易携带,可以在较大范围内使用,有利于商品的流通,促进了商品经济的发展。纸质货币出现也打破了金属货币的自然产量约束,为贵金属准备金支撑下的信用货币发行奠定了基础。近代银行分散的银行券发行机制,打破了资金供给瓶颈,但是也为通货膨胀埋下了隐患。正是在这样的背景下,中央银行制度开始萌芽并在工业革命后得到了发展。

第一次工业革命以蒸汽机的工业化应用为标志。蒸汽动力带来了生产力的极大提升,推动了机械、铁路、钢铁、冶金、纺织等行业的发展,也推动了城市化进程。新型产业的大发展是以社会化大生产为特征的,产业投资需要大量的资本,特别是铁路等的建设。由此,股份制组织模式成为最快的集聚资本到新兴产业的渠道,资本市场由此得以大发展。

1792年《梧桐树协议》的签署开启了美国资本市场发展的大幕,200多年来,纽约证券交易所见证了金融发展与创新的历史进程。技术推动了产业变革,促进了金融组织形态变革,推动了金融市场快速发展。

(二)电报与计算机技术带来的金融创新

第二次工业革命以电力的应用为标志,电力逐步替代蒸汽动力,围绕电力的各种发明创造出现,电气时代来临。1837年,英国人查尔斯·惠斯通(Charles Wheastone)与威廉·库克(William Cooke)发明的电报机取得了专利,人类进入电报时代。电报给金融发展带来革命性的影响。金融第一功能汇兑与支付清算,在电报技术的支持下,突破原有依托信件、票汇等方式的约束。通过电报来传输汇兑信息,时间短,效率高,保密性强,为银行拓展跨地区乃至跨境业务提供了技术基础。正是在19世纪40年代,西方国家的银行开始掀起跨境经营的潮流,国际业务的时空约束在电报时代逐步被削弱。电话的出现改进了信息传递效率,为金融市场的国际化发展提供了基础条件。电报和电话在金融领域的应用,凸显了金融是信息敏感性行业的特征,对于解决信息传递效率问题起到了至关重要的作用,也为金融组织和金融市场的创新插上了翅膀。

金融信息触达范围决定了金融市场的广度和深度,决定金融机构的稳健性和盈利能力。金融本身也是计算型的行业,包括计算收益风险、计算价格与期限,以及计算如何跨期配置资源等。计算效率取决于算力,计算机的发明正是人类算力进步的产物。人类的计算工具经历了由简单到复杂、从低级到高级的不同阶段演化,从"结绳记事"中的绳结到算筹、算盘、计算器、机械计算机、电子计算机等。电子计算机俗称电脑,算力要比人脑更强大。世界上第一台电子计算机"埃尼亚克"(ENIAC)于1946年2月14日在美国宾夕法尼亚大学诞生,重30余吨,占地约170平方米,装有18 000多只真空电子管。到了20世纪60—70年代,计算机在金融市场得到应用,为交易和衍生品定价提供了技术支持。这一时期,现代资本市场理论快速发展,资本资产定价模型、布莱克—斯科尔斯期权定价模型、二叉树定价模型等金融理论模型得以检验印证。货币期货、抵押债券类期权等金融产品开始出现。在银行领域,1967年巴克莱银行安装了世界首台自动柜员机(ATM)。1966年万事达卡(Master)组织成立,致力于为金融机构、政府、企业、商户和持卡人提供领导全球性的商务链接。1974年美洲银行信用卡公司与西方国家的一些商业银行合作成立了国际信用卡服务公司,并于1977年正式改为维萨(VISA)国际组织,1976年开始发行VISA卡。ATM和支付卡组织的信用卡、借记卡、预付卡产品被视为早期具有代表性的金融科技产品。这些产品的出现,得益于计算机技术的发展和在金融领域的应用。

为解决计算机广泛应用与技术本身升级换代周期缩短导致用户成本增加问题和信息交换问题,产生了算力共享的理念。计算机连接在一起成为互联网。早期的阿帕网是出于军事目的,但理念是确保军事指挥系统不会因为一个节点被打击而瘫痪。进入20世纪80年代后,互联网开始逐步民用化,美国国家科学基金委员会的NSFNET逐步替代了阿帕网中民用部分,90年代初成为T3主干网,加上万维网的出现,互联网商业应用的大门被开启。企业等机构都纷纷建设自己的门户网站。商业银行通过互联网实现账户网络化。1995年出现了纯互联网银行，但是纯互联网银行技术成熟是在20年后。证券市场也通过互联网进行开户、交易、财富管理等服务。在云计算技术成熟以后，基于互联网的金融服务快速发展，另类金融出现。2009年以后，区块链技术出现，数字加密货币得到发展。2018年以来，5G、大数据、人工智能、物联网等技术推动金融不断创新，网络移动支付、互联网借贷与理财、众筹融资、程序化交易、智能投顾、智能银行等服务快速发展。新技术赋能金融发展，推动了金融创新向纵深发展。

（三）当代金融科技创新

1. 电子支付、移动支付与分层清算系统

电子支付是指经济活动的交易主体之间使用电子手段把支付信息通过网络安全地传送到银行或相应的支付处理机构，实现货币支付或资金流转的方式。

早期的电子支付是银行利用计算机处理行间业务，办理资金结算；之后发展到银行计算机与其他机构计算机之间连接开展资金结算。银行自己也利用网络终端向客户提供各项银行服务，如24小时的自助银行服务，还有利用银行销售终端向客户提供自动的扣款服务。最新发展是基于互联网的电子支付，实现随时随地直接转账结算，电子商务交易支付平台实现了银行、商家、消费者的连接。

移动支付是指客户利用手机等移动类电子产品来进行支付。移动支付将互联网、终端设备、金融机构有效地联合起来，形成了一个新型的支付体系。移动支付是第三方支付的衍生品。根据支付金额的大小，可以将移动支付分为小额支付和大额支付。小额支付是指运营商与银行合作，建立预存费用账户，用户通过移动通信的平台发出划账指令代缴费用。大额支付是指把用户银行账户和手机号码进行绑定，用户通过多种方式对与手机捆绑的银行卡进行交易操作。

清算系统是由结算和清算过程诸要素组成的有机整体，包括一笔款项从付款人账户上付出，中间经过清算到收入收款人账户，或从收入收款人账户，中间经过清算到付款人账户的全过程。清算系统一般以各商业银行行内系统为基础，是票据交换系统、卡基支付系统等并存的系统。中国现代化支付系统建有两级处理中心，即国家处理中心（NPC）和全国省会及深圳城市处理中心（CCPC）。国家处理中心分别与各城市处理中心连接，其通信网络采用专用网络，以地面通信为主，卫星通信备份。各政策性银行、商业银行可利用行内系统通过省会（首府）城市的分支行与所在地的支付系统CCPC连接，也可由其总行与所在地的支付系统CCPC连接。农村信用合作社自建通汇系统，比照商业银行与支付系统的连接方式处理；城市商业银行汇票业务的处理，由其按照支付系统的要求自行开发城市商业银行汇票处理中心，依托支付系统办理其银行汇票资金的移存和兑付的资金清算。公开市场操作、债券发行及兑付、债券交易的资金清算，由公开市场操作系统、债券发行系统、中央债券簿记系统在物理上通过一个接口与支付系统NPC连接，处理其交易的人民币资金清算。外汇交易中心与上海支付系统CCPC连接，处理外汇交易人民币资金清算。

2. 金融市场技术、程序化交易与智能投顾

金融市场的科技化进程更快一些。以外汇、证券等交易为例，20世纪80年代中后期，电子交易系统就开始得到了应用，计算机系统形成了局域网络，为证券发行、交易、清算管理等提供了便捷高效的平台。随着移动通信技术、互联网技术的成熟，智能手机和移动终

端的广泛使用,金融市场在线交易、移动端交易越来越普及,这些技术的应用拓展了市场的深度,提高了市场交易的效率。

程序化交易是把可量化的分析方法,用计算机编程后的交易策略进行自动下单交易,程序化交易是量化交易的一部分,或者是某些量化交易的进一步升级。程序化交易系统由四部分组成:极其开放模型(策略)的设计、风险动态管理技术、误差矫正反馈检验准确率、快捷的下单速度。

智能投顾又称机器人理财,是虚拟机器人基于客户自身理财需求,通过算法和产品来完成以往人工提供的理财顾问服务。

3. 银行数字化服务、互联网银行与智能银行

银行出于提升效率、绿色金融发展等目标,借助计算机系统、网络系统、智能机具等开展数字化服务。数字化只是一个过程或标志,无人银行、智能柜台等都是数字化服务的重要形式。

在银行数字化服务推进过程中,网上银行服务或者纯互联网银行服务是重要的形式。借助移动终端和网络技术,移动银行不断发展,客户的感受和体验得到改善。目前,国内外已经出现了无人银行等新形态银行。这些银行依托现代科技,提供 7×24 小时的服务。无人银行也是智能银行的一种形式,未来智能银行将借助 5G、人工智能技术,逐步走向更具科技含量的智慧银行模式。

4. 保险科技、征信与评级技术系统

保险科技体现在互联网保险产品和服务方面,可以实现保险信息咨询、保险计划书设计、投保、交费、核保、承保、保单信息查询、保全变更、续期交费、理赔和给付等保险全过程的网络化。

现代征信系统已经从过去小数据模型研发和评分,转变为依托大数据,进行立体化和可复制的综合评价。征信与评级技术不断进步,借助深度学习、区块链技术、人工智能等改造提升征信和评级系统。

5. 金融规制与监管科技

在金融发展过程中,需要解决各种利益主体之间的矛盾。这就需要建立起相应的制度和框架,依据制度规则开展业务。金融科技本身的发展也需要很多制度加以规范,因此需要不断加强规制建设。

在监管领域,对技术手段不断创新的金融企业或金融科技企业来说,逃避监管是有可能的,因此监管当局依托科技手段开展监管,成为必然趋势。监管科技是为有效解决监管与合规要求而使用的新技术。监管科技不断优化发展有助于监管目标的实现。

## 四、科技改变金融

(一) 技术改变金融形态

从社会发展的历史视角看,人类社会的重大技术变革都带来了金融形态的变化。第一次工业革命,促进了股份制组织形式,进而产生了资本市场交易需求,金融市场得以快速发展。这种推动力是内生的。现代互联网技术、通信技术为互联网银行的发展提供了可能。人工智能等技术改变了银行形态和投资机构形态,促进了金融产品和服务形态的

创新。技术进步直接带来了金融形态的改变,包括组织形态、市场形式、产品形态、服务模式等。

(二)技术创新金融模式

金融实现资源配置功能,形成了以资本市场为主要载体的直接金融模式和以银行信用中介为主体的间接金融模式。新技术如互联网技术、移动通信技术、大数据技术、人工智能技术等,推动了互联网金融的发展。由技术型企业提供的金融服务平台,如人与人之间进行直接借贷的平台,企业与个人之间的直接借贷或投资关系,与传统金融模式不同,成为介于直接金融与间接金融之间的第三种金融模式。[①]

(三)技术提升金融服务效率

技术提升金融服务效率主要体现在节约时间成本、信息搜寻成本、交易主体的匹配成本方面。在支付结算方面,现代科技支撑下的支付、汇兑和清算系统,实现了资金转移的实时到账,头寸快速结清;金融市场交易技术系统在客户报价、下单、成交、结算、交割过户等各环节实现自动化管理;互联网银行与投融资平台为投融资双方搜寻匹配提供了快速达成机制;现代征信系统为信用管理提供了高效率的大数据信用评分机制。金融效率的提升,助力商业经济活动的运转,对于整个社会资源利用效率的提升意义重大。

(四)技术促进金融制度建设

新技术应用于金融服务业,带来了金融服务模式、金融组织形态、金融运行机制的变化,金融创新层出不穷。新的模式、新的机制、新的产品等都需要有相应的制度来维系,以规范其秩序,实现金融的稳定。历次金融创新,都会有新的金融规制设计出现,金融制度在技术推动下也在快速发展。近年来,移动支付、网络金融、监管科技等的发展,催生了一批新的法规制度。美国、英国、新加坡、澳大利亚等国家不断推出新的金融法规,引导、规范新金融的发展。中国也在这方面进行了相应的制度建设。未来,随着技术推动的金融创新深化,还会有更多的问题需要规制来解决。

(五)技术提高金融管理水平

技术应用于金融机构、金融组织和金融市场,有利于提升金融管理水平。技术替代人力、大数据替代一般信息数据、智能系统替代常规管理系统,减少了管理过程中人为的、随机的、不规范的操作或干预,降低了管理风险。管理水平高低取决于对制度的有效执行程度,对管理各环节的有效控制水平。利用现代技术加强金融管理,是后续金融发展的重要趋势。

# 第二节 金融科技范畴与理论问题

"金融科技"一词出现时间并不长。它是一个复合词语,是金融与科技的融合术语。金融科技是偏重科技,还是侧重金融,这是需要厘清的理论问题。2023年10月,习近平总书记在中央金融工作会议提出做好科技金融、绿色金融、普惠金融、养老金融、数字金融五篇大文章。本节将对科技金融、数字金融与金融科技有何关系做重点分析。

---

① 谢平,邹传伟,刘海二.互联网金融的基础理论.金融研究,2015(8):1—12.

### 一、金融科技范畴的形成

**(一) 从科技金融、互联网金融、数字金融到金融科技**

1. 科技金融范畴的提出与专属内涵

科技金融属于产业金融的范畴,是国内特有的一个概念,是由科技创新活动引发的一系列金融创新行为。"科技金融"一词最早出现在1993年,在《中华人民共和国科学技术进步法》通过后成立了中国科技金融促进会。科技金融概念真正被使用是1994年在广西南宁举行的中国科技金融促进会首届理事会上。

学界给出的基本定义有多种,如科技金融是促进科技开发、成果转化和高新技术产业发展的一系列金融工具、金融制度、金融政策与金融服务的系统性、创新型安排,是由在科学和技术创新活动提供金融资源的政府、企业、市场、社会中介机构等各种主体及其在科技创新融资过程中的行为活动共同组成的一个体系,是国家科技创新体系和金融体系的重要组成部分。[①] 也有学者从企业的生命周期理论和金融资源整合理论的角度提出,科技金融是金融资源供给者依托政府科技与金融结合的创新平台,通过对创投、保险、证券、担保及其他金融机构主体等在内的金融资源进行全方位的整合创新,为科技型企业提供贯穿其整个生命周期的创新性、高效性、系统性的金融资源配置、金融产品设计和金融服务安排。[②]

《国家"十二五"科学和技术发展规划》给出了官方定义:科技金融是指通过创新财政科技投入方式,引导和促进银行业、证券业、保险业金融机构及创业投资等各类资本,创新金融产品,改进服务模式,搭建服务平台,实现科技创新链条与金融资本链条的有机结合,为初创期到成熟期各发展阶段的科技企业提供融资支持和金融服务的一系列政策和制度的系统安排。科技金融是一个国家社会经济发展到一定的阶段后,科技创新活动与金融资源配置之间形成的相互融合、共同促进的系统性、整体性制度安排,对于中国推进经济结构调整、转变经济发展方式,以及建设创新型国家都具有重要意义。

2. 互联网金融的理论与实践认识分歧

互联网金融的概念界定在理论界存在较大分歧。代表性的观点主要有两类:第一类观点认为,互联网金融的本质属性是金融,因此现有的经济学和金融学理论,如信息经济学、交易费用理论、金融中介理论等仍然是适用的。第二类观点认为,互联网金融是一种新的金融模式或金融现象,互联网金融的理论支撑来源于复杂系统论和平台经济学。

互联网金融是一个谱系概念,涵盖因为互联网技术和互联网精神的影响,从传统银行、证券、保险、交易所等金融中介和市场,到瓦尔拉斯一般均衡对应的无金融中介或市场的所有金融交易和组织形式的总称。[③] 但从本质上看,互联网金融实际上是一个基础设施而非金融中介,无论是支付平台、信息平台,还是众筹平台,本质上都是基础设施,等同于过去的支付技术或者交易所设施。金融活动基于这些平台进行,平台效率取决于技术水平,金融活动无非还是支付清算、资金融通、风险管理与资产定价等内容。

---

[①] 赵昌文,陈春发,唐英凯. 科技金融. 北京:科学出版社,2009.
[②] 李心丹,束兰根. 科技金融:理论与实践. 南京:南京大学出版社,2013.
[③] 谢平,邹传伟,刘海二. 互联网金融的基础理论. 金融研究,2015(8): 1—12.

3. 数字金融与金融科技概念的提出与快速发展

数字金融（Digital Finance）是指通过互联网及信息技术手段与传统金融服务业态相结合形成的新一代金融服务。根据易观智库的产业结构分类，数字金融包括互联网支付、移动支付、网上银行、金融服务外包及网上贷款、网上保险、网上基金等金融服务。这个界定与互联网金融没有本质的区别。如果从两个词的定语看，"数字技术"的范畴要比"互联网技术"略大。所以，随着数字技术的发展，数字金融的内涵也会扩展。

在国外，金融科技是2011年被引起注意的。之前主要是美国硅谷和英国伦敦的互联网技术创业公司将一些信息技术用于非银行支付交易的流程改进、安全提升，后来这些科技初创公司将车联网、大数据、人工智能等各种最前沿的信息与计算机技术应用到证券经纪交易、银行信贷、保险、资产管理等零售金融业务领域，形成不依附于传统金融机构体系的金融科技力量并独自发展起来。

（二）金融科技的定义

1. 对金融科技的不同理解

从业务上看，金融科技可分为支付结算、网络借贷、数字货币、股权众筹、智能投顾、市场基础设施。从技术上看，金融科技的技术支撑包括大数据、云计算、人工智能、区块链、移动互联网以及生物科技。从属性上看，金融科技是金融还是科技，始终存在争议。从金融科技的参与者看，主要分为三类：一是科技公司，二是持牌金融机构，三是部分互联网金融公司、网络信贷公司等。

2. 官方组织的定义

金融稳定理事会（FSB）于2016年3月首次发布了关于金融科技的专题报告，其中对"金融科技"进行了初步定义，即金融科技（FinTech）是指技术驱动的金融创新，它能创造新的业务模式、应用、流程或产品，从而对金融市场、金融机构或金融服务的提供方式造成重大影响。

中国人民银行发布的《金融科技（FinTech）发展规划（2019—2021年）》定义金融科技是技术驱动的金融创新（该定义由金融稳定理事会（FSB）于2016年提出，目前已成为全球共识），旨在运用现代科技成果改造或创新金融产品、经营模式、业务流程等，推动金融发展提质增效。

3. 金融科技的内涵与外延

关于金融科技的内涵，无论是金融稳定理事会还是中国人民银行，都认为金融科技本质上是一种金融创新，由技术驱动，却不等于技术。更进一步地，在金融科技所覆盖的范围与领域方面，巴塞尔银行监管委员会区分出四个核心应用领域：存贷款与融资服务、支付与清结算服务、投资管理服务以及市场基础设施服务。

由于中外的金融监管环境与社会环境存在一定的差异，中外金融科技概念的发展与演变也存在较大的区别。就美国而言，其语境上的 FinTech 公司以初创型企业为主，大部分是经营移动支付、财富管理、网贷等业务。而中国更多是强调前沿技术对持牌合规的金融业务的辅助、支持和优化作用，技术的运用仍需遵循金融业务的内在规律，遵守现行法律和金融监管要求，侧重点在市场基础设施服务。

## 二、金融科技理论

(一) 技术与制度支撑下的金融

1. 金融计算与技术算力

金融本质上也是计算,支付清算需要计算,资金融通配置需要计算,资产定价与组合配置需要计算,风险管理与信用评估更需要计算。贯穿于金融全过程的就是计算。金融设计得是否好、是否完善、是否稳健,计算过程、计算模式与计算能力最为关键。从算盘到计算器,再到电子计算机、量子计算机和云计算,人类的算力通过技术进步不断拓展边界。算力的高低依托技术,因此,金融、计算、算力、技术之间形成了一个协力模型,相互推动。算力基于技术,算力决定金融发展质量和模式。可以说,技术决定算力,算力决定金融水平。

---

**专栏 1-1**

### 量子计算的飞速发展

2019 年 10 月 23 日,英国《自然》杂志正式刊登了谷歌关于实现"量子霸权"的论文。谷歌公司首席执行官皮柴在接受媒体采访时高调评价称:"这是足以与莱特兄弟的飞机第一次飞行相提并论的伟大发明!"按照该论文的说法,谷歌公司量子计算机 200 秒的计算量,当前最先进的传统超级计算机需要花费 1 万年时间。

2023 年 10 月 11 日,中国科学技术大学潘建伟、陆朝阳等组成的研究团队与中国科学院上海微系统与信息技术研究所、国家并行计算机工程技术研究中心合作,成功构建了 255 个光子的量子计算机"九章三号",再度刷新了光量子信息的技术水平和量子计算优越性的世界纪录。

---

2. 技术提升金融信息传递时效与触达范围

金融是信息敏感性行业,信息决定了金融的价格、资金的流动、风险的转移与转化。随着电报、电话、计算机、互联网、数据通信和数据处理技术的发展,信息传递的时效性不断提升,信息触达的范围也越来越广。依托信息技术、人工智能技术、大数据技术等发展起来的互联网金融跨越了地理和时间限制,能够使得享受金融服务的客户节省大量的时间成本和交易成本,金融服务体验得到提升。

3. 金融关系需要制度规范各方行为

在金融科技时代,信息的真实性越发重要,为收集信息,必须拥有符合一定标准的软硬件设施。随着信息爆炸式增长,虚假信息和无用信息也大量产生,增加了人们识别、判定和利用信息的难度。这意味着,金融科技总体上在降低资金供需双方的搜寻匹配成本的同时也不可避免增加了信息识别成本。金融欺诈损害了金融消费者的权益,金融关系需要相应的制度约束,通过规范交易双方的行为提供保护机制,来促进金融科技健康发展。因此,金融科技发展需要相应的金融规制来加以规范。

4. 金融配置资源需要监管与调控实现均衡

金融科技提高了金融资源的配置效率,但是,能否将资源配置到最有效的部门中去,需要协调监管,通过有效的调控机制来实现。金融科技提升金融资源配置效率,但是,不能自发实现配置均衡。相应的监管制度、监管体系和调控机制需要建立起来。

(二) 金融服务的成本、效率与体验

1. 技术带来金融服务成本节约

技术的进步能够有效节约金融服务的成本。第一,金融科技可以部分替代传统金融中介的营业部门和人工服务的部分功能,从而减少了人工成本和办公网点成本,降低了管理成本。第二,利用互联网技术优化运营,网络支付、网络融资、智能金融等降低交易成本。第三,金融机构发展金融科技,利用大数据和云计算技术更好地控制风险。第四,金融科技以较低的成本获取信息从而降低了每笔交易的交易成本。第五,在证券科技领域,网络证券开户、交易等竞争激烈,券商纷纷通过下调佣金吸引客户,基金、保险等金融机构也通过互联网销售降低买卖双方的交易成本。

2. 技术带来金融服务效率提升

在信贷领域,金融科技针对客户小额融资、创业融资的特点,利用大数据分析结果,提供有针对性的金融服务,甚至可以对客户提供跟踪放款服务。在证券领域,金融科技根据投资者的投资习惯分析其风险偏好,从而掌握投资者的投资需求,并通过构建知识图谱,更科学地揭示投资产品及服务的特征,满足长尾投资者的投资需求。在保险市场上,金融科技根据上网保险人群的特点利用大数据和云计算推断出潜在客户的风险偏好,从而设计出符合其需求的险种。在基金领域,金融科技根据基金发行者融资需要,动态为投资者提供股票、债券和混合型等投资产品。而投资者也可以按照各自的风险收益偏好动态调整自己的投资组合,以确保投资产品的流动性。精准的匹配提高了金融服务效率。

3. 技术改进客户的金融服务体验

大数据支持下的信息过滤技术、推荐技术,为客户提供了"刻画需求"和"推荐喜好"等新的信息搜寻功能,还可以为客户定制供给信息,提供服务场景。支付清算技术、信用评估技术、风险管理等技术,为客户资金汇兑、转账结算、投资交易、授信获取、资产组合等提供了高效率的服务,客户体验得到改善,增加了黏性。

(三) 金融科技与资源配置效率

1. 市场搜寻成本

搜寻理论认为,搜寻就是决策者将样本空间中的选择对象转变成选择空间中的选择对象的活动。假定消费者知道市场上价格的分布,但不知道每一个销售者的报价,有两种情况:一种是固定样本搜寻。消费者可预先选定几个销售者,寻找其中的最低报价。另一种是连续搜寻。消费者连续不断地搜寻,直到找到可以接受的价格,或者放弃搜寻。人们对信息的搜寻是有成本的。搜寻成本是指搜寻活动本身所要花费的费用,这种费用有时指搜寻活动所需要的开销,有时也可以指等待下一次机会所付出的代价。因为存在搜寻成本,所以对搜寻者而言,他所面临的选择就是"搜寻"或"停止搜寻"。如果搜寻者决定"停止搜寻",就意味着他在已有的机会集合中选择一项行动,搜寻过程结束;如果搜寻者决定"搜寻",就意味着他继续搜寻新的选择对象。随着搜寻次数的增加,搜寻的边际收益总是下降的。当搜寻活动使搜寻的预期边际收益等于边际成本时,搜寻活动才会停止。这里搜寻额外价格的预期边际收益是指追加一次搜寻所带来预期最低价格的减少量乘以购买量。搜寻额外价格的边际成本由时间、交通和信息等费用构成。

金融市场,尤其是信贷市场特征具备一般商品市场信息特点,如果信贷市场中资金的需求者具有非完全市场信息和正的搜寻成本,融资过程表现为融资搜寻过程。以往的信贷市场均衡更多是从一个静态角度来观察信贷执行过程,实际上融资过程是一个不断搜寻交易机会的过程,也体现为交易主体为达到借贷条件不断调整资质和认证,以改善信息不对称的过程,因此融资过程表现为一个动态融资搜寻过程。

2. 搜寻匹配效率提升与成本降低

金融科技有助于搜寻匹配效率的提升和控制搜寻成本。在金融科技服务产品中,互联网技术支撑的银行信贷市场与另类金融平台市场借助网络效应,提升了搜寻匹配效率,降低了搜寻成本。

无论是在银行互联网金融平台还是在另类金融交易平台,在技术支持下融资方可以给出自己的报价,平台依据信用评级和市场风险报酬水平给出建议性价格,投资人通过平台信息和自己的风险承受能力,确定是否进行投资。银行平台市场与另类金融市场众多的融资项目为投资人选择提供了对比参照对象。同时,技术平台提供了搜索比价模块,可以为投资人进行关键词筛选。从搜寻时间和搜寻服务成本的角度看,搜寻总成本比较低。对于银行和平台而言,尽职调查多依靠大数据技术降低调查成本。技术平台具有自动配对功能,为融资者和投资者建立了信息对称机制,资金配置速度快,又由于资金在第三方监管下,安全性比较高,对投融资双方都具有吸引力。

### 三、金融科技学中的几个关键问题

(一) 法律与规制问题

1. 金融科技产品层出不穷

目前,由于人工智能、区块链和大数据等技术迅速发展,科技与金融的结合,科技在生活领域的迅速拓展,科技公司、各类支付、贷款平台以及传统金融机构的金融科技产品创新层出不穷。如腾讯公司成立的人工智能实验室(AI Lab),国外社交网络公司 Facebook(后更名为 Meta)[①] 计划推出的数字货币 Libra,以及国外部分金融科技公司建立的连接中小企业和资金方的信息平台等。金融科技产业和产品的快速生长对金融监管、法律法规的完善提出了挑战。以往中国有关金融法律法规的出台相对产品的发展较晚,为应对迅速发展的金融科技创新项目,监管机构应提前预期可能出现的问题,相应调整法律法规的边界和内涵。

2. 以 Libra 为例看国外的金融科技监管

Facebook 计划推出数字货币 Libra。Libra 计划与其他支付机构合作,同时成立 Libra 协会,协会成员可为用户提供数字货币存取平台,协会成员赚取投资收益。同时,Facebook 与其他消费场景端合作,使用户在任何场景消费、转账、跨境支付等都可使用 Libra。2019 年,以法国为首的欧盟五国联手抵制 Libra。2020 年,Facebook 官网显示,Libra 更名为 Diem,进一步强调了项目的独立性。2024 年 1 月 31 日,该项目被出售给 Silvergate 银行。

---

① 为方便理解,本书仍采用原有名称,即 Facebook、Libra。

声明中提到,在与美联邦监管机构的交流中认识到项目无法推进。由此可见,美国政府也对 Libra(Diem)采取了负面态度。

3. 中国的数据法亟须进一步完善

建立了支付平台、个人消费平台等的金融科技公司拥有大量个人信息和消费、支付等数据,目前这一类数据被金融科技公司视为重要的商业机密。关于个人数据和信息的所有权和使用权等的规范和研究,目前中国法律体系没有给出明确的界定。大量金融科技公司将群体的数据视为己有,以用于自身未来的产品开发等。金融科技公司未经消费者许可使用其信息和数据并用于商业用途,这一行为是否合规是中国法律体系值得进一步完善的内容。

(二)伦理与道德问题

金融科技目前涉及最多的伦理道德问题是个人、企业的隐私问题。很多平台企业,如支付宝、网贷平台等收集了大量个人、企业的支付、消费、融资等信息。个人、企业的数据应该怎样处理,怎样既使平台企业充分利用大数据进行科技和产品的创新以改善社会福祉,同时又保护消费者的隐私和保障信息安全是金融科技行业发展过程中面临的重要伦理道德问题。

(三)技术的边界问题

目前金融科技的技术边界基本在区块链(Blockchain)、人工智能(Artificial Intelligence)、物联网(Internet of Things)和云计算(Cloud Computing)等技术中。

区块链的技术边界在于其无法解决信息的真实性问题。区块链将信息上链,链上成员互相监督以确保数据的可追溯,但是上链信息的真实性无法确保。

人工智能的技术边界在于其发展应避免由于算法设计对公众产生危害,不得以牺牲用户隐私为代价。人工智能如果被赋予情感,则超出了社会伦理范畴。需要引起警惕的是,人工智能技术的开发应该有边界,不能无限发展。

物联网的技术边界在于如何更好地解决数据的安全问题,如何因万物互联给人们带来方便、智能的同时,提供更有保障、更安全、更可靠的服务。物联网的所有终端都为实物,实物又被智能网络联结在一起,信息安全变得尤为重要。感知识别层的设备、节点等无人看管,容易受到物理操纵。攻击者很容易就能接触到这些设备,从而对设备或嵌入其中的传感器节点进行破坏。攻击者甚至可以通过更换设备中的软硬件,对它们进行非法或者破坏性操控。

云计算的技术边界在于安全性,尽管黑客可能对云系统构成威胁,但是大部分风险发生在内部而不是来源于外部。避免这些缺陷的最佳方法是使用自动化平台运行策略来确保安全合规性。

## 第三节　金融科技学的教学

金融科技实践的快速发展,促进了学科知识体系的形成,相应的理论也在构建当中。2017年开始,有学校在金融学专业下推出了金融科技本科实验班。之后教育部批准设立金融科技本科专业,2018年正式招生,到2024年已有125所大学获批金融科技本科专业,后续还会有更多的学校获批并开展专业设置。近年来,金融科技在硕士和博士层面的教育快速兴起,一个崭新的学科体系已具雏形。

## 一、金融科技学的学科属性与拟解决的问题

(一)金融科技学的学科属性

1. 归属应用经济学一级学科

目前教育部设置了10个本科层面的金融类专业,包括金融学、保险学、金融工程、投资学、信用管理、金融数学、经济与金融、精算学、互联网金融、金融科技。金融类研究生教育设置的二级学科包括金融学、金融工程、金融科技,均属于应用经济学一级学科。金融科技学科归属到应用经济学一级学科符合金融科技内涵定义,金融科技是技术推动下的金融创新,本质上是金融服务的新形式。金融科技专业也有设置在工程学院或计算机科学学院的情况,学位授予一般建议为经济学学位,特殊情况可在工程方向下授予工学学位。

2. 先修课程为金融学

金融科技专业基础课"金融科技学"具有统率性、引领性的特点。该课程开设建议在第三或第四学期,专业学生应先修"金融学"课程。如果作为其他专业的选修课,建议在第四或第五学期开设,也需要在修完"金融学"以后再学习这门课程。同时,学生应具有一定的计算机科学与技术专业核心课程的基础。

3. 金融科技学分析框架

金融科技学定位在金融科技的经济学分析模式下,用经济学的思维、经济学理论分析金融科技发展规律、机制与效应等理论问题,同时把握金融科技的实践进展。金融科技学课程内容设置的基本逻辑是:从历史的视角总结金融科技发展历程,总结技术进步与金融创新的关系;之后介绍金融科技理论,包含金融科技的功能理论、金融共识、通证经济、金融大数据与机器学习原理、深度学习与自然语言处理原理等;接下来是金融科技实践知识应用,这部分内容主要介绍现代支付体系、现代银行的金融科技、现代金融交易体系、现代保险科技和金融风险管理中的科技;在宏观管理实践部分,主要分析数字货币对货币供求和货币政策的影响、金融科技风险管理、大数据征信管理、金融科技监管与监管科技等内容。

(二)金融科技学拟解决的问题

1. 金融科技理论特殊性

作为一门新兴课程,其理论体系还在发展演进之中,实践快速发展需要金融科技本身有自己的理论。金融科技理论的特殊性在于,它植根于科技发展与金融创新,需要两个领域的基础理论支撑。由于金融科技是技术推动下的金融创新,其理论必然是融合了信息科学、智能科学等学科的理论,逐步形成交叉学科的理论基础,具有特殊性。

2. 金融科技发展动力与创新机制

金融科技发展的动力、决定因素及其效应需要理论阐释。科技赋能金融发展,金融模式、金融机制、金融制度等方面有不少基础问题需要研究,需要理论发展与创新。金融科技是技术推动下的创新。它与一般的金融创新不同,对相应的金融规制或金融监管机制的设计提出了新的要求。金融科技本身发展存在风险,扩散机制特殊,这些都是理论创新

需要关注的点。

3. 金融科技形态演进规律与趋势

随着科技本身的发展，金融科技形态也在不断演进，中间的规律值得总结。金融科技形态与金融本身发展的关系、科技周期与金融科技创新周期的关系、金融科技未来的趋势等基础理论问题需要深入研究，进行理论化梳理。

## 二、金融科技学教学中应注意的问题

（一）注意理论教学与现实发展的融合

金融科技实践发展领先于理论创新，理论基本上是跟踪实践发展，在实践中进行归纳和总结。由于金融科技学是跨学科、交叉性课程，因此，在教学过程中要多借鉴其他学科的理论成果与金融学科的理论，将理论与实践教学结合起来，进而推动金融科技学科理论的创新。

（二）强调实验与实践教学

金融科技学是应用性学科，教学过程要多采用实验教学与实践教学模式，可以通过与金融科技企业合作，开展实验实践教学。可以在数字加密货币与区块链技术、人工智能与金融交易、大数据征信与风险管理、银行科技、证券科技、保险科技、监管科技等专题内容开展现场教学，把握实践中金融科技最新发展，掌握金融科技业务操作技能，激励创新思维，提升创新能力。

（三）平衡经济学与理工技术科学的学科要求

金融科技学教学过程中，经济学框架内容介绍得比较多，理工科技术内容相对比较少，对学生应该掌握的理工科基础性课程知识要有一定的要求，鼓励他们选修相应的课程，或者通过在线开放学习平台进行补课自修。

## 本 章 小 结

金融科技学是一门新兴课程，属于学科交叉课程。本章从经济社会发展中的金融与科技关系入手，分析了经济社会发展的两大动力。之后，对经济社会发展中金融形态的演进进行了梳理。在此基础上，分析了技术革命与金融创新关系，分别就前电报时代的几次关键技术与金融变革，电报与计算机技术带来的金融创新和当代金融科技创新进行归纳，探讨技术将如何改变金融服务业，包括技术改变金融形态、金融模式、金融效率、金融制度、金融管理水平等。对金融科技范畴、理论与相关问题进行分析，对比了科技金融、互联网金融与金融科技的关系，给出了金融科技的规范定义。金融科技理论从技术与制度支撑下的金融，金融服务的成本、效率与体验，金融科技与资源配置效率等，提出了金融科技学中的三个关键问题，包括法律与规制、伦理与道德、技术的边界问题。最后对金融科技学科体系进行总结，提出了课程教学建议。

## 关 键 名 词

金融　金融科技　科技金融　互联网金融　数字金融　大数据金融

## 复习思考题

1. 金融与科技发展有何内在关系?
2. 历史上几次重要技术革命带来了哪些金融创新?
3. 如何理解金融科技与科技金融、数字金融的关系?
4. 金融科技发展中有哪些关系问题需要解决?
5. 金融科技学习中应注意哪些问题?

## 即 测 即 评

## 延 伸 阅 读

［1］黄达,张杰.金融学.4版.北京:中国人民大学出版社,2017.
［2］李健.金融学.4版.北京:高等教育出版社,2022.
［3］李建军.互联网金融.2版.北京:高等教育出版社,2022.
［4］金融科技理论与应用研究小组.金融科技知识图谱.北京:中信出版社,2021.

# 第二章
## 金融科技发展简史

**章前导读**

从唐代的飞钱,到北宋的交子,再到清代的票号,古代汇兑业务在造纸术、印刷术和密押技术的推动下不断创新。随着电气时代的来临,各类借助现代通信设施的金融服务应运而生。电报的使用加快了信息的传递速度,电报汇款业务随之诞生;电话的发明,使得信息传递突破了文字限制,证券电话交易指令传输提升了市场效率。在计算机技术快速发展应用之后,证券自动化交易开始出现,衍生工具创新成为可能,银行也开始启动电子化进程。互联网民用化大大降低了交易搜寻成本,提升了匹配效率,互联网金融蓬勃兴起。以智能技术为代表的第四次产业革命带来了智能金融的发展。那么,技术到底如何改变金融形态?技术进步与金融创新的关系是什么?本章将从历史视角对上述问题作出回答。

**本章学习目标**

本章从历史的视角梳理金融科技实践发展的几个重要时期及其代表性的金融创新。通过本章的学习,可以了解前电报时代的同城结算、异地汇款和信汇中的技术,了解电气时代电报、电话及其信息触及范围,掌握电汇原理;进而把握电子计算机出现后银行与金融市场的业务创新,认识互联网金融发展的动力以及智能金融的发展趋势。

## 第一节 早期的金融技术

电报发明以前,对金融创新影响比较大的技术是冶金技术,中国四大发明中的造纸术、印刷术,以及数学衍生出来的密押技术。

## 一、早期的结算、汇款与票号

### (一)早期的同城结算

经济活动产生了债权债务结清的需要。国家出现后,市场交易活动多集中在城邦中进行,由此产生了同城结算的概念。在中国古代未出现一般等价物时,商品交易大多采用以物易物的同城交易。从夏、商、西周、春秋战国时期开始出现贝、铜、布帛等一般等价物,但是由于携带不便的问题,大量交易都以同城交易为主,并且及时清算。同城结算也叫"本埠结算",是指在同一个城市内经济活动个体之间所办理的结算业务。唐朝出现的"飞钱"标志着古代汇兑业务的快速发展,后北宋出现了"交子",南宋出现了"会子",明末清初出现了"汇票"等支付工具。这时的同城结算多以此类支付工具为媒介,经由特定的钱铺、钱庄、账局、票号等进行结算。

### (二)早期的异地汇款

中国早期的异地汇款业务可以追溯到盛唐年间。唐德宗在建中元年推行"两税法",使得钱币数量不足,各地开始纷纷禁止钱财出境,为解决货币流通问题,以"飞钱"为工具的异地汇款业务开始出现。由于"飞钱"具有节省钱币流通费用、降低结算交易成本等优点,异地汇款业务得到快速发展。唐代后期出现的"贴"、宋代出现的"便钱"等均属于早期的异地汇款工具。明朝中叶之后,随着工商业的发展和资本主义萌芽的出现,汇兑业务经营越来越多样化,到清代时具有现代票据雏形的汇票得到了快速发展,有即期和远期之分。

### (三)票号产生与信汇

中国古代的信用早在原始社会时就已经出现了"日中为市,致天下之民,聚天下之货,交易而退,各得其所"(《周易·系辞下》)的情景。古代信用的最早体现是私有制产生后的私人借贷和国家借贷。西周时期产生了官府,西汉以后产生了义仓、社仓、济农仓等多种形式的信用机构,晋隋时期开始出现放债、出债、举贷等,明清时期开始出现信用放款和银钱兑换。随着古代支付体系的不断发展和各类支付工具的出现,中国古代的商品贸易快速发展,与国外之间的贸易逐渐频繁,交易的需求催生了古代票号的产生。嘉庆、道光年间出现的山西票号标志着专业化支付中介机构的产生,其汇款票据如图2-1所示。到20世纪初期,陕西及其他地区的票号已经可以承办票汇、信汇、电汇、分地付款汇票等具有现代银行结算特征的基础业务。票号的快速发展,为民族银行业的产生奠定了基础,为形成以银行为核心的支付结算服务系统做出了重要的贡献。

### (四)票号运营中的技术元素

#### 1. 印刷技术

在唐代的雕版印刷术和宋朝的活字印刷术出现后,中国古代的印刷技术不断进步,元代时印刷技术达到了一个新的阶段,铜版印刷技术开始普遍使用,同时多色套印技术也得到了发展。明代时印刷技术达到了高峰,彩色套印技术和金属活字等成为官方主流的印刷技术。先进的印刷技术为票号的产生提供了技术基础。山西票号在印刷上采用了宋、元时期的多色套印技术,同时运用了明朝的图版雕刻技术,并在此基础上设计了票号的防伪印章——微雕章。微雕在山西票号中的典型代表作是王羲之的《兰亭序》,全篇345个字被雕刻在一枚印章之上,足见雕刻技术的精湛。

图 2-1　山西票号的汇款票据

2. 造纸技术和水印技术的结合

自蔡伦改进造纸术之后,中国古代造纸技术不断完善。清代山西票号的汇票印刷采用的纸张为麻纸,麻纸具有纤维长、纸浆粗、纸质坚韧及不易变脆、变色的特点。票号采用的纸张由总号定量供给,并且分号不能独立出票。在此基础上,水印技术快速发展。票号的印刷中加入了水印,这种水印由红格绿线制成,这极大地防止了伪造山西票号的汇票。各家票号的用纸、款式、水印都不相同,只有各家专门的人员才能识别,例如日昇昌汇票的水印为"昌",而蔚泰厚票号的水印则为"蔚泰厚"三个字。

3. 票据防伪技术的成熟

防伪技术作为清代山西票号汇票和存放款票据的核心,在工商业私有产权保护缺失的条件下发挥着极大的作用。山西票号除了采取以水印、安全线、彩点为代表的纸张防伪技术和以微雕为代表的印刷防伪技术以外,还出现了其他防伪技术手段。如印章防伪技术和密押技术。书写后的汇票需要加盖特制的防伪印章,这种印章大多在正中设有财神像,四周再用蝇头小字的古文雕刻上与汇票有关的汇款金额、时间,并且设有暗号。汇款人和持票人并不知情,只有票号的内部专业人士才能辨别真伪。汉字密押是山西票号防伪技术中最重要的一种标志,汇票上的金额、时间和年、月、日都通过汉字来设计暗号进行防伪。例如,日昇昌票号把一年当中的 12 个月编成口诀密押,叫作"谨防假票冒取,勿忘细视书章",这 12 个字就分别为 1—12 月的密码代号,一个月的 30 天的暗号又被设计为"堪笑世情薄,天道最公平,昧必图自利,阴谋害他人,善恶终有报,到头必分明"。

## 二、早期支付工具的创新

造纸术与印刷术以及加密技术推动了支付工具的创新,也为纸币的出现奠定了技术基础。纸质支付工具经历了飞钱、交子、会子、银票、银行券、不兑现纸币的演变过程。

## (一) 飞钱

飞钱又名便换(见图2-2),是中国历史上出现得最早的汇兑工具,它产生于唐宪宗时期(806—820年),是一种在异地间移转现金的方式,性质上类似于今天的汇票。飞钱的出现使得交易者不再需要携带大量沉重的金属货币,而是可以通过在甲地缴纳款项并取得收据后,凭借收据在乙地进行支取,这样既避免了大量运输钱币的不便,也符合了唐代不能任意携钱出境的规定。《新唐书·食货志》记载:"宪宗以钱少,复禁用铜器。时商贾至京师,委钱诸道进奏院及诸军、诸使、富家,以轻装趋四方,合券乃取之,号飞钱。"在京的商人可以将售货所得铸币交给各道驻京的进奏院、诸军、诸使等机构,由这些机构开具发联单式的"文牒"或者"公据"。其中一联交给商人,另一联寄到本道。使用飞钱的商人与各道进奏院或者诸军、诸使三司等机构交涉完毕后,就可以凭借飞钱随时到异地兑换现钱。北宋时期沿用了唐代产生的飞钱,宋开宝三年(970年),官府在开封设置了官营汇兑机构"便钱务",直接为商人办理异地汇款业务。

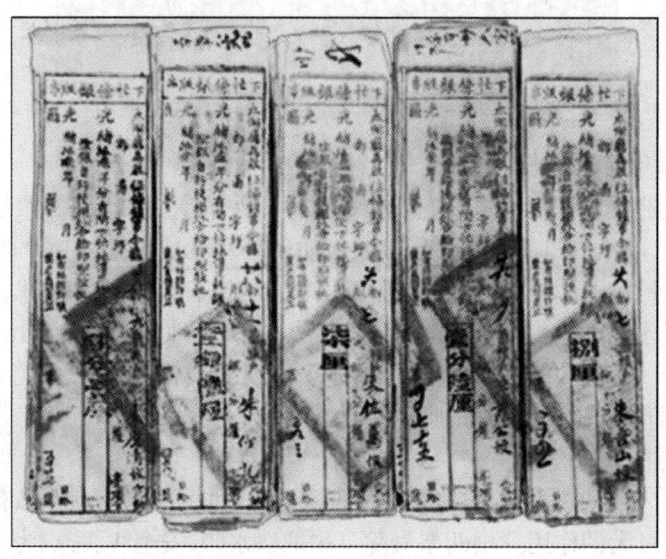

图2-2 飞钱

## (二) 交子

交子(见图2-3)最先产生于四川。在北宋时期流通的货币是铜钱和铁钱,但是在四川境内流通的只有铁钱,铁钱的重量较大,单位价值却比铜钱要小,进行商品买卖时十分不便,不能够适应山西商人大量交易的需求。当时的成都富商大贾如云,商品的交易日益增加,因此,为了减轻携带商品交易所需铁钱的成本并提高保险性,就把铁钱交付给当地有声望、信誉、实力的商铺,收款商铺把存放现金的数额临时填写入用楮纸制作的票券,交给存款方。这种临时填写存款金额的货币代用楮券称为交子。经营此类业务的商铺称"交子铺户"。交子的产生标志着中国古代纸币的产生。交子之所以能成为纸币,是由于社会经济和商品交换发展水平需要纸币这种货币符号来代替铸币,同时当时的造纸和印刷技术水平已具备条件,再加上商业信用,信用票据的行使已有一定的历史,并且一批精通金融、货币流通的理论家、实践家能够建立完整的行使纸币的制度,使人们乐于在商品交换中把纸币作为铸币符号使用。三者的同时存在是交子产生的必要条件。

(三) 会子

会子(见图 2-4),也称作"便钱会子"(汇票、支票)。北宋神宗熙宁八年(1075 年)吕惠卿言:"自可依西川法,令民间自纳钱请交子,即是会子。自家有钱,便得会子。动无钱,谁肯将钱来取会子?"由此可知会子是纳钱和取钱的凭证。据记载有会子、钱会子、铅锡会子、寄附钱物会子等。钱会子和会子的意思一样,铅锡会子是出卖铅锡给政府后所得的取钱凭证。寄附铺对所寄存的钱物开出的凭证称为寄附钱物会子。寄附钱物会子能够出城使用,具有汇票的性质。绍兴五年(1135 年)宋高宗下诏禁止寄付兑便钱会子出城,因受到反对,次日取消。绍兴三十一年(1161 年)二月,正式成立行在会子务,户部侍郎钱端礼主持发行会子,分一贯、二贯、三贯,在东南各路流通,又称"东南会子"。"许于城内外与铜钱并行。"会子是仿照四川发行钱引的办法发行的,成为户部发行的纸币。

宋代会子从起源到演变为纸币经历了近百年的时间。在这期间,北宋末至南宋初纸币流通区域的逐步扩大,持续的"钱荒"及"盐钞""茶引"等交易买卖的合法化,对会子向纸币的演变具有重要的促进和催化作用。

图 2-3 交子

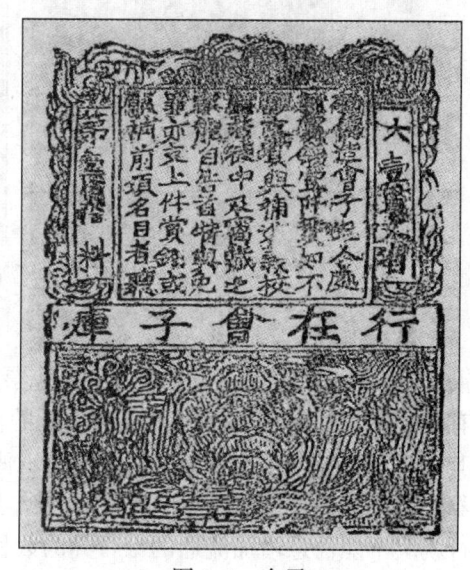

图 2-4 会子

(四) 银票

银票由商人自由发行。北宋初年,四川成都出现了专为携带巨款的商人经营现钱保管业务的"银票铺户"。存款人把现金交付给铺户,铺户把存款人存放现金的数额临时填写在用楮纸制作的券面上,再交还存款人,当存款人提取现金时,每贯付给铺户 30 文钱的利息,即付 3% 的保管费。这种临时填写存款金额的楮纸券便谓之"银票"。这时的"银票",只是一种存款和取款凭据,而非货币。银票的出现并不是偶然,而是北宋社会政治经济发展的必然产物。宋代商品经济发展较快,商品流通中需要更多的货币,而当时铜钱短缺,并不能满足流通中的需求。再者,北宋虽然是一个封建专制高度集权的王朝,但是全国的货币并没有统一,存在几个货币区,各自为政、互不通用。各个货币区又严禁货币外流,使用银票可以防止铜铁钱的外流。此外,宋朝经常受辽、夏、金的攻打,军费和赔款开支很大,也需要发行银票来弥补财政赤字。正是这些原因促使了银票的产生。到了元朝以后,银票制度得到进一步完善。清代发行的银票(见图2-5)品种更加复杂,有官钞和私钞之分。官钞是由官府发行的,私钞是由民间发行的。银票的出现,便利了商业的往来,弥补了现钱的不足,是中国货币史上的进步。

图2-5 清朝银票

(五) 银行券

银行券是由银行发行的、用以代替商业票据的银行票据,是一种信用货币。银行券由于具有黄金和信用的双重保证而得到广泛的使用。银行券的发行,不仅可以使银行能够超过其资本数量来扩大信用业务,而且可以满足因商品发展而产生的对于货币的需求。银行券流通的数量受商品流通需要的调节。只要银行券可以随时兑换货币,发行银行券的银行就决不能任意增加流通的银行券的数目。银行券最早出现于17世纪,是在商业票据流通的基础上产生的,主要通过银行贴现商业票据而发行到流通中去。早期的银行券是由私人银行发行的。19世纪中叶以后,资本主义国家的银行券逐渐由私人银行改为中央银行或其指定的银行发行。

(六) 不兑现纸币

20世纪30年代世界性经济危机后,各国相继放弃金本位制。第二次世界大战后,布雷顿森林体系确立了全球统一的金汇兑体系,但由于该制度设计有先天缺陷,1973年该体系瓦解,世界各国货币与黄金脱钩,普遍由中央银行发行不兑换的纸币作为流通手段。不兑现纸币是根据政府的法令发行的、按规定在一切公私债务支付中必须接受的货币,所以叫作"法定货币"。货币要求具有同质性和匿名性,而不兑现纸币也具有许多货币应该具有而不为实物货币所具有的特点,如易识别性、持久性、便携性、防盗性等。不兑现纸币和信用不可分割。在这种信用中,国家是债务人,而作为债权人的个人被取消了向国家的追索权,但国家以法律和强制力保证其在交换中被接受。

### 三、推动早期金融创新的技术

#### (一) 造纸术

造纸术是中国古代四大发明之一。早期的造纸术与丝絮有一定的关系,东汉元兴元年(105年)蔡伦改进了造纸术,用树皮、麻头以及敝布等原料经过挫、捣、炒、烘等工艺造纸。这种纸由于原料便宜易得,逐渐得到普遍使用。唐朝时利用竹子为原料制成的竹纸标志着造纸技术取得了重大的突破。在此基础之上,唐代为解决异地汇兑问题而产生了飞钱,促进了早期异地汇兑业务的创新。宋、元、明、清时期的楮纸、桑皮纸等皮纸和竹纸盛行,纸质的提高也促进了金融行业的发展。纸的种类增加以及质量的提高扩大了纸的用途,除书画、印刷和日用外,中国还产生了纸币,即宋代的交子,之后还产生了银票。由于纸币和银票需要印刷所用的纸张易于保存、不易损毁,同时可以经受多种形式的印刷和水印的考验,这就需要造纸术的发展相对成熟。清朝时产生了山西票号,其使用的纸张就是专用的麻纸。随着造纸技术的发展,纸的加工工艺也越来越多样,如染色、印花等工艺都在不断创新,为货币工具的创新提供便利,出现了银行券、不兑现纸币等。

#### (二) 印刷术

印刷术是中国古代的一大发明,最早的印刷术采用的是雕版印刷的方式,源于古代的石刻、印章。一般认为,中国古代雕版印刷术出现于唐代,比欧洲开始用雕版印刷圣像要早700多年。活字印刷术是中国古代印刷技术上的重大变革和创新。活字印刷术根据所用材料不同,又分为泥活字印刷、木活字印刷、锡活字印刷、铜活字印刷和铅活字印刷。北宋庆历年间(1041—1048年)毕昇发明泥活字印刷后,活字的印刷技术不断得到改进和发展,并先后出现了木活字和金属活字。最先采用木活字印刷的是元代的王祯。这个时期的印刷仍以小规模、成本较低的雕版印刷为主,且所用雕版以木版为最普遍,也有以铜版、锡版进行印刷的。其中,铜版雕刻其技术比木版雕刻更为困难、更为精细、更为耐用,多用于纸币印刷。纸币的字少,检查简单,不需要繁杂的设备,因此采用成本较低、图案精美、字体整洁且美观大方的雕版印刷就能满足纸币印刷的要求。纸币的印刷还少不了一项印刷工艺,那就是套色印刷术。为了防止伪造假币,采用彩色套印技术是非常必要的。宋代交子已经使用的多色套印花纹图案及官方印章和私记,元代中统钞使用的铜版印刷,以及明代继承的宋、元时期的图版雕刻,创新的彩色印刷中拱花印刷技术等技术进步的成果,为清代纸币的发行和防伪手段奠定了基础。正是印刷技术的快速发展才使纸币顺利发行并推动早期的金融创新。

#### (三) 密押技术

密码是使用双方约定的法则进行信息特殊变换的一种保密手段,按照这些法则,变明文为暗文和变暗文为明文。密码学在早期金融发展中的作用主要体现在防伪技术上。在宋朝时期就出现了密押技术,"铺户押字,各自隐密题号,朱墨间错,以为私记"。清朝时密押技术更加成熟,为山西票号的防伪提供了技术支持,例如,大德通票号把银总暗号数设计为"赵氏连城璧,由来天下传",这10个字分别代表大写数字壹、贰、叁、肆、伍、陆、柒、捌、玖、拾。"周密流通"则代表"万仟百两"。如果是"汇银伍仟两"即写"璧密通"。

## 第二节 电气时代的金融科技

### 一、电气时代

（一）电报、电话的发明

1. 电报

第二次工业革命开启了"电气时代"，通信方式不断创新，19世纪30年代英国和美国率先发展了通过专用的交换线路以电信号发送、传递信息的方式，即电报。电报中使用的电信号是用编码来代替文字和数字，大多用摩斯密码进行加密。中国出现的首条电报线路是1871年由英国、俄国和丹麦设立的，经上海从香港传至日本长崎的海底电缆。电报进入中国后，改变了中国近代的通信手段，改变了过去通过驿站、信鸽以及烽火传递信息的方式，提升了信息交换的速度，而且逐渐在金融业得到运用，衍生出电汇业务方式，对于票据业务的发展产生了极大的促进作用，推动了异地汇款、汇兑业务快速发展。

2. 电话

在电报业务之后，随着通信工具的创新，出现了一种可以远程传送和接收声音的通信设备。1860年，安东尼奥·穆齐发明了电话机；1876年，亚历山大·格拉汉姆·贝尔注册了电话机专利。早期电话机的作用原理是将说话声音对空气的复合振动传输到固体上，通过电脉冲于导电金属上传递。电话出现之后，各类金融产品的营销业务开始通过电话的方式展开，进一步推动了现代金融的发展。进入现代社会之后，可视电话和移动电话的出现进一步提升了信息传递的速度。

3. 电报、电话与信息触达范围

电报主要是以加密文字的形式传递信息，传递信息的一方通过摩斯密码将文字转化为26个英文字母，并通过敲击的间隔进行传递。这需要传递的文字尽可能简洁，因此对电报传递信息的范围造成了限制。

电话的出现从一定程度上克服了电报传送信息中的缺陷，传递信息的内容不受限制，并且从文字传递的方式转为声音传递的形式，传递的信息更加实时和清晰，扩大了信息触及的范围。

但是，无论是电报还是电话对于信息的传递都需要良好的线路设备和接收装置，这取决于科技发展的水平。随着电报和电话业务的开展，以及两者的不断创新，传递信息的质量越来越高，并对人类生活产生了重大的影响。

（二）电气时代的科技与产业

1. 科技进步与生产力变化

第一次工业革命以来，科技取得了快速发展，生产力也得到了提高。从科技进步的角度而言，电的产生，电灯、电报、电话接连问世，极大地提高了信息传递的速度，并且科技逐渐应用到多个领域，促进了人们生活水平的提高和经济的快速发展。进入现代社会以来，计算机技术的出现再一次促进了科技水平的提高。从生产力变化的角度而言，科技的进步促进了生产力的提高。电出现后,以电为基础的电机开始出现,工厂生产不再以蒸汽为动力,而是以电气为新的生产能源,进入机器化大生产阶段,生产的速度和质量快速提高。同时电报、电话等通信设施的出现使得跨国订单和交易不再需要跨越较长的谈判和合作周期,促进了跨国交易的快速发展。电报的出现推动了国内电汇业务出现,促进了银行等金融机构的发展。

2. 电气自动化

电气自动化是指一种结合了电学、系统科学、信息学、控制学等多种学科的技术方法,是在电子技术、通信技术、现代计算机技术和运动控制技术等基础上发展起来的。电气自动化的出现不仅是先进科技的证明,也标志着工业现代化的到来。电气自动化系统是一个复杂的系统,主要包含信息采集、信息处理和控制、动作执行三个部分。从涉及的范围来看,电气自动化涉及传统的电机、电器等领域,同时也涉及现代电子技术、信息处理、网络传输等信息通信技术。电气自动化出现后,广泛地运用到了人们生活的方方面面。在经济全球化的背景下,电气自动化在经济和社会的发展中日趋重要,在企业生产中发挥着越来越重要的作用。

## 二、银行电汇业务

### (一)电报汇款出现

电报汇款,简称电汇,是指通过电报传输信息的汇兑业务,付款人将一定的款项交存汇款银行,由汇款银行通过电报通知目的地所在的分行或者代理行,指示汇入行向收款人支付一定金额货币。近代电汇出现于19世纪80年代中期,电报的引入是电汇业务出现的重要诱因。19世纪四五十年代,西方人在中国从事的各类贸易和工商活动规模扩大,六七十年代中国民族资本主义工商业不断发展。在工商业和贸易等经济活动中需要资金的快速调拨和周转,传统的汇兑方式,如信汇、票汇等难以适应交易时效性要求,利用电报办理汇兑的业务应运而生。最先采用电汇方式的机构是当时的票号。

> **专栏 2-1**
>
> **清朝后期票号的电汇业务**
>
> 　　两广总督张之洞曾奏:又奉会办海军北洋大臣李鸿章电催提解,转行司局送予光绪十一年十二月二十一日由商号百川通等八家电汇藩库平纹银十二万两,限十二月二十七日赴海军衙门交纳。因气炮一款本系洋银,现以纹银汇兑,每百两应补纹水银九两,共补纹水银一万零八百两。又每百两给汇费银三两五钱,共汇费银四千二百两。统计在气炮款内支出洋银十三万五千两,业经如数提发各商号电汇赴京。旋准李鸿章电转准海军衙门十二月二十八日电覆(复),二十七日如数收讫在案。

### (二)电汇运作原理

电汇业务流程是:先由汇款人填写汇款申请书并交款付费给汇出行,再由汇出行拍加押电报或电传给汇入行,汇入行给收款人电汇通知书,收款人接到通知书后去银行兑付,银行进行解付,解付完毕汇入行发出借记通知书给汇出行,同时汇出行给汇款人电汇回执。

电汇时,由汇款人填写汇款申请书,并在申请书中注明采用电汇方式。同时,将所汇款项及所需费用交汇出行,取得电汇回执。汇出行接到汇款申请书后,为防止因申请书中出现的差错而耽误或引起汇出资金的意外损失,汇出行应仔细审核申请书,不清楚的地方与汇款人及时联系。

汇出行办理电汇时,根据汇款申请书内容以电报或电传向汇入行发出解付指示。电文内容主要有:汇款金额及币种,收款人名称、地址或账号,汇款人名称、地址、附言、头寸拨付办法,汇出行名称等。为了使汇入行证实电文内容确实是由汇出行发出的,汇出行在正文前要加列双方银行所约定使用的密押。

汇入行收到电报或电传后,即核对密押是不是相符,若不符,应立即拟电文向汇出行查询。若相符,即缮制电汇通知书,通知收款人取款。收款人持通知书一式两联向汇入行取款,并在收款人收据上签章后,汇入行即凭以解付汇款。实务中,如果收款人在汇入行开有账户,汇入行往往不缮制电汇通知书,仅凭电文将款项收入收款人账户,然后给收款人一份收账通知单,也不需要收款人签具收据。最后,汇入行将付讫借记通知书寄给汇出行。电汇中的电报费用由汇款人承担,银行对电汇业务一般均当天处理,不占用邮递过程的汇款资金。

(三) 电汇业务的发展

19世纪80年代中期,票号的电汇业务出现开始,至90年代初,"各省电汇银两已属通行"。1907—1932年,票号的电汇业务由于对于安全问题的思虑逐渐由盛转衰,与此同时,钱庄与银行代之而起,成为这一时期电汇业务最主要的经营主体。这一时期社会对于电汇的需求量大幅度增加,使得电汇业务的规模显著扩大。1933年以后,一些尚未开展电汇业务的钱庄也逐渐开始了这项业务的经营。虽然20世纪20年代末30年代初,钱庄倒闭很多,但是据统计,截至1933年,皖、浙、闽、冀、湘、鄂、赣、苏、粤、晋、鲁、川以及东北三省等仍有钱庄1 200余家,银行的电汇业务取得长足发展,成为电汇业务最重要的经营主体。最关键的是,邮政也开始了电汇业务,成为电汇的新生力军。20世纪三四十年代,电汇业务的经营主体获得进一步扩增,电汇量取得较大的提升,成为电汇的深入发展时期。电汇业务的快速发展使得传统的汇兑业务与汇兑格局发生了较大的变动,自此票汇、信汇、电汇三足鼎立的局面开始形成。

随着电汇办理机构与办理网点的增加,货币的流动性也逐渐增强,这便利了货币异地供需的调剂,进而强化了全国性金融市场的内在联系,有助于近代金融管理模式的形成和管理体制的建立。

### 三、证券交易的变化

(一) 交易池交易

早期的证券交易所交易空间是交易池。交易池是指在交易厅内进行期货和期权合约买卖的场所。交易池一般为能使合约交易者互相看见的八角形、外高内低的台子。在传统的交易厅中,交易池中交易人员凭交易所发给会员单位的入场证进场。通过叫喊加手势讨价还价，价格报告员在交易场内随时记录最新成交价格，并迅速显示于行情板上，交易厅的信息可以通过电话、传真、屏幕接收显示系统随时传递到世界各地。直到今天，纽约证券交易所、东京证券交易所等还保留交易池，与现代电子交易系统并行运作。

### (二) 电话、电传交易指令

进入电气时代后，证券交易信息逐步实现了电子、电信传输。证券市场是指令驱动的市场，开盘价由集合竞价方式确定，后续交易阶段则采用连续竞价方式报价，即投资人的交易指令先报送于证券公司或交易系统，证券公司通过其场内交易员或交易系统将委托人的交易指令输入计算机终端；各证券公司计算机终端发出的交易指令将统一输入证交所的计算机主机，由其撮合成交；成交后由各证券公司代理委托人办理清算、交割、过户手续。电话、电传交易指令是指客户以电话、电传的形式通知证券商的营业场所，由营业员按电话内容填制委托书，据以办理委托业务的股票买卖委托方式。大数额的投资者常采用这种方式。因为大额投资需要机动、秘密和分散进行，投资者常常分别委托几家证券经纪商进行买卖，这样投资者无法亲临现场，只有采取电话、电传交易指令的形式。采用电话、电传交易指令，可迅速向证券商传达指示，完成委托，节省时间，提高效率。

### (三) 证券交易所的自动化创新

随着计算机技术的快速发展，证券交易出现了网上委托的方式，证券经纪商的计算机交易系统与互联网联结，委托人利用任何可上网的计算机终端，通过互联网凭交易密码进入证券经纪商计算机交易系统委托状态，委托人自行将委托内容输入计算机交易系统，完成证券交易。进入智能时代以后，证券交易不断创新，形成了证券自动化交易机制。证券自动交易软件是指利用全后台自动交易引擎，融合美国华尔街投资机构模型和国内的交易经验和理念，配合智能化提供证券交易的工具。证券的自动化交易具有以下特点：第一，能提高执行力，克服人性弱点；第二，可以降低盯盘时间，减少时间成本，提高效率；第三，可以提高操盘精准度；第四，智能化T+0跟踪趋势拐点；第五，预警指标选股；第六，无人值守自动交易功能。就投资者而言，选择合适的自动化交易策略，通过算法和信息系统实现订单生成、风险管理、交易传送和成交等一系列动作，有助于其在既定的风险承受能力下，以更低的成本完成盈利目标；就宏观金融市场而言，精确和规范的交易会对证券市场的质量产生正面影响。

## 第三节　电子信息时代的金融科技

电子信息时代的核心技术是计算机技术。计算机发明以后，极大地提升了人类的算力。在金融领域，计算机的应用促进了金融科技的创新。

### 一、电子计算机的发明及影响

#### (一) 计算机的诞生

世界上第一台电子计算机诞生于1946年，叫作ENIAC(Electronic Numerical Intergrator and Calculator)，由美国宾夕法尼亚大学设计和建造。当时正值第二次世界大战之际，新武器研制中的弹道问题涉及许多复杂的计算，由此催生第一台电子计算机，如图2-6所示。

图 2-6　世界上第一台电子计算机 ENIAC

（二）电子计算机的技术演进

第一代计算机(1946—1958 年)以电子管为基本电子器件。主要特征为使用机器语言和汇编语言,主要应用于国防和科学计算,运算速度每秒几千次至几万次。第二代计算机(1958—1964 年)以晶体管为主要器件。主要特征为软件上出现了操作系统和算法语言,运算速度每秒几万次至几十万次。第三代计算机(1964—1971 年)普遍采用集成电路。主要特征为体积缩小,运算速度每秒几十万次至几百万次。第四代计算机(1971 年至今)以大规模集成电路为主要器件。特征为运算速度每秒几百万次至上亿次。

（三）电子计算机解决的问题与影响

1. 满足人类提升算力的需要

正如第一台电子计算机的诞生是为了解决武器研制中的弹道计算问题,天文学、工程学、物理学等各行业的复杂计算需求是电子计算机发展的原动力。随着人类活动范围扩展、各种关系的复杂程度提升,探寻未知和认识现实世界都需要算力作保障。计算机技术不断进步,核心指标就是算力不断提升。从计算机发明以来,其算力的进步基本能够满足人类的需要。

2. 数字化记录人类活动效率提高

人类生产生活的各类数据被广泛收集和记录,其蕴含的信息通过数字化转换后被应用。计算机发明以来,数字技术极大地提升了社会生产力。不论是航空航天等高尖技术领域,还是气象预测、交通规划、金融与经济等和人们生活密切相关的领域,计算机技术带来的数据统计监控效率的提升发挥了重要作用。

3. 计算机促进了生产力的发展,开启了一个新时代

科学技术是第一生产力,以计算机为代表的信息技术是科学技术的重要组成部分。计算机的发展带来了劳动力的升级、劳动工具的变革、劳动对象的高级化,开启了一个新时代。在全球已步入高科技时代的当下,计算机的蓬勃发展仍是推动生产力的主力军。

## 二、电子计算机带来的金融创新

（一）ATM 的发明与功能演进

1. ATM 的出现

自动取款机（Automatic Teller Machine，ATM），原意是自动柜员机，因大部分用于取款，故称作自动取款机，如图 2-7 所示。世界上第一台 ATM 于 1967 年 6 月 27 日出现在伦敦巴克莱银行分行，发明人是英国人谢泼德·巴伦。谢泼德发明 ATM 的灵感来源于巧克力自动贩卖机。

2. ATM 的功能

ATM 设计最初是为了解决银行网点排队和服务时间短的问题，高效率和 24 小时营业是其特点。ATM 分为自动取款机和存取一体机，功能包括取款、转账以及查询余额，存取款一体机相比自动取款机多了存款功能。随着移动支付对 ATM 传统功能的挑战，除传统功能外，一些智能化程度较高的银行 ATM 还多了定期存款、买理财以及查询理财测评等功能。

图 2-7　ATM

3. ATM 的演进

ATM 发明初期一次只能取 10 英镑，饱受冷落。1978 年花旗银行在一场暴风雪中以"花旗银行永不眠"让人们认识到 ATM 的便利与效率。1985 年，ATM 突破了美国单个银行的局限，跨行提供服务。自 1999 年起，美国商业街区的 ATM 免收跨行取款的 1 美元手续费，后来又取消了异地取款手续费。此后，ATM 的发展如火如荼。2015 年 6 月 1 日，中国自主研发的首台 ATM 正式发布，这也是全球第一台具有人脸识别功能的 ATM。当下金融科技的发展使得无现金应用场景越发普遍，ATM 传统功能受到挑战，开始朝智能化方向转型。

（二）规避管制的创新

1. 自助转账服务账户（ATS）

自动转账服务账户（Automatic Transfer Service Accounts，ATS）属于电子清算服务，于 1978 年由美国联邦储备委员会和联邦存款保险公司授权商业银行提供，在电话转账服务账户基础上发展，是电子计算机技术进步下的金融创新。ATS 打破了消费者只使用一个交易账户的习惯，兼具活期账户支付灵活和储蓄账户高利息收入的优点。

2. 大额可转让定期存单（CDs）

CDs 于 1961 年由花旗银行首次推出，是美国商业银行规避以《Q 条例》为代表的利率管制而进行金融创新的产物。20 世纪 60 年代市场利率上升，公司纷纷将资金投资于高收益的货币市场工具。为了阻止存款外流，花旗银行创设了兼具活期存款流动性和定期存款收益性的 CDs。电子计算机的发展促进了金融基础设施的完备，使银行能够掌握 CDs 转让、挂失情况，同时二级市场为 CDs 提供了流动性，这些是 CDs 能够产生和快速发展的技术基础。

3. 货币市场存款账户(MMDAs)

货币市场共同基金(Money Market Mutual Funds,MMMFs)诞生于1971年,因不受美国商业银行存款利率上限和缴纳存款准备金要求影响,对美国商业银行存款业务构成较大威胁。货币市场存款账户(Money Market Deposit Accounts,MMDAs)是美国商业银行为应对MMMFs的竞争而创设的银行存款品种,属于运用电子计算机等先进手段和工具进行的金融创新,能够对MMDAs支付更高利率以吸引存款,且1980年后无须提取法定存款准备金。

(三) 金融市场创新

1. 电子化证券交易

传统的证券市场设有交易大厅,投资者之间的交易通过证券商派出的出市代表进行撮合。随着电子计算机和通信技术的发展,证券商和交易所计算机联网,投资者直接输入买卖指令即可被撮合交易,形成证券交易的无形市场,计算机主机取代了交易大厅。纽约证券交易所交易大厅如图2-8所示。

2. 货币期货出现

电子计算机技术的发展使大范围的集中交易成为可能,集中交易市场变得更为高效,更为全球化。1972年5月,芝加哥商业交易所正式成立国际货币市场(IMM),推出了英镑、加元、德国马克、法国法郎、日元和瑞士法郎等外汇期货合约。在布雷顿森林体系解体、国际汇率波动加剧的背景下,IMM这种全球范围的集中交易场所为对冲性以及投资性货币交易提供了高效的机制。此后,外汇期货市场便蓬勃发展起来。

3. 期权定价问题解决与期权市场发展

期权定价模型由布莱克与斯科尔斯在20世纪70年代提出。该模型表明期权价格的决定非常复杂,当

图2-8 纽约证券交易所交易大厅

标的资产价格只出现一次上升或下降变化时,手工计算也可得到期权的定价公式。而现实中标的资产价格变化复杂多样,评估期权价值变得困难,使用计算机是解决大多数实际期权问题唯一的可行办法。电子计算机技术实际上使得金融产品创新成为现实。

三、计算机与金融创新的关系

(一) 金融的计算本质

1. 金融活动过程中离不开计算

金融是数据性的行业,无论是金融机构还是金融市场,都具有数据量大、数据多维的特点,数据本身蕴含巨大的商业价值。投融资、财富管理、风险管理、金融监管等,都离不开计算。通过数据的统计、分析和挖掘,可以更好地释放金融创新活力和应用

潜力。

2. 宏观金融涉及总量平衡的测算

宏观金融分析研究宏观金融总量及其相互关系,总量平衡需要满足总供给和总需求的基本平衡,对货币供给与货币需求、利率与货币供应量、利率与汇率、利率与通货膨胀、失业率等指标之间的关系进行量化,通过模型数据进行理论验证。

3. 金融计算是经济活动的驱动力

微观金融计算体现在企业财务核算、家庭金融管理方面,企业通过加强成本收益核算,提升企业财务绩效,驱动企业加强经济活动管理。家庭通过金融计算,平衡消费与投资之间的关系,合理配置资产,驱动经济活动的开展。政府部门通过加强财政收支核算,评估政府投融资的绩效,更好地安排公共经济活动。

(二) 金融计算的算力要求

1. 金融是信息敏感性行业

金融的关键是数据。随着计算机技术的发展,数据获取的频率不断加快,从最初的年度、季度、月度等低频数据,发展到实时更新的高频数据。数据频次的提升意味着数据体量的指数型增长,进一步提高对计算机算力的要求。

2. 金融数据承载着经济活动信息

随着全球现代金融业的迅猛发展,数据量也在以前所未有的速度增长。数据是支撑和促进金融业稳定快速发展的重要基础,承载着各类经济活动信息,是金融创新和转化为生产力的关键。而信息的挖掘需要强大的算力。在大数据时代,数据结构日趋复杂,数据类型日趋多样,大数据需要大科技,大科技才能提供足够的算力。

3. 金融市场交易机会的把握需要强算力支撑

伴随着数据的爆炸式增长,金融行业每天处理的数据规模也在不断加大,交易机会隐藏在大量数据中,人们的时间和精力有限,利用计算机的强大算力和高质量的优化搜寻算法,能够快速把握稍纵即逝的交易机会。在程序化交易设计中,算力的比拼是最关键的,毫秒级的投资机会把握,需要量子计算来完成。

(三) 计算机推动了金融复杂化创新

1. 投融资产品的设计

创新是金融发展的原动力,计算机和通信技术的发展是金融产品和服务供给条件改善的源泉,新技术运用导致新产品层出不穷。不论是按照产品种类划分的股票类、债务工具类、衍生工具类,还是按照投融资需求划分的投资产品、融资产品,都在计算机的推动下进行着复杂化的金融创新。

2. 风险管理的产品设计

全球金融市场波动联动性增强、金融市场化水平提高、金融产品设计越发复杂,都使得金融机构愈发脆弱,对金融机构的风险管理能力提出了更高要求,金融机构风险管理创新需求与日俱增。计算机的发展有力地刺激了风险规避相关的金融创新。

## 第四节　互联网金融阶段

### 一、互联网与互联网金融

（一）互联网出现

互联网（Internet）是一系列网络以一组通用的协议相连，形成逻辑上的单一巨大国际网络。互联网开始于美国的阿帕网，最初是用于军事目的的系统连接，后将加利福尼亚大学洛杉矶分校、斯坦福大学研究学院、加利福尼亚大学和犹他州大学的四台主要的计算机连接起来，于1969年12月开始正式联机。进入20世纪80年代后，互联网技术不断进步，逐步走向社会化应用。1994年以后，互联网开始大规模普及应用，并在2000年左右出现一波全球性互联网经济热潮。近年来，通信技术、互联网、云计算、大数据、人工智能技术快速发展，为智慧互联网的发展提供了一个技术支持，互联网的应用前景更加广阔。

（二）互联网的功能与本质

1. 互联网的功能

互联网是一个现代的通信载体，借助网络技术可以突破原有的地理不可及性、交易成本过高以及社交信任问题，实现通信服务与资源共享。互联网技术的发展加快了各种传感设备的普及，很多线下的消费、阅读和购物等经济活动逐渐转移到互联网上，社会信息数字化趋势逐渐增强。搜索引擎除了提供基础的网页搜索等功能，还内嵌了许多智能化的大数据分析工具和IT解决方案，基于互联网技术的金融活动逐渐增加。此外，互联网技术的发展提高了人类的计算能力。随着通信技术、互联网、移动通信技术的融合，互联网的智能性、灵活性、便捷性以及安全性有所提升，对制造业生产、居民消费生活以及金融行业产生了深远的影响。

2. 互联网的本质

互联网的出现是人类进步的体现。人类追求的是连接，进而沟通信息、共享资源。互联网通过数据将世界连接了起来，有效克服了地理限制，给人类的生产生活带来了巨大的变革。互联网的第一本质是共享，即资源的共享性，既包括信息资源的无偿共享，也包括消费品、耐用品的有偿共享。随着共享单车、共享汽车以及共享房屋等共享经济理念的推进，基于共享理念的互联网技术将给媒体、交通运输、金融以及医疗等多个行业带来机遇和挑战。互联网的第二本质是互动，即企业和用户之间、用户和用户之间通过互联网联系得更加紧密，突破了原有由于地理限制和社会网络局限导致的交流障碍，互动程度的加强将提高生产资料和金融资源的搜寻匹配效率，增进社会福利。互联网的第三本质是虚拟。互联网上的各种活动在一定程度上具有一定的虚拟性，有别于传统面对面交易，因此互联网平台的交易模式会更加多样化和便捷化，但其交易风险也会明显高于传统经济活动。

（三）互联网金融

1. 互联网金融的概念

互联网金融是一个有别于过去的"网络金融"的新型概念，自2012年出现并随着实践的快速发展而引起人们的关注。从现实来看,互联网金融是金融行业与互联网相结合的新兴领域。2015年中国人民银行给出了官方定义:互联网金融是传统金融机构与互联网企业利用互联网技术和信息通信技术实现资金融通、支付、投资和信息中介服务的新型金融业务模式。

2. 互联网金融的主要类型

互联网金融的主要类型有传统金融的互联网业务创新和替代性网络金融。其中,传统金融的互联网业务创新主要包括互联网银行、互联网证券和互联网保险,替代性网络金融则包括第三方网络支付、互联网借贷、网络众筹、网络资产管理等。

## 二、传统金融的互联网业务创新

### (一) 互联网银行

互联网银行是指商业银行通过一种或多种移动互联网技术,借助大数据、云计算等方式,为客户提供存款、取款、转账、支付、结算、理财等传统银行业务的互联网金融服务模式。互联网银行主要有两种模式:一种是传统商业银行利用互联网技术开展的手机银行、网上银行等固定或移动互联网银行模式,提供与实体银行一致的金融服务。另一种形式为监管部门批准的、拥有商业银行牌照的纯互联网银行。它没有零售型物理网点,金融服务通过互联网平台开展。此类银行一般主要靠后台处理中心集中处理业务,有一个具体的办公场所,但没有分支机构、营业柜台。

美国互联网银行兴起于20世纪90年代中后期。世界上第一家互联网银行是成立于纽约的安全第一网络银行(Security First Network Bank,SFNB)。其由三家美国银行联合发起,于1994年成立,至1995年10月正式开展网上业务。这是第一家真正意义上的互联网银行,其完全在互联网上提供银行非现金服务。然而随着美国网络经济泡沫的破灭,大量互联网银行破产或被收购,SFNB在1998年出现了停滞,并在同年被加拿大皇家银行以2 000万美元收购。传统银行也开启了线上线下业务双线战略。

中国真正意义上的纯互联网银行始于2014年,这一年原银监会批准了第一批民营银行,其中就包括了以纯互联网的形式运营的网商银行、微众银行、北京中关村银行、苏宁银行和新网银行。

### (二) 互联网证券

互联网证券又称网络证券或网上证券,是指证券公司通过互联网平台为客户提供信息推送、投资顾问、产品发行、证券交易等一系列全方位证券服务的新方式。互联网证券服务的提供者包括传统的证券公司和专业的互联网证券信息平台。证券公司提供的服务除了网上开户、网上交易、网上理财等基本业务,还提供投资咨询、信息送达、数据分析、投资者教育等服务。

美国网络证券交易始于20世纪90年代初。美国不仅是最早开展互联网证券业务的国家,也是网络证券交易经纪业务最发达的国家。1995年,嘉信公司成立专门的电子商务部门来从事互联网经纪业务,成为第一家开展证券电子商务的经纪商。1996年,E-TRADE公司成立,美国无传统经营场所的新型经纪公司诞生。1999年,美林证券开始为投资者提供网络证券交易服务,标志着美国传统证券经纪商对网络交易的态度发生根本性转变,美国网络证券交易快速发展。目前,美国互联网证券交易模式随着各证券经纪公司差异化服务的不断发展,逐渐形成以 E-TRADE 为代表的纯网络经纪商,以嘉信、Fidelity 为代表的折扣经纪商,以及以美林证券为代表的传统证券全服务经纪商。

随着 2013 年年底网上开户制度的推出以及互联网开户引流业务的开展,国内互联网证券业务进入大发展阶段。2014 年 4 月,中信证券股份有限公司、国泰君安证券股份有限公司、长城证券有限责任公司、平安证券有限责任公司、华创证券有限责任公司、中国银河证券股份有限公司成为首批经证监会同意,开始开展互联网证券业务试点的证券公司。随后,又有几十家券商接连获批开展互联网证券业务。

### (三) 互联网保险

互联网保险是指借助互联网技术和互联网平台进行保险营销的新型服务方式,其服务可以覆盖到保险的信息查询、合同设计、投保、交费、理赔、给付等各个方面。互联网保险服务提供者包括保险公司、拥有保险牌照的纯互联网保险公司,以及保险产品销售信息平台。

中国的互联网保险始于 1997 年,第一个第三方保险网站是同年年底产生的中国保险信息网。2001 年 3 月,太平洋保险公司北京分公司开通了"网神",推出了 30 多个险种,开始了真正意义上的保险网销。2005 年 4 月,《中华人民共和国电子签名法》颁布,互联网保险真正开始发展。随着互联网、云计算和大数据技术的进步,网络保险公司出现。2013 年 9 月,由蚂蚁金服、腾讯、中国平安等企业发起设立的众安在线财产保险股份有限公司成立,成为国内第一家纯互联网保险公司。2016 年前,互联网保费规模一直处于增长态势,尤其是 2015 年,互联网保费规模同比增长 9.2%,达 2 234 亿元。但 2016 年后,互联网保费规模出现一定的下降,渗透率也同步回落。

## 三、替代性网络金融

替代性网络金融是指通过传统金融系统以外的互联网市场为个人和企业提供替代性金融服务的渠道和活动。和传统金融业相比,替代性网络金融利用创新型的金融渠道与工具来帮助个人和企业融资和投资。从奖励模式众筹到 P2P 个人及企业信贷,从票据交易到股权模式众筹,这些替代性网络金融活动直接对接了出借人与消费者及中小企业借款人,为创业公司和创意产业提供了风险资金,并且为个人与机构调配资产、投资借贷提供了新的选择和渠道。

### (一) 第三方网络支付

学术界对第三方网络支付给出的定义是:具备一定实力和信誉保障的独立机构,通过与银联或网联对接而促成交易双方进行交易的网络支付模式。国外第三方网络支付产业的起步略早于中国,并保持了高速发展。1996 年,第三方网络支付公司在美国出现,随后 Yahoo PayDirect、Amazon Payments 和 PayPal 等公司先后成立,其中以 PayPal 的发展历程最为典型。成立于 1998 年的 PayPal 公司起初创设的目的是弥补商务领域商业银行不能覆盖个人收单业务领域的不足。2002 年,PayPal 被全球最大的 C2C 网上交易平台 eBay 全资收购,从此进入快速发展期。集聚各种二手商品的 eBay 当时是全球最大的个人电子商务交易平台。除 PayPal 之外,其他第三方网络支付企业的成长也很迅速,尤其是在移动支付领域。

中国的第三方网络支付机构起初只是作为银行的外包服务机构,为银行提供基于网络技术的支付解决方案,从银行卡收单,到发行和受理预付卡,基本都是利润低、人力成本高银行自身不愿意经营的业务,因此其影响力一直不大。2004 年 12 月,阿里巴巴旗下的支付宝(Alipay)正式推出,借助于淘宝网强大的商业资源、技术背景和品牌实力,支付宝业务取得了迅猛的发展,仅用 4 年时间便成为全球最大的第三方网络支付平台。继阿里巴巴公司的支付宝推出后,财付通、安付通等支付平台也相继出现。

(二) 互联网借贷

互联网借贷是交易双方通过网络平台达成资金借贷的形式,包括 P2P 网贷、互联网小额商业贷款、互联网消费金融、互联网供应链金融等。英国的 Zopa、美国的 Lending Club 和中国的拍拍贷都是 P2P 网络借贷模式的典型代表。互联网小额商业贷款一般由小额贷款公司或电商平台提供。互联网消费金融借助于新的技术及商业模式能够大大改进服务质量,专门为消费者提供小额信用支持,如京东白条、花呗等。互联网供应链金融是互联网金融与供应链金融的集成概念,是指兼具电商平台经营者和资金提供者身份的电商或商业银行,在对电子商务平台长期积累的大量信用数据以及借此建立起来的诚信体系进行分析的基础上,运用自偿性贸易融资的信贷方式,引入资金支付工具监管的手段,向在电子商务平台从事交易的中小企业或小微企业提供封闭的授信支持及其他资金管理、支付结算等综合金融服务的一种全新的金融模式。由于 P2P 网贷的违规经营,我国开启了监管清退,现已全面清零。

(三) 互联网众筹

互联网众筹(Internet Crowd Funding)是指需求方通过互联网、社交网络或专业平台广播项目信息,以此吸引网络用户对项目的关注,从而使项目需求方(融资人或项目)获得必要的资金援助、渠道支持和营销推广的一种行为或方式。

2009 年,众筹在国外兴起。Kickstarter 于当年在纽约创立,是全球最大最知名的众筹网站,主要针对科技产品和艺术作品。截至 2015 年年底,该平台成功资助了 9.5 万个项目,成功筹集资金 20 亿美元。Kickstarter 众筹平台出现后,出现了众多的模仿者。其中,于 2010 年 10 月成立的英国股权众筹平台 Crowdcube 是全球首个股权众筹平台。股权众筹是典型的直接金融,它是指通过网络平台方式向特定投资者进行股权融资。2011 年 7 月中国首家众筹网站"点名时间"成立,随后几年众筹网站数量和融资规模快速增长。众筹从 2014 年起进入快速增长期。《中国众筹行业市场前瞻与投资战略规划分析报告》的数据显示,2014 年上线的平台达到 154 家。2015 年,在互联网金融受追捧的情况下,新上线的众筹平台再创新高,达到 222 家。2016 年,随着互联网金融专项整治及相关监管措施的实施,传统的产品及股权型众筹平台已基本停止增长。2017 年后股权众筹行业多项指标急剧下降。

(四) 网络资产管理

随着金融科技不断发展,计算机、互联网、大数据、云计算、人工智能等技术的日新月异,资产管理模式从传统模式逐渐走向智能化、普惠化、便捷化的互联网资产管理模式,极大地拓展了资产管理的服务需求、潜在用户规模和应用场景。互联网大型电商集团、传统金融机构、业务升级和转型的互联网金融平台以及非金融实业企业设立的互联网资产管理平台均活跃在中国网络资产管理市场的蓝海上。就发展情况来看,网络资产管理可分为自助化、社交化、顾问化三种商业运作模式。

(1) 自助化资产管理模式。在自助化资产管理模式下,用户根据自身财务情况和风险偏好,通过互联网"全品类金融超市"进行自助理财。与传统理财相比,这一模式通过互联网吸纳了更多位于"长尾部分"的中低资产净值客户进行大众理财投资,是中国最主流的互联网资产管理模式。国内的自助化资产管理平台主要是由互联网巨头和传统金融机构牵头,利用自身在客户资源以及技术上的优势切入资产管理、聚集各类金融产品、提供比价服务,根据用户情况进行筛选、匹配和推荐金融产品。

(2) 社交化资产管理模式。社交化资产管理模式以信息共享为核心,强调"跟投"的投资理念。具体来说,将职业或业余投资人的投资业绩和持仓情况通过互联网平台分享出来,供普通投资者参考,或直接跟投相关资产或组合。这一模式本质上是使普通投资者间接地享受投资咨询服务。

(3) 顾问化资产管理模式。线上理财顾问平台通过互联网和移动互联网技术将传统投顾服务的服务对象延展至高净值以外的长尾用户。面向理财师的互联网理财顾问平台主要为理财师提供金融产品和智能化客户管理服务;面向投资人的平台则通过将传统的线下理财师互联网化,为投资者提供线上理财服务,或者是以"高佣金返还"等模式吸引理财师入驻,平台则撮合投资者和理财顾问。这类平台一方面解决了投资顾问由于技术条件、地理条件等的限制无法扩展其工作半径的问题,另一方面投顾服务门槛的降低使得非高净值人士也能够享受到理财顾问服务。

# 第五节　智能金融阶段

## 一、人工智能技术与产业变革

### (一) 人工智能

人工智能(Artificial Intelligence, AI)亦称智械或机器智能,是由人制造出来的机器所表现出来的智能。人工智能的核心问题包括建构能够跟人类相似其至超过人类的推理、规划、学习、交流、感知、移物、使用工具和操控机械的能力等。当前有大量的工具应用了人工智能,其中包括搜索和数学优化、逻辑推演。而基于仿生学、认知心理学,以及基于概率论和经济学的算法等也在逐步探索当中。人工智能就像人类的大脑一般,具有超强的学习与处理信息的能力。

人工智能是一个大范围的科学,运用了多个学科的理论与方法,运用的主要技术包括机器学习、知识图谱、自然语言处理、计算机视觉技术,可应用于智能化处理数据、识别身份、监控风险等具体途径,详细内容可见表2-1。

表 2-1　人工智能运用的主要技术

| 技术名称 | 简介 | 具体应用 |
| --- | --- | --- |
| 机器学习 | 人工智能的核心手段,运用概率、统计等算法和心理学、社会学理论让机器模拟人类的行为与反应 | 虚拟助手、交通预测等 |
| 知识图谱 | 结合应用数学、图形学等理论与方法构造可视化图谱,体现知识的框架与内在逻辑 | 人物关系图谱、绘制资金流水等 |
| 自然语言处理 | 融合语言学、数学、计算机科学,实现人机语言良好通信交流 | 机器翻译、信息检索、语言主题提取等 |
| 计算机视觉技术 | 主要用于模拟人的视觉功能,对图像进行客观的信息提取与处理 | 人脸识别、指纹识别等 |

从发展趋势来看,根据《中国互联网发展报告(2023)》中国人工智能产业市场规模逐年递增,2022 年达到 5 080 亿元。同时,中央政府出台了人工智能相关的政策,目的在于鼓励与支持人工智能的产业发展。2019 年 9 月,中国人民银行印发了《金融科技(FinTech)发展规划(2019—2021 年)》,重点任务中提到:"深入把握新一代人工智能发展的特点,统筹优化数据资源、算法模型、算力支持等人工智能核心资产,稳妥推动人工智能技术与金融业务深度融合。"地方政府也积极采取了相关措施,加大了对人工智能的研发与投入,为人工智能产业带来了广阔的发展前景。

另一方面,技术变革带来的冲击显然才刚刚开始,人工智能最好的应用领域之一就是金融业,因为这是唯一纯数字领域。"互联网＋金融"阶段更多影响在于"渠道革命",而"人工智能＋金融"会有更多服务和产品层面的变革。人工智能在金融业是应用最早、最成熟的领域,例如,量化交易、智能投顾、智能客服和生物身份识别等细分领域的商业化发展也将加速推进。传统金融机构受到很大冲击,但同时也获得了重新发力的契机,因为作为人工智能的重要基石,数据和 IT 的最优资源仍掌握在金融机构手中。

(二) 第四次工业革命

进入资本主义社会以来,人类共经历了三次重要的产业革命(工业革命)。第一次产业革命始于 18 世纪 60 年代,以蒸汽机的发明为标志,代表人类社会进入蒸汽时代,主要表现为机器开始取代人力,大规模工厂化生产取代个体手工生产。第二次产业革命始于 19 世纪中期,以电力的广泛应用和内燃机的发明为主要标志。人类社会从"蒸汽时代"跨入"电气时代",主要表现为家用电器走进人类的生活,重工业起步,新型交通工具扩大了人类的活动范围。第三次产业革命始于 20 世纪中期,以计算机与互联网的发明和应用为主要标志。人类社会又进入了"信息时代",主要表现为全球信息和资源交流变得更为迅速,各类技术呈交叉式突破。

近年来,由于算力、数据和算法完成了由量到质的飞跃,人工智能也得以进一步发展,这被不少人看作第四次产业革命到来的重要标志。人工智能被认为能作为核心驱动力,促进产业结构、城市形态、生活方式和科技格局的颠覆式变革。至此,人类进入了"智能时代",智能制造、智能农业、智能物流、智能金融、智能商务等产业全面繁荣。

## 二、人工智能与金融的融合

（一）人工智能在金融领域的应用

进入互联网时代以来，科技逐渐改变金融方式，尤其是随着人工智能技术的逐渐成熟，多数互联网金融公司都通过运用多种人工智能技术，全面提升风控的效率与精度，简化业务流程。对于金融行业而言，如何提升业务的风险防控能力是传统金融机构面临的重要问题。智能风控主要得益于以人工智能为代表的新兴技术的快速发展，在信贷、反欺诈、异常交易监测等领域得到广泛应用。与传统的风控手段相比，智能风控改变过去以满足合规监管要求的被动式管理模式，转向以依托新技术进行监测预警的主动式管理方式。以信贷业务为例，传统信贷流程中存在欺诈和信用风险、申请流程烦琐、审批时间长等问题，通过运用人工智能相关技术，可以从海量数据中深度挖掘关键信息，找出借款人与其他实体之间的关联，从贷前、贷中、贷后各个环节提升风险识别的精准程度，使用智能催收技术可以替代 40%~50% 的人力，为金融机构节省人工成本。同时利用 AI 技术可以使得小额贷款的审批时效从过去的几天缩短至 3~5 分钟，进一步提升客户体验。

随着 AI 技术与金融行业融合程度的不断加深，金融业务的开展效率也越来越高。通过信贷业务流程可以看出（见图 2-9），从营销到申请到贷款审批以及贷后监控与催收都逐渐智能化，极大地降低了人工成本，提高了业务效率。一些互联网小贷公司在一天之内甚至能完成上万笔贷款业务。随着业务量的不断增加，风险问题也在增加，如何提高监管效率也就显得更加重要了，尤其是考虑如何更好地将 AI 技术应用到金融监管的场景中去。

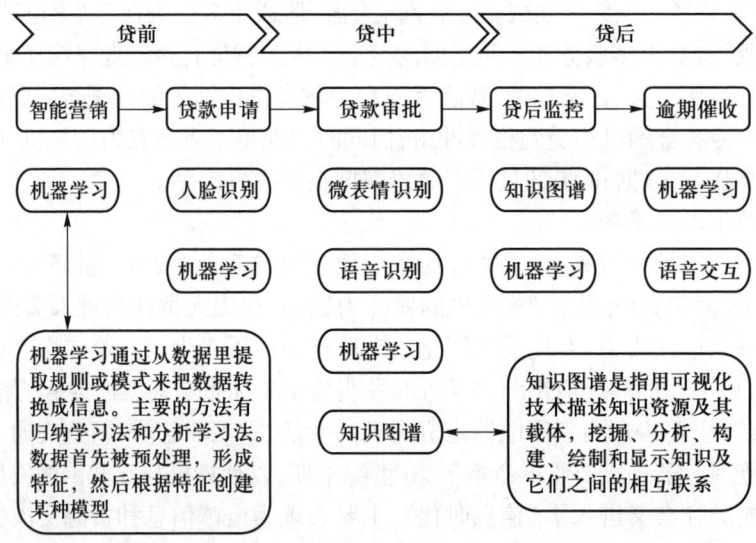

图 2-9　AI 技术 + 信贷业务的流程

越来越多的金融机构运用了人工智能，金融监管机构也越来越重视其作用。一个重要的原因是人工智能为金融监管带来许多便利与发展，弥补了传统金融监管的短板与不足。进行金融监管，监管方需要通过收集信息—处理信息—反馈信息三个基本步骤，来实时跟进监管对象的动态变化。人工智能化的金融监管相较于传统模式，在每一个步骤上都进行了较大的优化与改善,推进了金融机构对内部进行风控、政府对行业进行监管,维护了整个金融行业的生态圈。具体来看,主要有以下应用场景。

(1) 在数字化监管协议基础上引入人工智能。该类应用场景的出现可以帮助监管机构对监管规则、合规准则进行标准化解读和专业化解释,减少人工解读造成的理解歧义和解释错误,提高监管合规的科学性和准确性。

(2) 及时广泛收集信息。金融监管的第一步为收集信息。在传统模式下,信息的采集需要大量的人工成本,采集来的信息过少且片面。现在是信息数字化、大数据的时代,传统的人工收集已经跟不上线上数字化的发展。人工智能在大数据的背景之下,可以跨时跨地对这些数据进行全面采集和分类储存,是一个拥有极大容量的智能大脑。它能及时捕捉每一个信息,加速筛选与分类信息。这种全面、及时的信息采集模式还有利于实现共享智能,为企业和政府连接多个端口,达到信息共享的目的,从而有利于建立征信体系。人工智能对信息及时且广泛的收集丰富了监管数据,大大提高了监管的准确度。例如,将指纹识别、虹膜识别、面部识别等生物识别技术与人工智能深度结合,可以促使监管机构以及金融机构企业更加科学高效、安全便捷地验证客户的身份,提高客户分析评测的精确性。

(3) 高效灵敏处理数据。信息采集之后需要进行信息处理。人工智能可以通过机器学习、自然语言处理等,运用大量的算法和模型快速处理数据,将数据可视化。经过大量的自主学习,机器处理信息的能力逐渐提升。它可以用不同的语言转化信息,快速地进行数据分析,挖掘不同数据间的关联性等。而传统金融监管之下,人们需要找到众多领域的专家对信息进行分析,人力成本大且耗费时间长,难以及时处理好大量的数据来反映问题,这就造成了监管的滞后性。而人工智能的使用大大节省了监管成本,提升了监管效率。

(4) 全面智能评测风险。金融监管最终需要得出监管对象是否存在较大风险的相关结论并对其采取管理措施。这就需要综合的、大量的信息形成一个最终的反馈结果。金融监管的核心在于监测风险。企业需要监测产品的运营风险、用户的使用风险等,政府需要监测企业的运营风险、违规风险等。传统的评测风险模型容易被淘汰,传达不及时,人力和经验所限导致风险刻画不准确,造成比较大的监管漏洞。而人工智能通过多维度的数据处理与分析、自主更新迭代模型、对目标进行精准画像与图谱分析等,可以全面实时地刻画风险、反馈监测结果。智能风控的诞生帮助政府与企业及时发现潜在风险,控制各项风险,做到有效可控的监管。

通过收集信息—处理信息—反馈信息的监管步骤,企业和政府得以找到存在的问题,从而制定解决方案。人工智能的运用就如给金融监管安装了一个核心引擎,帮其实现了一个更加准确、动态化的智能监管模式。

(二) 智能金融的定义与范围

2017年国务院印发的《新一代人工智能发展规划》明确提出发展智能金融,建立金融大数据系统,提升金融多媒体数据处理与理解能力。创新智能金融产品和服务,发展金融新业态。鼓励金融行业应用智能客服、智能监控等技术和装备。建立金融风险智能预警与防控系统。

1. 智能金融的内涵界定

目前学界对智能金融尚无统一的定义。根据较权威的中国金融四十人论坛的研究成果,智能金融(Intelligence Finance)是指人工智能技术与金融业深度融合的新业态,是用机器替代和超越人类部分经营管理经验与能力的金融模式变革。智能金融是金融科技发展的高级形态,是在数字化基础上的升级与转型,代表着未来发展趋势,已成为金融业的核心竞争力。[①] 智能金融与数字化转型、金融科技既有密切联系又有重要区别。智能金融的发展基础是金融机构数字化转型,数字化转型为智能金融的发展提供了基础设施的保障。

2. 智能金融的范围

目前智能金融的应用主要包括前台、中台、后台三大方面。具体来看,其应用范围包括以下几类。

(1) 智能身份识别。智能身份识别又称生物识别技术,是指识别人的生物特征来区分个体的技术,包括身体特征和行为特征两大类别,前者包括指纹、静脉、人脸、DNA、掌纹、虹膜、视网膜、气味等,后者包括键盘敲击、步态、声音等。目前智能身份识别技术以指纹识别和人脸识别为代表,已进入大规模应用阶段。在金融领域最常见的智能身份识别应用就是人脸识别支付系统,例如2015年11月18日,支付宝正式上线了人脸识别支付功能,其流程为选择产品后进入支付页面,在确认支付后出现人脸扫描页面,通过面部扫描(拍照)进行认证,只有认证成功后才能顺利支付。

(2) 智能营销。智能营销也称精准营销,通过人工智能技术,根据客户交易、消费、网络浏览等丰富的特征数据,构建用户多维画像,从而挖掘客户潜在需求。在金融领域,智能营销主要指的是金融机构通过用户大数据构建用户画像,并基于此设计针对性更强的金融产品和营销方案,为客户提供个性化和精准化的服务。例如,各大银行通过掌上银行App的用户使用数据,可进一步对客户的职业、财产规模、金融服务需求等进行分类,并在此基础上推送相关的理财产品、信用产品等。

(3) 智能客服。智能客服是建立在大规模知识库处理基础上的自动应答引擎,提供基于语义的智能应答服务。2020年3月,由中国银行个人数字金融部与科大讯飞合力打造的95566全语音门户正式上线,面向中行客户提供"零接触""零等待"的智慧金融服务。用户在拨打95566后,只要直接说出自己的业务需求,就可获得相应的信息与服务,实现以自然语言为交互界面的高效沟通。

(4) 智能投顾。智能投顾又称机器人投顾,是一种新兴的在线财富管理服务,它根据个人投资者提供的风险承受水平、收益目标以及风格偏好等要求,运用一系列智能算法及投资组合优化等理论模型,为用户提供最终的投资参考,并根据市场的动态对资产配置再平衡提供建议。2015年8月,京东金融在行业首推创新型产品——"智投"。投资者只需要填写一份简单的调查问卷,"智投"就会通过特定算法和京东大数据体系,为用户提供免费个性化智能投资组合。

(5) 智能风控。智能风控利用人工智能技术构建线上金融风控模型,通过海量运算与校验训练以提升模型精度,最终应用到反欺诈、客户识别、贷前审批、授信定价及贷后监控

---

① 中国金融四十人论坛课题组.2019年中国智能金融发展报告,2019.

等金融业务流程,从而提高金融行业的风控能力。智能风控为金融行业提供了一种基于线上业务的新型风控模式,贯穿反欺诈与客户识别认证、授信审批与定价分析、贷后管理与逾期催收等业务。

### (三) 从智能金融走向智慧金融

智慧金融(Smart Finance)是依托于互联网技术,运用大数据、人工智能、云计算等金融科技手段,使金融行业在业务流程、业务开拓和客户服务等方面得到全面的智慧提升,实现金融产品、风控、获客、服务的智慧化。[①] 总体而言,智慧金融是在智能金融的基础上进一步升级演化而形成的。相较于主要应用人工智能技术的智能金融,智慧金融涉及的技术领域、具备的发展潜力等更为广阔。智慧金融的"智慧"源于对海量数据的高密度计算,云计算是计算资源虚拟化的新型计算模式,为实现大规模复杂计算提供了良好的解决方案。各种形态物联网的发展为采集大量的用户行为数据、生活数据提供了全新渠道,这些数据对拓展智慧金融在具体行业、具体场景的深入应用将发挥重要作用。生物识别技术由于能够很好地区分和辨别被识别人的身份,常被用于客户身份的鉴别与智慧支付方式的创新。在数字货币背景下,区块链和智能合约有望为智慧金融的开发提供全新的思路和安全技术保障。随着量子通信技术的研发不断推进,智慧金融在通信加密、身份认证等方面有望获得量子通信技术的研究成果红利,在金融数据通信的安全性上取得新突破。虚拟现实技术是一种可以创建和体验虚拟世界的计算机仿真系统,虚拟现实技术在完善金融交易的智能交互体验、创新金融服务场景和辅助金融数据分析的可视化等方面具有广阔的应用空间。

## 三、智能金融发展中的伦理问题

### (一) 金融从业者替代造成的失业问题

和人工智能其他应用一样,智能金融的发展也带来了机器替代人工作,进而造成失业的伦理问题。例如,智能投顾的发展方向是替代财富顾问,智能营销将可能代替金融销售人员,而智能交易软件直接取代了交易员。如何平衡智能机器与人的关系,避免出现大规模失业成为智能金融也是人工智能发展中的重要伦理问题。

### (二) 金融算法存在歧视问题

金融算法应用过程中会产生歧视问题,分为主观价值算法歧视和客观系统算法歧视(见图 2-10)。数据颗粒度越细,数据标签越丰富,算法的结果越会产生对某些群体的客观歧视。

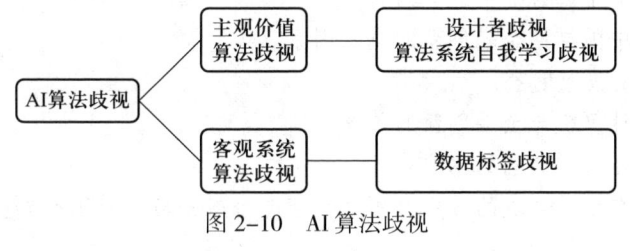

图 2-10　AI 算法歧视

---

① 温晓岳. 智慧金融. 北京:清华大学出版社,2012.

### (三) 金融算法的黑箱问题

人工智能算法常常存在不透明的问题,尤其是基于深度学习的算法,其并不遵循数据输入、特征提取、特征选择、逻辑推理、预测的过程,而是由计算机直接从事物原始特征出发,自动学习和生成高级的认知结果。在人工智能输入的数据和其输出的答案之间,存在我们无法洞悉的"隐层",这也被称为"黑箱"(Black Box)。

### (四) 道德风险问题

无论是在金融领域还是其他领域的应用,人工智能技术不可避免地带来了一些道德风险问题。例如,Northpointe 公司开发的预测罪犯二次犯罪概率的人工智能系统的算法,被认为带有种族偏见倾向。因为黑人罪犯被标注的概率远远高于其他人种。又如,有学者利用唇曲率、眼内角距以及口鼻角度等的面部识别系统预测某些人具有犯罪倾向,也被质疑存在偏见。若上述算法使用在金融客户的画像上,必然会造成不公平等道德问题。

## 本 章 小 结

中国古代商品交易的支付手段随技术进步而不断发展变化。从唐朝的飞钱,到宋朝的交子、会子和银票,以及清朝汇票的发展,是在造纸术、印刷术和密押技术与科学实践推动下的金融创新。电报、电话出现后,信息传递速度大大提升,推进了汇兑业务转向电汇。电子计算机的诞生解决了人类对算力的需要,它大幅提升了金融计算的算力,拓展了金融交易边界,推动了金融复杂化创新,释放了金融创新活力和应用潜力。互联网金融是基于互联网技术平台的金融活动、金融形式等的总和,是技术平台与金融活动的融合形态。互联网金融的支付清算、资金融通、信息提供以及风险管理等金融的基本功能没有变。互联网金融的主要类型有传统金融的互联网业务创新和替代性网络金融。人工智能技术在金融领域的应用为金融业务带来了巨大的变革,智能金融由此产生。智能金融领域目前已形成一系列较成熟的业务模式,其仍在不断发展和完善。

## 关 键 名 词

飞钱  交子  会子  票号  密押技术  电汇  互联网金融  互联网银行  互联网证券  互联网保险  替代性网络金融  智能金融  智慧金融

## 复习思考题

1. 简要回答交子成为纸币的原因。
2. 简述促进中国早期金融创新的技术因素。
3. 简述电汇的发展过程。
4. 如何看待计算机与金融创新的关系?
5. 互联网与互联网金融的本质是什么?
6. 人工智能在金融领域的应用有哪些?智能金融的应用范围有哪些?

即 测 即 评

延 伸 阅 读

［1］成艳萍.纸币防伪技术与山西票号业的发展.科学技术与辩证法,2008(3).

［2］田子强.清朝银票的防伪印刷技术.中国防伪报道,2015(2).

［3］夏维奇,夏青.电汇的演进与近代中国金融生态的变迁.学术研究,2006(3).

［4］克劳斯·施瓦布.第四次工业革命:转型的力量.李菁,译.北京:中信出版社,2016.

［5］中国金融四十人论坛课题组.2019年中国智能金融发展报告,2019.

［6］中国金融科技产业联盟.中国金融科技发展报告(2023).北京:社会科学文献出版社,2023.

# 第三章
# 金融科技的功能理论

**章前导读**

  2022年12月13日,中关村互联网金融研究院和中关村金融科技产业发展联盟发布了《中国金融科技和数字普惠金融发展报告(2023)》。根据该报告,2022年,中国金融科技继续全球领先,金融科技市场规模、投融资规模持续扩大。政府监管部门出台了多项政策,对金融科技各细分领域的发展提出了更为严格的要求。金融科技企业加快发展,企业融资规模持续增长。北京、上海、深圳、杭州等城市金融科技发展位居国内前列,发挥着引领示范作用。我国金融科技人才队伍建设亦实现了较大的提升。此外,根据中国互联网金融协会金融科技发展与研究专委会联合毕马威中国撰写的《2023中国金融科技企业首席洞察报告》,在不确定性增大的时代背景下,受访企业依旧保持经营发展韧性,对金融科技行业未来发展信心满满,2023年金融科技行业未来发展信心指数平均分提升至82.8,为近三年最高。为什么中国金融科技能全球领先?为什么在不确定性增大的时代背景下,金融科技企业信心满满?对这些问题的回答需要我们了解金融科技及其功能。那么,金融科技在哪些方面深化了金融的功能?其理论基础是什么?是如何实现的?

**本章学习目标**

  本章从金融科技功能理论入手,从支付清算功能、长尾理论、搜寻理论、机制设计以及监管博弈五个方面深入分析金融科技对金融功能的深化以及对传统金融产生的影响。通过本章的学习,可以了解支付方式与功能发挥,认识金融科技在服务长尾客户方面的优势,把握金融科技在推动普惠金融发展、降低资金需求方搜寻成本方面所发挥的作用,理解传统金融机制设计及金融科技机制设计方式,掌握技术进步推动金融创新的决定因素。

## 第一节 支付清算功能的科技需求

### 一、金融的支付清算功能

(一) 支付清算的含义

在社会经济生活中,支付无时无刻不在发生。在默顿(Robert C. Merton)提出的金融功能理论中,为商品、服务和资产交易提供支付、结算和清算被列为金融的一项重要功能。货币发挥交换媒介职能主要通过三种方式实现,分别是交换手段、计价标准及支付手段。金融机构的一项重要功能是便利支付结算。如何理解上述支付、清算及结算的含义呢?

支付是指由社会经济活动引起的债权债务清偿以及货币转移行为,是付款人向收款人转移可以接受的货币债权的行为。当支付采用现金形式时,称为现金支付;当支付采用银行存款等形式时,称为非现金支付。一般而言,一笔非现金支付包括交易、结算和清算三个过程。

结算是指清偿双方或多方当事人之间资金债务的一种行为。结算过程是把清算过程产生的待结算债权债务在收付款人金融机构之间进行相应的账簿记录、处理、完成货币资金最终转移并通知有关各方的过程。

清算是指发生在银行同业之间的货币收付,用以清讫双边或多边债权债务的过程和方法。清算过程包括:在付款人金融机构和收款人金融机构之间交换支付工具或相关支付信息;计算出结算债权。

根据支付过程的组成部分,可把支付活动分为三类。第一类是单一债权债务关系的支付活动。这类支付活动多出现在没有银行参与的面对面交易活动中。买家向卖家支付货币购买商品,支付既完成了交易过程又完成了由于商品买卖所形成的单一债权债务关系的清偿。第二类是有债权债务关系但不清算的支付活动。这类支付活动买卖双方的资金划转是在同一银行内进行的。当购物交易发生以后,买家利用银行发放的支付工具进行支付,银行从买家的资金账户存款数额扣除商品的货币价值记入卖家的存款账户,卖家就获得了交易的货币资金。第三类是有债权债务关系且需要清算的支付活动。这类支付活动发生在买卖双方的资金划转于不同的银行资金账户之间。和第二类支付活动相比,第三类支付活动多了一个环节,即银行间资金账户的清算。从以上支付活动可以看出,在需要清算的支付活动中,只有清算完成了,结算才能最终完成。

支付清算需要满足安全性、便捷性、高效率和低成本四个原则。支付过程涉及资金的转移,关系到收付款人的财产安全,因此安全性是支付清算最基本也是首要的原则。便捷性主要是指消费者对支付便利程度的体验,在很大程度上是支付工具演变的重要推动力。支付清算体系高效率主要体现在提高资金使用效率上,只有具备高效率才能更好地支持实体经济发展。支付是商品交易环节的重要组成部分,支付环节成本的降低有助于节约整个社会经济活动的成本,促进经济发展。

(二) 支付方式的演进

按照支付工具的演进发展,支付可分为三个阶段:实物支付阶段、信用支付阶段、电子支付阶段。

实物支付阶段包括最初的以物易物阶段,以牛、马、羊、贝、盐等充当一般等价物进行交换的阶段,以及以黄金与白银等固定充当一般等价物进行交换的阶段。

信用支付包括使用纸币现金实现的支付,使用本票、汇票和支票等票据实现的支付,使用转账实现的支付,自动清算所支付以及金融卡支付。商业票据是在商业信用中被广泛使用的表明买卖双方债权债务关系的凭证。市场上流通较广泛的商业票据有本票、汇票和支票。转账支付包括贷记转账和借记转账。贷记转账是由付款人发出支付指令,指令其银行将一定的金额转移到指定收款人账户中的转账支付。借记转账是由收款人发出支付指令,指令对方银行将一定的金额从对方银行客户的账户转移到收款人的银行账户中。自动清算所(Automated Clearing House,ACH)支付是由成员存款机构达成的在成员机构间以电子借记或贷记方式进行支付的一种安排,一般用于支付小额交易,通常以净额结算的方式,对支付指令采取批量处理方式。自动清算所的运作过程和纸质清算过程类似,只不过是以电子方式进行。金融卡可分为三类,分别是预付卡(先支付)、借记卡(实时支付)、信用卡(后支付)。预付卡(储值卡)是指先把银行账户中的金额存入然后消费的卡片。借记卡(如储蓄卡)是持卡人银行账户在交易发生的同时进行支付的卡片。信用卡是贷记卡,是指持卡人无须存款,发卡银行给予持卡人一定的信用额度,持卡人可在信用额度内先消费、后还款的银行卡。

电子支付是指交易双方通过电子终端,直接或者间接地向金融机构发出支付指令,实现货币支付与资金转移的一种支付方式。它是以电子方式处理交易支付的各种支付方式的总称。电子支付可以通过三种形式实现:以电子转账的方式对银行账户借记或贷记;通过卡片或者终端设备(计算机或手机等)进行支付(卡基支付工具);以电子现金、虚拟货币或数字货币的形式对某网站上的电子账户借记或贷记。

## 二、支付清算功能实现对科技的需求

实物支付阶段对应货币演进形式中的商品货币阶段。在最初的以物易物阶段,以及以贝、盐、牲畜等充当一般等价物进行交换的阶段,文字、数字的发明与创造推动了支付工具的发展。在黄金与白银等金属固定充当一般等价物进行交换的阶段,金属采矿与冶炼技术的发展让支付方式发生了质的飞跃。而在信用支付阶段,造纸术与印刷术以及防伪技术为实现用纸币现金支付,以及使用本票、汇票和支票等票据实现的支付提供了重要动力和技术支撑。通信、计算机、互联网等技术的发展使得纸基支付工具朝电子化方向发展。这不但使转账支付、自动清算所支付以及金融卡支付成为可能,还推动了电子支付的发展。下面从支付安全性的角度来介绍现代电子支付系统(见图3-1)对技术的要求。

(一)安全支付加密技术

1. 对称密钥加密法

对称密钥加密法是指将明文和密钥一起提交给加密算法,然后加密算法返回密文,密文的解密则通过将密钥和密文提交给相应的解密算法来完成。由于加密和解密都使用相同的密钥,因此这种算法被称为对称密钥加密法。[①]

---

① 密钥是一种参数,它是在明文转换为密文或将密文转换为明文的算法中输入的参数。

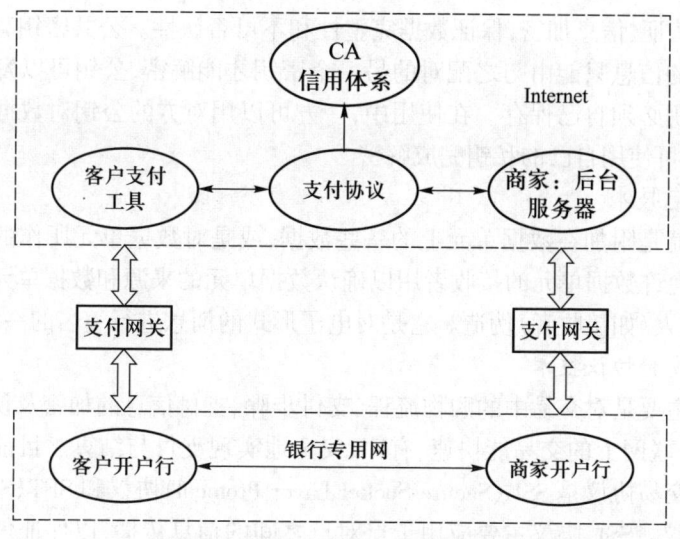

图 3-1 电子支付系统的基本构成

对称密钥加密法的优点是算法公开、计算量小、加密速度快、加密效率高。但是密钥在发送方和接收方之间传输过程不安全,万一被破解或泄露,会威胁加密信息的安全。此外,发送方和接收方每次使用对称密钥加密法时,都需要使用其他人不知道的唯一密钥,这会造成发送方和接收方拥有的密钥数量巨大,密钥管理比较麻烦。

2. 非对称加密技术

在对称加密中存在密钥发送问题。因为加密和解密使用的是同一个密钥,在发送密文的同时需要发送密钥。但是如果能安全地发送密钥,则可以安全地发送明文,这样就不需要加密了。此时,非对称加密应运而生。

非对称加密需要两个密钥:公钥(Public Key)和私钥(Secret Key)。通过私钥可以计算得到公钥,但是不能由公钥得到私钥。如果用私钥对数据进行加密,则只有用对应的公钥才能解密;如果用公钥对数据加密,只有用对应的私钥才能解密。因为加密和解密使用的是两个不同的密码,所以这种算法叫作非对称加密。RSA[①]就是一种典型的非对称加密算法。

(二)安全支付认证技术

1. PKI 技术

PKI(Public Key Infrastructure)是指公共密钥基础设施,是一个用公共密钥技术和数字证书来确保系统信息安全并负责验证数字证书持有者身份的基础平台。一个完整的 PKI 系统由以下五个部分构成:证书申请者(Subscriber)、注册机构(Registration Authority)、认证中心(Certificate Authority)、证书库(Certificate Repository)、证书信任方(Relying Party)。其中,认证中心、注册机构和证书库是 PKI 的核心。认证中心是一家权威的、可信任的、公正的第三方机构,负责数字证书发放、管理及取消等事宜。

PKI 使用公共密钥算法建立一套数字证书发放、管理和使用的体系,支持和完成网络

---

① RSA 是一种公钥密码算法,它的名字由三位开发者 Ron Rivest、Adi Shamir 和 Leonard Adleman 一起提出。

系统中的身份认证、信息加密,保证数据完整性和不可否认性。公共密钥算法要求由一个密钥进行加密的信息只能由与之配对的另一个密钥才能解密,公钥可以发给与自己相关的通信方而私钥必须自己保存。在使用中,一方可以用对方的公钥对数据进行加密并传送给对方,对方可使用自己的私钥完成解密。

2. 数字签名技术

数字签名就是附加在数据单元上的一些数据,或是对数据单元所作的密码变换。这种数据或变换允许数据单元的接收者用以确认数据单元的来源和数据单元的完整性并保护数据,防止被人(如接收者)伪造。它是对电子形式的消息进行签名的一种方法。

(三) 安全支付协议技术

支付协议主要是对交易中的购物流程、支付步骤、支付信息的加密及认证等方面做出规定,以保证互联网上的交易能快速、有序、安全地实现支付与结算。目前国际上比较有代表性的安全交易协议是 SSL(Secure Socket Layer Protocol)协议和 SET(Secure Electronic Transaction)协议。SSL 协议主要应用于点对点之间的信息传播,以保证信息传播过程中的机密性、完整性,但不能保证信息的不可否认性。SET 协议提供对客户、商家、银行之间的认证,确保交易数据的机密性、完整性、真实性、不可否认性。SET 协议可以保证网上购物信息的安全性。

## 三、科技提升支付清算功能

(一) 提升效率

银行体系在支付清算中扮演着重要的角色。银行体系利用现代计算机技术和通信技术等手段,不断创新支付清算的技术手段和工具,大大提高了支付清算的效率。在银行体系实现自动转账支付之前,远程支付需要较长时间完成,这导致交易效率较低。而目前银行体系支付清算系统可以为社会主体提供快速的支付清算服务,加快了资金的流通速度,提高了社会经济交易效率,改进了社会福利。比如我国支付清算系统中的实时全额支付系统实行逐笔实时处理支付指令,全额清算资金,实现了支付资金的零在途占用,提高了资金的使用效率。此外,银行转账以及银行卡等支付工具的使用,减少了通货存款比例,增加了货币乘数,从而增加了银行体系创造存款货币的能力。通过增加对实体经济的贷款,新创造出的存款货币会为社会生产、流通和消费提供资金支持,改善了资源配置效率,增进了社会福利。

互联网的普及促进了电子商务的发展,但传统支付方式并不能解决交易中商家和用户之间的信息不对称问题,成为电子商务发展的瓶颈。第三方支付的出现解决了电子商务交易双方的信任问题,推动了电子商务的发展。电子商务的发展打破了交易双方的时空约束,拓展了交易空间和营业时间,提高了社会资源配置效率。此外,第三方支付大大缩短了商家和用户之间的交易时间,减少了在途资金的占用,提高了商家和用户的资金利用效率。第三方支付的发展打破了银行体系对传统支付业务的垄断,迫使银行体系进行支付业务创新,提升自身的支付服务水平。银行体系和第三方支付机构之间的竞争降低了社会支付成本,改进了用户支付体验。比如二维码、条码支付的出现,免去了刷卡与输入收款姓名、收款卡号、收款银行等支付环节,提高了支付效率。

(二) 降低成本

支付科技的发展既降低了支付所需要的资金成本又降低了时间成本,从而降低了社会经济活动的成本。银行体系支付清算系统的小额定时批量支付系统实行批量发送支付指令,轧差净额清算资金,降低了在途占用资金成本。和现金支付方式相比,银行卡支付避免了现金携带、点钞、找零等成本。而和银行卡支付相比,以移动支付为代表的第三方支付避免了刷卡、等待银行信号、打印凭条、签字等环节,大大降低了支付所需要的时间成本。此外,第三方支付所使用的二维码支付技术还为商户节省了安装POS机的成本。法定数字货币的广泛应用可以节省纸币的印刷成本、搬运成本、存储成本、辨别真伪成本以及回收处理成本等。此外,法定数字货币不受空间和时间限制,可以随时随地满足支付双方的支付需求,而且不需要绑定商业银行账户,避免了到商业银行开办账户所需要的时间成本和向商业银行缴纳支付费用。

(三) 控制风险

现金支付面临着一些风险,比如易伪造、易丢失、易被盗用、易传播病毒等。此外,由于现金支付"一手交钱,一手交货",交易是匿名的,不容易追踪交易双方的个人信息,这给非法交易和洗钱等犯罪活动提供了便利。和现金支付一样,票据支付也存在易被伪造的风险。信用卡支付则存在恶意透支给银行带来损失的可能性。和上述支付方式对比,电子支付通过采用许多保密技术,可以保证交易和支付信息的安全性。例如,采用安全支付加密技术、安全支付认证技术以及安全支付协议技术等手段加强支付信息在传输过程中的保密性和完整性,防止支付信息被盗用,保证支付安全。

和现金支付方式相比,电子支付会对付款方和收款方的账户信息和资金流动状况进行记录,因而可以通过追踪电子支付的资金链条识别、追踪违法犯罪等活动。通过对贷款客户的电子支付账户信息和资金流动进行追踪,商业银行会实时了解贷款客户的还款能力,这有利于银行控制贷款所面临的信用风险。监管机构通过运用监管科技,对支付清算系统进行实时监管,可以及时发现风险并采取措施,从而避免风险的传染和扩散。

## 第二节 金融长尾市场、金融科技与普惠金融

### 一、长尾理论与金融长尾市场

(一) 长尾理论

在社会学和企业管理学中,普遍存在二八定律或80/20法则。在收入分配领域,帕累托发现社会上20%的人口占有80%的社会财富;在市场营销领域,20%的热门产品通常会为公司带来80%的销量。二八定律告诉人们一个道理:不要平均地分析、处理和看待问题。在企业的经营管理中要抓关键少数,要抓住并服务好能给企业带来80%销量但总量只占20%的关键客户。

随着互联网时代的到来,二八定律的优势地位逐渐被长尾理论颠覆。2004年长尾理论由克里斯·安德森(Chris Anderson)在《长尾理论——为什么商业的未来是小众市场》一书中提出。作者在美国市场上观察到这样一个统计规律性:在20%的热门产品中会有

10%的产品脱颖而出,而这10%的热门产品会分化为2%的大热门产品和8%的次热门产品。2%的大热门产品会带来50%的销售收入和33%的利润,8%的次热门产品会带来25%的销售收入和33%的利润。而剩下的90%长尾产品会带来25%的销售收入和33%的利润。从利润上看,经营大热门产品和经营长尾产品一样。

长尾理论兴起于互联网时代,商品的存储成本、流通成本急剧降低,那些基数庞大但是需求有限的产品共同占据的市场份额完全可以和少数需求旺盛的热卖品市场份额相匹敌。

二八定律背后的经济学原理是规模经济,规模经济是指随着商品生产规模的扩大,长期平均成本会下降。企业为追求利润最大化大规模生产热门产品而忽视长尾产品。长尾理论背后的经济学原理是范围经济,范围经济是指在生产不同产品时存在成本节余外部性(Cost-Saving Externalities)。当存在范围经济时,生产产品的种类越齐全,成本就越低。和导致单一产品规模化大生产的规模经济不一样,范围经济会导致小批量多品种生产。

(二)金融长尾市场

我国中小微企业及中低收入者的金融服务需求被严重忽视,虽然他们的金融服务需求规模有限、种类繁多,但数量众多,是我国的金融长尾市场。

从企业层面来看,大量的中小企业因处于长尾而不能获得融资。这是因为,我国以间接融资为主,银行在资金融通中扮演着非常重要的角色。由于信息不对称等方面的原因,长期以来银行更愿意把资金贷给财务报表规范、透明且具有抵押资产的大企业或是国有企业来降低坏账率。而数量众多的中小微企业即使急需资金,但由于财务报表不规范、不透明且缺乏抵押资产等原因而难以得到银行的信贷支持。

从个人层面来看,我国数量众多的低收入人群的融资需求很难得到满足。主要原因有三个:一是我国征信体系发展不足,低收入人群或者没有信用记录或者信用记录较短;二是低收入人群缺乏抵押品;三是许多低收入人群没有固定的工作和收入。由于以上三点,低收入人群的信用风险较高,在银行风险定价体系仍不完善的情况下,银行不愿意为这些客户提供融资服务。

从投资理财的层面来看,我国金融投资工具的不足和高门槛抑制了中低收入家庭的投资理财需求。长期以来,我国中低收入家庭的闲置资金只能存在银行获得较低的存款利率。

## 二、普惠金融理论

(一)普惠金融界定

普惠金融这一概念最早出现于联合国"2005国际小额信贷年"的宣传中。联合国把普惠金融定义为能有效、全方位地为社会所有阶层和群体提供服务的金融体系。普惠金融这一概念提出后,联合国和世界银行均对其进行了大力推广。普惠金融的内涵大致包括三点:一是享受普惠的金融服务权利是实现共同富裕与社会和谐发展的需要;二是支持和鼓励创新是实现普惠金融的重要条件和手段;三是普惠金融体系建设的主要任务是增强金融体系服务于弱势群体的能力。

一般而言,普惠金融包含四方面内容:一是家庭和企业以合理的成本获取较广泛的金融服务;二是金融机构稳健,要求内控严密、接受市场监督以及健全的审慎监管;三是金融业实现可持续性发展,确保长期提供金融服务;四是增强金融服务的竞争性,为消费者提供多样化的选择。

从普惠金融的定义和其所包含的内容可以看出,普惠金融建立的是一种包容性的金融体系,这个体系服务的对象包括所有的家庭和企业。服务的企业中既包括大企业也包括数量众多的中小微企业、个体经营者以及农户,同样地,服务的家庭中既包括中高收入家庭也包括一般收入及低收入家庭。从服务的人群特征来看,不会因为种族、性别、年龄、财产、户口、职业等因素而把某些人群排斥在金融服务之外。此外,普惠金融所服务的对象包括所有地区、所有行业的企业和家庭。鉴于传统金融体系往往倾向于服务资金实力雄厚的大企业及富人,普惠金融重点关注为中小微企业和低收入家庭尤其是欠发达地区的中小微企业和低收入家庭提供服务。

(二)普惠金融内容与金融长尾客户需求的匹配性

从提供金融服务的内容来看,普惠金融不但涵盖存取款、支付等基本的金融服务,还包括信贷、证券、保险、理财、金融衍生产品等金融服务。这一方面需要改善金融基础设施,提高金融服务的可得性;另一方面需要制度创新、机构创新和产品创新革除传统金融体系的弊端。制度创新,比如利率市场化改革、扩大金融市场对外开放等,会提高金融市场的竞争性,这会导致针对大企业及高收入家庭提供金融服务所带来的利润下降,市场的力量会迫使传统金融机构增加对中小微企业和低收入家庭提供服务的比重。机构创新如政策性银行(尤其是农业发展银行)、小额贷款公司等机构的设立会改善中小微企业和低收入家庭获得金融服务不足的状况。产品创新如支付宝可以为普通老百姓提供低成本、便捷的支付服务;余额宝通过互联网把中低收入人群的闲置资金汇聚起来形成大额货币市场资金,使得中低收入人群也可以享受到银行同业市场利率。

普惠金融要求家庭和企业以合理的成本获取较广泛的金融服务,这要求打破金融市场的垄断性,增强其竞争性和开放性。此外,普惠金融还要求金融业能长期提供金融服务,这必然是以提供金融服务的商业可持续性原则为基础的。同时,由于普惠金融特别关注的服务对象金融知识较为匮乏、承担风险能力较弱,金融机构为其提供金融服务的成本较高、风险较大,这要求金融机构内控严密、接受市场监督以及有健全的审慎监管来控制风险,保证金融机构稳健运行。

因此,从普惠金融所包含内容的分析来看,普惠金融较好地契合了金融长尾客户的需求。构建普惠金融体系,对于完善现代金融体系,运用金融的手段满足金融长尾客户需求,促进经济社会实现共同繁荣、和谐发展,具有重要的意义。

### 三、金融科技与普惠金融的实现

在传统正规金融体系中,中小微企业及中低收入者的金融服务需求并不能完全得到满足。虽然他们的金融服务需求规模有限、种类繁多,但数量众多,构成了一个长尾客户市场。这些长尾客户对社会发展非常重要,是普惠金融重点关注的对象。从普惠金融的内容来看,要为中小微企业及中低收入者以合理的成本提供较广泛的金融服务,需要扩大金融服务对象的覆盖范围,并通过竞争和创新增加金融服务的种类,同时要满足成本合理性及服务可持续性要求。

但从前面的分析可知,传统正规金融体系很难以合理的成本为这些长尾客户提供长期金融服务。传统正规金融体系对数量众多的长尾客户金融服务供给不足,为金融科技发展留下了巨大的空间。和正规金融体系相比,金融科技通过科技手段推动金融业务模式、流程和产品创新,对金融市场、机构及金融服务产生了重大影响,在为长尾客户提供金融服务实现普惠金融方面具备以下一些优势:一是进入门槛低;二是服务成本低;三是减少了信息不对称;四是服务便捷;五是可提供个性化服务。此外,金融科技的发展还产生了鲶鱼效应,倒逼传统正规金融体系增加对中小微企业及中低收入者的服务比重。在宏观层面,金融科技推动了我国金融改革进程,进一步推动了普惠金融的发展。

### (一)进入门槛低

根据中国互联网络信息中心发布的第 52 次《中国互联网络发展状况统计报告》,截至 2023 年 6 月,我国互联网用户规模达 10.79 亿人,互联网普及率达 76.4%;我国手机网民规模达 10.76 亿人,网民使用手机上网比例为 99.8%。移动互联网为金融科技的普及提供了极大的便利,也为金融机构不断改善 App 提供金融服务提供了巨大的动力。互联网建成后,再增加一个用户的成本几乎为零。互联网由于其开放性、平等性和包容性,不会因为所有制、规模、地域、行业等因素对企业实施歧视,也不会因为种族、性别、年龄、财产、户口、职业等因素而把某些人群排斥在外。在传统正规金融体系得不到金融服务的中小微企业及中低收入者,可以通过互联网以极低的成本接触到金融科技企业提供的服务。

截至 2023 年 6 月,我国网络支付用户规模达 9.43 亿人,以支付宝和微信支付为代表:互联网支付企业为社会公众尤其小微企业以及边远地区的居民提供了便捷、高效的支付服务。在理财方面,我国改革开放以来经济高速增长使得家庭户收入增长较快,普通家庭也产生了理财需求。但是在利率管制、资本市场发展尚不完善的情况下,这些家庭户的理财需求受到了抑制。普通家庭把资金存在银行只能获得较低的存款利率,扣除掉通货膨胀率后,实际利率甚至为负。而银行理财及传统基金的进入门槛较高,少则几万元多则达百万元。与之相比,互联网基金的门槛非常低,即使是 1 元钱也可以购买理财产品[①],这使得中低收入者的理财需求也得到了满足。在融资需求方面,网络借贷的目标客户群主要集中在难以在正规金融体系获得贷款的中小微企业及中低收入者,这极大地促进了普惠金融发展。此外,任何个人和企业或组织均可通过网络众筹方式按照自己的需求发布融资需求,小而分散是众筹融资的主要特点,进入门槛非常低。

### (二)服务成本低

传统正规金融体系如果要覆盖更多的长尾客户必须增加营业网点数量,配备更多的设备和工作人员,这会增加其经营成本。金融科技企业所提供的服务绝大部分都在网络平台上进行,避免了物理营业场所所需要的费用。金融科技借助计算机系统自动分析数据、自动提供服务,省去了人工费用。

金融科技企业利用互联网、大数据、云计算、人工智能等技术优化运营,降低了经营成本。第三方支付由于集成了多家银行账户,提高了支付清算的效率,从而降低了经营成本,

---

① 余额宝即遵循"1 元起购,活期也能理财"的理念,激起了普通公众的理财意识。

比如目前支付宝单笔支付的成本不到2分钱,远低于传统正规金融体系;网络借贷简化了贷款流程,降低了经营成本;保险科技由于利用数字化销售渠道大大降低了渠道运营成本;由于使用云计算、大数据、人工智能等技术替代客户经理和投资组合经理的工作,无论是互联网基金还是智能投顾产品均降低了服务成本。

### (三) 减少信息不对称

信息不对称是指不同经济主体之间掌握的信息不一致。[①] 传统正规金融体系没有激励向中小微企业提供信贷服务的一个主要原因是这些企业财务报表不规范或缺乏抵押品导致信用风险较高,在利率没有市场化的情况下,无法对其进行差异化风险定价。金融科技企业除使用传统数据外,还广泛使用大数据,从而提高了风险定价和风险管理效率,降低了长尾客户的信息不对称程度,扩大了金融服务对象的覆盖面,推动了普惠金融的发展。

网络借贷利用搜索引擎、大数据、云计算等科技手段,对长尾贷款申请人上传到网络借贷平台上的身份信息和证明材料进行分析,形成初步信用评价结果。贷款人综合利用信用评价结果、信用记录、借款风险收益特征并经过网上的其他信息交叉检验来做贷款决策,部分解决了逆向选择问题。而贷后违约的惩罚机制在一定程度上降低了道德风险。[②]

平台金融通过云计算对平台上用户的交易行为和交易信息进行实时分析处理,得出其信用评估结果,以此来为用户提供信贷。京东金融的数字农贷利用实时收集的农业大数据,降低了信息不对称程度。经过对量化模型和实时大数据的分析,为农户提供全过程、精细化、自动化的金融服务,有力地推动了农业普惠金融发展。

---

**专栏 3-1**

### 阿里小贷缓解信息不对称问题

阿里小贷利用平台积累的海量数据进行数据挖掘形成了一套较完善的风险控制体系。在对小微企业授信前,把积累的数据导入信用评估模型,分析申请贷款企业积累的信用,并引入交叉检验技术,对申请贷款的小微企业的还款意愿和还款能力进行准确评估,有效地降低了逆向选择发生的概率。授信以后,利用平台上形成的动态、连续信息,分析申请贷款的小微企业的动态违约概率及风险定价,实现远程监控和实时预警,对违约的小微企业采取严格曝光、关停网络店铺账号等惩罚措施,降低了道德风险发生的概率。

---

### (四) 服务便捷

由于地理区位分散、资金链紧张、金额小而零散等问题,中小微企业及中低收入者需要及时方便地获得金融服务。而传统正规金融体系依赖物理营业网点和工作人员提供金融服务,许多业务需要严格按照流程来开展,并不能满足这些长尾客户的资金需求。金融科技企业使用互联网、云计算、大数据、人工智能等科技手段,可以在网络上自动提供流程

---

① 本书第四章会详细介绍信息不对称。
② 如把违约的借款人放到黑名单或者曝光栏中。

简单、交易速度快捷的全天候服务,很好地契合了长尾客户的金融服务需求。

(五) 可提供个性化服务

中小微企业及中低收入者数量众多,金融服务需求种类繁多,但每个客户的需求金额不大,传统正规金融体系难以进行批量处理,不能发挥规模经济效应。而金融科技企业由于使用科技手段自动提供金融服务,降低了经营成本,可以针对不同的客户提供个性化金融服务,满足了为长尾客户提供广泛金融服务的普惠金融要求。保险科技可以使用大数据营销针对每个投保人的不同风险水平实施差异化定价,还可以以用户体验为核心设计产品。

(六) 金融科技的外溢效应

由于存在网络效应,金融科技在中国迅速掀起了发展热潮。① 这对传统正规金融体系构成了巨大的竞争压力。面对竞争,传统正规金融机构纷纷加快价值理念、业务模式、组织架构和业务流程等方面的全方位变革。和以前相比,传统正规金融机构在价值理念上更加注重客户体验和客户关系管理,更加注重以客户为中心、以市场为导向;在业务模式上更加注重产品创新和服务创新;在组织架构及业务流程上更加扁平化、网络化和简捷化。竞争压力促使传统正规金融机构放下姿态竞争长尾客户,客观上促进了普惠金融的发展。

## 第三节 融资市场摩擦、搜寻成本与金融科技改进

### 一、融资市场摩擦

金融的一个主要功能是跨时空配置资源,通过适当机制,可以把资金从盈余方配置到短缺方。融资方式有两种:间接融资和直接融资。间接融资是盈余方和短缺方通过金融中介实现资金融通;直接融资是双方直接进行交易实现资金融通。盈余方和短缺方通过银行实现资金融通即是一种典型的间接融资方式,而短缺方通过发行股票、债券等金融工具从盈余方融入资金则属于直接融资。

银行存贷款、股票、债券等都是金融资产,而金融资产给持有人带来的收益均发生在未来,因而有一定的不确定性。金融资产在资金盈余方和短缺方之间的交易能否带来效率的改进呢?根据不确定性条件下的福利经济学第一定理,阿罗-德布鲁均衡是帕累托有效的。当证券市场完备时,证券市场均衡能复制阿罗-德布鲁均衡,因此证券市场均衡也是帕累托有效的。证券市场完备要求不确定性对应的每一个状态都存在一个阿罗证券。完备市场下的证券均衡要求所有的市场参与者均可以自由地交易阿罗证券,实现在任意两个状态之间转移资源。以上结论成立的前提是市场中没有金融摩擦,而现实中存在各种金融摩擦,如市场的不完备性、信息非对称性、搜寻成本等。由于金融摩擦的存在,均衡有效性的结论不再成立。金融的发展就是不断克服各种金融摩擦的过程。我们下面从搜

---

① 使用某些产品的人越多,这些产品的价值就越大,从而能吸引更多的人购买和使用这些产品。经济学家把某类产品的价值与用户人数之间存在的正反馈关系称为网络效应。

寻成本的视角对金融科技进行分析。

## 二、搜寻成本

经济学对搜寻的理论研究起源于20世纪60年代,主要的开创者是乔治·斯蒂格勒(George J. Stigler)。根据福利经济学第一定理,瓦尔拉斯均衡是帕累托有效的。但福利经济学第一定理并没有考虑许多现实中的摩擦,如垄断、外部性、非对称信息等。当市场上存在非对称信息时,搜寻理论为分析个体付出搜寻成本做出最优选择提供了一个分析框架。

早期,搜寻理论主要研究商品市场和劳动市场。主要研究的问题分别是:为什么同一种商品在市场上的价格并不相同;为什么在劳动市场上同时存在失业和雇主招不到工人的情况。后来,搜寻理论又被广泛地运用到货币理论、金融市场的微观结构、家庭与婚姻经济学等诸多领域。

## 三、传统正规金融体系、融资市场摩擦与搜寻成本

私人借贷是最早的融资形式,在我国西周时期就已经存在。私人借贷是在相互熟识的亲戚、朋友之间的借贷。这种借贷形式搜寻成本较低,具有金融互助的属性。私人借贷也有一些缺点,如金额较小、期限不稳定及金融互助难以保证等。尤其是当亲戚、朋友都面临资金流动性不足时,资金需求者的融资需求很难得到满足。私人借贷的极端形式是高利贷,高利贷的利率极高而且不稳定,地域、季节差异也很大。此外,高利贷利率还会随借款人偿还能力及其与贷款人关系的亲疏远近变化。高利贷盛行时期,由于生产力水平低下商品经济不发达,大多数民众储蓄少、抗风险能力差。因此,遇到自然灾害和意外事故时,他们对资金的需求相当迫切,但是资金的贷方少而且分散,加之交通不便、信息传播不畅,资金的需求者在融资时面临的搜寻成本非常高。

为克服私人借贷的弊端,以及避免高利贷融资需支付的较高搜寻成本,社会需要有专门的机构提供融资服务。银行就是以吸收存款、发放贷款为主要业务,并为客户提供支付结算等金融服务的专门机构。当社会不存在银行等金融中介时,资金的供给和需求双方由于规模、风险和期限等方面的不匹配而导致融资困难,从而增加了资金需求方的搜寻成本。具体而言,规模不匹配是指单个资金供给者能提供的资金远远小于资金需求者投资项目所需的资金;风险不匹配是指投资项目有失败收不回资金的可能,而资金供给者大多是风险厌恶的;期限不匹配是指资金需求者希望所需资金长期稳定,而资金供给者希望保持流动性。银行等金融中介通过从大量资金供给方吸收存款而把小额资金汇聚成大额资金,还可以同时向多个资金需求方发放贷款来分散风险从而给资金供给方提供稳定的回报,另外也可以汇聚大量的短期资金从而形成资金池为资金需求方提供长期稳定的资金。因而,通过银行等金融中介,实现了资金在规模、风险和期限上的转换,克服了资金供需双方的不匹配,降低了资金需求方的搜寻成本,让融资需求得到满足。[①]

---

[①] 银行在实现期限转换的同时也面临着期限错配的风险,需要存款准备金、存款保险等制度降低银行挤兑的可能性。

银行等金融中介的出现虽然降低了融资者的搜寻成本,但是并不能消除信息不对称。当存在道德风险时,银行会实施信贷配给。信贷配给是指即使资金需求方愿意支付银行所要求的利率水平,仍无法获得贷款的现象。由于银行实施信贷配给,拥有抵押资产多的企业从银行借款就会多,从而进一步扩张,进入良性循环。而没有抵押资产的企业即使有好的盈利项目也很难从银行借到钱,这会导致其遇到资金不足的困境。因此,数量众多的中小微企业由于抵押物不足或资产负债表状况不好,很难从银行借到钱,不得不付出搜寻成本从其他渠道融资。而对于一些规模达到一定的要求,经济效益较好偿债能力较强的企业,可以选择从商业票据市场或者债券市场融入规模较大的资金。商业票据市场和债券市场的存在进一步降低了经营较好的大企业的融资搜寻成本。

资金供给者无论是选择银行存款还是持有商业票据或者企业债券,获得的都是固定收益,这无法满足一部分资金供给者愿意承担一部分风险而获得较高投资收益的需求。此外,对于许多初创企业或者需要长期投资的企业,可以选择发行股票筹集资金,使企业的经营风险在所有股东之间进行分担。但是,发行股票对企业的规模和利润也有严格的要求,股票融资只会降低大企业或者具有较好盈利前景的初创企业的融资搜寻成本。

广大中小微企业不得不在正规金融体系之外的融资市场融资来满足其保持流动性的需求。游离于正规金融体系之外的融资市场存在区域分割性、组织形式多样性、融资模式多样性及利率定价透明度低等特点,资金供需双方的资金交易存在较多摩擦,中小微企业只有付出非常大的搜寻成本才能找到合适的资金供给方。较低的搜寻匹配程度及较高的搜寻成本推升了融资成本,增加了中小微企业的负担。中小微企业数量巨大,在社会中发挥着重要的作用,减少中小微企业在融资过程中所面临的摩擦、提高搜寻匹配程度从而降低其融资成本,及时满足它们的融资需求是我国金融体系需要解决的一个问题。

### 四、金融科技、融资市场摩擦与搜寻成本

和传统正规金融体系相比,金融科技企业基于互联网开展业务,而互联网在信息的存储、处理和传播方面具有天然的优势。互联网搜索引擎使获得金融信息的方式由传统的被动获取转变为主动搜索。金融科技企业可以利用大数据分析每一位客户对金融产品的偏好和接受金融服务的习惯,从而为其提供个性化金融产品和服务,会极大地降低客户的搜寻成本。金融科技企业通过互联网平台把资金的供给方和需求方联系在一起,有交易需求的一方可以及时有效地通过平台发布信息而另一方可以及时有效地给予反馈,这一互动机制大大降低了搜寻成本。

资金需求者和供给者之间存在信息不对称,如果有一个专门的机构帮助资金需求者对资金供给者提供的金融产品进行横向比较,并实现和资金供给者对接,会大大降低融资者的搜寻成本。金融科技创新中的垂直搜索平台即提供这种服务。垂直搜索平台针对某一特定行业进行专业化搜索,并将某类专业信息提取、整合以及处理后的结果反馈给客户。垂直搜索平台为资金供需双方提供直接对接服务,在这些资金供给者中有银行和小额贷款公司,具有较强的信用风险评估及管理能力,资金供需双方可迅速实现规模、期限

和风险等方面的匹配,双方可不经过平台直接完成提款及还款等程序,为融资者节约了搜寻成本。

---

**专栏 3-2**

**融 360 提供"搜索＋匹配＋推荐"服务降低搜寻成本**

融 360 利用大数据、搜索等技术,提供贷款、信用卡、理财等金融产品的搜索比价及申请服务。融 360 的商业模式是"搜索＋匹配＋推荐"。用户登录融 360 后,融 360 为用户提供了一个筛选用户真实状况的表单。当用户勾选了其基本财务状况后,输入贷款用途、金额、期限,即可以查询有哪些金融机构提供此类贷款,以及相应的贷款条件。此外,融 360 提供了货比多家的功能,让整个借贷需求和条件一目了然。用户可以根据自己的偏好,在线选择跟哪家金融机构的借贷经理联系。

---

## 第四节　金融机制设计与技术实现

### 一、机制设计理论

福利经济学第一定理和第二定理为现代经济学的发展奠定了重要的基石。根据福利经济学第一定理,瓦尔拉斯均衡是帕累托有效的。这意味着自由竞争的市场机制会带来资源有效配置,从而严谨地论证了亚当·斯密"看不见的手"的原理。此外,经济学家还证明了自由竞争市场机制有效配置资源的唯一性(经济核极限定理)、公正性(公正定理)以及有利于社会的稳定性(经济核定理)。但是这些结论是基于一些前提条件的,包括经济信息完全且对称、交易成本为零、消费偏好和生产集都是凸的等。

但是,现实经济中存在垄断、外部性、公共产品、信息不对称等市场机制失灵情形,市场机制不能导致帕累托有效配置。在存在信息不对称情况下,会产生激励相容问题。对信息问题和激励问题的研究催生了机制设计理论。机制设计理论是指对于任意给定的一个经济与社会目标,在个体理性、信息不完全、自由选择与分散决策的条件下,设计出一套机制,使得经济活动参与者的个人利益和机制设计者的目标一致。从研究方法来看,机制设计理论先给定社会目标,然后设计实现既定社会目标的经济机制,即博弈的具体形式,在满足参与者各自约束条件下,让参与者在个体理性下的选择所带来的配置和社会目标相一致。

赫维茨(Leonid Hureivz)是最早研究机制设计问题的经济学家,最先提出了激励相容的概念。在赫维茨之后,迈尔森(Roger Myerson)和马斯金(Eric Maskin)等学者进一步丰富并发展了机制设计理论。由于这三位学者在机制设计理论方面的突出贡献,瑞典皇家科学院在 2007 年把诺贝尔经济学奖颁给了他们。机制设计已经成为信息经济学、激励理论、委托代理理论、合约理论、市场设计理论(拍卖理论、匹配理论)等领域的研究重点,并被广泛应用到金融学、公共财政、管理学、政治科学等领域。

## 二、金融机制设计

由于金融涉及跨期配置资源,因而时间和不确定性是金融活动的两个重要维度。此外,金融也涉及金融资产在掌握不同信息的个体之间的分配,信息不对称问题在金融市场普遍存在。在金融市场上,机制设计者在不知道参与者个人信息的情况下,如何设计一个机制使得拥有个人信息的一方在最大化个人利益的同时达到机制设计者的目标,对于降低金融市场所面临的风险至关重要。

在间接融资中,银行和资金需求者的利益并不一致。银行的回报完全取决于投资项目是否成功,而资金需求者的回报除了取决于投资项目是否成功,还取决于自己在项目实施过程中的努力程度。因此,银行在发放贷款时必须满足激励相容条件让资金需求者努力工作也符合其自身的利益。一般而言,资金需求者自己在投资项目中投入的资金份额越大,投资项目成功后其能获得的回报就越大,资金需求者工作就越努力,银行才敢把资金借给资金需求者。因此,银行会按照资金需求者拥有的自有资金的多寡来发放贷款。这会导致拥有资本较多或资产负债表较好的融资者更会受到银行的青睐,而资本规模较小或资产负债表不好的融资者即使愿意支付较高的利率也无法从银行获得贷款。这个机制激励了资金需求者,使其利益和银行保持一致,降低了银行所面临的信用风险。

上述分析的是贷款后存在非对称信息的情形,下面我们分析贷款前存在非对称信息的情形。如果市场上既存在投资风险高的企业也存在投资风险低的企业,而银行在贷款前不了解企业的类型。投资风险高的企业愿意支付较高的利率,而投资风险低的企业只愿意支付和其风险相匹配的较低利率。由于银行不了解企业的类型,会按照平均利率来发放贷款。但这样一来,投资风险低的企业就会退出信贷市场,信贷市场的风险水平上升。这会导致银行进一步提高贷款利率,令更多投资风险较低的企业退出信贷市场,出现劣质企业驱逐优质企业的状况。

由于长期以来我国实施利率管理政策,银行向企业发放的贷款利率被压制在较低的水平,这导致无论投资风险高的企业还是投资风险低的企业对贷款的需求都比较大。为控制信用风险,银行需要设计机制甄别出企业的类型。一个比较容易实施的机制就是看申请贷款企业的信用等级,而企业的信用等级较大程度上取决于其现金流、利润等财务指标和资产、抵押物等硬指标。

在债券直接融资中,资金供给者仍面临着和银行同样的问题,因此对企业的信用等级、资产规模及经济效益等均有一定的要求。对于股票直接融资而言,股东的收益完全取决于企业的经营业绩,企业经营不善时不用给股东分红。因此,如果没有一个好的机制,在融资前会有更多的劣质企业伪装成优质企业,在融资后企业经营者更有动力偷懒。为事前甄别出企业的类型,使企业经营者的利益和股东的利益保持一致,在发行股票时,多数国家证券法都对企业的主体资格、净资产额、经营绩效等做一定的要求。为事后避免企业经营者出现道德风险行为,一方面要求在企业内部设置股东大会、董事会及监事会来代表股东的利益,另一方面要求企业定期、如实、完整地进行信息披露以便股东及时了解企业经营动态,从而监督企业保证其利益和股东利益保持一致。

在保险市场上由于存在投保客户和保险机构之间的信息不对称,也存在严重的逆向选择和道德风险问题。如果不对投保客户进行甄别,逆向选择问题会导致保险市场出现劣质投保客户驱逐优质投保客户的状况;投保后的道德风险问题会增加保险机构的赔偿负担。目前保险市场缓解逆向选择问题的机制包括:对投保客户进行准确的分类和严格筛选;设计灵活费率体系,满足不同投保客户需求。保险机构一般运用免赔条款机制来降低投保客户道德风险。

### 三、金融机制设计与金融科技

需要进行机制设计的主要原因是在个体理性、信息不完全、自由选择与分散决策的条件下,经济活动参与者的个人利益和机制设计者的目标并不一致。如果经济活动参与者和机制设计者之间的信息不对称程度能够缓解,机制设计问题就会简单许多。

缓解信息不对称首先需要获得数据,互联网"开放、平等、协作、分享"的精神为数据的获得提供了天然的平台,大大降低了数据获取成本。此外,云计算、人工智能等技术的发展也极大地释放了数据的流动性,大数据日益成为重要的资源。通过采集大量化、多元化、多层化、非结构化、多样化的实时动态数据,特别是交易行为数据和社交网络数据,整理、分析和挖掘这些数据,并运用机器学习等大数据技术重新设计征信评价模型算法,大数据征信可以为数据信息使用者提供信用信息服务。融资市场的资金供给者或者保险机构均可以利用大数据分析、判断资金需求者或者投保客户的类型,缓解事前逆向选择问题。此外,还可以利用实时动态大数据来实现监控和预警,如果资金需求者或者投保客户出现道德风险问题,大数据征信的失信惩罚机制会使失信者在一定期限内付出惨重代价,极大地缓解了道德风险问题。

在分析金融机制设计时,无论是直接融资模式还是间接融资模式,为保证融资者和资金供给者的利益一致,资金供给者在设计机制时都会要求融资者的资本较多或者资产负债表较好。这虽然能保证资金供给者的利益,但是大量中小微企业及中低收入者由于企业财务报表不规范或缺乏抵押品而很难获得融资支持。而这些长尾客户对社会的发展非常重要,是普惠金融重点关注的对象。所以,从社会的角度来看,还需要设计新的机制,使得资金供给者和长尾融资者的利益保持一致。本章第二节的分析表明,利用互联网、大数据、云计算等技术手段,金融科技的网络借贷模式和平台金融模式可以有效降低长尾客户的信息不对称程度。这些金融模式所采用的机制不但推动了普惠金融的发展,也提高了社会资源配置效率。

利用互联网、大数据、云计算等技术手段,网络保险可以在保险标的、责任范围、保费费率等方面实现个性化定制。还可以综合利用消费数据、行为习惯数据、家庭背景数据、工作和生活环境数据等评定客户等级,实现差异化定价。利用这些新的技术手段,网络保险有效降低了信息不对称,使投保客户和保险机构之间利益更趋一致。

互联网的发展促进了电子商务的发展,而电子商务在发展的初期,信息不对称问题往往导致电子商务平台上的买家和卖家利益并不一致,这严重限制了电子商务的发展。电子商务中的逆向选择问题主要源于买家和卖家关于商品质量的信息不对称,这会导致劣质卖家驱逐优质卖家。当电子商务交易发生后,有可能出现卖家收到货款不发货,或者买家收到货不付款,而先行动的一方由于无法监督对方的行为而处于信息劣势,就出现了道德风险而损害先行动一方的利益。电子商务的发展需要机制设计使买家和卖家的利益和机制设计者的目标一致。

第三方支付的出现为电子商务平台上买家和卖家的交易提供了信用保障,消除了买家和卖家之间的信息不对称,促进了电子商务的发展。当买家和卖家在电子商务平台上达成交易以后,买家先把购物款付给第三方支付平台;第三方支付平台在收到货款后通知卖家发货;买家收到货物并验收合格后,通知第三方支付平台付款给卖家。如果买家收到货物以后发现质量有问题就会退货给卖家,而卖家收到退货以后会通知第三方支付平台把货款退给买家。第三方支付平台介入电子商务后设计的质量有问题就退货机制,以及给买家和卖家制定退货合约并监督双方的交易和退货过程,避免了逆向选择问题。同时,由于买家订货后先把货款打到第三方支付平台,在收到货并验收合格以后才通知第三方支付平台付款给卖家,杜绝了"先付款后发货"及"先发货后付款"模式下的道德风险行为。

## 第五节 金融创新的技术驱动与监管博弈

### 一、金融创新的技术驱动

金融创新是指金融领域内部通过各种要素的重新组合和创造性变革所创造的或引进的新事物。

(一)金融创新理论

1. 西尔柏(Silber)的约束诱导型金融创新理论

西尔柏认为金融企业面临内外两方面的约束,外部约束来自监管机构,而内部约束来自金融企业制定的资产负债管理制度。金融创新是寻求利润最大化的金融企业为减轻内外约束对其影响而采取的"自卫"行动。

2. 凯恩(Kane)的规避型金融创新理论

凯恩认为政府会制定各种法律和规章制度从而对金融企业的行为产生各种约束,而金融企业会有意识地绕开政府制定的各种管制从而产生了规避创新。

3. 希克斯(Hicks)和尼汉斯(Niehans)的交易成本创新理论

希克斯和尼汉斯认为金融创新的支配因素是降低交易成本。这有两层含义:降低交易成本是金融创新的首要动机,而交易成本的高低决定金融业务和金融工具是否具有实际意义;金融创新是对科技进步导致交易成本降低的反应。

4. 金融深化理论

肖(Shaw)和麦金农(Mckinnon)等人认为,发展中国家要发挥金融对经济发展的促进作用,必须放弃金融压抑政策,推行金融自由化或金融深化。也就是说,政府应放弃对金融市场和金融体系的过分干预,放松对利率和汇率的控制,并有效地抑制通货膨胀,使金融和经济形成相互促进的良性循环。这与金融创新的要求相适应,因而成为推动金融创新的理论依据。

5. 制度学派的金融创新理论

诺斯(North)等人认为金融创新是一种与经济制度互为影响、互为因果关系的制度变革,金融体系的任何变革都可视为金融创新。

(二)技术进步驱动金融创新

金融创新是由多种因素共同作用的产物。首先是20世纪70年代以来西方国家的经济自由主义思潮兴起为金融创新提供了理论上的指导。经济自由主义提倡自由贸易、资本自由流动,以及在国内对行业放松管制。金融管制的放松和资本自由流动客观上促进了金融创新。

随着经济的发展和世界格局的改变,出现了许多新的金融需求,这刺激了金融创新的发展。例如,20世纪70年代布雷顿森林体系解体、石油危机、经济滞胀等问题交替出现,导致价格水平、利率以及汇率等波动幅度加大,进而导致市场风险水平上升。市场交易主体需要新的金融工具实现风险管理,这推动了期权、互换等金融衍生产品的创新发展。

对金融管制的规避激励着金融企业进行金融创新绕开管制从而获得超额利润。例如,美国Q条例规定银行对于活期存款不得公开支付利息,对储蓄存款和定期存款支付的利息不能超过国家设定的最高限度。20世纪60年代以后,通货膨胀水平不断上升,银行吸收存款的难度加大。为了绕开Q条例的约束,商业银行开始开发诸如大额可转让定期存单等新金融工具。最终美国废除了Q条例,于1986年3月实现了利率市场化,进一步促进了金融创新的发展。

虽然有许多因素可以推动金融创新,但其中起决定作用的是技术进步。技术进步为金融创新提供了物质基础和发展动力。这表现在:

1. 技术进步推动了银行业金融产品和服务方式创新

20世纪中叶以来,计算机、通信、互联网等技术的发展极大地改变了银行业的存、贷、汇等业务。从20世纪50年代银行业采用磁条技术开发出信用卡到1994年美国安全第一网络银行(Security First Network Bank)开展纯网络银行业务,银行业采用新技术极大地提高了信息传输速度和处理能力,在降低了交易成本、扩大了市场规模的同时,也方便了用户。银行业采用新技术推动金融创新的具体情况见表3-1。

表3-1 20世纪中叶以来银行业采用新技术推动金融创新概览

| 时间 | 银行创新 | 采用的新技术 |
| --- | --- | --- |
| 20世纪50年代 | 信用卡 | 磁条技术 |
| 20世纪60年代 | 自动转账业务(ATS) | 通信 |
| 1969年 | ATM | 机电一体化技术 |
| 20世纪70年代 | POS机 | 计算机、通信 |
| 1970年 | CHIPS | 通信 |
| 1973年 | 自动付款 | 计算机、通信 |
| 1977年 | SWIFT | 通信 |
| 1982年 | 家庭银行 | 计算机、通信、安全控制 |
| 20世纪80年代中期 | 企业银行 | 计算机、通信、安全控制 |
| 1988年 | EDI | 通信、安全控制 |

续表

| 时间 | 银行创新 | 采用的新技术 |
|---|---|---|
| 1990年 | 客户关系管理 | 数据库、专家系统 |
| 1990年 | 信用打分模型 | 数据库、专家系统 |
| 20世纪90年代中期 | 网上银行 | 互联网、安全控制 |

2. 银行利用新技术建立了各种数据库和管理信息系统

利用计算机、数据库、通信以及互联网等信息技术,银行建立了各种数据库和管理信息系统,这不但能自动实现资金的调拨、转账、支付和清算,还提高了银行的资产负债及风险管理水平。

3. 技术进步推动了证券交易的电子化、网络化与全球化

1968年美国全国证券交易商协会创建了自动报价系统NASDAQ,1971年NASDAQ开始进行电子交易,目前在55个国家和地区设有26万多个计算机销售终端。Etrade Financial于1996年正式推出了网上证券交易平台,开启了"互联网证券时代"。目前,全球金融市场通过互联网相互连接,实现了24小时不间断交易。

4. 技术进步拓展了金融创新的需求空间

高新技术具有高风险性、高收益性、正外部性和市场超前性,传统的银行贷款、股票、债券融资模式很难满足技术创新和成果转化中资金按风险、收益、流动性相匹配的原则,这催生了风险投资和诸如NASDAQ等为高科技公司股票上市提供便利的交易市场。

5. 技术进步推动了货币形式的演变

技术进步深刻地影响了货币形式的演进。金属采矿与冶炼技术为金属货币流通提供了支撑;造纸术与印刷术以及防伪技术为纸币及存款货币的发展奠定了基础;通信技术、计算机技术、互联网技术等技术发展使电子货币成为可能;互联网、大数据、云计算、人工智能、区块链以及数字加密等技术的发展催生了数字货币。

6. 技术进步推动了金融科技的发展

金融科技依托互联网、大数据、云计算、人工智能等技术重构了金融业态,创造了新的业务模式、应用、流程或产品,从而对金融市场、金融机构或金融服务的提供方式产生了重大影响。金融科技推动了支付方式的变革和创新,第三方支付和移动支付迅速兴起,改变了金融发展模式;金融科技拓展了金融服务对象的范围,网络借贷、众筹、平台金融等金融模式为中小微企业以及中低收入者等长尾客户提供了金融服务;第三方资讯平台、垂直搜索平台以及在线金融超市等互联网金融门户为金融产品销售提供了便利;传统金融机构加快技术变革,纯网络银行、智能银行、智能投资顾问、互联网保险等业务模式方兴未艾;金融科技推动了大数据征信的发展,为金融发展提供了重要的基础设施。

## 二、金融创新与监管博弈

(一) 金融监管

金融监管是金融监督和金融管理的总称。金融监督是指金融主管当局对金融机构实施的全面性、经常性的检查和督促,并以此促进金融机构依法稳健地经营和发展。金融管

理是指金融主管当局依法对金融机构及其经营活动实施的领导、组织、协调和控制等一系列活动。金融监管有广义和狭义之分。狭义的金融监管是指中央银行或其他金融监管当局依据国家法律规定对金融业（包括金融机构和金融业务）实施的监督管理。广义的金融监管除了有上述含义，还包括金融机构的内部控制和稽核、同业自律组织和社会中介组织的监督与监管等内容。由于金融体系存在负外部性，单个金融机构的破产倒闭会非常迅速地通过资金往来渠道和心理预期渠道传染给其他金融机构，从而引发多米诺骨牌效应。此外，由于金融体系发挥着跨时空配置资源、管理风险、提供支付清算结算、聚合资源并分拆股权、提供信息、处理激励问题等功能，金融体系发生危机会迅速危及实体经济。因此，需要对金融业实施监管。

（二）金融创新和金融监管的关系

凯恩（Kane）认为金融创新和金融监管之间存在动态博弈关系。适度的金融监管会促进金融创新的发展，而过度监管和监管不足都会阻碍金融创新的发展。金融创新在推动金融发展的同时，也会积聚新的风险，这需要采取新的监管措施，维护金融稳定。金融创新和金融监管相互促进，共同推动金融业发展。

1. 金融监管对金融创新的影响

金融监管对金融创新有正、反两方面的影响。一方面，适度金融监管可以降低金融体系负外部性，减少信息不对称等，从而促进金融创新的发展。另一方面，过度金融监管会限制金融机构进行金融创新的积极性而阻碍金融创新，监管不足虽然会促进金融创新的发展，但会使金融风险过度积聚，随之而来的严格监管仍会限制金融创新的发展。

2. 金融创新对金融监管的影响

规避型金融创新会使原有的金融监管失效，金融监管机构必须调整原有的监管模式以适应金融创新的要求。同时，金融创新产生新的金融风险，这会增加监管难度。

（三）金融创新与监管博弈模型

下面我们构建一个简单的两阶段完美信息动态博弈模型来例示金融创新和金融监管之间的关系。博弈的双方分别是金融机构和监管机构，金融机构的策略选择是创新程度 $i$，而监管机构的策略选择是监管程度 $r$，金融机构和监管机构的策略空间都是集合 $(0,1]$。金融机构选择 1 意味着全力进行创新，监管机构选择 1 意味着监管非常严格。金融机构的收益函数为 $u_1(i,r) = i^2 - ri - r$，其中 $i^2$ 是创新所带来的收益，$ri$ 是监管给金融机构带来的变动成本，$r$ 是监管给金融机构带来的固定成本。监管机构的收益函数为 $u_2(i,r) = r^2 - ir - i$，其中 $r^2$ 是监管所带来的收益，$ir$ 是金融创新给监管机构带来的变动成本，$i$ 是金融创新给监管机构带来的固定成本。[①]

假定金融机构先选择创新程度 $i$，监管机构观察到金融机构选择的创新程度以后再选择监管程度 $r$。我们通过逆向归纳法解这个博弈问题。先看监管机构的选择，解其优化问题得到反应函数为 $r = \frac{i}{2}$。然后把监管机构的反应函数代入金融机构的收益函数解其优化问题，得到 $i=1$。这样我们得到子博弈完美纳什均衡 $(i,r) = \left(1, \frac{1}{2}\right)$。这意味着，在金融机

---

[①] (0,0) 也是一个子博弈完美纳什均衡，但我们假定双方都会有所作为而把这种情形排除。

构先选择创新监管机构后选择监管的情况下,金融机构的最优选择是全力进行创新,而监管机构的最优选择是适度监管。如果监管机构先选择监管程度,金融机构观察到监管机构的选择后再选择创新程度,则子博弈完美纳什均衡是 $(r,i) = \left(1, \frac{1}{2}\right)$。在这种情况下,监管机构的最优选择是严格监管,而金融机构的最优选择是适度创新。这个简单的模型证明了严格金融监管会抑制金融创新,而金融机构如果先行全力进行金融创新,监管机构继而会适度监管以鼓励金融创新。

## 本 章 小 结

按照支付工具的演进发展,支付可分为三个阶段:实物支付阶段、信用支付阶段、电子支付阶段。从支付安全的角度看,电子支付需要支付加密技术、支付认证技术、支付协议技术、区块链技术等技术的支撑。传统金融机构受二八法则支配,长尾客户的金融需求服务不足。金融科技通过科技手段推动金融业务模式、技术应用以及流程和产品创新,推动了普惠金融的发展。传统金融机构虽然能在一定程度上降低融资方搜寻成本,但金融科技企业通过互联网平台把资金的供给方和需求方联系在一起,大大降低了融资市场摩擦与搜寻成本。从机制设计角度来看,传统金融机构为保证融资方与自己利益一致,均需要看其信用等级。而信用等级较大程度上取决于其现金流、利润等财务指标和资产、抵押物等硬指标。金融科技企业利用科技手段降低了融资者和资金供给者之间的信息不对称程度,推动了金融机制设计模式创新,促进了普惠金融的发展,提高了社会资源配置效率。金融创新是由多种因素共同作用的产物,其中起决定作用的是技术进步。金融创新和金融监管之间存在动态博弈关系,金融创新和金融监管相互促进,共同推动金融业发展。

## 关 键 名 词

支付　清算　结算　实物支付　信用支付　电子支付　非对称加密算法　数字签名　支付协议　长尾理论　普惠金融　信贷配给　融资市场摩擦　搜寻成本　机制设计　金融创新　金融监管

## 复习思考题

1. 支付方式是如何演进的?
2. 为什么金融科技可以推动普惠金融的发展?
3. 举例说明传统正规金融体系如何降低资金需求方的搜寻成本。
4. 金融科技为什么可以降低融资市场摩擦与搜寻成本?
5. 传统银行如何设计借贷合约来保证融资方和自己的利益一致?
6. 请从信息不对称角度分析第三方支付机制的作用机理。
7. 为什么说技术进步是推动金融创新的决定性因素?

即 测 即 评

延 伸 阅 读

[1] 李洪心.网上支付与结算.北京:北京师范大学出版社,2018.
[2] 李建军,王德.搜寻成本、网络效应与普惠金融的渠道价值:互联网借贷平台与商业银行的小微融资选择比较.国际金融研究,2015(12).
[3] 北京大学数字金融研究中心课题组.数字普惠金融的中国实践.北京:中国人民大学出版社,2017.
[4] 易宪容.金融科技和数字经济的基础理论研究.北京:中国社会科学出版社,2023.
[5] 麻元元,秦成德,刘杨林.网络经济学基础.2版.北京:清华大学出版社,2022.
[6] Mas-Colell, Andrew, Michael Dennis Whinston, and Jerry R. Green. Microeconomic Theory. Vol. 1. Oxford University Press, 1995.

# 第四章
# 信息不对称、金融共识机制与共享金融

**章前导读**

　　金融科技是技术驱动的金融创新。其中,最重要的技术是信息技术。之所以信息技术能够推动金融创新,是因为信息技术帮助缓解或解决了金融活动中最重要的信息不对称问题。信息不对称引起的逆向选择和道德风险等摩擦,是制约金融效率和影响宏观经济平稳运行的重要因素。信息技术推动金融模式创新,提供了基于技术的全新的金融共识机制。在基于技术的金融共识机制基础上,共享金融被催生出来,构成了当前社会中金融科技的基本形态。如何从原理上理解金融活动中的信息不对称问题?什么是金融共识机制?如何理解共享金融的形成逻辑?本章将回答这些基本理论问题。

**本章学习目标**

　　本章从信息不对称原理入手,阐释了不确定性、风险、信息等基本概念,介绍了逆向选择和道德风险等主要的委托代理问题如何制约金融活动顺利运行;接着,基于共识这一概念,阐释了共识机制的含义及其在金融中的表现形式;最后,介绍了共享金融的内涵、特征及其共识基础。通过本章的学习,可以掌握信息技术与金融的内在联系,理解金融科技的理论基础,即构建基于技术的共识机制以缓解金融活动中的信息不对称问题,对以共享理念形成的共享金融的模式和业态有基本了解。

## 第一节　信息不对称原理

　　信息不对称是指在市场经济活动中,各类人员对有关信息的了解有差异。掌握信息比较充分的一方往往处于比较有利的地位,而信息贫乏的一方则处于比较不利的地位。一般而言,市场中卖方比买方更了解有关商品的各种信息。为了深入了解信息不对称原理,本节首先对信息不对称原理的基本概念和经典理论做回顾。

## 一、不确定性、风险、信息与信息不对称

在信息不对称原理中,不确定性、风险、信息和信息不对称是最基本的概念。在经济活动中,没有什么现象比经济不确定性更为普遍。例如,在购物时我们不知道是否支付了过高的价格,购买股票时不知道是会赚钱还是会亏本。事实上,正是各种经济不确定性提高了经济活力,市场的不确定性带来了"几家欢喜、几家愁"的景象。

信息经济学是研究不确定性的经济学。信息经济学认为,不确定性具有经济成本,不确定性的减少就是收益。因此,信息的经济性就在于降低不确定性。这与金融学中强调的"风险"概念略有不同。本部分将首先对不确定性和风险的概念进行解释和区分,在此基础上介绍信息和信息不对称的概念。

### (一) 不确定性

不确定性(Uncertainty)是一个出现在哲学、统计学、经济学、金融学、保险学、心理学、社会学的概念。具体而言,不确定性是指事先不能准确知道某个事件或某种决策的结果。或者说,只要事件或决策的可能结果不止一种,就会产生不确定性。在经济学中,不确定性一般特指对于未来的收益和损失等经济状况的分布范围和状态不能确知。面对市场中出现的各种不确定性,需要市场参加者进行各种决策。

不确定性给企业带来的影响有大有小。从小的方面看,可能影响一次营销活动的成败;从大的方面看,则可能使企业遭受灭顶之灾,破产倒闭。由于不确定性,一些企业或者不敢放手去做比较长期的规划和投入,或者毫无理性、不顾后果地孤注一掷。根据信息经济学的假设,无论何种决策,决策者都面临着外生不确定性和内生不确定性这两种经济不确定性。企业家对各种不确定性处理的能力和结果,成为其获取利润的来源。具体而言,内生不确定性是指生成于某个经济系统自身范围之内,影响经济系统操作效用的不确定性,如企业的生产技术水平和管理水平等。内生不确定性可以通过买方信息搜索减少,也可以通过卖方改变定价而增加。外生不确定性是指生成于某个经济系统自身范围之外的不确定性,如宏观经济政策的变动、自然灾害等。相较而言,内生不确定性的变化比外生不确定性的变化更为敏感、更为复杂。

### (二) 风险

风险是指在某一特定环境下,在某一特定时间段内,某种损失发生的可能性。也就是说,人们所期望达到的目标与实际出现的结果之间的距离称为风险。风险现象在经济生活中起着不同寻常的作用。如果没有风险的存在,金融市场和资本市场就有可能因此失去发展的动力。从经济理论发展的角度来说,如果没有风险的概念,现代经济学就几乎失去了对利润分析的基础。

在经济学文献中,人们有时将风险与不确定性作为同一概念使用,因为风险本身就是不确定性的一种形式,但两者存在差异。具体而言,如果一个经济代理人面对的随机状态不能够以某种实际的概率分布函数来表述出可能产生的结果,这种随机状态则称为不确定性。如果一个经济代理人面对的随机状态可以用某种具体的概率值来表示,这种随机状态就称为风险。换句话说,风险就是不能确定地知道但能够预测到的事件状态,而不确定性是既不能确定地知道也不能预测到的事件状态。风险是较一般不确定性包含有更多

的确定内容的不确定性。

（三）信息与信息不对称

信息是指消息、通信系统传输和处理的对象，泛指人类社会传播的一切内容。人类通过获得、识别自然界和社会的不同信息来区别不同事物，得以认识和改造世界。在一切通信和控制系统中，信息是一种普遍联系的形式。1948年，数学家香农在论文《通讯的数学理论》中指出："信息是用来消除随机不定性的东西。"信息是创建一切宇宙万物的最基本单位。

信息不对称是由美国经济学家约瑟夫·斯蒂格利茨、乔治·阿克尔洛夫、迈克尔·斯彭斯在1970年提出的，是指在市场经济条件下，市场的买卖主体不可能完全占有对方的信息，这种信息不对称必定导致信息拥有方为谋取自身更大的利益而使另一方的利益受到损害。三位经济学家因对这一理论的杰出贡献而荣获2001年度诺贝尔经济学奖。

古典经济学的一系列定理基本都是建立在对称信息的假定之上。对称信息假定认为，所有的经济行为人对所有的经济变量具有相同的信息，即交易双方都了解对方所具有的知识和所处的环境。比如在商品市场上，买主了解卖主所掌握的有关商品的信息，卖主也掌握买主具有的知识和消费者偏好。然而，现实的经济活动无法满足对称信息的要求，需要通过信息不对称理论才能更好地认识和解释各种经济现象。

信息不对称理论对经济具有重要的作用。第一，信息不对称理论指出了信息对市场经济的重要影响。在互联网技术发展迅猛的今天，信息在市场经济中所发挥的作用比过去任何时候都更加突出，并将发挥更加不可估量的作用。第二，信息不对称理论揭示了市场体系中的缺陷，指出完全的市场经济并不是天然合理的，完全靠自由市场机制不一定会给市场经济带来最佳效果。这在投资、就业、环境保护、社会福利等方面尤为明显。第三，信息不对称理论强调了政府在经济运行中的重要性，呼吁政府加大对经济运行的监督力度，使信息尽量由不对称到对称，更正由市场机制所造成的一些不良影响。

## 二、委托代理理论

委托代理理论是过去30多年里契约理论最重要的发展之一。委托代理理论是制度经济学契约理论的主要内容，其主要研究的委托代理关系是指一个或多个行为主体根据一种明示或隐含的契约，指定、雇用另一些行为主体为其服务，同时授予后者一定的决策权力，并根据后者提供的服务数量和质量对其支付相应的报酬。授权者就是委托人，被授权者就是代理人。委托代理理论的中心任务是研究在利益相冲突和信息不对称的环境下，委托人如何设计最优契约激励代理人。

委托代理理论的主要观点认为，委托代理关系是随着生产力大发展和规模化大生产的出现而产生的，其原因主要有两个方面。一方面，生产力发展使得分工进一步细化，权利的所有者由于知识、能力和精力的限制不能行使所有权利。另一方面，专业化分工产生了一大批具有专业知识的代理人，他们有精力、有能力代理行使好被委托的权利。在委托代理关系当中，委托人与代理人的效用函数不一样，委托人追求的是自己的财富最大化，而代理人追求自己的工资津贴收入、奢侈消费和闲暇时间最大化，这必然导致两者的利益冲突。若没有有效的制度安排,代理人的行为很可能最终损害委托人的利益。委托代理关系在经济领域和社会领域都普遍存在。

委托代理理论建立在不对称信息博弈论的基础上。信息的不对称性可从以下两个角度进行划分:一是不对称性发生的时间;二是不对称信息的内容。从不对称性发生的时间看,不对称性可能发生在当事人签约之前,也可能发生在签约之后,分别称为事前不对称和事后不对称。研究事前不对称信息博弈的模型称为逆向选择模型,研究事后不对称信息的模型称为道德风险模型。从不对称信息的内容看,不对称信息可能是指某些参与人的行为,我们称研究此类问题的模型为隐藏行为模型。不对称信息也可能是指某些参与人隐藏的知识,我们称研究此类问题的模型为隐藏知识模型。

下面将从逆向选择和道德风险两个角度,对委托代理理论进行更加细致的介绍。

(一)逆向选择

逆向选择是指市场交易的一方如果能够利用多于另一方的信息使自己受益而对方受损时,信息劣势的一方便难以顺利地做出买卖决策,于是价格便随之扭曲,并失去了平衡供求、促成交易的作用,进而导致市场效率的降低。逆向选择会导致劣质品驱逐优质品,进而出现市场交易产品平均质量下降的现象。例如,在产品市场上,特别是在旧货市场上,由于卖方比买方拥有更多的关于商品质量的信息,买方由于无法识别商品质量的优劣,只愿根据商品的平均质量付价,这就使优质品价格被低估而退出市场交易,结果只有劣质品成交,进而导致交易的停止。

在现实经济生活中,存在一些和经济理论不一致的现象。例如,根据一般的供求理论,降低商品的价格,该商品的需求量就会增加,提高商品的价格,该商品的供给量就会增加。但是,由于信息的不完全性和机会主义行为,有时候即使降低商品的价格,消费者也不会做出增加购买的选择,提高价格,生产者也不会增加供给的现象。这就是逆向选择的表现。

逆向选择问题在现实生活中广泛存在,其中主要包含如下经典情形。

1. 消费金融中的逆向选择

在消费金融市场上,逆向选择的情况经常发生。银行或消费金融公司对客户的信息不可能完全掌握,对客户还款意愿的判断只能基于客户所提供的资料或第三方信息。经过风险定价测算,会最终给客户一个贷款利率或手续费报价,但这个报价并不是针对客户量身定制的,而是针对一个客户群体甚至是全部客户的报价。比如面对同样一款现金分期产品,当手续费或还款利率较高时,还款意愿高的客户觉得自己的条件较好,是各家金融机构争抢的对象,相信一定会有其他金融机构给他提供手续费更低或还款利率更低的金融产品,便会放弃现金分期产品。而还款意愿较低的客户可能本来就没打算还钱,可以跑路从而逃避还款,相对较高的手续费或还款利率对他来说没有任何负担,便会选择现金分期产品。于是经过一段时间的市场推广,银行或消费金融公司会发现办理其现金分期业务的客户大多数都是还款意愿不高的高风险客户,现金分期产品的不良率快速升高,甚至手续费和还款利息都已经不足以覆盖该产品的市场风险。

2. 电子商务中的逆向选择问题

互联网时代,传统经营方式受到网络的冲击。网络市场有较低的进入障碍、较低的交易费用和容易获取市场信息三方面优势,但仍存在信息不对称及逆向选择问题。具体而言,传统交易是现货交易,经营者需先进货再销售;电子商务中的经营者有很多是期货交易,收到消费者的购买意向或购买定金后再进货,甚至很多电子商务经营者根本没有货物,只是在网络上利用他人图片代销。

信息技术给电子商务市场带来低成本优势的同时,也给制造虚假的产品质量信息提供了方便。由于产品价格和产品质量的对应问题存在信息不对称,丰富的信息给消费者增加选择的同时,也大大加剧了消费者做出非理性选择的可能性。消费者很难通过网上的描述和大多数没有工商注册的卖家的描述来判断产品价值是否和产品价格相符,只能以行业平均价格来衡量商家的产品,从而导致拥有优质产品的经营者很难使消费者相信其产品物有所值。

电子商务在交易时与传统交易最大的区别在于,其吸引消费者购买的不是产品,而是信息。经营者通过在网络上发布有效信息吸引买家,消费者在网络上搜寻值得购买的产品信息。一方面,信息很容易被经营者通过制造虚假信息、盗用他人图片说明、片面夸大产品功能等手段改变其在消费者心目中的价值;另一方面,在网络上发布信息基本没有边际成本。因此,市场上将充斥大量低质量信息。在网络上销售需要获取消费者的注意力,而消费者的注意力往往集中在按价格排序更低的价位上,导致市场上低质量信息越来越多地获得消费者关注,而需求量将呈现不升反降的趋势。

3. 汽车保险的逆向选择问题

随着个人购买家庭轿车的数量逐渐增多,汽车保险业务增长很快。可是随着汽车保险业务的普及,汽车交通事故也比原来增加很多。这是因为购买了汽车保险的人由于有了保险,开起车来横冲直撞,还有人开车精力不集中、打瞌睡,甚至酒后驾车。结果汽车交通事故频繁发生,保险公司收取的保险费不够赔付汽车修理公司的汽车修理费。保险公司不得不进一步提高保险价格,导致风险低的人干脆不买保险了,只剩风险高的人买保险。

这种逆向选择效应的根源在于保险公司所掌握的信息是不完全的。保险公司知道顾客中有些人肯定比其他人具有更低的风险,但保险公司不能确切知道谁是风险低的人,也就无法把他们划分为较好的和较差的风险类别,并征收不同的保险费。那些积极买保险的人都是容易出险的人,因为他们容易出事故,所以渴望购买保险,以便出险之后有保险公司为他们付费。而出险概率较低的人则往往犹豫不决,如果保险价格提高了,反而会把他们拒之门外。这就是典型的逆向选择效应。提高保险价格导致那些风险较小的人退出了保险市场,而高风险顾客比例的上升直接造成保险赔付率的上升。

(二) 道德风险

道德风险是指在信息不对称条件下,不确定或不完全合同使得负有责任的经济行为主体不承担其行动的全部后果,在最大化自身效用的同时,做出不利于他人行动的现象。这个概念起源于海上保险,1963年美国数理经济学家阿罗将此概念引入经济学中,指出道德风险是个体行为由于受到保险的保障而发生变化的倾向。相较于逆向选择,道德风险是一种事后机会主义行为,是交易的一方由于难以观测或监督另一方的行动而导致的风险。

在经济学意义上,道德风险根植于经济人的自利本性,在各个领域中普遍存在。经济人是当代西方经济学的核心概念之一,具有自利性和理智性两大特征。其中,自利性意味着经济人会在经济活动中以自身利益最大化为目标,不断根据市场信号的变化作出恰当的行为决策,以期获得最大的经济收益。理智性意味着经济人具有关于所处环境相当完备丰富的知识,并具有很强的计算技能和较稳定的价值偏好,能运用成本收益方法计算出自身利益、眼前利益与长远利益的损益和盈亏关系。一方面,由于经济人的自利性,在暴利的诱惑下,经济人中少数意志不坚定者会放弃对社会道德规范的遵守和对社会道德义务的履行,以期获得不道德的甚至是违法的收益,从而使他人和社会收益受损。另一方面,由于经济人的理智性,经济人为了自身利益最大化长远地、顺利地实现,有共同遵守社会交易通则、维护正常交易秩序的意愿。在某些特殊条件下,由于少数经济人的败德行为构成了对其他经济人和社会整体利益的威胁,经济人中的一些品行高尚者为维护社会公正,不惜以自身利益损害为代价,甘愿承担个体风险。

具体而言,道德风险在现实生活中有不同的表现方式,包括如下几种典型形式。

1. 基金行业的道德风险

在基金经理管理层面存在相当严重的道德风险,最普遍和危害最大的就是老鼠仓。老鼠仓是指基金经理在通过机构资金拉升股价之前,用个人及相关利益者的账户在低位进行建仓,待股价拉升到高位后,个人资金率先卖出获利。在此过程中,基金经理的个人效用达到了最大化,而机构资金以及基民,包括股票市场则蒙受巨大的损失。这是很典型的委托关系下的道德风险。老鼠仓行为违背了职业经理人的一般诚信原则,是严重的职业操守问题。因道德修养不够而从事违规交易的行为,无疑将基金经理引向了违法境地。此类风险最为基金持有人深恶痛绝,也最可能动摇行业信赖基础,同时也难以控制。

2. 审计服务中的道德风险

在现代审计关系模式中,由于审计服务的实际委托人缺位,很容易产生道德风险问题。审计的实际委托人应当是社会公众,但由于审计结果具有外部性和公共品的特点,以及实际委托人之间协商一致存在较高的交易成本,实际选择并支付审计费用的人变成了被审计单位的管理当局。被审计单位的管理当局只是为了取悦政府管制机构,没有选择高质量审计的要求,并有可能利用对审计师的选择权和审计费用支付对审计帅施加影响。这会导致审计市场出现总体上并不需要,甚至排斥高质量的审计的现象。

在这样的情形下,审计关系模式的实质变成了由被审计单位的管理当局选择审计师来对自己的工作业绩进行审计,这种服务市场明显是买方市场。管理当局可以选择自己满意或基本满意的审计师,而审计师却没有或很少有选择委托人的权力。尤其在会计市场不规范、会计师事务所之间存在恶性竞争的情况下,即使被审计单位需要,高质量的审计市场也缺少一种有效的机制来区分不同质量的事务所。虽然股东、其他利害相关者、行业组织等都可以对注册会计师施加一定的影响,但是由于信息不对称以及高昂的交易成本,其他各方的监督是有限的,公众的索赔风险是潜在的、不可预见的,影响作用远没有选择权直接。因此,取悦被审计单位的管理当局成为获取审计合同的必然行为取向,会计中介组织的道德风险就产生于这种扭曲的委托代理关系。

### 3. 人力资源中的道德风险

企业中普遍存在不完备契约和信息不对称，容易诱发员工的机会主义行为，导致员工尽可能选择付出较少的努力换取较多的报酬。经理是以利润最大化为目标的，必然希望员工多努力以增加利润。如果契约是完备的，信息是对称的，个人的行为及目标选择都置于组织的监控之下，那么个人只有通过完成组织目标并在组织目标的约束下才能实现个人目标。但是，企业契约并不能明确规定未来所有可能出现的状态及各方的责、权、利关系，经理并不能完全观测到员工的工作方式和努力程度。那么，对于一个理性的员工来说，他就有动机利用契约的漏洞和行为的不可观测性为谋求自身效用最大化而背离经理所希望的目标。员工可以采用偷懒或"磨洋工"的方式，甚至利用组织资源，通过偷窃、泄露企业技术秘密等为个人谋取福利。这就导致个人目标偏离组织目标，人力资源道德风险由此而生。

## 第二节 金融共识机制

### 一、共识与共识机制

#### （一）共识

共识是指共同的认识，即不同主体对共识客体达成基本或根本一致的看法，形成基本或根本一致的观点和态度。共识并不是一个新概念，在人类开始群体生活之时，共识便已存在。共识在日常生活中很常见，是一种非常宝贵的东西。从最基本的层面上说，共识是一种让一个多样化团体在不发生冲突的情况下做出决策的方法。

在古代，人类并不只包含智人，还有其他几个人种，如东非的鲁道夫人、东亚的直立人和欧洲及西亚的尼安德特人。然而，在历史的演化中，只有智人生存了下来，其他的人类都被淘汰了，主要原因就是智人会使用语言。智人的大脑率先进化出了语言模块，而这一功能使得人类可以通过语言想象出情景，达成共识。通过语言，人可以理解、想象自己没有亲身经历过的情景，互相交流达成团队的共识，前人的经验也可以传递下去。因此，语言是人类历史上最早形成的共识机制之一。

发展出语言能力之后，人类更容易形成共识。大规模的协作提升了生产能力，人类的协作范围逐步从家庭扩展到部落，从部落扩展到国家。然而，当人类社群的聚集规模越来越大时，社群内部的意见就越来越多，光靠语言很难达成共识了，需要形成新的、更有效率的共识机制。中国在周朝时，开始通过礼制这一新的共识机制维持社会运转。在统一的礼制下，衣、食、住、行都要按照统一的仪式来进行，社会成员的外在行为是否符合礼仪很容易观察，因此礼制也就能对社会成员的外在行为形成较好的约束。虽然周朝的天子只是象征意义上的国家统治者，各个诸侯国分封建制，内部采用家族制的管理方式，但是通过统一的礼制，社会成员就可以产生身份认同感，就能更好地在同一个社群、制度里合作，社会的生产效率就可以进一步提高。

随着社会的进一步发展，人类发展出了更加丰富的共识机制，包括政治制度、文化、道德和宗教等。共识减少了社会之间的内耗，促进了人类协作效率的提升，提高了人类的协作规模。具体而言,共识的达成需要具备以下三个条件。第一,不同主体需要共同接受法律、规则、规范等共识机制的约束,即共识机制对所有社会主体具有共同的约束力。第二,社会主体一致认可实施这些共识机制的机构。第三,社会主体需要具备身份认同或团结意识,这样他们才会承认他们就达成的共识而言是平等的。

(二) 共识机制

共识机制是指社会就共识客体达成共识并维持共识的机制安排。社会要作为一个统一的整体存在下去,需要该社会成员对社会有一种共识,即对存在的事物,重要的事物,正确与错误,真、善、美与假、恶、丑的事物等要有一致或接近的认识,即形成共识机制。只有在共识机制的基础上,人们的判断和行动才会有共同的基础,社会生活才能实现协调。

形成共识机制是社会的一项重要功能。同时,良好的共识机制也能够极大地提升社会的生产效率。由于信息不对称问题的普遍存在,当社会生产规模不断扩大时,逆向选择和道德风险的问题也会越来越严重,极大地抑制了社会成员之间的协作效率,降低了社会生产效率。通过建立和完善社会的共识机制,可以极大地改善信息不对称的问题。所有社会成员必须遵守相同的规则进行协作,并有高效的机制惩戒试图破坏共识机制的行为。这使得社会成员不需要过度担心信息不对称带来的委托代理问题。因此,共识机制本质上是制定规则,进而使信息对称的一种机制。社会生产规模越大,越需要高效的共识机制作为保障。

1. 法律

法律是由国家制定或认可并以国家强制力保证实施的,反映由特定物质生活条件所决定的统治阶级意志的规范体系。法律是统治阶级意志的体现,是国家的统治工具。作为社会中强有力的共识机制,法律主要具有如下方面的特征。第一,法律是一种概括、普遍、严谨的行为规范。法律具有概括性,是人们从大量实际、具体的行为中高度抽象出来的一种行为模式。法律还具有普遍性,即法律所提供的行为标准是按照法律规定所有公民一概适用的,要求"法律面前人人平等",对触犯法律者会进行相应的惩罚。第二,法律是国家制定或认可的行为规范。其中,国家制定形成的是成文法,国家认可形成的通常是习惯法。第三,法律是由国家强制力保障实施的行为规范。法律所规定的权利和义务是由专门的国家机关以强制力保证实施的,国家的强力部门包括军队、警察、法庭、监狱等有组织的国家暴力。第四,法律是调整社会关系的行为规范。法律调整的是人们的行为,是对人们行为所设立的标准,即调整一定的社会关系。

2. 道德

道德是指衡量行为的观念标准,不同的对错标准是在特定生产能力、生产关系和生活形态下自然形成的。道德是社会意识形态之一,是人们共同生活及其行为的准则和规范。道德通过社会的或一定阶级的舆论对社会生活起约束作用。

作为社会自发形成的共识机制,道德具有多方面的功能。一是认识功能。道德是引导人们追求至善的良师,它教导人们正确地认识社会道德生活的规律和原则,从而正确地选择自己的生活道路和规范自己的行为。二是调节功能。道德是社会矛盾的调节器,在人与人发生矛盾时,需要通过社会舆论、风俗习惯、内心信念等特有形式,以自己的善恶标准去调节社会上人们的行为。三是教育功能。道德是催人奋进的引路人。它培养人们良好的道德意识、道德品质和道德行为,使受教育者成为道德纯洁、理想高尚的人。四是评价功能。道德是公正的法官。道德评价是一种巨大的社会力量和人们内在的意志力量,是以"善""恶"来评价社会现象、把握现实世界的一种方式。五是平衡功能。道德不仅调节人与人之间的关系,而且平衡人与自然之间的关系。它要求人们端正对自然的态度,调节自身的行为,平衡人与自然之间的正常关系。

3. 社会信仰

信仰是人类社会发展到一定历史阶段出现的一种文化现象,属于社会特殊意识形态。古时由于人类对未知宇宙的探索,以及表达人渴望不灭和解脱的追求,导致人类相信现实世界之外存在超自然的神秘力量或实体,并对该神秘力量产生敬畏及崇拜,从而引申出信仰认知及仪式活动体系。与民间神话一样,族群、社会的共同信仰有自己的神话传说,彼此相互串联,本质是一种精神寄托和终极关怀。社会信仰的表现形式包括仪式、崇拜、祭祀神明等,被认为是信念的来源。

## 二、金融体系中的共识机制

金融体系的共识机制特指在金融领域内人们针对金融活动形成的共识机制。共识是经济金融运行的基础,在金融共识机制的保障下,各种金融活动能够顺利、高效地进行。具体而言,在金融领域存在多个典型的共识机制,具体如下。

(一) 信用货币制度

信用货币是由国家法律规定的,强制流通且不以任何贵金属为基础的、独立发挥货币职能的货币。目前世界各国发行的货币基本都属于信用货币。信用货币是由银行提供的信用流通工具,其本身价值远远低于其货币价值。与代用货币不同,它与贵金属完全脱钩,不直接代表任何贵金属。在20世纪30年代,发生了世界性的经济危机,引起经济的恐慌和金融混乱,迫使主要资本主义国家先后脱离金本位和银本位,国家所发行的纸币不能再兑换金属货币,因此,信用货币便应运而生。当今世界各国几乎都采用这一货币形态。

信用货币制度是以中央银行或国家指定机构发行的信用货币作为本位币的货币制度。流通中的信用货币主要由现金和银行存款构成,并通过金融机构的业务投入流通中去,国家通过种种方式对信用货币进行管理调控。具体而言,信用货币制度主要具有五方面特点。第一,以中央银行发行的纸币为本位币,政府发行的铸币为辅币;第二,实行不可兑换制度,即本位币不与任何金属保持等值关系,纸币不能兑换金银,不兑现的银行券由国家法律规定强制流通,发行权集中于中央银行或发钞银行,成为无限法偿货币和最后支付手段;第三,实行自由本位制度,即纸币的发行可以自由变动,不受一国所拥有的黄金数量的限制;第四,银行券由银行通过信用渠道投入流通,存款货币通过银行转账结算;第五,实行管理纸币本位制度,即发行者为了稳定纸币对内对外的价值,要对纸币的发行与流通进行周密的计划和有效的管理。

(二) 国际货币体系

国际货币体系是经典的金融共识机制。具体而言,国际货币体系就是各国政府为适应国际贸易与国际支付的需要,对货币在国际范围内发挥世界货币职能所确定的原则、采取的措施和建立的组织形式的总称。全球大多数国家都有自己的货币,各国内部的贸易活动统一以本国货币结算。为了保障国家贸易、世界经济的稳定、有序发展,使各国的资源得到有效的开发利用,各国在进行跨国贸易之前必须建立起有效的国际货币体系,对货币兑换、国际收支等一系列问题达成基本的共识。国际货币体系一般包含如下几方面的内容:一是确定世界及各国货币的汇率制度;二是确定有关国际货币金融事务的协调机制或建立有关协调和监督机构,包括对经常项目、资本金融项目管制与否的规定,国际结算原则的规定等;三是确定资金融通机制;四是确定主导货币或国际储备货币;五是确定国际货币发行国的国际收支及履约机制。

国际货币体系在其发展过程中经历了三个重要的历史时期:第一个时期为1870—1914年的金本位时期,第二个时期为1945—1973年的布雷顿森林体系下的固定汇率时期,第三个时期是1976年牙买加协议以来的国际货币多元化和浮动汇率时期。

(三)市场机制

市场机制也是金融领域内基础性的共识机制。借助市场机制,各种金融交易活动得以高效开展,提高了社会的资源配置效率。具体而言,市场机制是通过市场竞争配置资源的方式,即资源在市场上通过自由竞争与自由交换来实现配置的机制,也是价值规律的实现形式。市场机制有一般和特殊(具体)之分。一般市场机制是指在任何市场都存在并发生作用的市场机制,主要包括供求机制、价格机制、竞争机制和风险机制。具体市场机制是指各类市场上特定的并起独特作用的市场机制,主要包括金融市场上的利率机制、外汇市场上的汇率机制、劳动力市场上的工资机制等。

在市场经济环境中,市场机制发挥着基础性的资源配置功能。市场机制主要起到以下几个方面的作用。一是传递信息,是指由于商品价值、供求的变化引起商品价格的涨落,同时为生产者和消费者提供商品状况的信息的功能。市场传递信息,就是市场发出价格信号。二是促进利益竞争,这种刺激和激励不断提高市场参与者的自身素质和竞争能力,为经济发展提供源源不断的内在动力。三是优化经济,是指市场机制能对经济结构(包括产业结构、产品结构、地区结构、企业组织结构、技术结构等)起到协调、平衡和优化的作用。四是推动技术进步,市场经济条件下的竞争机制迫使经济人不断地、积极主动地在科技投入、研究开发及引进、吸收、消化先进的技术设备等方面努力进取,以便在竞争中以性能更好、质量更高、价格更廉、成本更低的商品扩大市场占有份额,获取更多的利润。五是提高效率。从理论上讲,完全竞争的市场机制能够实现帕累托最优状态,即最优经济效率的状态。

(四)契约机制

契约是指双方当事人基于对立合致的意思表示而成立的法律行为,为私法自治的主要表现。契约包括要约及承诺两个基本的意思表示。其中,要约是表意人所发出,欲得到相对人承诺而发生一定私法上效力的意思表示。承诺则是针对要约所作的肯定答复,承诺的内容必须和该要约的内容完全一致,否则即为新要约而非承诺。应与要约区分的是要约之引诱,其并非意思表示,而是观念通知,为准法律行为的一种,不生要约拘束力。

市场经济制度是典型的契约制度,以市场经济制度为基础的社会则是典型的契约型社会。在社会主义市场经济体制的运行过程中,社会契约机制起着重要的杠杆作用。社会主义市场经济制度同样是典型的契约式经济制度,它的运行同样必须以经济契约为基本的运行机制,即一切经济生活必须以契约的形式来表现。只有如此,才能使社会的经济生活按照其内在的经济规律正常运行并不断得到发展。信息服务是一种社会行为,其必然也应当受到这种社会特征的影响和制约。契约信息服务为信息机构的信息服务注入了经济与法律的细胞,使其得以更好地在社会主义市场经济的环境中持续发展。

### 三、区块链共识机制

共识机制是区块链技术的重要组件。区块链作为一种按时间顺序存储数据的数据结构,可支持不同的共识机制。具体来说,区块链共识机制是指通过特殊节点的投票,在很短的时间内完成对交易的验证和确认。对一笔交易,如果利益不相干的若干个节点能够达成共识,我们就可以认为全网对此也能够达成共识。区块链共识机制需要同时满足两个性质:一是一致性,即所有诚实节点保存的区块链的前缀部分完全相同。二是有效性,即由某诚实节点发布的信息终将被其他所有诚实节点记录在自己的区块链中。

(一) 区块链共识机制的主要内容

区块链共识机制可分为四大类:工作量证明机制、权益证明机制、股份授权证明机制和 Pool 验证池。

1. 工作量证明(PoW)机制

工作量证明机制即对于工作量的证明,是生成要加入区块链中的一笔新的交易信息(新区块)时必须满足的要求。在基于工作量证明机制构建的区块链网络中,节点通过计算随机哈希散列的数值解争夺记账权,求得正确的数值解以生成区块的能力是节点算力的具体表现。工作量证明机制具有完全去中心化的优点,在以工作量证明机制为共识的区块链中,节点可以自由进出。比特币网络就应用工作量证明机制来生产新的货币。然而,由于工作量证明机制在比特币网络中的应用已经吸引了全球计算机大部分的算力,其他想尝试使用该机制的区块链应用很难获得同样规模的算力来维持自身的安全。同时,基于工作量证明机制的挖矿行为还造成了大量的资源浪费,达成共识所需要的周期也较长,因此该机制并不适合商业应用。

2. 权益证明(PoS)机制

与要求证明人执行一定量的计算工作不同,权益证明要求证明人提供一定数量加密货币的所有权即可。权益证明机制的运作方式是,当创造一个新区块时,矿工需要创建一个"币权"交易,交易会按照预先设定的比例把一些币发送给矿工本身。权益证明机制根据每个节点拥有代币的比例和时间,依据算法等比例地降低节点的挖矿难度,从而加快了寻找随机数的速度。这种共识机制可以缩短达成共识所需的时间,但本质上仍然需要网络中的节点进行挖矿运算。因此,权益证明机制并没有从根本上解决工作量证明机制难以应用于商业领域的问题。

3. 股份授权证明(DPoS)机制

股份授权证明机制是一种新的保障网络安全的共识机制。它在尝试解决传统的工作量证明机制和权益证明机制问题的同时,还能通过实施科技式的民主抵消中心化所带来的负面效应。

股份授权证明机制与董事会投票类似,该机制拥有一个内置的实时股权人投票系统,就像系统随时都在召开一个永不散场的股东大会,所有股东都在这里投票决定公司决策。基于股份授权证明机制建立的区块链的去中心化依赖于一定数量的代表,而非全体用户。在这样的区块链中,全体节点投票选举出一定数量的节点代表,由他们来代理全体节点确认区块、维持系统有序运行。同时,区块链中的全体节点具有随时罢免和任命代表的权利。如果必要,全体节点可以通过投票让现任节点代表失去代表资格,重新选举代表,实现实时的民主。

股份授权证明机制可以大大缩小参与验证和记账节点的数量,从而达到秒级的共识验证。然而,该共识机制仍然不能完美解决区块链在商业中的应用问题,因为该共识机制无法摆脱对于代币的依赖,而在很多商业应用中并不需要代币的存在。

4. Pool 验证池

Pool 验证池基于传统的分布式一致性技术建立,并辅之以数据验证机制,是目前区块链中广泛使用的一种共识机制。Pool 验证池不需要依赖代币就可以工作,在成熟的分布式一致性算法基础之上,可以实现秒级共识验证,更适合有多方参与的多中心商业模式。不过,Pool 验证池也存在一些不足,如该共识机制能够实现的分布式程度不如工作量证明机制等。

(二) 区块链共识机制的评价标准

区块链上采用不同的共识机制,在满足一致性和有效性的同时会对系统整体性能产生不同影响。综合考虑各个共识机制的特点,应当从以下几个维度评价各共识机制的技术水平。

1. 安全性

安全性是指是否可以防止二次支付、自私挖矿等攻击,是否有良好的容错能力。以金融交易为驱动的区块链系统在实现一致性的过程中,最主要的安全问题就是如何防止和检测二次支付行为。自私挖矿通过采用适当的策略发布自己产生的区块,获得更高的相对收益,是一种威胁比特币系统安全性和公平性的理论攻击方法。

2. 扩展性

扩展性是指是否支持网络节点扩展。扩展性是区块链设计要考虑的关键因素之一。根据对象不同,扩展性又分为系统成员数量的增加和待确认交易数量的增加两部分。扩展性主要考虑当系统成员数量、待确认交易数量增加时,随之带来的系统负载和网络通信量的变化,通常以网络吞吐量来衡量。

3. 性能效率

性能效率是指从交易达成共识被记录在区块链中至被最终确认的时间延迟,也可以理解为系统每秒可处理确认的交易数量。与传统第三方支持的交易平台不同,区块链技术通过共识机制达成一致,因此其性能效率问题一直是研究的关注点。比特币系统每秒最多处理 7 笔交易,远远无法支持现有的业务量。

4. 资源消耗

资源消耗是指在达成共识的过程中,系统所要耗费的计算资源大小,包括 CPU、内存等。区块链共识机制借助计算资源或者网络通信资源达成共识。以比特币系统为例,基于工作量证明机制的共识需要消耗大量计算资源进行挖矿提供信任证明完成共识。

### (三) 区块链共识机制的本质

区块链共识机制本质上仍然是金融体系内的一种共识机制,即通过制定共同的标准缓解信息不对称问题,提高社会协作效率的一种机制保证。在金融行业,信息不对称的问题尤为普遍,更加需要高效的共识机制来维持金融体系的运行。区块链共识机制通过特殊节点的投票,让全网对交易迅速达成共识,不用再对交易进行反复确认,降低了信息不对称。从这个角度来说,区块链共识机制作为一种金融共识机制,能够较好地提高效率。

同时,区块链共识机制与传统的共识机制仍然存在区别。传统共识机制主要通过制定共同标准的方式来降低信息不对称,并依靠强力的监管机构确保共识标准的不被违反。区块链共识机制则是通过技术手段直接对交易本身进行验证,能够更加高效、更加彻底地解决信息不对称问题。因此,区块链共识机制改变了共识机制的模式,对传统共识机制进行了很好的补充。

## 第三节 共享金融

### 一、共享经济与共享金融的内涵

#### (一) 共享经济的内涵与特征

共享经济是一种基于共享平台的新兴商业模式,是指机构或个人以获得一定的报酬为主要目的,通过平台或市场,将拥有物的临时使用权暂时让渡的一种新的经济模式。共享经济这一概念较早被提出,直至近些年才广泛应用于商业环境中。现今,共享经济的概念在各个行业均有实践,典型的共享平台包括租赁平台 Airbnb,出行平台共享单车,以及知识技能平台 TaskRabbit 等。

随着物质资源不断丰富,消费者环保意识不断提升,加之互联网等新兴技术的兴起和互动式平台的大量涌现,共享经济得到了发展和壮大。区别于传统的经济模式,共享经济具有三个关键特征。

第一,共享经济下的交易行为具有短暂性。共享经济下交易的内容是物品的临时使用权,而非传统交易中的永久所有权。当临时使用的时间结束后,物品的使用权就从买方手中回归到卖方手中。

第二,共享经济依赖于技术的支持。买卖双方的共享交易是基于完善的互联网共享平台完成的。为了确保交易的顺利进行,平台发挥着重要的中介角色,它利用信息技术和人工智能技术为交易双方进行匹配,以实现降低交易成本的目的。新兴技术是共享经济得以发展的必要基础。

第三,共享经济的发展依赖于信任机制。共享经济的交易活动大多是在陌生人之间进行的,支撑陌生人完成顺畅交易过程的是社会信任机制的建立和信用体制的完善。信用记录能够留存个人或机构的交易信息,在必要时刻进行追溯,以降低交易过程中的违约风险。

#### (二) 共享金融的内涵

共享金融是共享经济的一种类型,是其在金融领域的应用。共享金融是通过技术或制度创新,突破传统金融的时空限制,构建以资源、要素、功能、利益共享为特征的金融发展模式,实现金融资源更有效、公平的配置。

受到共享经济发展的影响,金融服务的提供方式也产生了新的变化。在传统金融模式下,大企业已经得到很好的金融服务,但中小企业和个体经营者仍被排斥在正规金融融资渠道之外。2017年习近平总书记在亚太经合组织工商领导人峰会上发表了题为《抓住世界经济转型机遇谋求亚太更快发展》的主旨演讲,指出:"要把包容共享理念融入发展战略"。随后习近平总书记在致第四届世界互联网大会的贺信中再次强调要"发展数字经济、共享经济,培育新增长点、形成新功能"。

共享金融平台能够为中小企业提供小额贷款,大大缓解了中小企业融资难的问题,推动了中小企业的长远发展。共享金融平台发展的背后揭示了共享金融的优势。其优势包括:

第一,共享金融平台能够有效降低融资成本。与共享经济平台特征相同,共享金融平台通过互联网技术,利用云技术和大数据等新兴技术手段收集、整理和分析借贷双方数据,在提高数据处理效率的同时也降低了借贷双方的交易成本,尤其降低了借方的融资成本。此外,共享金融平台能够依据数据对借贷双方进行有效匹配,越过中介公司,进一步降低融资成本。

第二,共享金融能够为企业的融资提供更多途径。企业尤其是中小企业在生产规模不断扩大的过程中时常面临资金短缺问题。正规金融融资渠道(如银行)更加偏向于将资金贷给大企业,由此将中小企业排斥在正规金融融资渠道之外。此外,由于审核时间过长,正规金融融资渠道极易产生资金发放拖延的问题,影响企业的正常运转。共享金融平台通过缩短审批周期、提供灵活贷款内容等方式补充正规融资渠道,为企业提供更多的资金借贷途径。

第三,共享金融能够通过"好金融"构建公平正义的"好社会"。共享金融能够助推实现普惠金融,缩小贫富差距,为服务实体经济提供助力。对个人而言,共享金融可以服务那些被传统金融排斥在外的低收入人群,使其能更方便、更快捷、更安全地享受到金融产品与服务。对企业而言,共享金融可克服中小微企业发展过程中"融资难、融资贵"的问题,撬动更多金融资源投入实体经济,唤醒金融服务于实体经济的使命,扮演"好金融"的角色。

## 二、共享金融的主要表现形式

在经济形势、技术创新、政府鼓励等多重因素的推动下,共享金融发展迅速。共享金融包含网络借贷、互联网众筹、相互保险及供应链金融等,共享金融在有效支持共享经济发展的同时,促进了金融业创新可持续发展,实现了多方共赢。

(一)网络借贷

网络借贷,简称P2P网贷,英文称为Peer-to-Peer Lending,即点对点信贷。P2P网贷是指通过商业公司搭建的第三方互联网平台进行资金借贷双方的匹配,是一种"个人对个人"的直接信贷模式。由具有资质的网站(第三方公司)作为中介平台,借款人在平台发放借款标,投资者进行竞标向借款人放贷的行为。在借贷过程中,资料与资金、合同、手续等全部通过网络实现,它是随着互联网的发展和民间借贷的兴起而发展起来的一种新的金融模式。

在 P2P 网贷模式下,资金的供求双方直接实施交易,减少了金融中介的成本,体现了共享金融的理念,促进了实体经济的发展。在中国网贷平台的运行模式大体上分为四种,包括担保机构担保模式、大型金融集团推出的互联网服务平台、P2P 平台下债券合同转让模式以及借助电商交易参数,将线下电子商务机会与网络相结合的交易模式。

网络借贷的发展也存在一定的弊端,比如征信系统的不完善给互联网金融的信用风险控制带来困难。相关的法律规范、准入机制、监管机制不完善,造成监管风险。网络属于虚拟平台,网络黑客直接影响互联网金融正常运作。由于 P2P 网贷违规惩戒机制不完善、违约成本较低,造成很多蓄意骗贷情况。2019 年 9 月 2 日,互联网金融风险专项整治工作领导小组、网贷风险专项整治工作领导小组联合发布了《关于加强 P2P 网贷领域征信体系建设的通知》,支持在营 P2P 网贷机构接入征信系统。2020 年 11 月,全国实际运营的 P2P 网贷机构完全清零。

(二) 互联网众筹

互联网众筹的概念见第二章第四节。众筹的兴起源于美国网站 Kickstarter,该网站通过搭建网络平台面向公众筹资,让有创造力的人能获得他们所需要的资金,以便使他们的梦想有可能实现。这种模式的兴起打破了传统的融资模式,每一位普通人都可以通过该种众筹模式获得从事某项创作或活动的资金,融资的来源者不再局限于风投等机构,而可以来源于大众。互联网众筹在欧美逐渐成熟并推广至亚洲、中南美洲、非洲等开发中地区。我国众筹平台起步较晚,发展有待完善,大多项目以营销为主,质量相对不高,阻碍了众筹的发展。

(三) 相互保险

相互保险(Mutual Insurance)是指社会上有同一风险保障需求的个体联合起来利用相互合作方式办理保险,实行"共享收益,共担风险"。相互保险是一种较古老的模式,保险公司由保单所有人组成,公司盈利以减免保费、分红等方式发放给保单所有人。目前这种保险模式在发达国家地位很高。相互保险就相当于一个同质群体中的成员上交资金,由第三方专业公司管理,成员之间相互分享收益、共担风险,财险和寿险都可以采用这种形式。在互联网发展迅速的今天,这一模式再次凸显优势。将计算机算法和传统的保险精算结合起来,使风险定价更加准确,降低了保险费用,改变了传统保险业务强调经理人作用的模式。

(四) 供应链金融

供应链金融(Supply Chain Finance),是商业银行信贷业务的一个专业领域,也是企业尤其是中小企业的一种融资渠道,指银行向客户(核心企业)提供融资和其他结算、理财服务,同时向这些客户的供应商提供贷款及时收达的便利,或者向其分销商提供预付款代付及存货融资服务。简单地说,就是银行将核心企业和上下游企业联系在一起提供灵活的金融产品和服务的一种融资模式。区块链技术的出现将供应链金融提升到了一个新的高度。区块链技术在供应链金融中的运用主要采用许可链(私有链或联盟链)的形式,其优势在于信息难篡改、一定程度的透明化,以及信用可分割、易流转,但核心企业占据主导地位的现状不会改变。龙头企业、大平台以及掌握核心数据的物流公司、技术服务公司都很有动力构建自己的区块链供应链金融生态。

信用是金融的核心,多参与主体间信用的高效传递是供应链金融的关键要点。实体经济发展中所面临的中小企业融资难、融资贵的问题,其关键突破点在于打通信用流转,以更好地盘活资产。供应链金融围绕核心企业覆盖其上下游中小微企业,需要商业银行、保理公司等资金端的支持,以及物流、仓储等企业的参与,还需要企业信息技术服务、金融科技服务等。在多主体参与的环境中,协同合作的基础是信任与利益分配。区块链作为一种分布式账本,为各参与方提供了平等协作的平台,降低了机构间信用协作的风险和成本。链上信息可追踪但不可篡改,多个机构之间数据可实时同步,还可实时对账。

### 三、共享金融的共识基础

共享金融之所以能够被广泛接受,源于其在克服信息不对称方面较传统金融有更多的优点。共享金融利用互联网这一便利的载体,利用互联网大数据、大数据分析方法以及区块链共识机制等实现了共识,使金融活动能以更低的交易成本运行。共享金融帮助金融活动参与者实现共识的过程,就是共享金融的共识基础。

(一)共识的内容

信用是金融活动的本质,对资金的临时性占用并到期还本付息是金融活动的基本内容。那么,开展金融活动势必要求投资者、金融中介与融资者之间就一些基本要素达成共识。这些要素应至少包括融资者资金运用的真实性和偿还能力等。

1. 资金运用的真实性

资金与一般商品不同,当使用权由一方转向另一方后,其所有权是很难保证的。因而,金融活动中首先要防范的是金融欺诈,即确认资金运用的真实性。融资者不按照约定的资金用途而使用资金的,反映了一种道德风险问题。在现实中,不乏一些骗贷的行为,这正是由于在融资时报告了假的资金运用目的,且一开始就没有打算归还贷款。也有一些融资者在获得资金后,挪作他用,不按照预先约定的资金用途,去投资于更高风险的活动。这都将导致投资者遭受损失。共享金融利用大数据技术对以上问题进行了分析和监控。通过收集和分析融资者的大数据,帮助金融中介和投资者识别真实可信的融资者。通过对融资者的持续关注和分析,帮助监督融资者的事后行为。这使金融中介、投资者和融资者等参与主体能就融资者的资金运用真实性达成一致的共识,且使这一共识在金融活动运行过程中始终保持。

2. 偿还能力

偿还意愿和偿还能力是融资者能够还本付息的两个决定因素。在现实中,有时候,融资者虽然有偿还意愿,但并不一定具有偿还能力。如何帮助投资者和金融中介及时了解融资者的偿还能力,对于金融活动顺利运行并管理信用风险具有重要的意义。在供应链金融中,区块链共识机制可保证网络上各个客户能对账户和资金进行相互监督,使得传统金融监管难以覆盖的盲区受到公共金融规则的约束。在互联网上构造共享账户信息系统,可增加金融机构间、金融机构与客户账户间的信息链接,促进商品交易链和资金交易链的透明循环,实现"人人参与"的新模式。在企业生产、运输和销售的每个环节,信息都是相互验证的,投资者和金融中介能够对企业的信息进行全盘的掌握,从而能够对其偿还能力进行实时监控,这使投资者、金融中介和融资者能就偿还能力达成共识。

(二) 共识的实现方式

从共识的实现方式看,在传统的金融活动中,共识依靠暴力、法律制裁和道德约束形成。例如,古代的高利贷依靠放贷者豢养的打手来保证借款者履行还款义务。在现代,一些违法的民间借贷活动也存在暴力催收的问题。暴力手段维持了融资者和投资者的共识。当今社会,法律和道德是主要的共识实现方式。当融资者违约时,投资者可以向法院提起诉讼。如果违约金额较小,则可以诉诸道德的审判。这些手段大多是事后的监管策略,是维持共识的方式,难以做到防患于未然。

互联网、大数据、区块链等信息技术为共享金融的共识基础提供了更加客观的实现方式。例如,大数据分析能帮助金融中介和投资者更好地捕捉和了解融资者的特征和过往经历,做到对其性格、行为、信用程度的精准判断,从而能在事前更好地识别融资者。区块链技术能将相关的生产经营活动在去中心化的账本上记录下来,利益相关者共同监督保证信息不可篡改,维持了信息的真实性。这些新兴的方式依靠技术手段,更加客观地帮助金融活动参与者达成了共识,这就是共享金融相对于传统金融的优势。

## 本 章 小 结

信息是现代金融活动的重要要素,信息技术是金融科技发展的重要动力。现代经济中存在各种各样的不确定性和风险,以及信息不对称问题。由于市场参与主体双方的信息不对称,经济中出现了包括逆向选择、道德风险等一系列典型的委托代理问题,在金融领域表现为各种金融摩擦,抑制了金融效率。共识的概念由来已久,是人类社会前进的基石,社会依靠法律、道德、社会信仰等各种共识机制才得以顺利发展。金融领域中也广泛存在各式各样的共识机制,是支撑金融运转的基础,包括国际货币体系、信用货币制度、市场机制、契约机制等。区块链共识机制是金融领域共识机制的一种表现形式。从共享经济到共享金融,共享理念贯彻于新经济的各种商业模式和业态。共享金融正是利用了金融科技带来的基于技术的新的共识机制,弥补了传统金融体系在共识机制方面的不足,从而活跃在当下的经济社会中,绽放活力和色彩。

## 关 键 名 词

不确定性　信息不对称　信息经济学　委托代理问题　道德风险　逆向选择　共识　共识机制　区块链共识机制　共享经济　共享金融

## 复习思考题

1. 不确定性与风险的区别是什么?
2. 道德风险和逆向选择有何关系?
3. 如何理解共识机制?
4. 区块链共识机制有哪几种?
5. 什么是共享金融?有哪些形式?

6. 共享金融的共识基础是什么?

## 即 测 即 评

## 延 伸 阅 读

[1] 罗宾·蔡斯.共享经济:重构未来商业新模式.杭州:浙江人民出版社,2015.

[2] 唐·塔普斯科特,亚力克斯·塔普斯科特.区块链革命:比特币底层技术如何改变货币、商业和世界.北京:中信出版社,2016.

[3] 姚余栋.共享金融:金融新业态.北京:中信出版社,2016.

[4] 张增骏,董宁,朱轩彤,等.深度探索区块链:Hyperledger 技术与应用.北京:机械工业出版社,2018.

[5] 埃尔文 E. 罗斯.共享经济:市场设计及其应用.傅帅雄,译.北京:机械工业出版社,2023.

[6] 道格拉斯·B. 莱尼.信息经济学.曹雪会,扈喜林,朱琼敏,译.上海:上海交通大学出版社,2020.

[7] 艾瑞克·罗威特.共享经济:如何迎合商业、社会和环境需求及获取竞争优势.范鹏,褚颖,张培智,译.北京:机械工业出版社,2016.

# 第五章
# 区块链、通证经济与数字加密货币设计原理

**章前导读**

2019年10月24日,习近平总书记在主持中央政治局第十八次集体学习时指出,区块链技术的集成应用在新的技术革新和产业变革中起着重要作用,我们要把区块链作为核心技术自主创新的重要突破口。此后,实业界、理论界、教育界和政府部门都高度关注区块链这一领域的发展。如何认识和理解区块链的技术本质,掌握对应的数字货币的功能设计,并预知其对经济社会影响与未来的发展趋势?本章将回答这些基本理论问题。

**本章学习目标**

本章首先从簿记入手,介绍分布式记账、区块链及基于区块链的支付清算等。接着从理论视角阐述以区块链为基础的通证经济,介绍其具备的新特性,并对区块链技术发展中的监管规制、技术边界问题进行分析。最后,介绍数字货币的一般设计原理。通过本章的学习,应当掌握区块链技术和金融经济发展的内在关系,认清区块链技术的内涵和外延,对通证经济发展中的理论问题有一个较清晰的把握。

## 第一节 簿记、分布式记账与区块链技术

在人类发展的历史进程中,簿记的产生可追溯到原始的结绳记事。在此后的科技发展中,人们不断通过创新,改进簿记的效率和准确性,推动了金融业的发展与社会进步。

### 一、簿记和记账方法

簿记,顾名思义就是一些记账的事务,具体来说包括填制凭证、登记账目、结算账目、编制报表等工作。簿记是现代社会里记录经济活动的重要环节。从这些工作内容中,我们能看到簿记和会计有着非常紧密的联系。从语言的角度来看,英语里的簿记即

Bookkeeping,在本子上保持记录,就是记账的意思,而会计为 Accounting,则是叙述理由,即说明为什么要这样记账。从历史发展的角度来看,最早的时候,会计的工作仅仅是记账、算账,没有形成对应的完整理论,簿记工作就是会计的全部。随着会计理论的建立和会计职能的不断扩大,会计工作从单纯的记账发展到对经济活动的预测、决策、控制、监督等。这时的簿记是会计工作的一个组成部分,仍然具有非常重要的地位。

在中国古代,记账活动一直存在。"簿记"一词最早见于宋代。中国古代的簿记工作同样经历了从单式到复式的演变。新中国的会计方法主要效法苏联,把会计活动作为经济核算的一个组成部分,并且翻译为簿记核算。这些簿记的定义都和记账有关。本章提到的簿记,主要指的是现代会计学中的记账方法。

(一) 复式簿记

簿记按其采用的记账方法不同,可以分为单式簿记和复式簿记。单式簿记就是简单记录资金的流水往来并编制财产记录,可以视为流水账。复式簿记产生于公元 13 世纪的意大利,现在是世界各国会计实务广泛采用的记账准则。1494 年,数学家卢卡·帕乔利在《算术、几何、比及比例概要》中专门阐述了复式记账的基本原理,这是簿记理论的里程碑。

复式簿记的演变,从它的萌芽到接近于完备形式,大约经历了 300 年(从 13 世纪初至 15 世纪末)。这一演变过程都发生在中世纪的意大利商业城市(如威尼斯、热那亚等)。当时,地中海沿岸某些城市的商业和手工业发展很快,出现了资本主义生产的最初萌芽。发达的商品经济,特别是地中海沿岸某些城市中十分活跃的商业(包括海上贸易)和银钱兑换业,都迫切要求从簿记中获得有关经济往来和经营成果的重要信息。

在现代会计方法中,复式簿记法是以资产与权益平衡关系作为记账基础,对于每一笔经济业务,都要以相等的金额在两个或两个以上相互联系的账户中进行登记,系统地反映资金运动变化结果的一种记账方法。复式簿记从记账的方法上提升了簿记的效率,"有借必有贷,借贷必相等"的现代会计准则,极大降低了簿记错误的可能性。这个方法的出现,大大促进了商业的发展。

(二) 簿记与银行业

簿记的发展对金融业的促进是巨大的。银行是簿记技术进步的最大受益者。随着银行业的壮大和发展,它也成为社会簿记的中心,进一步地推动簿记方法的进步。正如马克思指出的:"过程越是按社会的规模进行,越是失去纯粹个人的性质,作为对过程的监督和观念上的总括的簿记就越是必要"[①]。

最初,佛罗伦萨的银行业从业者都是一些高利贷者,他们通过借贷的方式获得高额的利息,积累了大量的资本,并且在这个基础上建立起银行,从事各种类型的货币经营服务。在早期高利贷的经营阶段,他们的账本就是通过上下对称的方式来确定记账的位置,借的名号在上方,贷的名号在下方,这个时候的借和贷就是真实的借和贷的意思,而不是记账的符号。

随着工商业的进一步发展,银行的业务越来越复杂,银行的客户也大量增加,账目的设置越来越繁杂。为了简化交割手续和避免风险,客户要求银行代为转账,而银行从简化

---

① 马克思. 马克思恩格斯选集:第 2 卷. 北京:人民出版社,2012:327.

手续和减轻业务的工作量出发也需要这样的技术创新。因此,银行转账制度就产生了。

转账的确立,促使银行服务处理发生了根本性的变化,银行业成为社会的簿记中心。当转账关系在银行和银行之间发生之后,银行的管理者就认识到,当某一笔资金,从某一客户的借方转出,一定会转入另一客户的贷方。同样地,某一客户的贷方转出的资金,就一定会转入另一客户的借方。这些业务推动了复式簿记的发展。

近年来,随着金融科技的发展,银行业的簿记中心功能,转为由信息科技来推动。随着大数据技术的产生和发展,银行的簿记也从传统的信息时代步入大数据时代,从本地服务器到云端服务,从单数据中心到多数据中心备份镜像,从静态的服务结构到动态的可扩张的服务器体系。大数据技术的发展,使得银行的募集能力越发提高,能够同时并发地处理海量的支付转账。

在大数据时代,簿记本身在记账规则和方法上并没有突破性的创新,但是结合其他数据来源(客户在社交媒体上的行为数据、客户在电商网站的交易数据、企业客户的产业链上下游数据、其他有利于扩展银行对客户兴趣爱好的数据等)可以为用户做精准画像。国内不少银行已经开始尝试通过大数据来驱动业务运营。例如,中信银行信用卡中心使用大数据技术实现了实时营销,光大银行建立了社交网络信息数据库,招商银行利用大数据发展小微贷款等。随着人工智能的进步,大语言模型(LLM)结合大数据进一步推动银行业的技术变革。在数据记录方面,主要是支持AI机器人进行多轮对话,推动更精准的人机交互和数据收集。此外,传统的数据中心依赖密码、密保卡等逻辑或物理凭证进行身份认证,而生物识别技术和物联网技术则使得身份验证变得更加方便和可信。信息的进一步集中和整合又一次加强了银行业的簿记为社会服务的中心功能。

## 二、区块链和分布式记账

### (一) 区块链的概念

区块链是一类使用了加密算法的分布式数据库。数据库里的数据打包成区块,并且衔接成链式结构,故称为区块链。数据库的运行,即区块的产生,依赖于一种基于共识机制的算法,这个算法具有公开的、可扩展的特性。

从科学实践看,区块链涉及数学、密码学、互联网和计算机编程等多学科理论的科学技术问题。从应用视角来看,区块链是一个分布式的共享账本和数据库,具有去中心化、难以篡改、全程留痕、可以追溯、集体维护等特点,为区块链创造信任奠定了基础。

### (二) 分布式记账的概念

分布式记账是分布在多个节点或计算设备上的数据库,每个节点都可以复制并保存一个账本,且每个节点都可以进行独立更新,通过竞争(比拼算力或者投票)来确定最终的账本记录。分布式账本技术的突破性特征是节点的账目不由任何中央机构维护,总账的更新是由每个节点独立构建和记录的。节点可以自行更新,并通过算法来形成共识,合并为总账,总账的最新商定版本将分别保存在每个节点上。企业或者银行,如果能够采用这种公开的(或者内部公开的)分布式记账方式,一方面可以解决内部腐败问题,另一方面可以提高财务数据的安全性,从本质上解决中心化方式带来的弊端。

从技术上说,分布式记账首先要解决的问题有三个:一是多人问题;二是同时问题;三是恶意用户问题。所谓多人问题是传统账本往往只有一份存储记录,也由一个人来进行维护,而现在有多个账本进行记账,它们之间如何相互校验、如何同步,就是一个技术上需要解决的问题。一笔账同时可能在多个账本上被记录下来,那么以谁的记录作为标准,如何避免重复的记录,就是同时问题。如果是在公共的网上进行记账,如何防止恶意用户或者伪装成善意用户的攻击,就是恶意用户问题。

在这些问题上,区块链技术给出了典型的解决方案。以比特币区块链为例,第一,通过加密算法使得数据区块顺次连接,避免随意篡改,实现多名使用者共同记账的可能。第二,通过工作量证明让使用者之间产生竞争,让算力最强的使用者来获得记账的权限,这就解决了同时问题。第三,所有使用者只承认最长的链,由于工作量证明的存在,试图伪造整个链条所需要的算力会随着系统的积累而提高,导致任何单个用户难以伪造,这就解决了恶意用户问题。

> **专栏 5-1**
>
> **比特币的记账方式**
>
> 当前主流的数字货币,一般是采用流水账的形式,也就是单式记账。因为是分布式的原因,我们也可以看成一笔账被重复地记录在多个节点上,不过它不明确记录借贷的关系,也不记录货币被转移成了其他生产资料的信息,所以不能算是复式记账。但是,这个流水账也和传统的单式记账不一样,它不是在交易完成之后做的简单记录,而是为了适合分布式记账可能发生的多笔转账,采用了一些特定记录方法和对应的数据结构。其记录的数据,需要参与转账过程的运算。
>
> 为了保证数据的一致性,比特币里提出了 UTXO(Unspent Transaction Output)这个概念。UTXO 翻译作"未花费的交易输出",简单来说,这可以看成比特币账本上的一个标签,每笔入账的比特币都会被打上这样一个标签。当发起转账请求时,需要把有 UTXO 标签的入账作为输入,变成新的 UTXO 入账。最终每一笔比特币交易实际上都是由若干个交易输入和输出组成的。交易输入是资金来源,交易输出是资金去向,每一笔交易都要从交易输入中花费出去一部分,这一部分则是新的未花费交易输出。例如,你当前的口袋里有 10 元和 5 元两张纸币,这两张纸币就是当前的 UTXO,而当你购买一个价值为 13 元的商品的时候,那么系统就会产生新的 UTXO 转账,把 10 元和 5 元转化为 13 元(给店主)和 2 元(给自己)作为新的 UTXO。在转账的过程中,一个已经使用掉的 UTXO 就不再是 UTXO 了,那么就避免了经典的双花(Double Spending)问题。

(三)分布式记账的技术基础

分布式记账并不依赖于区块链技术,只要是基于分布式数据库,都可以实现分布式账本。但是,区块链技术更加适合分布式记账。区块链最早的应用是比特币。比特币本质上就可以看成一个基于区块链的账本。比特币区块链技术的主要特点表现在如下方面:

第一,加密数据。交易的确认由密码学中的公钥密钥体系来保证。在密码学的帮助下,其转账的安全性相对于传统的转账体系更高。

第二，记账方式。未花费的交易输出（UTXO）的记录形式，有效地协调了多人同时记账的冲突，防止了双花问题。

第三，激励机制。区块链中存在内生的激励机制，通过算力竞争，解决了多人共同记账时候校验确认的问题。竞争的获胜者可以获得额外的比特币奖励，这个奖励是由程序预先设定好的，总量有限。竞争奖励的这个过程又被称为"挖矿"。

第四，区块链的数据结构。由密码学来形成一个数据块的链条，这样的链式加密数据结构防止了中途篡改交易。一旦某一节点被篡改，则链条上后续的节点都会因此而改变，因而必须将节点全部篡改以免被察觉。在一个算力竞争的环境中，完全篡改的成本很高。

总之，分布式记账的优势在于，它可以多人同时来共同完成记账任务，因此实现了更安全有效的账本。数据库的分布记录形式降低了硬件的成本。冗余记录的模式则保证了数据的安全性，即使发生了部分的网络故障，账本仍然能够被正确地读取和记录，保证了交易的正常运行。分布式记账的劣势则主要是由于其冗余记录的特点造成了资源的浪费，另外网络传输速度限制了记账速度，相对于中心化系统，分布式记账的效率更为低下。随着科技的发展，这些劣势有可能被逐渐克服。

### 三、基于区块链的支付清算

（一）区块链与支付清算

当前区块链技术在金融中的一个典型应用就是跨境转账。传统的跨境业务因涉及多个参与机构、不同的法律法规以及汇率波动等问题，过程非常复杂，且到账时间不确定，通常需要花费十分钟到几天不等。目前，主流的跨境转账清算机构是服务器在美国的环球同业银行金融电信协会（SWIFT）。它是一个接近垄断性的机构，主要负责为金融机构提供安全报文交换服务与接口软件。商业银行只有成为它的成员才能向客户提供跨境汇款服务。如果银行不是它的会员又想进行跨境汇款业务，则这个银行只能通过SWIFT的成员来间接实现。

在跨境转账过程中，还需要跨境清算系统。尽管部分跨境清算系统由私营部门机构建立或运行，但各国（或地区）央行仍是跨境清算系统的主导机构，深度参与其运行及监管。美元跨境清算主要通过纽约清算所银行同业支付系统（CHIPS）实现。主要的欧元跨境清算系统是泛欧实时全额自动清算系统（TARGET2），其业务笔数占所有欧元大额支付的60%左右，金额则占到了90%左右。中国人民银行为满足人民币跨境使用的需求，也独立开发了人民币跨境支付系统（CIPS），旨在进一步整合现有人民币跨境支付结算渠道和资源，提高跨境清算效率。

经过对转账流程的分析，我们可以看到产生跨境资金清算的滞后性的原因。其根本原因在于传统资金的流转是有成本的，因此只有尽量通过轧差[①]的方式集中解决，才能把流转成本降到最低。随着各级支付系统（银行和支付牌照公司等）能力的提升，资金滞后

---

[①] 轧差是指利用抵销、合同更新等法律制度，最终取得一方对另一方的一个数额的净债权或净债务，如市场交易者之间可能互有内容相同、方向相反的多笔交易，在结算或结束交易时，可以将各方债权在相等数额内抵销，仅支付余额。

所带来的效率成本和人力成本显著上升。

如果在这个环节使用区块链技术,那么,在区块链网络节点确认交易的同时,就实现了数字货币归属方的更改,从而实现交易与清算的同步发生。这种方式从根本上颠覆了当前的支付清算系统。首先,对账系统变得毫无必要,因为资金从通证(Token)的方式已经在交易中实时转移了。加密算法保证了转账金额的正确性。其次,交易接口因为可编程性变得更加丰富灵活,而且随着商业的需要可以开放合作,账户的资金可以轻易地进行转账。最后,监管和第三方评测也变得极其容易,因为每笔交易和资金都可以对应起来追溯,所有在结算环节逃避监管的行为都难以进行。

(二) 基于区块链的支付清算实践

由于当前跨境转账系统的低效率性,众多区块链商业公司都瞄准了这个领域,推出众多基于区块链的跨境转账金融产品。

Ripple 公司是旧金山的一家数字支付公司,其开发的 Ripple 是基于区块链的跨境支付网络,提供 7 天 24 小时的区块链分布式记账服务,只需几秒钟就可以实现全球的跨境支付。Ripple 已经和多家全球前 50 的大银行达成合作关系。Ripple 采用 Ripple 协议(Ripple Protocol Consensus Algorithm,RPCA)作为自身的共识算法,Ripple 协议是一种联邦拜占庭协议。在这种共识机制下,不需要所有节点对区块交易进行验证,而是由一定的验证节点(Validator)达成局部共识。每个验证节点都有自己的一个独特列表(Unique Nodes List,UNL),记录自己信任的节点。在共识过程中,每个验证节点只考虑来自独特列表中节点的记录。当所有验证节点的独特列表中都有超过 80% 的节点一致时,共识就得以形成,因此交易速度非常迅速。

摩根大通公司在 2019 年推出了 JPM Coin。JPM Coin 作为一类稳定币,以摩根公司的商业信用为背书,和美元一比一挂钩。JPM Coin 主要用于摩根公司的用户之间的跨国转账,利用区块链网络的便捷性,为客户提供更好的服务。

(三) 基于区块链的其他金融活动

基于区块链技术的证券发展在过去几年中取得了显著进步,这一创新手段正在重塑传统金融市场,尤其是证券交易领域。通过分布式账本技术,区块链为证券发行和交易带来了更高的透明度、效率以及安全性。在债券市场中,中国银行推出国内首个基于区块链技术的债券发行系统,并成功运用于中国银行 200 亿小微企业专项金融债的发行,旨在降低与金融中介机构相关的成本,并使得散户投资者能够以更低的价格参与到债券投资中来。

此外,近年来基于区块链的去中心化金融(DeFi)得到了爆炸性的增长,不论是技术层面还是用户层面,都可以看到这个概念从边缘迅速成长为主流方向之一。DeFi 已经从早期的实验阶段过渡到了一个成熟且多样化的生态系统,涵盖了借贷、保险、衍生品等众多传统金融服务领域。DeFi 同时也催生了一些新的数字资产,例如算法稳定币等,吸收了大量的现实的金融资本流入这个领域,因此也产生了潜在的金融风险。目前,这些去中心化的金融活动主要还是围绕去中心化交易所(DEX)来进行。以 Uniswap 为例,它是以太坊平台上的去中心化交易所,自 2018 年推出以来,Uniswap 已成为加密货币领域内流动性提供和点对点交易的重要基础设施。Uniswap 的核心特点是其无须传统的订单簿模型来匹配买卖双方,而是通过做市商算法 CPMM 来决定资产价格。这意味着用户可以直接与智能合约进行交互,任何时候都可以进行交易,推动了市场交易自动化、无人化的发展。

## 第二节 通证经济理论

### 一、通证的定义和特性

基于区块链技术,我们可以很容易建立一个数据库。这样的数据库除了可以用来作为账本,还可以用于各类权证的登记。该数据库的数字记录单位,被称为通证(Token)。基于通证的难篡改和可编程特性,以及区块链的智能合约,通证可以承担当前金融市场上绝大多数权证和商品货币的职能。

如何理解通证的特性?以比特币为例,我们通过类比黄金来进行分析。黄金具有三种主要属性:商品属性、价值贮藏手段和支付手段。商品属性是指黄金能够充当一般商品,用于工业生产、珠宝加工等,具有稳定的市场需求。价值贮藏手段是指黄金便于储存,且产量稳定而总供给量有限,保证了黄金价格相对稳定。支付手段是指黄金可以充当货币。所谓天然货币非金银,金银天然是货币。黄金由于有稀缺性、一定的可分割性,且易于保存,在历史上曾长期作为一种法定货币。

与黄金类似,比特币具有一定的价值储藏属性和支付手段属性,但不具有商品属性。也就是说,比特币并不能直接参与生产经营活动,因而没有稳定的市场需求。像比特币这样的匿名、透明、难以篡改的记账账本,对于大多数商业活动来说,只是起到锦上添花的效果,并非刚性需求,不同企业和个人愿意为此付出的成本也是迥异的。

比特币不是唯一的通证,接下来我们分析其他通证对于比特币属性的改进。最典型的通证是基于以太坊的以太币。它引进了智能合约的技术,被称为第二代区块链技术。从计算机学科角度来看,第二代区块链技术可以被看作一次从数据库转为云主机的提升。从属性上看,与比特币相比,以太币这种通证具有了一定的商品属性。使用以太坊的智能合约服务需要消耗对应的燃气(Gas),而燃气只能用以太币来换取。因而,以太币本身具有了一定的基本面需求。随着以太坊平台的扩张,平台上的去中心化应用(Decentralized Application,DAPP)使用智能合约越来越频繁,那么,以太币的需求也会越来越多。

通过对比特币和以太币的分析,可以看出,通证一般都能作为数字资产,而且一般都能够在一定程度上充当支付手段。因而,这些通证也被称作加密货币或数字货币。大多数通证都有一定的功能性,因而被称作功能性通证(Utility Token)。例如,比特币、以太币、瑞波币都是功能性通证,它们承担着访问协议的功能。

有很多通证在发行时,都有对应的现实资产。这些现实资产可以是被标记化的资金、房地产或一般商品,都代表着真实资产的所有权。这类通证又被称为证券型通证(Security Token),属于一种金融资产,具有了投资属性。对于某个通证是否有投资属性,我们可以用豪威测试来判定。这是美国最高法院对豪威案的司法判例规则:"如果投资人在将资金投入一个联合投资企业时怀有从他人努力中获利的合理期待,那么该投资构成美国证券法上的投资协议。"对于这一类通证,在发行和流通的时候,必须接受所在国家监管机构的审查和监管。

需要注意的是，随着技术的演进，通证的属性将越来越丰富。但是，通证的各个属性之间也会互相掣肘。例如，具有投资属性的证券型通证，其价格的剧烈波动会抑制其作为支付手段的优势，和支付属性发生冲突。为了缓解支付属性和投资属性的矛盾，一些新的通证诞生了，如稳定币、各国央行即将推出的法定数字货币等。这些新的通证在投资属性上做了减法，更像是传统的纸币的电子版，突出类似货币的一些属性。我们知道，货币职能包括价值尺度、流通手段和贮藏手段等。如果通证想充当货币，则必须满足价值尺度，那么就必须有稳定的价格。稳定币通过直接锚定现有法币或一篮子资产的方式，就实现了价值稳定，如 USDT、JPM Coin 和 Libra 等。

图 5-1 展示了国际清算银行提供的一种通证分类。[①] 从这张图上可以看到，所有的通证基本上可以分为两类：一类是和比特币一样的通证，它们具有多种复合属性，类似于数字黄金，但是又有所区别；另一类则是稳定币和央行发行的法定数字货币，它们属性单一，主要充当货币流通手段。

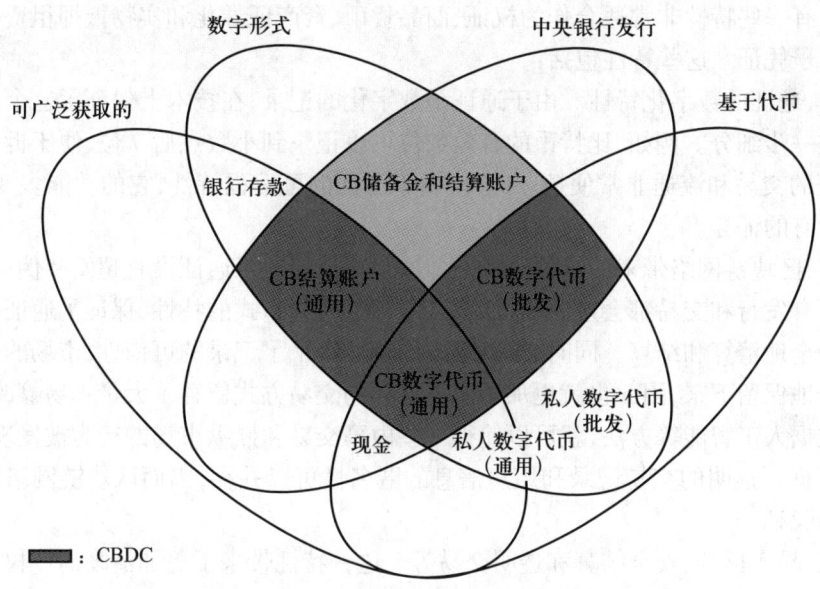

图 5-1 国际清算银行通证分类与属性

注：CB 代表中央银行，CBDC 代表中央银行数字货币。

## 二、通证经济理论和实践应用

通证具有商品属性、支付手段和价值贮藏手段、投资属性等。这些特性能够给人类社会带来生产、交易、分配上的改变，因此通证经济将会具有一些新特征，如图 5-2 所示。第一，资产证券化进一步加深，多种有形、无形资产都可以被证券化，或者说通证化。资产的流动性大大提升。第二，交易自动化将成为常态。智能合约的广泛部署加速了该进程，商品的交易、报酬的获取都将依赖于智能合约。第三，生产社区化。随着信息不对称减少，人们的生产组织形式将更加扁平化、去中心化。

---

[①] 国际清算银行.中央银行数字货币：基本原理和核心特征.

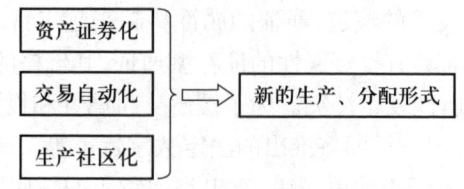

图5-2 通证技术对经济组织形式的影响

伴随着这些特征的是新的生产和分配方式。这些影响都可以用新制度经济学的交易费用理论、产权理论和公司理论来解释。通证经济理论可以看成新制度经济学在金融科技场景下的一个分支。对于新制度经济学来说,交易费用理论是其中的核心内容。通证以及智能合约的出现,恰恰改变了传统的交易方式,使交易费用发生了较大的变化,也正是如此,通证经济中产生了新的组织形式和分配方式。

（一）资产证券化的加深加速

通证有一些特性非常适合作为权证、商品货币、资产证券化和实物抵押租赁等金融过程中的电子凭证。这些特性包括：

第一,通证的数字化特性。由于通证是数字化的记录,在技术上保证了这个计价单位可以作进一步细分。例如,比特币的有效数位可以记录到小数点后7位,便于拆分的特性使得通证的交易和流通非常便捷。此外,由于通证的可编程特性,它的功能多变,可以覆盖当前所有的证券。

第二,区块链网络带来的难篡改特性。这个特性保证了通证没有超发和伪造的可能。通证的所有发行和交易都会遵照预设的程序。此外,分布式的特性,保证了通证在场外交易也能安全地清算和结算。同时,难以篡改的特性带来了记录的可信性,市场的交易信息将被完全地保留下来,因此也就更加透明。这样的交易方式留存了大量不易篡改的数据,配合大数据人工智能等方法,就可以使得一些内幕交易和操纵市场的行为被发现,并成为合法的证据。透明的交易记录和用户信息的匿名性可以并存,因而区块链网络也能够保护用户的隐私。

第三,易于拆分、安全结算和透明交易等。这一特性带来了更加清晰的产权。新制度经济学认为,产权是一种权利,是一种社会关系,是规定人们相互行为关系的一种规则,并且是社会的基础性规则。不同的产权界定,实质上产生了不同的激励与约束机制。产权安排直接影响资源配置效率,一个社会的经济绩效如何最终取决于产权安排对个人行为所提供的激励。使用通证来认证产权,是人类产权历史上的巨大进步,是未来电子化社会的根基。

因此,通证将大大拓展和加快所有金融资产证券化的深度和速度:可以极大地推动当前已有的证券系统实现区块链化,用方便、更安全的交易,促进市场的透明化和提升金融产品的流动性;可以为一些购物卡、打折券等原来流通比较困难的虚拟货币提供交易的场所。原先一些由于技术手段的缺乏,已经消失或处在边缘的分配方式,如食品券、商品券、工分等,也可以通证的形式实现流转,成为新的有效的分配方式。选票、音乐会门票等非经济属性的票券,都可以被通证化从而增加流动性。

(二) 交易自动化的普及

智能合约概念由尼克·萨波(Nick Szabo)于1995年首次提出。基于区块链上的智能合约,可以实现交易的自动化。智能合约(Smart Contract)是一种旨在以信息化方式传播、验证或执行合同的计算机协议。智能合约允许在没有第三方的情况下进行可信交易,这些交易可追踪且不可逆转。

智能合约的目的是提供优于传统合约的安全方法,并减少与合约相关的其他交易成本。智能合约以数字形式出现,意味着合约不得不写入可读的计算机代码中。只要参与方达成协定,智能合约建立的权利和义务,将由一台计算机或者计算机网络执行。在区块链社区中,人们甚至提出了"Code is Law"的思想。因此,基于通证的市场交易将会更加透明,也就能更好地保护投资者的权益。

比特币诞生后,人们发现比特币的底层技术区块链,适合作为智能合约运行的可信执行环境。以太坊发布了白皮书《以太坊:下一代智能合约和去中心化应用平台》,从此开始了智能合约在区块链上的应用。

以太坊项目借鉴了比特币区块链的技术,对它的应用范围进行了扩展。如果说比特币是利用区块链技术的数据库(账本),那么以太坊就是利用区块链技术的通用计算机(可以执行合约)。与比特币相比,以太坊最大的不同点是:它可以支持更加强大的图灵完备的脚本语言,允许开发者在上面开发任意应用,实现任意智能合约,这也是以太坊的强大之处。

智能合约程序不只是一个可以自动执行的计算机程序,它自己就是一个系统参与结点。它对接收到的信息进行回应,可以接收和储存价值,也可以向外发送信息和价值。这个程序就像一个可以被信任的人,可以临时保管资产,总是按照事先的规则执行操作。

区块链的可编程特性在智能合约这块得到了极大的体现,每一类金融合约都可以以程序代码的形式写成智能合约。金融衍生品是智能合约的最普遍应用。一个美元和人民币的货币互换合约,就可以用智能合约完成,实现定期的互换行为。一个欧式看涨股票期权,也可以用智能合约来完成,通过自动读取对应时间点的股票价格,并根据价格来计算当前合约的价值,通过读取用户的响应来判断并运行行权的程序。

此外,随着物联网的快速发展,智能合约的可交易物品逐步从互联网上扩展到线下,而且人们可以更加快速地设计出更多的金融衍生品。例如,用未来一段时间的天气情况来作为数据输入,设计一个华北平原的降雨衍生品,基于降雨情况进行反向赔付。倘若一个农民购买了这一合约,那么,当降雨充足时,该合约不会触发;当遇到干旱时,该农民将自动地收到赔付资金,从而避免了因不可抗力失去农产品收入的悲剧。这样的应用更接近于现在的保险。

(三) 社区成为公司以外的新选择

市场经济的组织模式是以公司为基础的,所有的法律法规,以及相关运转模式都是围绕着公司的发展和治理来展开的。然而,从比特币的生产方式来看,我们发现,基于区块链的经济生产模式可能和当前的公司模式有所不同。

为了解释这个现象,需要了解新制度经济学中的交易费用理论。交易费用理论是科斯在1937年的论文《企业的性质》中提出的。科斯认为,交易费用应包括度量、界定和保障产权的费用,发现交易对象和交易价格的费用,讨价还价、订立合同的费用,督促契约条款严格履行的费用等。科斯运用这个理论,对企业的性质以及企业与市场并存于现实经济世界这一事实做出了先驱性的解释,将新古典经济学的单一生产制度体系——市场机制,拓展为彼此之间存在替代关系的、包括企业与市场的二重生产制度体系。

市场机制是一种配置资源的手段,企业也是一种配置资源的手段,二者是可以相互替代的。在科斯看来,市场机制的运行是有成本的,通过形成一个组织,并允许某个权威(企业家)来支配资源,就能节约某些市场运行成本。交易费用的节省是企业产生、存在以及替代市场机制的唯一动力。

很显然,随着通证的产生,用在产权界定和交易履约保证的费用都在急剧减少,这将使公司存在的形式发生改变,成为一个更加松散而接近自由市场的组织。例如,比特币可以被看成一个建在区块链上的账本,它的核心就是记账和转账的功能。这样的功能是由互联网上的大量自愿参加的节点来实现的。这些节点被称为矿工,而节点的劳动报酬同样以比特币的形式被记录在这个账本上。类似地,其他通证的组网形式是相近的,同样是由这样一群矿工组成区块链网络,进而实现对应的功能。矿工们的组织形式是以个体的方式加入这个网络,获得由程序设定的报酬,可以随时离开这个网络,加入别的网络中去。在这里没有明确的雇佣关系,而程序如何设定,包括产出的总量、报酬的大小,也往往在互联网上由用户社群(包括使用者、程序员、矿工等)自行协商,以民主投票的方式做出决定。这样的组织形式被称为社区。

这样的生产组织方式显然更为扁平化,生产者之间的关系不存在上下级和雇佣、管理等行为。组织中的信息不对称问题,也就是传统的信息经济学中的委托代理问题,也通过智能合约得到了部分解决。这样的组织形式是全新的,每个个体是独立的,并且以自愿参与的接近自由市场的形式,为整个生产网络做出贡献。

(四)新的生产和分配方式

结合新的生产和分配方式,如众筹和直销,通证还会在收入分配方式上改造当前的经济。

一个思想实验是:假设有一家公司生产某种产品,而这种产品可以是有实体的,如烟、酒、衣服,也可以是没有实体的服务,如提供酒店住宿服务、理发服务等。假设这个产品的市场不是完全竞争市场,产品具有一定的不可替代性。那么这个产品可以和互联网众筹结合,向公众发售以产品作为抵押的一种通证,把对应的通证作为员工的工资,作为一种激励手段。我们假设这个公司经营很好,它的产品受欢迎程度逐步提升,利润增加,那么持有通证的投资者或员工就可以在市场上出售通证,从而获得公司成长的收益。反之,当公司产品销路不好的时候,通证持有者也会遭受损失。

这样的分配方式有如下特点。第一,其收益分配方式类似于公司的股权,和公司的收入增长相关。可以成为一种激励的方式,也具备对应的投资风险。在某种意义上说,它和囤积实物是一样的,只不过是以证券化的形式流通于网络,流动性更好,更利于分割支付。第二,通证分配的公司收入是一次性的,不是未来现金流的贴现,这是它和公司股票的差别之一。它仅仅和这一次商品的质量有关,而与公司后续的发展无关。第三,虽然它的风险和股权类似,但它的利益分配在股权之前,甚至也在债权之前,因为它是在众筹的时候就已经分配出去的那部分利益,分摊了公司的收益,分担了公司承受的风险,成为公司的债权、股权以外的第三种分配方法。换句话说,原来由于介质不合适、流通性差而消失在历史长河的商品券,就可以区块链作为新的媒介,以通证的方式重新成为金融的一部分。可见,通证的产生,确实极大地扩张了所有的凭证在金融上的应用。

## 第三节　数字加密货币设计原理

### 一、总体设计

一般来说,当我们谈及数字货币时,很容易沉浸在区块链的各种技术细节中,进而只考虑区块链的货币设计等事宜。事实上,当设计任何一个通证系统或区块链相关应用的时候,首先要做的是确认是否真的需要使用区块链技术来完成这个设计。这是因为区块链技术在提供了众多优势的时候,也存在对应的缺点,如占用过多的资源并且在效能上有所牺牲等,因此,在实际设计一个数字加密货币或者通证系统的时候,必须做全面的衡量。

在这里有一个推荐判断的过程,针对区块链的四个性质,可以提出这样四个问题,如图5-3所示。第一个问题是,当前的系统是否需要分布式的存储和运算功能。如果答案是"不需要",那么一个中心化的传统服务器就可以满足当前的需求了,甚至速度还更快,服务还

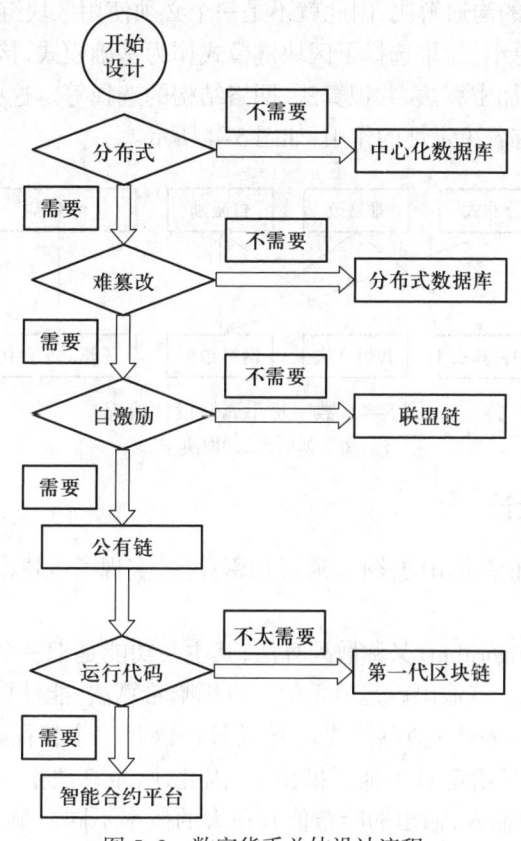

图 5-3　数字货币总体设计流程

更好。如果答案是"需要",就需要考虑第二个问题。第二个问题是,是否非常重视数据的安全,需要难以篡改的特性,作为存证永远地保留下来。如果答案是"是",那么我们才可以判断我们的系统需要的是一个区块链系统;如果答案是"否",那么用传统的分布式服务器就可以满足当前的需求,同样能够保证数据的备份和安全等。第三个问题是,这个应用是否需要一个自带激励的系统,让所有人都能自由地参与。如果答案是"是",那么我们就需要构造一个区块链中的公有链,就会涉及挖矿等共识机制的设计,涉及博弈论的范畴。如果答案是"否",则区块链中的联盟链会更适合于当前的这个体系,这时候需要的是能解决拜占庭问题的算法。第四个问题是这个系统的功能是长期固定的还是需要有灵活的拓展。这就决定了是否在其上添加平台语言,实现智能合约的功能。事实上,一个传统的金融数据库也可以拥有灵活的扩展,这其实是另一个话题,开放式金融平台同样有广阔的应用前景。

这四个问题的答案,决定了最后要选择什么样的数据结构、选择什么样的安全强度、设计什么样的共识机制,从而做成一个合格的区块链应用。能通过这四个问题的筛选,而必须选择区块链应用的问题,其实是极少的,现实中的大多数情况都是可以用中心化的服务器解决的。例如,在 2020 年新冠疫情期间,很多区块链企业就试图把区块链应用到捐赠物资的登记、小区人员的进出登记等场景。虽然这样登记的数据安全性很高,但放到当前那个大环境中则不是必需的,因为其耗用的资源成本远远超过中心化服务器甚至是一般的分布式服务器。而且,在当时的严格管理环境下,数据造假的可能性极低,即使略有争议,也能够通过普通的沟通解决,因此就不是一个必须使用区块链应用的场景。

根据这个设计的总纲,如果选择了区块链模式作为基础模式,接下来分步讲解对应的技术细节,就主要包括加密算法、共识算法、网络结构的选择等。这些方法和结构的选择,对于数字货币的属性有着决定性的作用,如图 5-4 所示。

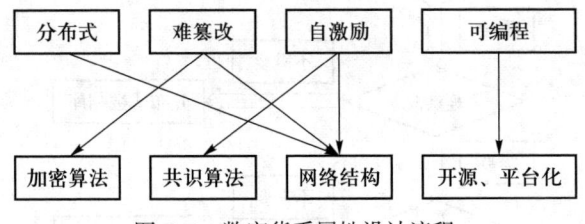

图 5-4　数字货币属性设计流程

注:箭头朝向表示"取决于"。

## 二、加密算法设计

加密算法是数字加密货币的核心。通过加密算法,实现了区块衔接、用户转账等功能。

(一) 哈希算法

哈希算法(Hash Algorithm)又称散列算法,其主要功能是把一个任意长度的输入变换成一个固定长度的输出,该输出就是哈希值。应用哈希算法,能计算出任何一串数字消息所对应的长度固定的字符串(消息摘要)。哈希算法满足三个特征。第一是安全,给定输入 I 能算出输出 O,但是给定 O 不能反推出 I。因此,哈希算法是一个单向算法。第二是唯一性,即两个不同的输入,输出的哈希值有很大的概率不同。第三是长度固定,即不管输入的数据多长,输出的长度固定。

安全散列算法(Security Hash Algorithm,SHA)是经美国联邦信息处理标准(Federal Information Processing Standards)认证的一系列安全密码散列函数。SHA 系列有五种安全哈希标准,分别是 SHA-1、SHA-224、SHA-256、SHA-384、SHA-512。这五个算法是由美国国家安全局(NSA)所设计,并由美国国家标准与技术研究院(NIST)发布,是美国政府的标准。比特币系统使用的是 SHA-256 算法,即给定任意长度的消息,SHA-256 都会产生一个 256 Bit 的哈希值。

区块链的一个主要特点是其难以篡改性,这个特点的很大一部分来源于哈希函数的特点。区块链是由一个一个区块组成的链条,其中每个区块都包含上一个区块的哈希值。一旦链条中的某个区块被篡改,其哈希值就会发生变化,进而导致与该区块相连的下一个区块内容发生变化,以此类推,后面相连的区块都会受到影响。受到影响的区块越多,重新计算并重构区块链所需要的算力就越多。

(二)默克尔树

在区块链中,每个区块包含一个时间戳、一个随机数、一个对上一区块的引用(上一区块的哈希值)和上一区块生成以来发生的所有交易列表,这个交易列表数据的校验由默克尔树来完成。

默克尔树(Merkle Tree)是一种二叉树,由一组叶节点、一组中间节点和一个根节点构成。最下面的大量的叶节点包含基础数据,每个中间节点是它的两个子节点的哈希值,根节点也是由它的两个子节点的哈希值表示,代表了默克尔树的顶部。

默克尔树的目的是允许区块的数据零散地传送。节点可以从一个源下载区块头,从另外的源下载与其有关的树的其他部分,而依然能够确认所有的数据都是正确的。默克尔树之所以有这个性质,是因为树中的哈希算法的向上扩散性。例如,当一个恶意用户尝试在默克尔树的某一个叶节点加入一个伪造的交易时,所引起的变动将导致默克尔树的上层节点发生变动,接着导致更上层节点的变动,最终导致根节点发生变动,以及整个区块的哈希值出现变动,这样依据协议就能够识别出哪个区块发生了篡改,变得和原本不一致了。

(三)非对称加密

非对称加密是对称加密的改进型算法,主要解决的是对称加密时密钥传递的风险。一般来说,非对称加密算法会生成两个密钥,分别称为公钥(Public Key)和私钥(Secret Key)。公钥是公众皆可知道的密钥,而私钥是仅有加密方知道的密钥。公钥和私钥具有对称性,即用私钥对数据进行加密,则只有用对应的公钥才能解密;如果用公钥对数据加密,只有用对应的私钥才能解密。而且,根据公钥不能推测出私钥;反之亦然。对于一次完整的加密和解密过程,因加密和解密使用的是两个不同的密码,所以这种算法叫作非对称加密。常用的非对称加密算法有 RSA 算法、背包算法等。

非对称加密算法有两种使用方式,即信息传输和数字签名。当进行信息传输时,发送方可以用接收方的公钥对明文进行加密,生成密文,发送给接收方。由于其他人不掌握私钥,因而无法解密,唯有接收方可以用私钥解密,还原出明文。当进行数字签名时,签名方可以将信息用自己的私钥加密,形成密文,发送出去。当密文接收者能够用签名方的公钥完成解密时,即确认该文件确实由签名方所发出,从而验证了身份。

在比特币系统中,非对称加密被用来防止账户被盗转账。当收款方向对方发起支付时,收款方会把支付信息用收款方的私钥生成数字签名,然后把收款方的数字签名和公钥发给支付方,从而支付方通过非对称解密确认支付确实是由收款方发出的。这样就能保证每一笔转账的正确性。比特币系统是通过椭圆曲线数字签名算法(Elliptic Curve Digital Signature Algorithm,ECDSA)来实现数字签名和非对称加密的。

综上所述,以比特币为代表的区块链技术,采用了大量的加密方法:用哈希算法来实现区块和区块之间的衔接;用默克尔树来校验一个区块中的交易数据,实现区块的分散传输和轻量化;用椭圆曲线数字签名算法来验证交易过程的数字签名,保证交易的正确性。近年来,一些零知识证明的加密算法也把区块链使用者的隐私保护提高到了更高水平。一般的数字货币设计中,也可以参考采用这些加密方法。

### 三、数字加密货币共识机制的设计

除了加密算法,区块链的安全还依赖于它的共识算法,尤其是面向大众参与者可以自由进出的公有链,共识算法能够从经济成本的角度提供一个安全保护。选择合适的共识算法,是数字货币设计的一个主要环节,决定的是数字货币的安全性和效率性。其背后的原理,就是通过利益的博弈,让数字货币网络的参与者都主动来维护这个网络的安全。比特币采用的是工作量证明,它也是最早被应用于区块链的共识算法。

(一)工作量证明

工作量证明(Proof of Work,PoW)在第四章中已经有介绍,其核心的方法是设计一个计算难题,让区块链的参与者通过竞赛的方式,比拼算力来争抢记账权。在比特币里,这个难题被设置为"对每个区块进行SHA256哈希处理,将得到的哈希值视为长度为256比特的数值,该数值必须小于不断动态调整的目标数值"。这个动态调整的目标值就是所谓的比特币区块生成的难度值,工作量证明使得区块产生变得困难。这个问题没有便捷的解法,唯一的方式就是用枚举法不停地试错。因此,工作量证明存在出块慢、吞吐量小、耗电大的局限。

使用工作量证明的一个好处是,它可以提升区块链网络的安全性。用户想要获得记账权,他所付出的成本就是他的工作量,在这个竞争环境中,全网的计算能力都会被提升到一个很高的高度。任意的恶意用户想要在这个环境下做假账,就必须保证它的计算能力能够超过绝大多数的善意参与者。因此工作量证明导致了黑客攻击成本的提升,进一步保证了区块链的难篡改特性。在工作量证明共识环境下,对区块链网络的攻击称为51%攻击。

---

**专栏5-2**

**最长链机制与51%攻击**

比特币网络出现恶意攻击者时会发生什么?因为比特币的密码学基础是非常安全的,所以攻击者会选择攻击没有被密码学直接保护的部分:交易顺序。攻击者的策略非常简单:

(1) 向卖家发送 100BTC 购买商品（尤其是无须邮寄的电子商品）；
(2) 等待直至商品发出；
(3) 创建另一笔交易，将相同的 100BTC 发送给自己的账户；
(4) 使比特币网络相信发送给自己账户的交易是最先发出的。

一旦步骤(1)发生，几分钟后矿工将把这笔交易打包到区块，假设是第 270000 个区块。大约一个小时以后，在此区块后面将会有五个区块，每个区块间接地指向这笔交易，从而确认这笔交易是真实发生的。这时卖家收到货款，并向买家发货。因为我们假设这是数字商品，攻击者可以即时收到货。现在，攻击者创建另一笔交易，将相同的 100BTC 发送到自己的账户。如果攻击者只是向全网广播这一消息，这一笔交易不会被处理。矿工会运行状态转换函数 APPLY(S,TX)，发现这笔交易将花费已经不在状态中的 UTXO。所以，攻击者会对区块链进行分叉，将第 269999 个区块作为父区块重新生成第 270000 个区块，在此区块中用新的交易取代旧的交易。因为区块数据是不同的，这要求重新进行工作量证明。另外，因为攻击者生成的新的第 270000 个区块有不同的哈希值，所以原来的第 270001 到第 270005 的区块不指向它，因此原有的区块链和攻击者的新区块是完全分离的。在发生区块链分叉时，区块链长的分支被认为是诚实的区块链，合法的矿工将会沿着原有的第 270005 区块后挖矿，只有攻击者一人在新的第 270000 区块后挖矿。攻击者为了使得他的区块链最长，他需要拥有比除他以外的全网更多的算力来追赶（51% 攻击）。

## （二）数字加密货币的权益证明

权益证明（Proof of Stake, PoS）的内涵见第四章。数字加密货币权益证明的原理是，根据持有货币的量和时间来分配记账（挖矿）的权利。在这个共识里，定义了一个概念叫币龄，每个币每天产生 1 币龄。比如张三持有 100 个币，总共持有了 10 天，那么，此时张三的币龄就为 1 000。这时，如果张三发现了一个 PoS 区块，张三的币龄就会被清空为 0。张三每被清空 365 币龄，将会从区块中获得 0.01 个币的利息。从金融的角度，就是张三持有当前数字货币能拥有年利率 1% 的收入。使用权益证明的一个基本原理是，这个网络的利益和持有当前数字货币最多的人的利益是绑定的，因此，对网络做出恶意攻击的概率较低。在权益证明共识中，为了提升获得记账权的概率，攻击者必须首先购买并持有大量的数字货币，这同样提升了黑客攻击的成本。

除了 PoS，还有 DPoS（Delegate Proof of Stake, 股份授权证明机制）。这个共识的原理是让每一个持有数字货币的人进行投票，选举各自支持的机构或是个人，得票数靠前的成为超级节点。每一个超级节点都有相等的可能性来做数字货币的记账，并得到奖励。换句话来说，超级节点就是由数字货币持有者选举出来的矿工，超级节点挖出数字货币奖励以后，将按参选时承诺的比例分给投票给它的支持者们。在 DPoS 共识中，网络节点是部分中心化的，但是也受到选举者的监督，因此作恶的可能性也比较小。PoS 这类共识的优点和 PoW 刚好相反，速度快，吞吐量较大。其缺点是容易形成中心化的垄断者。

## （三）拜占庭容错算法

拜占庭系列算法衍生至莱斯利·兰伯特（Leslie Lamport）等学者在 1982 年提出的

拜占庭容错问题(Byzantine Failures)，其讨论的是允许存在少数节点作恶场景下，通信网络的一致性达成问题。他们指出，对于拜占庭问题来说，假如节点总数为 $N$，作恶节点数为 $F$，则当 $N \geqslant 3F+1$ 时，问题才有解，对应的算法就是拜占庭容错算法(Byzantine Fault Tolerance)。此后，还有学者提出了实用拜占庭容错算法(Practical Byzantine Fault Tolerance，PBFT)，解决了原始拜占庭容错算法效率不高的问题，降低了算法复杂度，使得算法在实际系统应用中变得可行。同为此类的还有 Hot Stuff 算法、基于可验证随机函数(Verifiable Random Functions)的共识算法等。

### （四）数字加密货币的其他共识

除了以上这些常见的共识算法，业界和学术界也在探索其他的共识算法，例如空间证明(Proof of Space，PoSpace)，它以用户支付的硬盘空间作为付出代价的证明，通过下载文件占据硬盘空间。所占空间越大，说明用户付出越大，从而获得挖掘区块的身份证明。类似地，还有烧毁证明(Proof of Burn，PoBurn)，让用户销毁代币，销毁的代币越多，用户就越有机会被选中去挖掘下一个区块。也有如权威证明(Proof of Authority，PoA)、声誉证明(Proof of Reputation，PoR)等通过权威节点验证的方式，来证明用户记账的资格，这类共识模型常应用于私有链和联盟链等。

随着人们的环保意识增强，传统区块链共识的能源消耗引起了更多的关注，因此区块链的开发者们也在寻找低能耗、碳足迹抵消的共识算法，以促进区块链企业的绿色发展。

## 四、网络结构设计

在选择了加密算法和共识算法之后，最后影响数字货币的主要就是它的网络结构的设计。一般来说，常见区块链的数据结构是链式的，以比特币为经典的类型。比特币通过把所有的记账前后衔接在一个链上，形成了稳定的账本。比特币数据库的这个数据结构，虽然具有稳定性，但效率是非常低的，在当前的网络条件下，每秒 7 笔交易是其交易速度的上限。为了突破这样的一个限制，先后很多人对比特币的网络结构做了创新。例如，使用 21 个超级节点(部分中心化)的 EOS 币、使用有向无环图(DAG)结构的 Conflux 币、将使用闪电网络技术的比特币分叉项目 SBTC 币等。

近年来，随着全球对数字资产的监管要求提高，合规性也成为区块链框架设计的重要考量，一些支持实时监测和智能合约条件执行等功能的可监管、可审计的区块链结构成为新的设计标准。

## 本 章 小 结

本章介绍了簿记在历史上的发展，以及科技在簿记中发挥的作用，包括大数据技术和区块链技术，区块链在分布式账本上的应用以及在跨境转账方面的应用。区块链具有分布式、难篡改、自激励和可编程的特性。定义了区块链上的通证，分析了通证对应的商品属性、价值贮藏手段和支付手段的属性。在这个基础上，结合新制度经济学，基于区块链和智能合约的技术特征，分析了通证经济可能的发展形式，提出了资产证券化、交易自动化和生产社区化等实践应用，分析了以此为基础的新的生产分配模式。最后，介绍了数字货币的总体设计框架，以及加密算法、共识机制的技术原理。

## 关 键 名 词

复式簿记　分布式记账　区块链　通证　通证经济　智能合约　数字货币社区　数字货币设计

## 复习思考题

1. 引入通证如何影响企业的发展?
2. 区块链技术对分布式记账是否是必需的?
3. 智能合约对期货、期权等金融衍生品的影响会是怎样的?
4. 数字货币在国际清算系统中的应用原理是什么?

## 即 测 即 评

## 延 伸 阅 读

[1] 徐明星,李霁月,王沫凝.通证经济.北京:中信出版社,2019.

[2] Griffin, John M., and Amin Shams. Is Bitcoin really untethered?. The Journal of Finance, 2020, 75(4):1913–1964.

[3] Lee, Adrian D., Mengling Li, and Huanhuan Zheng. Bitcoin: Speculatiue asset or innovative technology?. Journal of International Finance Markets, Institutions and Money, 2020, 67:101209.

# 第六章
# 金融大数据与机器学习原理

**章前导读**

党的二十大报告提出要加快建设网络强国、数字中国,这为大数据应用及发展指明了方向。大数据是金融科技的信息基础,是实现其他金融科技创新的前提。那么,什么是大数据？大数据技术包括哪些内容？金融大数据分析包括哪些内容？用于分析数据、提取信息的机器学习又包括哪些方法？本章将回答这些基本问题。

**本章学习目标**

本章从大数据概述出发,逐步介绍大数据相关概念、金融大数据以及机器学习。通过本章的学习,可以掌握大数据的特征;了解大数据可视化、大数据分布式并行计算、大数据软件工具;掌握金融大数据的数据获取方式、预处理方法以及关联分析初步知识;掌握机器学习、监督学习、非监督学习、半监督学习的概念及种类,了解强化学习的概念。

## 第一节 大数据概述

### 一、金融迎来大数据时代

随着移动互联网、物联网、云计算的快速兴起以及移动智能终端的快速发展,数据的增长速度比人类社会以往任何时候都要迅速,数据的规模变得越来越大,内容越来越丰富,关系越来越复杂,更新速度越来越快。这些新的特征促使一个新的概念诞生,那就是大数据(Big Data)。

2008年,科学期刊《自然》推出了大数据的专刊。该专刊具体阐述了在数据驱动背景下解决大数据问题所需要的技术及其面临的一系列挑战和变革。2011年,另一期刊《科学》杂志推出了 Deal with Data 专刊,围绕着科学研究中的大数据问题展开讨论,并说明科学研究中大数据的重要性。同年,美国数据管理领域的专家联合发布了白皮书 Challenges and Opportunities with Big Data,详细分析了大数据产生的原因、处理流程以及大数据所面临的挑战。同年,麦肯锡全球研究院在发布的报告 Big Data: the next frontier for innovation competition and productivity 中对大数据进行了定义:大数据是指在一定时间内无法用传统数据库软件工具采集、存储、管理和分析其内容的数据组合;所谓的大数据技术是指一系列创新型技术,它们能够突破常规软件的限制,对大数据进行采集、存储、处理。另外一家研究机构 Gartner 则认为:大数据是指需要记住新的处理模式才能拥有更强的决策力、洞察发现力和流程优化能力的,具有海量、多样化、高增长率等特点的信息资产。

本书采用《中国金融科技创新发展指数报告(2018)》对大数据的定义。该报告从认知经济角度进行定义:大数据是数据积累到一定阶段并成为认知经济体系的一系列技术层面、资源层面以及认知层面的变革的总称,在技术层面体现为数据存储、分析以及管理的创新和变革。

近些年大数据已经得到广泛应用,不仅仅受到计算机科学和信息科学的重视,而且影响了自然科学、社会科学和人文科学,几乎对所有行业产生了变革作用。作为社会科学的一个学科,金融自身也在加速与大数据融合,金融行业和金融实务也在快速引入大数据采集、大数据分析等相关技术来实现相应的功能和目的。实际上,从金融诞生开始,数据就是离不开的重要元素,金融行业中的许多业务从一开始就需要获取大量数据并进行数据处理和数据输出。在进入大数据时代之后,这些传统的处理数据、采集数据或者存储数据的模式将可能受到影响,这也意味着金融行业开始了金融科技创新的时代。

在数字经济中,"把大数据看作新的资源、新的技术、新的理念的一个综合体"已经成为全世界共识,这在金融领域体现得尤为明显。从资源角度看,大数据是新的资源,体现了一种全新的资源观。对金融机构来说,由于金融起到了资金融通的作用,其链接的客户众多,客户交易的相关信息就形成了新的资源。这是大数据的资源性在金融行业的体现。从技术角度看,大数据代表了新一代的数据管理与分析技术。对金融机构来说,许多相应的服务都可以转化为模型或者算法,这个过程中基于大量数据进行管理和分析必不可少。这是大数据的新技术特征在金融行业的体现。从理念视角看,大数据打开了一种全新的思维角度,赋予了实事求是新的内涵。对金融机构来说,这直接体现为数据驱动管理,相应的决策可以自下而上地由数据驱动实现并进行自动化的处理,最后实现相应的目的。资源、技术、理念的综合体认识,推动数据成为数字经济的核心要素。

大数据技术是一个统称,包含数据采集、数据存储、数据管理、数据分析、数据治理、数据可视化、数据分布式并行计算等。其中,数据管理和数据治理的主要目的是依据实际场景和业务对数据进行维护、持续稳健提升效率、保证安全。数据采集涉及较多硬件和采集领域的专业知识,而数据存储则需要专业的数据库技术。因此,本章主要介绍数据可视化、数据分布式技术、数据分析以及机器学习。本质上来说,机器学习或者人工智能都属于数据分析的范畴,是数据分析的工具,随着大数据时代向着智能时代过渡,其重要性越来越明显。

需要注意的是,数据统计、数据处理技术、数据存储技术和数据采集技术等概念在大数据的概念产生之前就已经存在了,并非是大数据独有的技术,读者更应该看到其背后的趋势,即大数据的特征对这些技术的影响以及由此所衍生的新变化。

## 二、大数据特征

大数据特征可以从五个不同视角来体现,分别是数据量、种类、价值、速度和可靠性。这五个角度对应的英文分别是 Volume、Variety、Value、Velocity 和 Veracity[①],因此,大数据的特征可以称为 5V 特征。以下进行详细说明。

第一是数据量视角,特征是大。大数据采集、存储、处理的数据量都非常庞大,大数据的相关计量单位一般是 G、T(1 000 G)[②]、P(1 000 T)、E(1 000 P)或 Z(1 000 E)等。以某家大型商业银行为例,其数据中心主库裸数据[③]量超过 2.5PB,每天的增量数据为 3TB,最大表 5 000 亿行,库内复杂作业 15 000 多个,涉及 SQL 语句 100 000 多个,日加工时间为 8 小时,T+1 时间的双活集群间同步 3 小时完成,部署的集群超过 33 套,包括 1 156 个节点,全部裸数据总量超过 20 PB。[④] 另据资料统计[⑤],2010 年全球移动数据流量为 7.462 EB/月,而到 2030 年,这一数字将达到 5 016 EB/月。

第二是种类视角,特征是种类和来源多样化。大数据包括结构化、半结构化和非结构化数据,具体表现为网络日志、音频、视频、图片、地理位置信息等。多类型的数据对数据的处理能力提出了更高的要求。金融机构中大量的数据都是非结构化的音频、视频、图片、地理位置信息等,这些数据充分体现了种类的多样化。它们可能来源于业务中的服务过程,也有可能来自不同的采集设备,在时间分布上也往往形成对应的时间序列。

第三是价值视角,特征是价值密度低。要在数据量大、多样性以及来源不同的大数据中发现有价值的信息有一定的难度。如何结合业务逻辑并通过强大的模型和算法来挖掘数据价值,是大数据时代最需要解决的问题。对金融机构来说,它对应的业务创新是如何在大量数据的基础上构造更加智能的服务。

第四是速度视角,特征是速度快。大数据的速度快体现在几乎所有应用大数据的领域。例如,搜索引擎要求几分钟前的新闻能够被用户查询到,个性化推荐算法要求尽可能实时完成推荐等。这是大数据区别于传统数据挖掘的显著特征。

第五是可靠性视角,特征是准确性和可信赖度随数据量变化而变化。当数据量非常庞大的时候,大数据本身的趋势或者是特征能够给出较准确的结果。但是如果数据量非常少,少量数据只是大规模数据的有限抽样,由此分析的结果可靠性就会降低。该特征实际描述了大数据的数据质量特征。

金融大数据同样具有以上 5V 特征,同时在金融大数据中,时效性特征体现得尤为突出,体现为金融大数据的时间顺序特征。金融学科中的金融时间序列分析就是主要针对这种特征形成的研究领域。

绝大多数金融数据都带有明显的时序特征,数据之间的顺序不能被打乱。这些数据

---

① 也有一些提法将最后一个 Veracity 用 Validity 来代替,基本含义不变。
② 实际上是 1 024 G,即 $2^{10}$ G,下同。
③ 这里是指没有进行索引和预处理的数据。
④ 数据来自南大通用 GBase 8a MPP 数据库的官网介绍。
⑤ 赛迪智库无线电管理研究所. 6G 概念及愿景白皮书. 中国计算机报,2020-05-11.

如果是一维的,数据集成为时间序列;如果数据是多维的,数据集成为时间向量列。金融中大数据在时间顺序特征方面体现为更小时间间隔或者更高的维度。更小时间间隔的含义是指获取数据的周期越来越短,从每天、每年的数据过渡到每个小时甚至每分、每秒的数据;更高的维度则是指继承于大数据的特征,金融大数据能够在各个时间点获取更多样和更多种类的数据。

时间顺序特征不仅仅是指微观金融数据,也包括宏观金融数据:借助于科技手段,政府和监管机构已经搭建了相关的监测平台。这些平台的数据实时进行采集并汇总、可视化,并具有时间顺序特征。

---

**专栏 6-1**

**深圳市金融风险监测预警平台**

2017 年 12 月 18 日,深圳市金融办自主开发建设的"深圳市金融风险监测预警平台"和"深圳市地方金融监管信息平台"上线试运行。该平台包括了深圳市金融风险监测预警平台、深圳市地方金融监管信息系统和灵鲲金融安全大数据平台,通过合规性、收益率、特征词命中、传播力、投资举报五大维度,利用知识图谱、机器学习、文本挖掘等技术手段,通过采集企业运营数据、银行可疑主体数据,结合舆情、工商、法院等外部数据,运用先进的大数据、区块链技术,为监管部门提供新兴金融业态的信息,实现监管、风险预警、协同处置等服务。类似的宏观金融监测和平台越来越多,它们往往都是基于微观数据,如社交、舆情、网站、APP、企业信息等互联网全量的实时信息流数据,针对金融风险或者其他关注的监管指标进行精确感知与规模预估,实现预测、预警和快速反应。

---

## 三、大数据的可视化、分布式并行处理和工具软件

大数据技术除了考虑数据分析算法和模型,还要考虑数据和数据分析结果的展示(可视化)、相关计算执行效率(分布式处理)以及算法模型的实施(工具软件)。

(一)可视化

大数据由于数据量大、形式多样,其本身的特征通常不能像少量数据情况下那样容易展示出来。可视化就是利用相关统计学、计算机图形学、数学等工具,将数据自身所包含的信息有选择地通过直观的图表、视频等方式展示出来。有效的可视化可以帮助用户分析数据、推理逻辑、发现规律、预测方向等。同时,可视化还使得专业的大数据分析更容易为普通人所理解,使得更多领域能够借助大数据技术提升效率。

1. 数据可视化是艺术也是科学

作为一门科学,可视化应该真实地反映数据所包含的信息。这里的信息既包括简单的规律,也应该尽量包括数据本身的高阶特征。作为一门艺术,可视化的结果或者过程应该具有艺术美感。为了实现科学与艺术之间的平衡,可视化需要坚持真、善、美的原则。

（1）真，即保持真实性，指可视化的结果应该正确反映数据的本质。这反映在可视化过程中的数据处理和逻辑是科学可靠的，计算和分析的结果是真实的。

（2）善，即公众易知性，指可视化过程需要考虑公众的接受程度，可视化的结果应该有利于普通人认知数据背后所蕴含的现象与规律。

（3）美，即艺术性，指可视化的结果的形式和内容要和谐，在普通人看来具有艺术的美感。

2. 高维度数据可视化

大数据可视化最直接的问题就是高维度数据如何展示。金融大数据分析也要面对此问题。通常金融中待处理的数据是高维度的，如简单的关联商品包含型号、厂家、价格、品质、材质等多个维度的信息，又如对于某个具体债券包含它的发行方、面值、票面利率、期限、久期等维度的信息。这里的维度是数据分析中的特征，或者是计量方法中的变量。高维度数据如果进行可视化首先要经过降维。关于这方面的研究已经成为大数据研究的一个前沿领域，部分内容超出了本书的范围。本章机器学习中将简单介绍主成分分析降维方法，它也是大数据降维的一个常用工具。

除了对数据降维，还有其他一些方法可以小范围展示高维度数据，如星型图、散点图、平行坐标或者脸谱图。但在实际应用中，这些图示往往不够直观，且仍然只能展示数据的部分特征。

3. 图数据可视化

图数据在金融大数据中的占比越来越高，其中应用最广泛的就是网络数据，它是随着互联网在不同行业应用的发展而迅速壮大起来的。网络数据具有高复杂性、高维度和时变性特征。例如，人们在网络上结识新的朋友，就形成了网络社交数据；人们通过微信朋友圈或者微博分享自己关注的事件，就形成了网络传递数据。网络数据的挖掘可以帮助国家及时发现舆情变化，可以帮助企业快速地发现市场定位，还可以帮助学者高效率地找到研究方向。

除了网络数据，图数据还包括其他潜在关联数据，实际上绝大多数结构化或者非结构化数据都可以转化为图数据。当前图数据的分析已经成为大数据分析最前沿的研究领域，对应的图深度学习也成为当前深度学习中的研究和应用热点。

4. 可视化软件或模块

许多数据处理软件都有可视化的功能，它们都可以用于金融大数据可视化。

（1）R语言中的可视化工具包很多。例如，具备强大功能的Gephi，具有不错的可视化效果；可以简单进行预处理数据的Citespace，支持多种数据格式转换；傻瓜式操作的VOSviewer，作图美观，适合后期的可视化图像生成展示等。

（2）Python中的可视化工具包也很多。例如，常用的数据处理模块Pandas，本身就有不错的可视化能力[①]；大名鼎鼎的Matplotlib，许多知名的模块都是使用它进行可视化的。

（3）商业可视化软件。当大数据分析结果用于商业目的时，上述的一些免费软件就达

---

① 当前Pandas的可视化实际上是对Matplotlib做了一个外包。

不到要求,或者需要复杂的开发过程,此时商业可视化软件就应运而生了。这方面的软件有:Tableau 在可视化能力上比较突出,可视化效果不华丽但很出色,而且给用户提供了非常自由的图表制作能力,如果使用者会写代码且时间富余,基本可以做出绝大多数能想到的图表;Power BI 来自微软,主推的是个人分析,适合短、平、快的分析需求;BDP 的数据可视化功能很强大,内置几十种可视化图表供选择,除了常规图表,还有数据地图、词云、旭日图、桑基图、漏斗图等一些酷炫的图表;DataFocus 是全球首个中文自然语言数据分析工具,操作简单,功能强大,采用独有的自然语言处理引擎技术,数据分析就跟搜索一样,直接输入自然语言,系统智能地以最合适的图表来回答;DataAnalytics 是轻量级业务数据可视化工具软件,让普通人不必通过 Python 编程,只需简单拖拽就能迅速生成所需要的可视化结果,并且支持异构数据源整合。

(4) 可视化云平台。谷歌、亚马逊、微软、百度、阿里、腾讯等互联网巨头的云平台上都拥有对应的可视化工具,用户可以通过直观的操作获得可视化的结果。

---

**专栏 6–2**

**容易被忽视的大数据相关工作——可视化工程师**

随着大数据概念的流行和数据产业的崛起,市场上对大数据相关人才的需求剧增。在这个过程中,数据可视化工程师是很多求职者容易忽略的一个职业。实际上,可视化分析已经成为一项流行的业务,是电商、金融、物流、政府等很多行业都在使用的技术,可视化工程师在工作中利用可视化技术来支撑业务优化、战略决策。

---

(二) 分布式处理生态系统

包括金融在内的各行业大数据分析需要巨大计算能力(简称算力)的支持。当前解决这个问题的方式仍然是分布式并行计算。未来随着量子计算的发展和成熟,金融大数据分析有可能转向量子计算的算力支持方式。

学术界和工业界研究和发展了多种分布式并行计算模型,其中最有代表性的是大数据分布式存储与并行计算的软件框架 Apache Hadoop(简称 Hadoop)。它的应用横跨了众多领域,也包括金融领域。今天,Hadoop 代表的已经不是一个简单的并行计算框架,而是形成了大数据分析处理的生态系统。在这个概念上产生了众多工具和项目,许多工具和项目已经和金融系统相关软件工具进行了充分的融合。

根据 Hadoop 的官方文档,它的基础框架如图 6–1 所示。

在该框架中,Pig 是一个基于 Hadoop 的大规模数据分析平台,它为复杂的海量数据并行计算提供了一个简单的操作和编程接口;Hive 是基于 Hadoop 的一个工具,提供完整的 SQL 查询,可以将 SQL 语句转换为 Map/Reduce 任务运行;ZooKeeper 是高效的、可拓展的协调系统,存储和协调关键共享状态;HBase 是一个开源的、基于列存储模型的分布式数据库;HDFS 是一个分布式文件系统,有着高容错性的特点,适合那些超大数据集的应用程序;Map/Reduce 是一种分布式计算模型,用于大规模数据集(大于 1 TB)的并行运算。

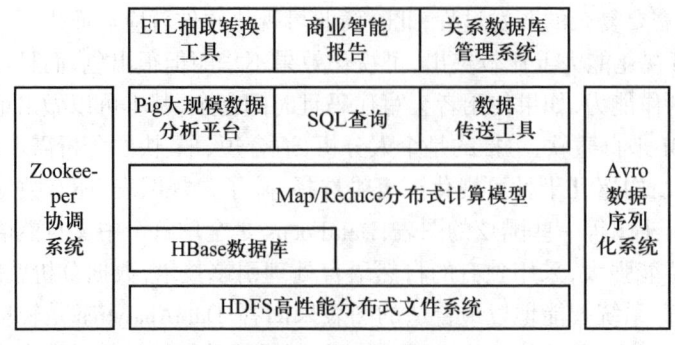

图 6-1　Hadoop 框架

（三）工具软件

大数据分析中的工具软件类型众多，包括传统数据分析工具、开源分析工具、数据分析云平台、人工智能平台，以及面向金融大数据分析的专业金融数据分析工具等。

1. 传统数据分析工具

绝大多数统计软件、数值计算软件都支持较复杂的数据分析，也随着版本更新开始支持大数据分析。这些软件包括 Matlab、SPSS、SAS 等。随着越来越多大数据分析方法被内置到软件当中，包括金融大数据在内的多种大数据分析任务可以通过这些软件完成。需要注意的是，并不是所有的传统数据分析工具都支持人工智能和机器学习，如果金融大数据分析需要使用机器学习或者人工智能的话，那么使用者需要提前做好选择。这一类的分析工具大多是商业分析工具，它们的内置功能完善并且强大。例如，Matlab 在每一年更新的版本中都及时融合了人工智能方面的最新进展，使用者可以简单地构建模型、训练模型并形成商业应用。

2. 开源分析工具

常见的开源分析工具包括 R 语言、Python 和 Julia 等。这些语言都有以下特征。

（1）跨平台迁移的特征。使用者甚至可以在手机上进行数据分析。

（2）有充分的数据分析模块。这些开源的编程工具拥有大量的数据分析模块，不同的模块对应不同的情景和任务。在一些热门任务中，还有多种模块可供选择，使用者灵活度大幅度提升。对比来看，R 语言在统计方面的模块更多，而 Python 则更擅长人工智能的任务。

（3）强大的开发者支持。开源工具的特点是大量开发者支持。全世界每天都有不计其数的开发者为特定任务或者目的开发软件包来丰富其功能，或者提供各种文档来帮助后来者迅速上手。

（4）较好的硬件计算基础。由于使用者较多，这些开源工具获得了不同硬件厂家的支持。对于金融大数据分析来说，其任务计算量尤为庞大，硬件支持对于分析任务的完成具有重要的意义。

（5）广泛的交流平台。类似于 GitHub、Kaggle 等平台提供的分析交流大多与这些开源工具有关。

> **专栏 6-3**
>
> **GitHub 介绍**
>
> GitHub 是一个托管平台,在这个平台上,用户既可以托管开源项目也可以托管私有的项目。它支持 Git 作为版本库格式,其命名也来源于此。GitHub 于 2008 年 4 月 10 日正式上线,提供了 Git 代码仓库托管、Web 管理界面、订阅、讨论组、文本渲染、在线文件编辑器、协作图谱(报表)、代码片段分享(Gist)等功能,在其上托管的开源项目包括 Python、TensorFlow 等。众多科研论文的代码也在 GitHub 上进行托管。2018 年 6 月 4 日,微软通过 75 亿美元的股票交易收购了 GitHub。

3. 数据分析云平台

有许多互联网厂商提供了功能丰富的云平台,类似亚马逊云、微软云、阿里云、百度云、腾讯云等。在这些平台上,数据分析变成了拖拽模块的操作,简单直观,很适合进行包括金融大数据分析在内的大数据分析任务。

4. 人工智能平台

几乎所有的人工智能平台都有丰富的数据分析工具,可以用于大数据分析。这些平台一般都支持多种编程语言,部分平台具有强大的云计算支持。这些平台包括谷歌的 TensorFlow、Facebook 的 PyTorch、百度的飞桨(PaddlePaddle)等。这些平台之间的模型和参数当前还不能做到完全互通。

5. 专业金融数据分析工具

专业金融数据分析工具大多数是基于开源工具进行二次开发,形成针对金融数据分析特征的自有平台或者软件。许多这类工具都是来自金融科技公司或者相关企业的金融科技子公司。

## 第二节 金融大数据分析方法

金融大数据分析包括数据的获取、数据的处理以及面向任务的数据分析。面向任务的分析涵盖范围很广,第三节的机器学习严格上也属于此范围。在本节,面向任务的数据分析主要介绍的是关联分析。在实践中应该将第三节的机器学习用于数据分析任务。

### 一、金融大数据的获取

获取数据是进行金融数据分析的前提。一般来说获取金融数据有三种方式,分别是公开数据方式、数据接口和数据模块方式以及爬虫方式。

(一)公开数据方式

公开数据是金融数据分析的传统途径。所谓公开数据就是指政府机构、统计机构、相关行业协会、行业组织、大学、相关企业公开的数据集。政府机构、统计部门和大学的数据一般是免费获取的,这也是传统金融研究和分析的主要数据来源。部分公开数据需要通过收费的方式才能获得,具体的收费形式包括按下载次数、按照数据下载时间、购买会员等。还有一些公开数据是通过第三方加工后形成数据规模,需要通过付费获得不同范围的数据获取授权,如金融行业中使用广泛的 Wind 数据终端。

值得注意的是,部分搜索引擎可以提供数据集的搜索服务,并将目标数据的链接返回,这大大方便了数据获取者(如谷歌的数据搜索引擎)。同时数据交易平台的迅速发展也为数据需求者提供了获取数据的新途径(如淘宝、贵州大数据交易平台、通联数据、数据堂等)。

公开数据一般具有较大的公信力。而收费的公开数据提供方则因为能够获得收益一般都进行了数据的预处理,数据需求方获得的数据往往较少存在缺失、错误或者格式不兼容等问题。这意味着需求方在获得数据后,可以快速进行分析。

随着公开数据规模越来越大,数据的获取形式也在发生变化,从最初的直接下载、拷贝网页过渡到了打包下载、网盘转移或者点对点传输等。下面提到的数据接口和数据模块方式也可以作为公开数据获取的一种具体手段。

(二) 数据接口和数据模块方式

大数据分析所需要的数据量一般较大,同时实时性要求较高,公开数据获取等传统下载等方式已经不能适应。针对这种情况,数据接口和数据模块方式就产生了,这可以统称为 API 接口模式。API 是 Application Interface 的缩写,是指数据需求方通过程序接口直接传输数据,这样数据获取和数据处理都可以在程序中进行,而且程序进行过程中可以实时通过接口调用所需要的数据。API 接口还赋予数据获取者进行数据存储的灵活度,例如大量获取的数据通过程序转化成不同的文件存储,或者针对不同的文件系统进行数据切割存储[1],或者在应用程序中压缩并存储为压缩文件,节省空间。

金融数据的提供者一般针对不同的程序提供了相应的数据模块,这些模块可以在程序语言中进行安装并随后使用。同时提供者往往还提供了 Get/Post 接口,数据获取者可以通过网页解析语言或者编程按照指定的模式获取数据。

需要提醒的是,数据接口和数据模块方式与免费与否没有关系。数据提供方一般根据收费不同而提供不同的服务分级。例如,对于免费的用户固定时间内调用的接口次数、获取的数据时间范围、获取的数据类型有限制,这一般针对的是科学研究的使用;对于收费的用户则可以在固定时间内进行更多次数的调用,获取更大时间范围和更多类型的数据,这针对的是商业用户,及时用这些数据来进行加工继续向外提供商业服务。

一些常见的数据接口和数据模块的提供方包括 Wind(Wind 量化投资平台)、Tushare、Baostock 等。许多数据平台最开始都是针对量化投资的,目前已经发展为宏微观金融数据综合平台。

(三) 爬虫方式

爬虫是数据获取的另外一种形式。一般和舆情、自然语言处理、公众情绪等有关的信息主要通过爬虫获取。

爬虫是一种信息技术,是模拟用户在浏览器或者某个应用上的操作,把操作的过程自

---

[1] 这里是指 FAT 系统,该系统只能存储不大于 4G($2^{32}$G)的文件,如果获取的数据总量超过 4G 则需要分割或者压缩。

动化的程序。简单来说,就是实现浏览器的功能。爬虫程序通过访问指定网址和进行一些程序化操作,获得浏览器上所载有的相关信息,并将信息进行处理返回给用户,形成所需要的数据。这个过程中,一般不需要人工去操纵浏览器获取。

爬虫获得的数据一般带有典型的大数据特征,除了获取结构化数据,也能够获取非结构化数据。所以在大数据处理中,爬虫是必不可少的工具之一。此外,因为大多数网站不希望数据被爬虫程序读取,所以为了防止爬虫也设立了不同水平的"反爬机制",在这样的背景下编写爬虫程序需要一定的技巧。

### 二、金融大数据的预处理

在传统的数据处理过程中,数据在获取之后往往不能直接使用。这是因为数据本身质量的问题,例如数据缺失、数据错误等。分析者需要提前对数据有一定的宏观认识,这样的认识可能帮助分析者在构建算法和模型时减少错误。分析者需要让数据对接相应的算法模型,包括数据的格式转换、数据的筛选、数据的分离等。绝大多数的传统数据预处理方法都可以用于金融大数据的预处理,如数据统计描述、数据对象关系描述等。但这些传统方法在应用于金融大数据分析时需要考虑其在大规模数据上的效率。实际上,这一领域一直是计算机算法探索的前沿领域,其核心问题是如何在大规模数据预处理过程中保持较快的速度,保证计算复杂性不会随着数量的增加而明显增加。

金融大数据的预处理包括数据统计描述、数据对象关系描述和数据准备。数据统计描述有很多种,在大数据预处理中,最重要的是数据中心趋势判断和数据离散趋势判断。数据中心趋势判断的方法包括均值、中位数等;数据离散趋势判断包括方差、极差和分位数等。数据对象关系描述主要是指数据属性之间的关系,包括各种相关系数以及更复杂的信息论方法。数据准备是使得用于分析的数据适合分析的模型和方法。

数据准备在大数据处理流程中的位置是根据任务变化的,有时是在数据统计描述和数据对象关系描述之前,有时候是在其之后。在很多时候它们是相互迭代的过程,通过数据统计描述发现问题然后继续进行数据准备,在准备之后再进行统计描述看是否符合需求。数据准备一般包括数据清洗、数据集成、数据归约以及数据转化。数据清洗(Data Cleaning)的主要任务是处理缺失值、降低噪声点影响并识别异常值、纠正不一致点。数据集成是将多来源数据、冗余数据和重复数据进行处理,以方便使用。数据归约本质上是数据压缩,它在大数据处理中尤其重要。大数据的规模巨大、维度超高、实时更新为数据分析带来了巨大的压力,此时如果将算法和模型直接应用于整个数据集,将导致分析困难或者花费时间过长,失去分析意义,这就需要对数据进行归约。数据转换是为了使数据在应用时更加高效。大多数算法和模型一般都是针对固定形式的数据,如零均值等,如果直接将数据输入,则会导致模型的结果不符合预期,此时数据转换就成为必要步骤。

### 三、金融大数据的关联分析

在金融大数据分析的诸多任务中,关联分析和业务联系密切,常常最早被使用。所谓关联分析,就是发现大数据背景下对象之间的隐含关系以及相互影响,从而确定是否存在一个或者多个事件的发生引发了另外一个或者多个反应。金融中应用关联分析技术可以预测银行客户需求从而改善自身营销方案。例如,金融机构通过关联分析来发现一个业务、一次促销、一次活动对所期望提升的业务的影响;银行通过关联分析可以更精准地在自己的 ATM 或者网上银行、手机银行捆绑客户感兴趣的本行产品信息;保险公司可以通过客户的登记地址变化或者车险信息变化发现客户的隐藏需求等。

关联分析的目的是发现数据中的频繁模式,频繁模式可以进一步描述成数据对象间的关联规则,这些规则在一定条件下是有用的,金融机构可以据此进行相关的决策或者制定营销方式。如何判断序列模式是否频繁,则需要使用两个基本的度量:支持度(Support)和置信度(Confidence)。

支持度是关联的对象在数据集中出现的次数占总数据集的比重,或者说几个数据关联出现的概率。设 $X$ 和 $Y$ 都是事件,则对应的支持度为:$\text{Support}(X,Y) = P(X,Y) = \frac{\text{num}(X,Y)}{\text{num}(All)}$,多个关联数据类似定义。一般来说,支持度高的数据不一定构成频繁项集,但是支持度太低的数据肯定不构成频繁项集。在算法中一般设定一个支持度阈值,超过支持度阈值的集合会被筛选出来,最终保证算法可以终止。

置信度体现了一个对象出现后,另一个对象出现的概率,或者说对象的条件概率。如果我们有两个想分析关联性的对象 $X$ 和 $Y$,$Y$ 对 $X$ 的置信度为 $\text{Confidence}(X \leftarrow Y) = P(X|Y) = \frac{P(X,Y)}{P(Y)}$。

这里所说的对象在具体的数据分析算法中体现为"事项"(Item),例如购物中的啤酒、尿布、花生等,金融中的信用卡业务、保险业务、理财业务等。最早的关联分析算法称为 Apriori 算法,它是 1993 年由 Agrawal 等人首先提出来的。[①] 之后又发展出来了改进的 Apriori 算法、FP-Growth 算法、GSP、CBA 以及面向大数据并基于哈希结构的分析算法等。当前,关联分析领域仍然有不断改进的算法被提出,与产品推荐相关的协同过滤等结合,基于深度学习的 DeepFM 方法也在关联分析中被使用。

## 第三节 机器学习原理

### 一、机器学习介绍

机器学习是仿照人类学习的经验,让机器在数据中获得一定程度的"智能"。这里的数据实际上就是类似于人类学习的"经验"。这样看来,机器学习所研究的主要内容是关于在计算机上从数据中产生"模型"的算法,即学习算法。在获得学习算法后,我们可以把经验数据提供给它,这样机器就可以基于这些数据产生模型,该模型就可以在不同场景被使用。

实际上,机器学习属于人工智能的一个分支,是人工智能发展到一定阶段的必然产物。1950 年关于图灵测试的文章中,机器学习的可能性就已经被提及了。随着人工智能

---

[①] 在此之前,他们还提出了 AIS 关联分析算法,但是性能较差。

历史的发展,到了 1980 年,美国卡耐基梅隆大学举办的第一届机器学习研讨会使得机器学习的研究和应用快速登上历史舞台。

1983 年,Hopfield 利用神经网络求解"流动推销员问题"取得重大进展,使得人们开始重新关注快速有效的学习算法。1986 年,Rumelhart 等人发明了 BP 算法,进一步吸引人们关注,使得神经网络的结构派开始成为人工智能中的一股重要力量。到了 20 世纪 90 年代,统计学习技术快速发展,成为机器学习的主流。我们将要介绍的内容有相当一部分属于统计学习技术。

除了机器学习研究的发展,相关机器学习的基础理论也同步深入。今天,类似于 VC 维、结构风险最小化原则、算法复杂性等已经成为机器学习研究的重要基础。

2003 年,DARPA 启动 PAL 计划,将机器学习的重要性上升到美国国家安全的高度来考虑。2006 年,卡耐基梅隆大学宣告成立世界上第一个"机器学习系",机器学习领域奠基人之一 T. Mitchell 教授出任首任系主任。2012 年 3 月,美国奥巴马政府启动"大数据研究与发展计划",机器学习成为和云计算、众包(Crowdsourcing)并列的大数据时代三大关键技术。这是因为大数据时代的收集、存储、传输以及管理等技术最终是为了利用大数据,而利用大数据的核心手段就是机器学习这个工具。随着机器学习研究的不断进步,其应用也越来越广泛,取得的成果也愈加引人瞩目。在今天,机器学习已经用于生活的各个方面,无论是购物、出行、外卖还是航空航天、农业、金融都离不开它的支持。

根据机器学习算法所使用数据形式的不同,机器学习可以分为监督学习、无监督学习、半监督学习以及强化学习。

---

**专栏 6-4**

### 早期的机器学习

机器学习最早的研究内容和我们将要介绍的内容并不完全相同。实际上,最早的机器学习被划分为"从样例中学习""在问题求解和规划中学习""通过观察和发现学习""从指令中学习"等。还有的学者将机器学习划分为"机械学习""示教学习""类比学习"和"归纳学习"。这样的划分方式是完全类比了人类学习的方式,试图对人类学习模式进行符号化,这更像是一种关于"学习"的理论而非具体的算法。这样的情况有其充分的背景,即在当时人们对人工智能赋予了过高的期望,希望机器可以很快获得人类的智能。

---

## 二、监督学习

监督学习是从给定的训练数据集中学习出一个模型。当新的数据到来时,人们可以将新数据输入模型,然后得到结果。不同的行业可以根据结果进行决策。这里的模型一般是指已经获得明确参数的函数。

为了能够获得该模型,监督学习的训练集包括输入输出,即每一条数据应该包括输入和输出,或者说特征和目标。通常这些训练集中的输出可以是在实际业务中采集的结果,也可以是人为标注的。标注是基于经验或者专业知识为每一条带有输入的数据标注出输出结果。例如将一张图片标注为猫或者狗等,这里的图片就是输入数据,而标注好的猫或者狗就是输出数据。

绝大多数监督学习方法都是分类算法,即该模型完成对输入数据的分类,其训练数据包括特征和分类的结果,分别对应输入和输出,类似于计量经济学中的 $X$ 和 $Y$。大多数分类算法也可以扩展为回归方法。

(一) 线性模型

线性模型是机器学习中较简单的模型,但是其应用范围很广。线性模型试图让机器学到一个线性组合,即:$f(x) = \omega_1 x_1 + \omega_2 x_2 + \cdots + \omega_n x_n + b$;如果用向量形式表示,则可以写成:$f(x) = X W^T + b$,其中 $W = (\omega_1, \omega_2, \cdots, \omega_n)$,$X = (x_1, x_2, \cdots, x_n)$,$W$、$b$ 都是在学习中确定,在学习结束之后,该模型也就确定了。

线性模型形式简单、方便建模,同时也蕴含了机器学习中许多重要的思想。通过一些层级结构或者高维映射,线性模型可以扩展为非线性模型。值得注意的是,$W$ 直观地表达了各属性在预测中的重要性,使得线性模型具有较好的可解释性。这在金融、军事等领域往往是必不可少的。

线性模型可以通过最小二乘法求解。它的衍生形式包括逻辑回归(对数概率回归)、广义线性模型(General Linear Model,GLM)、线性判别分析(Linear Discriminant Analysis,LDA)、多分类学习等。

(二) 决策树与随机森林

决策树(Decision Tree)是较常见的机器学习方法。决策树算法通过对标注好的训练集进行处理,生成一棵决策树。一棵决策树包括一个根节点、若干个内部节点和若干个叶子节点。叶子节点对应于决策结果,其他的节点则是针对属性的测试,或者说是一个条件判断。每个节点包含的样本集合根据叶子节点的条件判断被划分到不同的分枝,直到最后落在叶子上。

图 6-2 是一棵决策树,假定某银行要发展某业务,通过历史数据进行机器学习形成了该决策树。决策树中的圆角矩形表示根节点或者内部节点,也代表了判断条件,椭圆形表示叶子节点。这样根据客户理财金额和信用卡额度等条件就可以把客户分为不同的类,由此发现一个"新客户"是否属于"某业务优质发展对象"。

从以上内容可以看到,对一棵决策树来说,从根节点到每个叶子节点对应了一个判定测试序列。决策树算法目的是生成一棵泛化能力强的决策树。这里的泛化能力是机器学习乃至人工智能中一个重要的概念,指在训练集上学习好的模型在训练集以外的数据集上的表现。泛化能力强则意味着在训练集上学习好的模型在训练集以外的数据集上的表现也很好。这类似于人在一些熟悉环境中学习,但是当遇到了陌生环境也仍然能够处理各种情况。

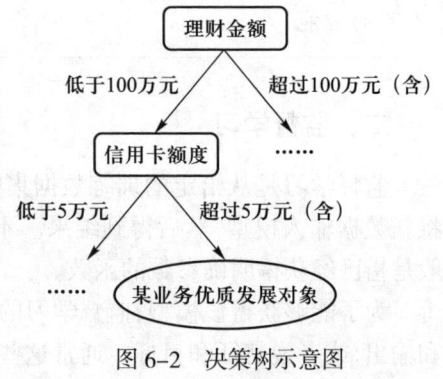

图 6-2 决策树示意图

决策树算法可以基于不同的优化目标,常用的目标包括信息增益、基尼系数等,它们都是信息论中的概念。一棵好的决策树还需要根据建立情况和应用目标进行适当的剪枝处理。

实际上如果把每个属性视为坐标空间中的一个坐标轴,则一个样本的所有属性就对应了这个空间中的一个点。对样本分类就是在这个空间中对不同类别样本进行边界划分。决策树的分类边界是多个平行线的组合。该思想类似于一个非线性函数在较小的邻域内可以近似地用线性逼近,当用足够多的阶梯(线性分段)时,则可以逼近任意的函数。

正是因为一个分类任务可以由多个决策树完成,同时考虑这些决策树就形成了随机森林,随机森林是将决策树组合起来完成任务。当前随机森林已经用于金融的多个领域,并在实践中展示出了较好的预测精度。

(三)贝叶斯方法

贝叶斯方法又叫作贝叶斯决策理论(Bayesian Decision Theory),是源自概率论的基本决策方法。以分类任务为例,贝叶斯方法是在所有相关概率已经知道的理想情况下,通过利用这些概率和优化误判损失来进行"最优"的分类。

贝叶斯方法是基于贝叶斯公式,即 $P(B|A) = \dfrac{P(A|B)P(B)}{P(A)}$。如果将 $A$ 看作"具有各类特征"的事件,$B$ 看作"属于相应类别"的事件,则贝叶斯公式可以写为 $P(类别|特征) = \dfrac{P(特征|类别)P(类别)}{P(特征)}$,其结果是在具有相应特征的条件下属于不同类别的概率,最终根据概率大小而将待归类对象归类。这就是贝叶斯方法。贝叶斯方法中的 $P(类别)$ 叫作先验(Prior)概率,这要求贝叶斯方法在使用之前估计各类别的无条件概率。而 $P(特征|类别)$ 则是不同类别具有相应特征的条件概率,也就是似然值(Likelihood)。

对于标注好的样本数据来说,$P(类别)$ 即先验(Prior)概率可以估计得到,因为根据大数定律,当训练集包含充分的独立同分布样本时,该先验概率可以通过各类样本出现的频率来进行估计。但是对于 $P(特征|类别)$,应该注意到,由于通常特征数据有很多,这其实是一个联合概率,如果根据样本频数来估计就会遇到严重困难。因为当有 $n$ 个特征的时候,则样本空间将有 $2^n$ 种可能的取值,这种指数增长趋势很容易超过训练样本数量,最终会导致很多样本取值在训练数据中没有出现,直接估计会使得"出现概率为0"代替了"未被观测到",而这两者一般是不同的。在实践中根据估计 $P(特征|类别)$ 的不同,有不同具体实践的贝叶斯方法,如使用极大似然估计的贝叶斯方法、朴素贝叶斯以及半朴素贝叶斯方法等。

贝叶斯方法在金融相关的分类问题中常用,同时它也被用于自然语言理解,而金融中的自然语言理解已经成为研究热点,并在实践中大幅度提升了金融系统的效率。

(四)支撑向量机

支撑向量机是金融中常用的机器学习方法,该算法实际上是对给定的且标注好的训练样本集合 $\{(x_1, y_1), (x_2, y_2), \cdots, (x_n, y_n)\}$,$x_1, \cdots, x_n \in R^m$,$y_1, \cdots, y_n \in \{-1, +1\}$ 在样本空间找到一个超平面将不同类别的样本划分开。这里的类别就是 $\{-1, +1\}$。

很显然,能够划分开的超平面有很多,图6-3给出了二维的示意图。在该图上,黑色实线和黑色虚线都是可以分割类别的超平面(二维空间中超平面为直线)。很显然,这样的分割线有无穷多条。这里实心点和空心点表示不同的类别。

支撑向量机算法则是需要找到一个优化目标,通过优化目标来确定该超平面。一般来说,支撑向量机是在众多超平面中找到一个方向,使得两个类别间隔距离最大(见图6-3中的虚线方向)。这样的方向可以通过使用二次线性规划求解优化问题的对偶问题精确计算获得。

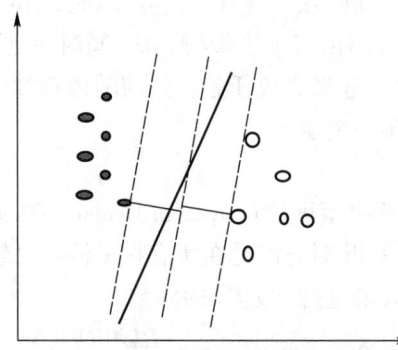

图6-3 支撑向量机示意图

类似通过构造优化目标而求解一个优化问题是机器学习中常用的模型构造方式,这种方式逻辑严密而直观。它和梯度下降方法构成了机器学习中最重要的两种计算思路。

### (五) 人工神经网络

神经网络实际上是一个多学科交叉的领域,机器学习中的人工神经网络只是机器学习和神经网络交叉的部分。在本节神经网络特指机器学习中的人工神经网络。简单来说,机器学习中的神经网络是一种模型,可以把它理解成一种数据处理的工程框架,既可用于监督学习,也可以用于非监督学习。[①]

人工神经网络自身属于人工智能实现的"结构派",因为它的来源是试图搭建一个类似于人脑结构的工程模拟,将人脑的神经元结构通过数学描述出来[②],并通过连接实现数据的处理。人工智能中的神经网络实际上包括两类:一类是我们常见的人工神经网络模型,另外一类是脉冲神经网络模型。大多数机器学习中的神经网络都是指前者。

1943年,McCulloch和Pitts给出了神经元的简单数学模型,这就是沿用至今的"M-P神经元模型"。在这个模型(见图6-4)中,神经元接收到来自$n$个其他神经元传递过来的输入信号,这些输入信号通过带权重的连接进行传递,神经元接收到这些信号,将其汇总并与其自己的阈值比较,然后通过激活函数(Activation Function)处理并产生该神经元的输出。通过多个神经元的连接,人工神经网络就搭建完成了。

该过程可以描述成数学形式:$y=f\left(\sum_{i=1}^{n}\omega_i x_i - \theta\right)$。也可以将其写成矩阵形式:$y=f(\boldsymbol{W}\boldsymbol{X}^{\mathrm{T}}-\theta)$。这里,$\boldsymbol{W}$为权重向量$(\omega_1,\omega_2,\cdots,\omega_n)$,$\boldsymbol{X}$为输入向量$(x_1,x_2,\cdots,x_n)$,$f(x)$被称为激活函数,

---

[①] 例如深度学习中的深度信念网络(Deep Belief Networks, DBN)就既可以用于监督学习也可以用于非监督学习,而自编码器(Auto-Encoder)则是非监督学习的典型方法。

[②] 特别需要提醒的是,人脑的结构和功能非常复杂,其机理直到现在仍然没有探索清楚,神经元描述方式只是一种早期认识的抽象描述。

它有两种常用的形式,分别是阶跃函数和 Sigmoid 函数,它们的形式分别为:

$$阶跃函数:\mathrm{sgn}(x)=\begin{cases}1, x\geqslant 0\\0, x<0\end{cases} \quad (6.1)$$

$$\text{Sigmoid 函数}:\mathrm{sigmoid}(x)=\frac{1}{1+\mathrm{e}^{-x}} \quad (6.2)$$

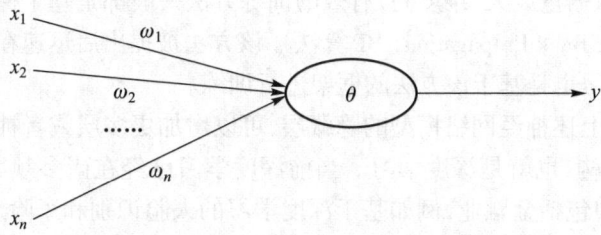

图 6-4 神经元数学化描述

多个神经元并排起来可以组成神经网络的一层,该层共同接收输入并产生输出。图 6-5 给出了示意图。其中,输入层输入数据,即训练数据中的特征,一般用 $x$ 表示;输出层输出数据,即训练数据中的目标,一般用 $y$ 表示。中间有一层隐藏层,一般用 $b$ 表示。隐藏层有 $l$ 个神经元,每个神经元都和输入层的每个元素相连,$x_i$ 和 $b_j$ 的连接权重为 $\omega_{ij}$。同时隐藏层每个神经元也和输出层每个元素相连,$y_i$ 和 $b_j$ 的连接权重为 $v_{ij}$。该模型就是具有一个隐藏层的神经网络模型。在输入训练数据后,神经网络通过算法计算出最优的权重,整个神经网络模型就确定下来。当使用该模型时,只需要在输入层输入数据,输出层将会输出结果,不同行业可以依据该输出结果进行决策。

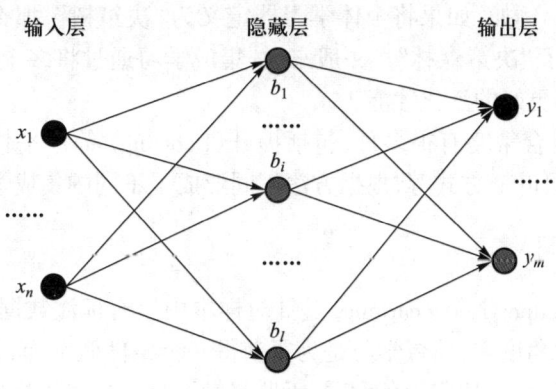

图 6-5 神经网络示意图

可以对上述神经网络进行数学表示,从输入层到隐藏层,设激活函数为 $f(x)$,并设对应的 $b_1, b_2, \cdots, b_l$ 是对应神经元的阈值,则各隐藏层的输出为:$\mathrm{Output}_j = f(\sum_{i=1}^{n}\omega_{ij}x_i - b_j)$, $j=1,2,\cdots,l$。设输出层神经元阈值分别为 $\theta_1, \theta_2, \cdots, \theta_m$,则输出层可以表示为 $y_i = f(\sum_{j=1}^{l} v_{ij}\mathrm{Output}_j - \theta_i)$, $i=1,2,\cdots,m$。如果使用矩阵则形式相对简洁,分别为:$\mathrm{Output} = f(\boldsymbol{XW} - \boldsymbol{B})$ 和 $y = f(\mathrm{Output} \times \boldsymbol{V} - \boldsymbol{\Theta}) = f[f(\boldsymbol{XW} - \boldsymbol{B}) \times \boldsymbol{V} - \boldsymbol{\Theta}]$。这里 $\boldsymbol{X}$ 是输入向量 $(x_1, x_2, \cdots, x_n)$,$\boldsymbol{B}$ 是隐藏层阈值向量 $(b_1, b_2, \cdots, b_l)$,$\boldsymbol{\Theta}$ 是输出层阈

值向量$(\theta_1, \theta_2, \cdots, \theta_m)$,Output是中间层向量$(Output_1, Output_2, \cdots, Output_n)$,$Y$是输出向量$(y_1, y_2, \cdots, y_m)$,$W$是矩阵$(\omega_{ij})_{n \times l}$,$V$是矩阵$(v_{ij})_{l \times m}$的转置。

神经网络一般定义损失函数。所谓损失函数是将训练数据的特征$x$输入神经网络,最终神经网络基于当前权重计算的输出和训练数据的目标$y$的差异。有多种定义损失函数的方式。有了损失函数,理论上基于训练数据可以有多种方法来达到全局优化。①但在实际中,由于训练数据量庞大、维度高,有效的训练方法一般都是基于梯度下降,例如误差反向传播算法(Error Back Propagation,BP算法)。该方法被提出后迅速在实践中得到应用,当前热门的深度学习也是基于该方法的框架进行训练。

如果继续扩展上述神经网络模型的隐藏层,可以增加更多层或者神经元数量,这就是神经网络的深度架构,也就是深度学习。当前深度学习已经在诸多领域得到应用并变革了很多行业,这当中包括金融业,例如基于深度学习的人脸识别和车险远程定损等已经在金融行业中应用。

(六)集成学习

集成学习(Ensemble Learning)又称组合学习,它构建并组合多个机器学习算法来实现学习。

在集成学习中,一般有一组个体学习器(Individual Learner),然后通过不同的策略将它们组合起来。个体学习器一般通过既有的机器学习算法从训练数据中学习产生。

如果集成策略是同质的(Homogeneous),即所有的个体学习器是同类机器学习算法,则称为基学习算法(Base Learning Algorithm),个体学习器也被称为基学习器(Base Learner);如果集成策略是异质的(Heterogenous),此时个体学习器不必是同类机器学习算法,则称为组件学习算法(Component Learning Algorithm),其个体学习器称为组件学习器(Component Learner)。例如,如果将个体学习器定义为"决策树",那么就形成了基学习算法,多棵决策树形成了"决策森林"。一般来说,集成学习通过将多个学习器进行结合,能够获得比单一学习器更好的泛化性能。

集成学习中的组合策略有很多种,包括提升(Boosting)、简单平均、投票方式、再学习方式、随机方式以及贝叶斯方式等,根据方法不同形成了不同的集成学习。

### 三、无监督学习

无监督学习(Unsupervised Learning)是针对样本中没有标注数据的情况,即只有特征而没有目标。从数学角度看,监督学习是为了获得一个条件概率,而无监督学习则是获得一个无条件联合概率分布;从应用角度看,无监督学习是通过对无标记训练数据的学习来揭示数据的内在性质和规律,为进一步数据分析提供基础,从这个意义上,大多数数据预处理方式、样本统计特征都属于这样的范畴。

(一)聚类方法

聚类是无监督学习中研究最多、应用最广泛的无监督学习。它试图将数据集合中的样本划分为若干个通常不相交的子集,每个子集叫作簇(Cluster),每个簇可能对应于研究

---

① 例如遗传算法也可以用来进行训练。

对象的潜在的特征或者概念,所以聚类常常也叫作 Clustering 算法。

无监督学习最后的聚类结果,即簇应该具有实际意义的解释——反映研究对象潜在的特征或者概念,这在金融科技的应用中尤其重要。在应用中,聚类既能够作为单独的一个过程,用来找寻数据内在的分布结构从而回答应用中的问题,也可以作为分类等学习算法的前驱过程。例如在用户画像或者推荐中,由于没有历史标记数据,商家通常无法对新用户进行立刻分类,此时可以先对用户数据进行聚类,根据聚类结果将每个簇定义为一个类别,然后基于这些类进行模型训练或者与已有标记数据联合分析。

聚类可以用数学语言形象化地描述：

假定集 $D=\{x_1, x_2, \cdots, x_m\}, x_1, x_2, \cdots, x_m \in R^n$ 是训练样本集合,包含了 $m$ 个无标记的样本,特征数为 $n$,则聚类算法将样本集合 $D$ 划分为 $k$ 个不相交的簇 $\{C_l | l=1,2, \cdots, k\}$,其中 $C_l \cap_{l' \neq l} C_{l'} = \phi$ 且 $D = \cup_{l=1}^{k} C_l$。

严格地说,聚类方法根据预先假定的类别特征不同而有不同的结果,比较这些结果就需要聚类方法定义不同的性能度量,而这实际上是有困难的。一般的聚类性能指标大约有两类:一类是将聚类结果与某个参考模型进行比较,这属于外部指标法;另一类是直接考察聚类结果而不利用任何参考模型,这被称为内部指标法。

因为大多数聚类方法希望聚类的结果是同类中的样本距离足够近,而各类之间的距离足够远,所以衡量样本之间的距离往往是聚类算法的工作基础,而这又根据数据应用的场景不同而不同。在聚类算法中通常考虑的距离需要满足距离定义,由此常用的距离一般是 $p \geq 1$ 时的闵可夫斯基距离(Minkowski Distance)。给定样本 $x_i = (x_{i1}, x_{i2}, \cdots, x_{in})$ 和 $x_j = (x_{j1}, x_{j2}, \cdots, x_{jn})$,闵可夫斯基距离的定义如式 6.3 所示。

$$\text{distance}_{mk}(x_i, x_j) = \|x_i - x_j\|_p = \left(\sum_{s=1}^{n} |x_{is} - x_{js}|^p\right)^{\frac{1}{p}} \quad (6.3)$$

在具体的场景中,聚类算法可以使用欧氏距离(Euclidean Distance),此时相当于闵可夫斯基距离 $p=2$ 的情形(见式 6.4)。也有可能使用曼哈顿距离(Manhattan Distance),此时对应于闵可夫斯基距离中 $p=1$ 的情形(见式 6.5)。

$$\text{distance}_{ev}(x_i, x_j) = \|x_i - x_j\|_2 = \sqrt{\sum_{s=1}^{n} |x_{is} - x_{js}|^2} \quad (6.4)$$

$$\text{distance}_{man}(x_i, x_j) = \|x_i - x_j\|_1 = \sum_{s=1}^{n} |x_{is} - x_{js}| \quad (6.5)$$

经典的聚类算法包括 K-均值聚类、高斯混合聚类、密度聚类、层次聚类等。聚类算法现在仍然是数据领域中的研究热门,类似《自然》《科学》这样的顶级期刊也会不断刊登这方面的最新算法。

(二) 降维方法

降维是数据分析中常用的技术,是将高维度的样本数据降低维度以满足进一步应用的需求。尽管降维是经典的方法,但它在大数据时代尤其重要,原因在于大数据除了数量大的特征还有维度高的特征。在应用中,人们希望能够有效降低数据维度,这样能够降低后期计算的复杂度。

就像聚类一样,降维本身可以不需要标注数据,即只需要样本数据中的特征 $x$ 就可以了,但是有标注数据可以帮助进行更有效的降维,带有标注数据的降维方法也有很多,如基于线性判别分析(Linear Discrimination Analysis,LDA)的方法。

类似于许多算法都需要有一个优化目标一样,降维方法也需要基于不同的优化目标,例如常用的主成分分析(Principal Component Analysis,PCA),其降维方法就是使得样本点到降维后样本投影点距离足够远,或者是降维后的样本投影点足够分散。

主成分分析方法属于线性降维。大规模数据中除了线性降维外还需要非线性降维方法,非线性降维可以使用核化线性降维(核化主成分分析,Kernel PCA)、多维缩放降维(Multiple Dimensional Scaling,MDS)、等度量映射降维(Isometric Mapping,Isomap)、局部线性嵌入(Locally Linear Embedding,LLE)等方法。

### (三)流形学习

流形学习(Manifold Learning)是借鉴了拓扑流形概念的方法,本质上是假设所处理的数据(样本点)分布在一个潜在的流形体上。流形学习大多数时候应用在降维中,例如上文中的 MDS、Isomap、LLE 等都属于流形学习的范畴,但流形学习并不仅仅用于降维,还包括降维外的度量学习、结构重建等,类似的应用包括图深度学习、改善深度学习性能或者蛋白质折叠等领域。随着金融大规模数据的分析越来越深入,金融数据中的流形特征正在被逐渐发现和关注。

## 四、半监督学习

半监督学习针对的训练数据既包括标注数据也包括未标注数据。所谓半监督学习就是让算法不依赖于外部交互、自动利用未标注样本来提升标注样本训练的模型效果。

半监督学习虽然和数据分析一同产生,但是它在当前大数据时代尤为重要。这是因为现实应用当中,借助不断发展的数据采集技术,人们往往容易收集到未标注样本。这些样本数据量庞大,出于成本等多方面原因没有办法进行全部标注,而只能标注其中的部分数据。一个具体的场景就是互联网应用,在进行网页推荐中,网站希望用户标注出自己感兴趣的网页,但是用户很少有兴趣配合,即使网站通过多种激励措施获得了部分标注结果,也只占数据的较少部分,这时候就需要应用半监督学习。

半监督学习根据应用目的产生不同的具体算法,包括生成式方法(Generative Methods)、半监督 SVM(Semi-Supervised Support Vector Machine)、图半监督学习(Semi-Supervised Graph Learning)、基于分歧的方法(Disagreement-Based Methods)、半监督聚类(Semi-Supervised Clustering)、基于能量的方法(Semi-Supervised Learning Based on Energy)等。

## 五、强化学习

强化学习(Reinforcement Learning,RL)一定程度上是模拟人适应环境的过程,即通过和环境的交互,获得环境的"奖励"和"惩罚"反馈,然后调整自己的行为,如此反复,最后形成一个"智能体"。强化学习的目标是使得"交互回报"最大化,它和无监督学习的关键部分都是回报的选择。换句话说,在未知采取何种行为的情况下,学习者只有通过不断尝试才能发现采取哪种行为能够产生最大回报。强化学习本身也是一个交叉学科,它的问题在信息论、博弈论、自动控制等领域都有讨论。

需要注意的是,强化学习理论受到行为主义心理学启发,侧重在线学习并试图在探索—利用(Exploration-Exploitation)间保持平衡。不同于监督学习和无监督学习,强化学习不要求预先给定任何数据,而是通过接收环境对动作的奖励(反馈)获得学习信息并更新模型参数。从数学上看,强化学习是学习状态和行为之间的映射关系,以使得数值回报达到最大化。

强化学习中的智能体被称为Agent,它的基本框架如图6-6所示。在该模型中,如果Agent的某个行为策略导致环境正的奖赏(强化信号),那么Agent以后产生这个行为策略的趋势便会加强。Agent的目标是在每个离散状态中发现最优策略以使期望的折扣奖赏和最大。在这里,强化学习把学习看作试探评价过程,Agent选择一个动作用于环境,环境接收该动作后状态发生变化,同时产生一个强化信号(奖励或惩罚)反馈给Agent,Agent根据强化信号和环境的当前状态再选择下一个动作,选择的原则是使受到正强化(奖励)的概率增大。选择的动作不仅影响立即强化值,而且影响环境下一时刻的状态及最终的强化值。

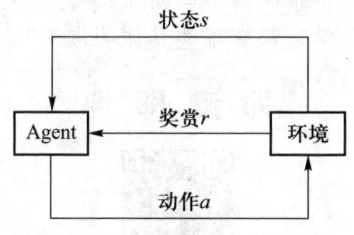

图6-6 强化学习示意图

当前强化学习的一些思路已经在金融科技中得到应用。通过建立不同的市场模拟环境、市场监管环境和竞争环境等,人们已经可以构建一定程度的智能体来进行相应的金融决策,同时强化学习也被用来进行预测及投资。值得一提的是,在大模型时代,众多大模型为了保证输出符合人类价值观,也引入了强化学习方法,即基于人类反馈的强化学习,简称RLHF。

## 本 章 小 结

大数据是数据积累到一定的阶段并成为知识经济体系中核心资源过程中的一系列技术层面、资源层面以及思想层面的变革的总称,在技术层面体现为数据存储、分析以及管理的创新和变革。在互联网经济中,"把大数据看作新的资源、新的技术、新的理念的一个综合体"已经成为一种共识。大数据具有典型的5V特征,同时大数据技术还包括大数据的可视化、分布式处理以及相应的工具软件。大数据是金融科技的重要支撑技术,金融大数据可以通过公开数据、程序接口或者爬虫方式获取;金融大数据的预处理包括统计描述、数据对象关系描述和数据准备;在金融大数据的具体分析中,关联分析是最早被使用的方法。进行复杂的大数据分析需要机器学习。机器学习包括监督学习、无监督学习、半监督学习以及强化学习。监督学习针对有标注数据,包括线性模型、决策树与随机森林、贝叶斯方法、支撑向量机、人工神经网络、集成学习等方法;无监督学习针对的是未标注数据,包括聚类方法和降维方法等;半监督学习针对的是大量数据中只有少量标注的情形;强化学习是通过和环境的交互获得环境的"奖励"和"惩罚"反馈,然后调整自己的行为进行学习。

## 关 键 名 词

大数据　大数据技术　机器学习　监督学习　决策树　贝叶斯方法　支撑向量机　人工神经网络　集成学习　无监督学习　聚类　降维　流形学习　半监督学习　强化学习

## 复习思考题

1. 什么是大数据的5V特征?它们对传统的统计方法带来了什么样的影响?
2. 金融大数据分析中的数据可以通过哪些途径获得?
3. 机器学习有哪几类方法?
4. 试着用矩阵形式描述人工神经网络的原理。
5. 什么是强化学习?强化学习都有哪些具体的应用?

## 即 测 即 评

## 延 伸 阅 读

[1] 段永朝.北大讲义:互联网思想十讲.北京:商务印书馆,2014.
[2] 任昱衡,李倩星,米晓飞.数据挖掘:你必须知道的32个经典案例.北京:电子工业出版社,2016.
[3] 周志华.机器学习.北京:清华大学出版社,2016.
[4] 张宁.金融保险:深度学习.北京:经济科学出版社,2018.
[5] 张宁,陈辉,赵亮.中国金融科技创新发展指数报告(2018).北京:经济科学出版社,2019.
[6] 张宁,赵亮.金融科技人工智能实战:以Python为工具.北京:电子工业出版社,2020.

# 第七章
# 人工智能、深度学习与自然语言处理原理

**章前导读**

人工智能概念经历20世纪的两起两落后,在2006年之后逐渐呈现出第三波发展高潮,而其中的焦点位,则非深度学习莫属。神经网络这一源起于20世纪80年代的技术经历近30年的沉寂之后,在2010年前后再度爆发,在各种计算机算法竞赛中横扫人类冠军,也随着科技产品走入千家万户,深刻地改变着人们的日常生活。而深度学习应用的一个明星场景,便是自然语言处理。虽然这是计算机领域中拥有相当长历史的学科,但在2013年词向量方法诞生之后,发生了彻底的革命。深度学习的介入使得自然语言处理自此分为前后两段,前者更多的是对词语、语法单元的计数、统计,后者则真正地如人的智能去理解、使用语言。那么,人工智能是指什么?如何实现?深度学习与自然语言处理主要包含哪些实现方式与应用场景?本章将试图回答这些问题。

**本章学习目标**

本章将首先从理论上梳理人工智能的定义、分类、发展历史,之后对于人工智能最新进展的深度学习、自然语言处理两个单元进行系统介绍。通过本章的学习,可以掌握人工智能的发展,深度学习的历史沿革、主要分类与应用场景,自然语言处理的分类与应用场景。

## 第一节 人工智能

### 一、人工智能的定义与相关概念

(一)人工智能的定义与分类

1. 人工智能的定义

根据罗素(Stuart Russell)和诺维格(Peter Norvig)在《人工智能:一种现代的方法》一书所给出的定义,人工智能是指研究理解和模拟人类智能、智能行为及其规律的一门学

科。其主要任务是建立智能信息处理理论,进而设计可以展现某些近似于人类智能行为的计算系统。显然,这是从学科、研究方法论角度给出的定义。

如何科学地认识人工智能的定义,涉及更为深入、源远流长的对于人类自身智能的认识。从先哲思想家的求索冥思,到我们每天进行的判断决策,我们对于自己所具有的智能始终处于一种熟悉而模糊的认知态势。一般认为,人的智能行为是指判断、推理、证明、识别、感知、理解、通信、设计、思考、规划、学习和问题求解等思维活动。而人工智能则是试图以计算机程序对人类的智能进行模拟。将人工智能理解为模拟人类智能,深刻地影响着人工智能的判别标准、实现方式与愿景规划。

对于人工智能的判别,最著名的是图灵测试。1950年计算机科学家图灵提出了一种判断机器是否具有人类智能或者说类人智能的能力的测试,其流程包括:

(1) 被测试的一个是人,另一个是声称自己有人类智力的机器;
(2) 各自位于不同房间中;
(3) 测试人通过一些装置(如键盘)向被测试者问一些问题;
(4) 问过一些问题后,如果测试人能够正确地分出谁是人谁是机器,那么机器就没有通过图灵测试;如果测试人没有分出谁是人谁是机器,那么这个机器就是有人类智能的。

总结来说,图灵测试的精神便是,如果一台机器表现出的智能,让人无法分辨其与人的差别,便可以认为这台机器达到了人工智能。不难发现,图灵测试对于人工智能的定义强调"近似人"。自提出至今时间已经过去了70多年,虽然人工智能经历了三次发展高潮,科学突破与创新应用层出不穷,但是至今仍然没有任何人工智能通过了图灵测试。

2. 人工智能的分类

人工智能的实现方式是科学家们对于"如何使得机器像人一样思考"实现方式的不同认识。有一学派科学家从逻辑学出发,试图教会机器通过逻辑学习进行定理证明等人类思考行为。这一学派的程序设计基本单元不是控制流或者科学计算,而是符号与逻辑,这就是符号主义。另一学派科学家延续控制论、自动化的研究,在对机器完成自动化控制的基础上,希望更进一步完善,使机器具有类似于人的感知—动作的自动化,这就是行为主义。还有一学派是从自底向上的意识出发,不是试图将人类已有的智能教给机器,而是从底层上面对人类的生物体系进行模仿,这便是连接主义,典型的应用就是神经网络,其最新发展在近年一般被称为深度学习。下一小节将对三种学派进行比较分析。

科学家与普罗大众对于人工智能的愿景深刻地被"类人智能"影响着。科学家一般将人工智能划分为弱人工智能、强人工智能与超人工智能,这是人工智能的三个发展阶段。弱人工智能也称限制领域人工智能(Narrow AI)或应用型人工智能(Applied AI),指的是专注于且只能解决特定领域问题的人工智能。强人工智能又称通用人工智能(Artificial General Intelligence)或完全人工智能(Full AI),指的是可以胜任人类所有工作的人工智能。假设计算机程序通过不断发展,可以比世界上最聪明、最有天赋的人类还聪明,那么,由此产生的人工智能系统就可以被称为超人工智能。不难看出,从已经深入生活的智能人工助手,到受到高度关注的Alpha Zero,都只是第一阶段的弱人工智能,它们不能像人一样自主设立目标并完成,而只能像人的工具或者动物一样执行人类设定的目标——尽管它们完成目标的能力已经在某些领域超越人。而强人工智能、超人工智能则常出现在影视作品之中,是人们对于人工智能的最终愿景的体现。普遍认为，弱人工智能与强人工智能的奇点便是图灵测试。在潜意识之中，人们坚信人工智能只有经历弱于人、相似于人的阶段之后才能步入超越人的阶段。2022年11月推出的ChatGPT虽然在近年获得了极大关注，但仍处于弱人工智能，其开发公司OpenAI预期，通用人工智能在最乐观的情况下会在2028年左右到来。

（二）商业实践中的相关概念

图灵测试虽然对人工智能给出了形象化的定义，然而实际经验表明，图灵测试在商业实践中具有一定的局限性。图灵测试最根本的局限性在于将人工智能定义为与人近似，同时又将判断标准唯一化为人的认知。虽然人的智能在大多数场景下具有模仿意义，而人并非是在所有场景下都具有最佳的表现，如自动化流水线、低成本简单任务、国际象棋、围棋或其他棋类游戏等。将智能限定在人的能力之下可能会局限机器的表现。同时人的判断具有一定的主观性与不可测性，关于人的判断或者意识的研究可能远不如某个算法深入，不能使一个机器通过图灵测试的障碍可能不是源于机器算法的不足，而是对人们做出判断的研究不够深入，即突破图灵测试并不是单纯计算机可以完成的任务，生物学方面的研究不足可能会对这一狭义目标的实现严重掣肘。

需要注意的是，图灵测试实质上是一种思想而非实践，这一测试在学术上依然是意义重大的。只不过从商业实践的角度而言，一方面是实验室中与市场上的巨大成功，另一方面是理论意义上的现实差距。从实践发展而言，人工智能的发展是翻天覆地的。但从图灵测试角度而言，尚不能叫作真正的人工智能。因而，我们需要一种新的定义方式来体现人工智能在实践中的重要作用。

下面对人工智能和若干经常与其共同出现、容易混淆的概念进行辨析。

1. 人工智能与大数据

大数据这一概念的复杂程度其实并不低于人工智能。信息技术的发展使得数据的获取途径扩展、更新频率提高，同时使数据可以被完整记录并高效分析。大数据为实现人工智能提供了丰富的资源基础，而人工智能则充分发挥了大数据的价值。大数据重在数据，而人工智能则重在分析，大数据自然可以脱离人工智能而产生价值，人工智能也有多种可以脱离大数据乃至脱离新数据的实践方式。

2. 人工智能与机器学习、深度学习

严格来讲，机器学习多是指基于数学推导的统计学习；人工智能的实现方式是模拟人的思考方式甚至生物原型；深度学习则是二者的交织：其实现模型基础为模仿人脑建立的神经网络，而在参数训练、权重初始化等技术实践中，则充分吸纳机器学习的方法。在大多数商业实践之中，三者基本可以认为是一个等价概念。而采取哪一个概念作为主打的宣传点，则具有一定量的额外信息：如果强调深度学习，那么基本上有成熟的算法与模型；如果强调机器学习，那么依然有明确的算法，只不过是那些经典的算法而不是神经网络、深度学习；如果单纯地使用人工智能的概念，则很可能并不明确哪些算法最为合适、高效。

## 二、人工智能学派的思想

人工智能学派从智能的实现方式上可以被分为三个派别。第一个学派是符号主义

(Symbolicism),又称逻辑主义(Logicism)、心理学派(Psychologism)或计算机学派(Computerism),其原理主要为物理符号系统,即符号操作系统假设和有限合理性。第二个学派是行为主义(Actionism),又称进化主义(Evolutionism)或控制论学派(Cyberneticsism),其原理为控制论及感知—动作型控制系统。第三个学派是连接主义(Connectionism),又称仿生学派(Bionicsism)或生理学派(Physiologism),其原理主要为神经网络及神经网络间的连接机制与学习算法。

(一)符号主义学派

符号主义学派认为认知基元是符号,智能行为通过符号操作来实现。物理符号系统假设认为,物理符号系统是智能行为的充分和必要条件。物理符号系统由一组符号实体组成,它们都是物理模式,可在符号结构的实体中作为组分出现。该系统可以进行建立、修改、复制、删除等操作,以生成其他符号结构。符号主义以罗宾逊(John Alan Robinson)提出的归结原理为基础,Lisp 与 Prolog 两种编程语言是这一主义的代表性产品。符号主义实践者从问题求解中启发搜索和推理过程,而在原理层面,符号主义认为人工智能源于数理逻辑,一方面数理逻辑是对于人类思考方式的形式化总结,另一方面数理逻辑的形式化推理则可以为人工智能实践提供方法论。

符号主义在逻辑思维模拟方面取得了较大的成功,如自动定理证明与专家系统的建立。自动定理证明最出名的实践便是"四色定理"的证明。四色问题最早在1852年被提出,即如果在平面上划出一些邻接的有限区域,那么可以用四种颜色来给这些区域染色,使得每两个邻接区域染的颜色都不一样。另一个通俗的说法是:每个无外飞地的地图都可以用不多于四种颜色来染色,而且不会有两个邻接的区域颜色相同。被称为邻接的两个区域是指它们有一段公共的边界,而不仅仅是一个公共的交点。这个看似简单的问题却在数学上具有特别的重要性,无数科学家试图证明却无功而返。在经历100余年尝试无果之后,1976年6月,美国数学家阿佩尔(Kenneth Appel)与哈肯(Wolfgang Haken)在伊利诺伊大学两台不同的电子计算机上,用了1 200个小时,作了100亿次判断,完成了四色定理的证明。在证明之初,部分数学家并不认为依靠计算机暴力尝试是一种证明,但随着时间流逝、计算机技术的普及,这一证明被广泛认可,四色问题也进为四色定理。2000年我国最高科学技术奖获得者吴文俊教授,创立了定理机器证明的"吴方法",提出了"数学机器化"。1977年,吴文俊关于平面几何定理的机械化证明首次取得成功。

而专家系统则是符号主义发展的另一个高峰。专家系统是一个基于专门的领域知识来求解特定问题的计算机程序系统,主要用来模仿人类专家的思维活动,通过推理与判断来求解问题。一个专家系统主要由以下两部分组成:一是称为知识库的知识集合,包括要处理问题的领域知识;二是称为推理机的程序模块,包含一般问题求解过程所用的推理方法与控制策略的知识。专家系统可用于解释、预测、诊断、设计、规划、监督、排错、控制和教学等目的。专家系统构造过程一般有以下五个相互依赖、相互重叠的阶段:识别、概念化、形式化、实现与验证。

2006年,诞生于曼哈顿计划,美国政府规模最大、历史最悠久的科研机构之一的阿贡实验室的定理证明小组遭到裁撤。这一事件标志着机器定理证明乃至整个符号主义达到历史低点。在诞生之初就解决了80%的容易问题,而后一直进展艰难,少有突破,可能是对于符号主义的贴切描述,机器学习等后起之秀得到了更大的成功。但是需要注意的是,由专家系统演化而来的知识图谱在近年获得了空前的关注,其与深度学习的配合可能为整个人工智能带来又一次质的飞跃,我们不能片面地因为一时起落而轻易对一个学科下论断。

## (二) 行为主义学派

行为主义认为人工智能源于控制论。控制论思想早在20世纪40—50年代就成为时代思潮的重要部分,影响了早期的人工智能工作者。控制论把神经系统的工作原理与信息理论、控制理论、逻辑以及计算机联系起来。早期研究工作的重点是模拟人在控制过程中的智能行为和作用,如对自寻优、自适应、自校正、自镇定、自组织和自学习等控制论系统的研究,并进行"控制论动物"的研制。

反馈是控制论的基石,没有反馈就没有智能。通过目标与实际行为之间的误差来消除此误差的控制策略。PID(比例—积分—微分)控制是控制论对付不确定性的最基本手段。控制论导致机器人研究,机器人是"感知—行为"模式,是没有知识的智能;控制论强调系统与环境的交互,从运行环境中获取信息,通过自己的动作对环境施加影响。

行为主义学派的一个典型成功案例便是蚁群算法。其思想核心便是,虽然控制论对于个体的智能能力有较强的限制,但如果将足够数量的这种"低智力"个体集中,群体的智慧可能达到一定的高度。这一方法的思想来源如其名称,来自蚁群,每一只蚂蚁都是简单的,但整个蚁群却可以以相当的智慧进行行为决策。编写一个程序模仿蚂蚁是一件很简单的事情,基本只需要三件事情:设立蚂蚁的目标是取得食物、让蚂蚁可以随机尝试出所有可能的路线以及让蚂蚁能够评价自己的路线的长短。

---

**专栏 7-1**

### 蚁群算法的示例

依赖以下几条规则,蚁群整体便可以最终达成群体智慧。第一,范围:每只蚂蚁可观察到的范围很小。第二,环境:蚂蚁所在的环境有三种情况,分别是障碍物、别的蚂蚁和信息素。第三,觅食规则:在能感知的范围内有食物,就直接过去。否则看是否有信息素,并且比较在能感知的范围内哪一点的信息素最多,这样,它就朝信息素多的地方走,并且每只蚂蚁多会以小概率犯错误,从而并不是往信息素最多的点移动。蚂蚁找窝的规则和上面一样,只不过它对窝的信息素做出反应,而对食物信息素没反应。第四,移动规则:每只蚂蚁都朝信息素最多的方向移。当周围没有信息素指引的时候,蚂蚁会按照自己原来运动的方向惯性地运动下去,并且在运动的方向有一个随机的小的扰动。为了防止蚂蚁原地转圈,它会记住最近刚走过了哪些点,如果发现要走的下一点已经在最近走过了,它就会尽量避开。第五,避障规则:如果蚂蚁要移动的方向有障碍物挡住,它会随机地选择另一个方向,并且有信息素指引的话,它会按照觅食的规则行动。第六,播撒信息素规则:每只蚂蚁在刚找到食物或者窝的时候播撒的信息素最多,并随着它走远的距离,播撒的信息素越来越少。

---

蚁群算法得以实现的基本原理在于简单规则的涌现。虽然每一只蚂蚁的智慧、关心范围乃至群体使用的决策规则都是相对简单的,但是当这种简单规则的数量累积到一定

的值,智慧便会涌现。群体智能涌现的条件在于多样性与正反馈。多样性保证了蚂蚁在觅食的时候不致走进死胡同而无限循环,正反馈机制则保证了相对优良的信息能够被保存下来。这两点的巧妙结合使得智能行为涌现出来。多样性被看成一种创造能力,而正反馈是一种学习强化能力。正反馈的力量也可以比喻成权威的意见,多样性是打破权威的创造性。二者的结合需要处于一种恰到好处的平衡之中。多样性过剩,也就是系统过于活跃,这相当于蚂蚁会过多地随机运动,它就会陷入混沌状态;多样性不够,正反馈机制过强,那么系统就好比一潭死水,这在蚁群中来讲就表现为蚂蚁的行为过于僵硬,当环境变化了蚁群仍然不能适当地调整。

与蚁群算法类似思想的还有遗传算法,同样是对个体多样性异变进行正反馈的"适者生存"。这一类算法存在一个显而易见的短板,随机性对算法最终达到的效果水平有相当大的影响,且单次算法的构建、训练耗费的时间较长。更为严重的是,由于这些参数意义并不明确,尝试是一种类似于穷举的"傻瓜式"搜索。相较于拥有严谨数学支撑、明确参数含义的统计学习(机器学习)方法(如支持向量机、决策树),行为主义学派的算法显然处于下风。相较于在学术界、竞赛圈、大公司实践中顺风顺水的机器学习,蚁群算法、遗传算法这类稍显另类的人工智能算法在实践中应用较少。

### (三) 连接主义学派

连接主义学派的核心是基于对人类生物基础的观察,使用程序模仿人类神经元的连接进行人工智能的构建。连接主义认为,人的思维基元是神经元,把智能理解为相互连接的神经元竞争与协作的结果。连接主义的典型代表便是人工神经网络算法,着重结构模拟,研究神经元特征、神经元网络拓扑、学习规则、网络的非线性动力学性质和自适应的协同行为。

神经网络的历史其实可以追溯到第二次世界大战。人工神经网络的概念最初在1943年提出,1949年赫布型学习(Hebbian Learning)的提出则为人工神经网络打下了技术原型,即通过研究细胞代谢过程,发现神经元具有两个明显的特征:神经元可以在兴奋与不兴奋之间转换形态,同时细胞之间可以将这种兴奋传导下去。1957年,Frank Rosenblatt发明了一种简单线性分类器:感知机(Perceptron)。感知机是二分类的线性分类模型,其输入为实例的特征向量,输出为实例的类别。作为连接主义思想的第一个具象化实践,感知机的出现使得连接主义乃至整个人工智能为之一振。

但是感知机很快被发现具有很大局限,其类似于线性的处理模式导致感知机无法进行异或的表达。为了改进这一点,人们发现可以将多层感知机进行组合,随着嵌套层数的加深,神经网络的表达能力得到了极大的加强。一般我们将神经网络输入数据的层叫作输入层,呈现结果的叫作输出层,而在输入与输出层之间的神经元被称为隐藏层。一个神经网络的层数一般是指隐藏层的数量。感知机的层数便是0,而层数为1的神经网络已经可以进行异或的表达。计算机的底层物理实验表明,目前电子计算机的整个逻辑电路可以单纯地由异或门(或者与非门)构成,那么一个多层的神经网络的表达能力近似于无穷,即随着隐藏层数量的增加,神经网络将愈发接近穷尽所有组合的能力。生物学相关研究表明,人类大脑由5~10层神经元组成。

多层重叠的神经网络在理论上保证了网络的表达能力即运算潜力,但是参数训练一直是一个问题。1986年,鲁姆哈特(David Rumelhart)等人提出多层网络中的反向传播(BP)

算法。反向传播算法解决了神经网络的训练问题,使得多层神经网络由一个思想实验意义上的架构变成了切实可行的算法。但是BP算法适用的神经网络层数依然较浅,浅层神经网络表达能力有限,而深层神经网络的训练成为严重挑战,这一矛盾长期困扰着研究者,在之后近30年的时间内,神经网络的实践停滞在一个较低的水平。

深度学习虽然可以简单地认为是多层的神经网络,但是其实践方式以及发生的最为质变的最关键因素即预训练方法,其实已经与连接主义的简单仿生有着相当大的距离。人类对于信息处理方式的更深入研究,使得诸如卷积神经网络、循环神经网络这类有更少参数的网络出现,从而让训练变成可能。机器学习长期发展带来的最优化策略、残差建模使得深度学习的发展更加有章可循。深度学习与诸如强化学习、自然语言处理、图计算、知识图谱等其他细分学科的交叉联合使得深度学习的应用场景极大拓展。这些因素都不是简单仿生或者暴力堆叠神经元深度可以完成的。

## 第二节 深度学习

### 一、深度学习的定义

深度学习是机器学习的分支,是一种以多层人工神经网络为架构、基于数据进行学习的算法。相对于这种模棱两可的概念性定义,实践中对于深度学习的划分,核心便是"深度"。深度的含义便是,这个神经网络的隐藏层数要相对较多,即网络需要深。上一节关于连接主义的表述已经明确,对于神经网络而言,网络深度越大,表达能力越强,网络的训练难度也就越大。

卷积神经网络(CNN)、循环神经网络(RNN)这些在2010年后成为深度学习代名词为人所熟知的算法,其实在20世纪八九十年代已经被提出。虽然与时下最新的深度学习网络相比,这些经典的网络架构的层数深度上并不多,但是,相较于使用BP算法进行参数训练的人工神经网络,10层左右的深度在20世纪末21世纪初的研究者看来无异于天方夜谭。

图7-1展示了一个4-2-3-2的神经网络,最左侧为输入层,最右侧为输出层,中间两层为隐藏层,即这是一个深度为2的神经网络。不难发现,最后输出层上每一个结果的输出,都会与之前每一个神经元、每一条边的权重相关。

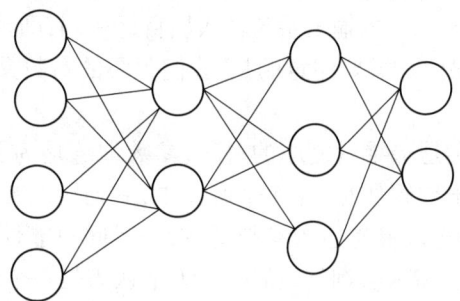

图7-1 一个全连接神经网络的例子

> **专栏 7-2**
>
> **反向传播(BP)算法执行过程**
>
> BP算法是根据输出层结果与训练数据标签的结果差异进行迭代,通过调整更合适的权重让输出结果的偏差更小。具体而言,BP算法的执行流程如下:
>
> 首先,对整张网络进行权重 $w$ 初始化。
>
> 之后,进入训练阶段,训练过程分为 $t=0,1,2,\cdots,T$ 期,每一期执行以下四个步骤。
>
> 第一步,随机挑选:随机挑选一组数据 $x_{(n)},y_{(n)}$;
>
> 第二步,前向传播:挑选数据 $x_{(n)}$ 作为输入,并向前传播直至算出网络总输出;
>
> 第三步,反向传播:将输出与真实值 $y_{(n)}$ 进行比较,并根据链式法则将残差对某一个 $w_{ij}^l$ 求导;
>
> 第四步,梯度下降:按照减少残差的方向(残差求导的负方向)更新 $w_{ij}^l$。
>
> 迭代多次后,将最终的 $w_{ij}^l$ 作为权重构建网络,在多数情况下,前三步会并行一起做多次(Mini-Batch)。优化 $w$ 的过程漫长且充满不确定性。显而易见的是,这种方法在网络深度较深时并不可用。长期以来深度学习处于较低发展水平的重要原因,便是无法进行有效的训练。

一个更形象的例子便是,假设存在一个 9-19-14-9-5 的多层神经网络,其神经元的数量便是 9+19+14+9+5=56 个,但是其所需要训练的权重数量,则是 $(9+1)\times 19+(19+1)\times 14+(14+1)\times 9+(9+1)\times 5=655$ 个。而在真实世界中,网络深度与每层神经元的数量都会比这个例子大得多。比如,如果我们打算处理一个 $32\times 32$ 的图像,那么输入层的神经元数量便是 $32\times 32=1\,024$ 个,假设这是一个 1 024-1 600-2 400-1 600-10 的网络,其所需要训练的参数数量是一个相当大的数字。这对计算能力要求很高。

转折点出现在 2007 年,本希奥(Yoshua Bengio)提出了预训练的方法,让深度学习神经网络的训练成为可能。其核心思想是一种贪心算法。贪心算法是计算机常用的一类算法,是指在寻找全局最优(比如,BP算法求解输出的错误最小化)比较困难或者不可能时,将算法的目标调整为寻找部分最优解。具体到预训练,虽然每一层神经元权重的全局最优解对应的是在输出层错误最小化,但是,从整体上看,每一层神经元的简单优化目标便是最大化地保存上一层输入的信息,所以,一个可行的操作便是,对于每一个隐藏层,我们采取逐层的预训练,这个预训练的输出层与输入层目标相同,即预训练是让输入层的信息在本隐藏层得到充分的保留。需要注意的是,我们关心的参数是预训练中的隐藏层与输入层之间的权重。

这个预训练过程其实是降维后复原的过程,参数训练是为了让信息更完整地保留。而用一个更生活化的例子理解便是,在一个游戏中,一列游戏参与者两两间存在一个隔板,主持人将某个关键词告诉最左边的参与者,参与者间只能使用动作手势来表述这个词,依次向下传递,最后,主持人会询问最后一个人他认为是一个什么词,答对得分。显而易见,类比于神经网络,第一个人与最后一个人是分别接收主持人信息、向主持人输出信息的输入层、输出层,中间上下传递的人员,其实相当于隐藏层。那么,如果把自己想象成游戏参与者,每个人可以为最终成功做出的努力,便是最大化地将上一个人传递来的信息保留,并向下输出。

虽然随着进一步的研究深入,越来越多的深度学习算法实践中不再使用预训练,但是预训练在深度学习爆发式增长的浪潮之中,仍然起到了引领者的作用。预训练的引入让深度学习真正从看起来很美变成了用起来很强。预训练的思想看起来并不算复杂,为什么与 BP 算法间隔了整整 20 年?其中有一些现实的原因,比如卷积神经网络、循环神经网络这类网络在设计上更具有合理性,大数据的发展与图形卡等硬件的革命为训练数据、应用场景要求与计算能力提供了保障。

## 二、深度学习的代表性算法

深度学习在近年呈现出井喷式发展,且变化更迭非常迅速,考虑到本书的定位,我们仅做大致分类与典型介绍。

### (一) 卷积神经网络(CNN)

卷积神经网络的设计思想可以追溯至 1989 年乐昆(Yann LeCun)对于手写体识别进行的探索。卷积网络的精髓其实就是在多个空间位置上共享参数,其实我们的视觉系统也有相类似的模式,即人脑在处理一个图片的时候,有效的信息往往不是来自一整张画面,而是对于画面中的某个元素敏感。如图 7-2 示例中的图片,虽然像素占比不到一半,但我们仍然能够清晰地辨别这张图片想要强调的是船而不是草地、河流或者简单化的颜色表达。同时,无论船这种元素在空间内怎样旋转、平移、合理缩放、重复,我们始终可以对船这一特征进行把握。

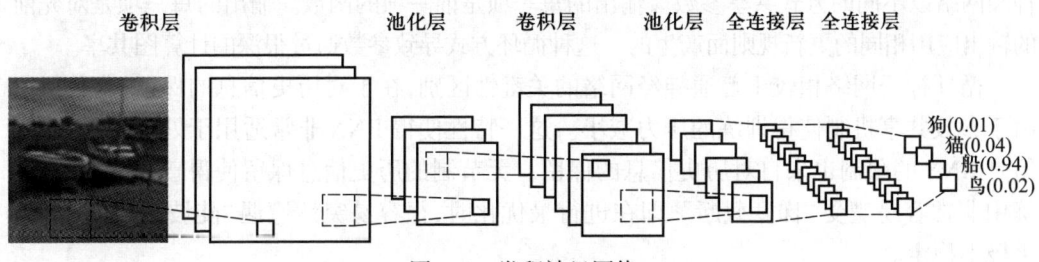

图 7-2 卷积神经网络

卷积运算是一种数学计算。和矩阵相乘不同,卷积运算可以实现稀疏相乘和参数共享,可以压缩输入端的维度。和普通深度神经网络不同,卷积神经网络并不需要为每一个神经元所对应的每一个输入数据提供单独的权重。与池化(Pooling)相结合,卷积神经网络可以被理解为一种公共特征的提取过程。不仅是卷积神经网络,大部分神经网络都可以近似地认为大部分神经元都被用于特征提取。卷积的引入实现了前文所说的对于信息敏感单元的捕捉,计算机对于图片的处理实现了类似于人的理解。卷积神经网络的本质是将大(图片像素尺寸)而浅(红、蓝、绿三原色三个变量)的数据通过不断卷积、池化转变成小而深的张量,从而将更多层次的信息进行抽取。

卷积神经网络的常见应用是对于图片、视频的处理,由此延伸至人脸识别、自动驾驶等典型场景。也有研究者使用卷积神经网络进行文本分析。总而言之,当特征在空间内的分布呈现一定的规律性,大量信息被图片中某些元素表达的时候,卷积神经网络便是较为适用的。比如享有盛誉的人工智能 Alpha Go 对于围棋棋盘理解的能力,便来自卷积神经网络。

### (二)循环神经网络(RNN)

循环神经网络是 1986 年提出的一种用于处理序列数据的神经网络。就像卷积神经网络是专门用于处理网格化数据(如一个图像)的神经网络,循环神经网络是专门用于处理序列 $x(1),\cdots,x(\tau)$ 的神经网络。正如卷积神经网络可以很容易地扩展到具有很大宽度和高度的图像,以及处理大小可变的图像,循环神经网络可以扩展到更长的序列(比不基于序列的特化网络长得多)。大多数循环神经网络也能处理可变长度的序列。

从多层神经网络出发到循环神经网络,我们需要利用 20 世纪 80 年代机器学习和统计模型早期思想的优点:在模型的不同部分共享参数。参数共享使得模型能够扩展到不同形式的样本(这里指不同长度的样本)并进行泛化。如果我们在每个时间点都有一个单独的参数,我们不但不能泛化到训练时没有见过的序列长度,也不能在时间上共享不同序列长度和不同位置的统计强度。当信息的特定部分会在序列内多个位置出现时,这样的共享尤为重要。假设我们要训练一个处理固定长度句子的前馈网络。传统的全连接前馈网络会给每个输入特征分配一个单独的参数,所以需要分别学习句子每个位置的所有语言规则。相比之下,循环神经网络在几个时间步内共享相同的权重,不需要分别学习句子每个位置的所有语言规则。

一个相关的想法是在一维时间序列上使用卷积。这种卷积方法是时延神经网络的基卷积操作允许网络跨时间共享参数,但是浅层的。卷积的输出是一个序列,其中输出中的每一项是相邻几项输入的函数。参数共享的概念体现在每个时间步中使用的相同卷积核。循环神经网络以不同的方式共享参数。输出的每一项是前一项的函数。输出的每一项是对先前的输出应用相同的更新规则而产生的。这种循环方式导致参数通过很深的计算图共享。

循环神经网络相较于普通神经网络的关键性区别,在于对历史信息的保留,这种保留由于参数共享机制使得训练的压力减小。这一特性使得 RNN 非常适用于处理时序数据。但是 RNN 的限制也来自对历史信息的保留。无节制的历史信息保留使得普通 RNN 在训练中非常容易遭受"梯度截断",即在进行最优化时,很容易突然遭遇"陡坡"使得训练效果极不稳定。

为了对循环神经网络这一缺点进行改进,长短记忆网络(LSTM)在 1997 年被提出,对于循环神经网络的核心改进在于加入了记忆与遗忘的机制,让历史信息能否进入模型预测由模型决定,即训练几个控制是否被写入记忆、是否清除记忆、是否让记忆参与计算的门参数。

### (三)自编码器

上文介绍了改变深度学习境遇的预训练策略,提到预训练的实质是让每一层尽可能保存上一层的信息,那么如果我们根据这个策略构建一种简单的网络:输出层与输入层完全一致,便得到了自编码器(Auto Encoder)。需要注意的是,与预训练不同,自编码器可以有多个隐藏层,是一个完全对称的结构(见图 7-3)。

第七章　人工智能、深度学习与自然语言处理原理

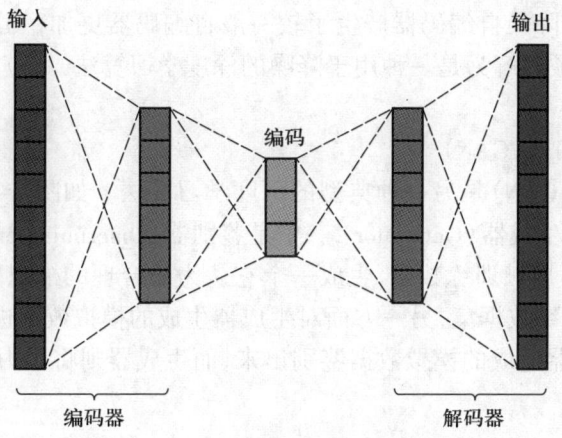

图 7-3　一个典型的自编码器结构

由于自编码器具有对称结构，一般将左侧（输入）几层叫作编码器，对应的右侧称为解码器，而最中间的一层便叫作编码。如果思考预训练的合理性基础，就不难发现自编码器其实是一个非常出色的数据降维与结构化的工具，输入层、输出层的数据可能是图片、语音等包含高维信息的数据，而自编码器则可以将这些高维数据压缩成低维度的编码，编码的维度取决于自编码器的设计，于是，自编码器便可以使我们实现任意（合理）维度的降维。

（四）降噪自编码器

如果编码层相对于训练数据足够大，编码有足够的表达能力将所有的数据进行逐一标记（比如，编码是一个10位的01串，其表达能力是1 024，如果此时只有1 000条训练数据，网络会简单地将每一个训练数据标志为一个独特编码），然而如果训练数据超过了编码的表达能力，自编码器往往面临着过拟合的风险。

为了避免这种风险，一个常见的变种便是降噪自编码器（Denoising Auto Encoder）。在网络结构上，降噪自编码器与自编码器基本一致，唯一的不同是，在输入层之前，为原始数据加入随机白噪音，但是输出层依然要求网络输出未加白噪音的结果。一个图示可见图7-4。

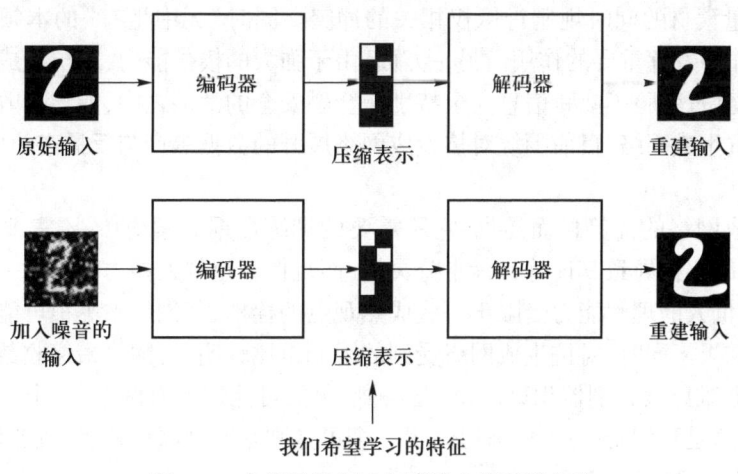

图 7-4　自编码器（上）与降噪自编码器（下）

135

不难理解的是,降噪自编码器产生了较一般自编码器更加稳健的训练结果。但是降噪自编码器不能被理解为是一种用于降噪的深度学习算法,其应用场景依然是降维、编码。

(五) 对抗生成网络(GAN)

对抗生成网络(GAN)是另一种典型的深度学习算法。如图 7-5 所示,网络主要由两部分组成:一个是生成器(Generator),一个是鉴别器(Discriminator)。生成器以白噪音为输入数据,全程不接触训练数据,生成一个它认为的合理的模拟数据;鉴别器的任务便是,一方面查看训练数据集,另一方面对生成器生成的模拟数据进行鉴别。鉴别器将尽最大努力将生成器生成的模拟数据鉴别出来,而生成器则将尽力不让自己的"作品"被抓住。

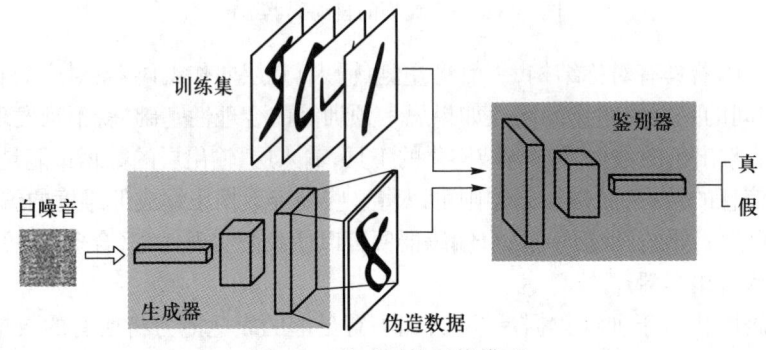

图 7-5　生成对抗网络模型

从以上流程可以看出,生成器在全程没有读取任何训练数据,却可以在训练完成后得到足以乱真的模拟数据,由此对抗生成网络表现出极强的"无中生有""以假乱真"的数据。现阶段科学家们在实验室中进行的研究略显娱乐化:例如让计算机完成谱曲、作画、写诗等创造性任务,但在商业中的应用有着巨大的前景。一方面算法生成的人脸与现实世界中的任何一张人脸理论上都不完全相同,却可以达到乱真的效果,这便可以让影视公司在拥有大量素材的同时规避肖像权相关的冲突。同时"无中生有"的本领也可以在影像修复等工作中发挥重要的作用。另一方面,由于强大的模仿能力,对抗生成网络可以被利用在伪造身份、变脸等威胁信息安全特别是金融安全的活动之中,能够打败对抗生成网络的只有对抗生成网络,目前围绕对抗生成网络展开的数据黑产与反黑产斗争,正在如火如荼地展开。

对抗生成网络的优势显而易见,它所需要的训练数据非常简单:不需要人为添加标签;对抗的网络架构导致其训练目标十分灵活,而且拥有超越人能力的潜质——可能对于名画名曲,后世人的理解能力受限于一些成熟观点的桎梏,其创作水平很可能还不如神经网络生成的结果。同时,对抗生成网络受到的限制也比较明显:网络最终收敛在生成器生成的模拟数据难以被鉴别器识破。出现这种情况的可能情形有两个:一个可能是由于生成器足够好,这是我们希望达到的情形;另一个可能则是鉴别器很差,生成器也很差,这样的结果是毫无意义的。

### 三、深度学习在金融中的应用

深度学习较机器学习的优势更多地在于对多样数据特别是文本、图像等非结构化数据的处理能力。而经济金融研究中结构化数据其实是占据主流的,所以直接在量化分析中,深度学习的应用场景还不成熟。当前阶段的研究多是将非结构化数据通过深度学习引入量化模型,比如很多研究者通过深度学习方法对文本进行量化建模。

将深度学习应用于股价或者波动率预测可能是最让人激动的潜在应用之一,但哪种方法有效其实是一个逻辑学问题:如果一个方法真的有效,那么没有人会公开说;如果一个有效的方法被公之于众,那么这个方法很快就会失效,就像之前许多金融计量学者发现的套利一样。

在超越研究的领域,深度学习拥有着更现实的应用场景。刷脸支付其实是基于深度学习的人脸识别的一个典型落地应用,与之相似的基于人脸的登录验证系统在很多银行、网络借贷、共享经济的验证身份中都有应用。支付级安全且与设备无关的人脸识别一定使用了深度学习的技术,同时为了应对基于深度学习的数据黑产带来的挑战,基于深度学习的安全技术也必须得到重视。

## 第三节 自然语言处理

自然语言处理(Natural Language Processing,NLP)是人工智能和语言学领域的分支学科。此领域探讨如何处理及运用自然语言。自然语言处理包括多个方面和步骤,基本有认知、理解、生成等部分。一般认为,自然语言处理与图灵测试同源,毕竟让机器理解人类语言是实现图灵测试的先决条件。经过 70 多年的发展,自然语言已经成为包含文本、语音、语法、翻译、信息抽取、情感分析、自动问答等多种类的复杂学科,关于自然语言处理内容完全可以装满一整套图书。为了使内容更具有实践价值,我们这里仅介绍一些与经济金融高度相关的内容。按照其复杂程度可以分为三个部分:文本预处理、文本相似性的计算与基于深度学习的自然语言处理入门。

### 一、文本预处理

文本预处理是指在对文本进行分析之前需要进行的处理,主要包含中文的分词(英文的词根化)、停用词与文本的编码。这三步的处理,是为了让机器可以理解人类的语言。

中文的分词与英文的词根化是基于两种语言不同特征的预处理。中文的基本元素是词语,而一个词语可能由不同字数组成,在不中断的语句中将连贯的字切分为多个词,是中文分析的基础。同时,英文的问题类似,虽然英文的基本单位单词被空格天然中断,但英文的问题是由于时态、人称、单复数的存在使得同一个词在不同语境下有不同的形态,将这些形态不同的同一个词当作不同单词处理,显然是失当的。一个更合理的方式是将不同时态、不同人称的词归结为一个词根。故而,对于中文文本进行分词、对英文文本进行词根化(同时进行大小写统一)是进行相关分析的基本操作。虽然中文的分词是一个涉及较多统计学、计算机学的学科,大量算法被尝试、应用,但对于经济、金融专业的研究者而言,过多地纠结这些技术细节是没有必要的,因为这些算法已经非常成熟、成功,且有完善的工具包,在应用中应当更多地关注参数设置、用户词典维护等实践内容。

而停用词则更多的是一种实践经验的总结。在英文中大量出现的 a、the 等冠词,与中文中"的"等虚词,只是为了习惯与文法正确而存在,即使删去也并不影响文本的含义,这些词统称为停用词。故而为了避免这些大量出现且无含义的内容出现,一般在分词之后、编码化之前,运行去除停用词的程序。停用词表也是一种成熟的文本资料,并不需要自行构建。

预处理的最后一步,便是将文本进行编码。最直接的一种编码方式便是单热(One-Hot)编码,即对于语料库中每一个词分配一个唯一且不与其他词重复的编码。这里有一个实践经验,由于 Zipf's law 的存在(可以理解为文本中的长尾理论),一般我们将出现频率小于一定阈值(比如 10 次)的词删掉。需要注意的是,这里的出现次数是指在语料库(本次分析中全部文本)出现的总次数。

## 二、文本相似性的计算

### (一) TF-IDF

TF-IDF(Term Frequency - Inverse Document Frequency)是一种用于考察文本相似性的技术,常用于挖掘文章中的关键词,而且算法简单、高效,常被业界用于最开始的文本数据清洗。TF-IDF 有两层意思:一层是"词频"(Term Frequency,TF),另一层是"逆文档频率"(Inverse Document Frequency,IDF)。词频(TF)即某个词语在某篇文章出现的次数与该篇文章总词数的比例,而逆文档频率(IDF)则是指语料库中的文档总数与包含该词的文档数的比值。而 TF-IDF 即 TF 与 IDF 的乘积。需要注意的是 TF-IDF 衡量的是某篇文章中某个词的值,而不是单纯地衡量某个词或者某篇文章。

从算法思想来看,TF 衡量的是该词对于该篇文章的重要程度,而 IDF 则是该词普遍程度的反向指标,即当一个词在其他文章中出现越少、在本篇文章出现频率越高,那么这个词在本篇文章的重要性也就越高。这里的重要性其实是这个词对于文本的代表性强弱。比如,我们可以通过 TF-IDF 来选择最能代表一篇文章的若干词。

TF-IDF 优势显而易见,明确的表达式使得其计算迅速、表意明确,同时长期实践中的表现也让它成为一种经久不衰、横跨多个领域的文本处理手段。虽然新方法不断涌现,但由于其便于理解的特性,这一方法在经济金融的论文中仍然偶有出现。而 TF-IDF 的缺点也较为明显,即不能考虑文本的顺序,容易受到极端值的影响。

### (二) 主题模型

相较于 TF-IDF,主题模型拥有更精细的设置与稳定的结果,因而具有更好的应用场景。目前,最广为接受、常用的方法是隐狄利克雷分配模型(Latent Dirichlet Allocation,LDA)。这一方法在 2003 年被提出,用来推测文档的主题分布。它可以将文档集中每篇文档的主题以概率分布的形式给出,通过分析一些文档抽取出它们的主题分布后,便可以根据主题分布进行主题聚类或文本分类。

隐狄利克雷分配模型涉及了大量的数学知识与推导,在这里只是对相关思想进行简单介绍。在隐狄利克雷分配模型的计算之中,我们认为每一篇文章可能包含若干个主题,且属于每个主题的概率不同。每个主题可以使用一系列关键词进行表达。语料库的主题数 $N$ 由算法使用者预先给定。算法最终会返回 $N$ 个主题,每个主题由一系列关键词表达。对于每一篇文章,算法会返回该文章属于每个主题的概率。

隐狄利克雷分配模型实际上完成了两件事情:一件是由大量文章向有限个数主题的降维,另一件是将高维主题降维至若干关键词。第一件事情较容易理解,因为这是我们使用这一算法的目的。而另一件事情则类似于一个意外收获。主题究竟是什么,应当如何表达一个主题的含义,这其实是一个较模糊的定义。一个主题所包含的信息可能非常多,即维度非常高,而主题模型则将一个主题归结为若干个关键词,这其实可以视为一种降维。这也是隐狄利克雷分配模型这种无监督学习方法相较于文本分类的有监督算法的魅力。对于主题的圈定与主题的分类其实取决于人的能力,完成这类复杂任务需要较强的专业知识,显然不是进行手写体识别或者简单判断短文本情感态度那样简单,打标签的成本极其高昂。

隐狄利克雷分配模型的优点是其对于文本进行区分的依据是主题,故而具有相当的稳健性,不容易受到某些噪声的影响;由于主题内容已经被降维,基于主题模型的进一步处理有很大的操作空间。但是 LDA 的局限性也非常明显,首先,人为预先设定语料库的主题数,是一件可能造成较大偏差的行为,针对这一点,工程实践提出了若干确定这一参数合理范围的方法,同时也提出了不需要预先给出主题数的方法即层次狄利克雷过程(HDP)。其次,隐狄利克雷分配模型默认主题不随时间发生变化,这一点在处理时间跨度较长的文本库时有很大局限。针对于此,动态主题模型(DTM)被提出,它允许同一主题随着时间进行主题词的变化。最后,也是制约隐狄利克雷分配模型商业实践的最大因素,这是一种无监督方法,其准确性与有效性无法被证明。

## 三、基于深度学习的自然语言处理入门

2013 年以来,基于深度学习的自然语言处理进展神速,从最基础的词语表示,到进一步的文本分类、主题聚类,再到语言理解、自动问答、文本翻译,深度学习彻底完成了自然语言处理革命。故而自然语言处理的技术发展可以将 2013 年视作分界点,前后差别巨大。

(一)词向量模型(Word2Vec)

以 2013 年为界限,最重要的原因便是词向量模型的出现,这一算法从根本上改变了词语的表达方式,从而从底层重构了自然语言处理。在这之后,词向量模型取代单热编码,成为自然语言处理的标准预处理流程。

词向量模型在 2013 年提出,其核心便是将词语表达为一个向量。向量具有若干优良的性质。首先,不同于单热编码(One-Hot Encoding),编码长度与语料库中词汇种数相关(通常几万到几十万),不论词语的种类,词向量模型与数量均无关,只是在一个确定值(通常为 300 以下)。其次,对于向量,可以轻易地进行相似性的测算与加减操作,向量化后的词语可以非常方便地寻找近义词,同时可以完成类似于"国王 – 男性 + 女性 = 女王"的计算。最后,可控确定的维度、拥有含义的数值表达等特性,使得词向量可以作为各种神经网络

模型的输入。单纯的词向量模型优势其实没有那么大,但是能和更多深度学习方法的结合,却是其远超单热编码的关键所在。

词向量模型的算法原理,如果使用严谨的数学表达,必然远超本书对于目标读者的要求,故而这里只做形象化表达。英语测试中有一种题型叫作完形填空,将一段英文的部分词语抠除,应试者需要在若干选项中选取唯一合理的答案填入。而词向量模型的训练过程与之类似,这是一个只有一个隐藏层的浅层神经网络,隐藏层的神经元数量为 $n$,其输入为某个词上下文的若干个词语,输出是这个词语本身,通过不断训练,网络可以做到使用上下文词语准确预测该词。显然,这是一种无监督算法,因为训练只需要文本本身,之后算法可以自动完成上下文的训练。训练完毕之后,输入某个词后隐藏层呈现出的状态,便是所谓的词向量,这个向量的维度便是之前预设的隐藏层神经元数量 $n$。这种思路可能让部分读者想起上一节介绍的自编码器。二者确实具有较大的相似性,如二者都是一种无监督方法,都是隐藏层表达了信息,但是需要注意的是这里有一个本质上的不同:自编码器是一种编码(Encoding)方法,而词向量方法是一种嵌入(Embedding)技术。二者的区别在于,编码技术只能是将两者相区别,而嵌入技术能让隐藏层中的信息有数学上的关系。

这里介绍的词向量方法只是最原始的版本,之后研究者又朝两个方向进行了扩展研究:一种思路是既然词语可以向量化,那么段落是否可以向量化。将文本进行向量化的 Doc2Vec 应运而生,但是其后的应用效果一般。另一个方向是将词向量化的局限一步步放开,本段介绍的 Word2Vec 经典方法只考虑了一个很小的上下文的影响,而没有考虑到窗口之外的词汇的影响,而 Glove(Global Vectors for Word Representation)则考虑到了窗口外词汇的影响。ELMo 算法则更进一步,突破了前两种算法对不同语境下词语含义相同的过强假设,可以学习到词语用法的复杂性,并学习到这些复杂用法在不同上下文的变化。

(二)BERT

BERT 可以视为截至 2019 年年底,基于深度学习的自然语言处理中最让人激动的研究成果之一。一般而言,自然语言处理有四大类任务:序列标注(比如分词、词性标注、命名实体识别)、分类任务(文本分类、情感分析)、句子关系判断(比如自然语言推理、深度文本匹配、问答系统)、生成式任务(比如机器翻译、文本摘要生成)。BERT 为这四类任务的前三个都设计了简单的下游接口,取消了原有的各类复杂中间层,但是实验效果实现了在同类任务中对于其他方法的碾压性优势。

BERT 的优点是,它通过预训练加后期微调(Fine Tuning)的方式,在多达 11 项 NLP 领域的任务中获得冠军。这种两步走模型的优势是,预训练可以使用大量的数据、花费大量的时间完成,这些数据、计算力、时间成本完全可以和最终的目标剥离(比如,有人公开了一个预训练得很好的模型,之后人便可以在此基础上进行微调),这降低了不同任务所需要的数据门槛与计算门槛。同时,其底层的网络性质也表明,它可以比基于一般 RNN 方法更加高效,更有力地捕捉长距离的依赖。

(三)大语言模型

大语言模型作为当代人工智能领域的一项杰出成就,基于深度学习与神经网络技术,通过分析和处理大规模的文本数据集,旨在模仿人类的语言理解和生成能力。这种模型的核心原理在于利用数以十亿计的参数来学习语言的语法结构、词汇之间的关联以及它们的语义信息,从而使机器能够在接收到新的输入时,生成合理且连贯的文本输出。与传统的语言处理技术相比,大语言模型的创新之处在于其规模和处理复杂性的能力,它们使用的网络结构更为庞大,涵盖的数据集也更为广泛,这使得模型能够捕捉到语言中更微妙的差异和更深层次的语义关系。此外,这些模型通常采用预训练加微调的策略,即先在大量通用文本上进行预训练,掌握语言的基本规律和结构,然后通过在特定任务上的微调,使其能够适应并优化特定领域的语言应用需求。这种方法的灵活性和高效性,使大语言模型在文本生成、语言翻译、自然语言理解等多个领域显示出了前所未有的能力和潜力,成为推动人工智能向前发展的关键技术之一。

大语言模型在计算机领域的应用已经渗透到多个方面,显著提升了人机交互的自然性、信息检索的准确度以及数据分析的深度。首先,在自然语言处理(NLP)方面,大语言模型不仅能够执行传统的文本分类、情感分析任务,还能处理更复杂的语言理解和生成任务,如摘要生成、对话系统、机器翻译等,极大地提升了处理效率和质量。其次,大语言模型在知识抽取和管理领域也显示出巨大潜力,通过从大量非结构化文本中学习和提取信息,支持知识图谱的构建和更新,从而加速了信息的检索和分析过程。在编程和软件开发领域,大语言模型通过理解和生成代码,助力自动化编程、代码补全、错误检测等功能,显著提高了开发效率和代码质量。同时,这些模型也在改变教育和研究的方式,通过生成教材、辅助研究文献的编写和审核等应用,为知识的传播和创新提供了新的途径。最后,大语言模型的应用还扩展到了商业分析、金融预测等领域,通过深度理解市场报告和财经新闻,为决策提供数据支持。然而,尽管大语言模型的应用前景广阔,但其在实际应用中也面临诸多挑战,如处理偏见和歧视、确保生成内容的真实性和安全性等问题,这些都需要未来研究和技术发展中予以重视和解决。

大语言模型在金融领域的应用潜力是巨大的,主要体现在金融数据分析、客户服务、风险管理和合规监控等方面。通过深度学习和大规模的数据处理能力,这些模型能够从海量的金融文本数据中提取有价值的信息,为金融决策提供数据支持和洞察力。

首先,在金融数据分析方面,大语言模型能够自动化地处理和分析财经新闻、市场报告、公司公告等非结构化数据,识别其中的关键信息,如市场趋势、企业业绩、行业动态等,帮助分析师快速理解市场变化,做出更准确的投资决策。此外,这些模型还可以通过自然语言处理技术,辅助进行情感分析,评估市场情绪对股价和金融市场的潜在影响。

其次,在客户服务领域,大语言模型可以通过构建智能对话系统,提升客户服务的效率和质量。这些系统能够理解客户的查询意图,提供快速、准确的回复,甚至进行个性化的财务咨询和推荐,极大地提升了客户体验和满意度。

最后,在风险管理和合规监控方面,大语言模型通过深度学习技术,能够识别和预测潜在的风险点和不合规行为。例如,模型可以分析交易行为,识别异常交易模式,帮助金融机构预防欺诈和洗钱行为。同时,通过持续学习最新的法律法规和政策变化,大语言模型还能协助金融机构及时调整合规策略,降低法律风险。

总之,大语言模型凭借其强大的数据处理能力和深度学习技术,为金融行业带来了革命性的变革潜力,能够在金融数据分析、客户服务、风险管理和合规监控等多个方面提供支持,帮助金融机构提升效率、降低风险,同时也为金融服务的创新和发展开辟了新的道路。然而,这也伴随着对数据隐私保护、算法透明度和伦理道德等方面的挑战,需要行业、研究者和监管机构共同努力,确保技术的健康发展和应用。

## 本 章 小 结

本章介绍了人工智能技术的主要学派思想、发展历程,从一个较宏观的视角,阐释了什么是人工智能、如何实现人工智能以及未来发展的可能方向在哪里。之后,对深度学习与自然语言处理这两个与金融科技高度相关的新兴技术方向进行了初步介绍。

## 关 键 名 词

人工智能　图灵测试　符号主义　专家系统　连接主义　神经网络　感知器　行为主义　蚁群算法　深度学习　预训练　卷积神经网络　循环神经网络　自编码器　对抗生成网络　自然语言处理　分词　词根化　停用词　单热编码　TF-IDF　主题模型　隐狄利克雷分配模型　词向量模型　BERT　大语言模型

## 复习思考题

1. 人工智能的主要学派分类是什么?请各列举一个典型应用。
2. 神经网络的深度如何定义?深度较大的神经网络具有哪些挑战?
3. 如何解决神经网络深度过大带来的挑战?
4. 卷积神经网络与循环神经网络的思想内核是什么?适合处理怎样的数据?
5. 简述自编码器的结构与设计思路。
6. 简述对抗生成网络的设计思路与典型应用场景。
7. 一般情况下,自然语言处理的预处理内容是什么?
8. 简述隐狄利克雷模型的思想。
9. 简述词向量模型的实现原理与优势。

## 即 测 即 评

## 延 伸 阅 读

[1] 罗素,诺维格. 人工智能:一种现代的方法. 3版. 殷建平,等译. 北京:清华大学出版社,2013.

[2] Goodfellow I, Bengio Y, Courville A. Deep learning. Cambridge:The MIT Press,2016.

[3] 约阿夫·戈尔德贝格. 基于深度学习的自然语言处理. 北京:机械工业出版社,2018.

[4] Achiam, Adler, Agarwal, et al. Gpt-4 technical report. arxiv preprint arxiv:2303.08774, 2023.

[5] Vaswani, Ashish, et al. Attention is all you need. Advances in neural information processing systems 30, 2017.

# 第八章
# 现代支付体系

**章前导读**

2019年11月,毕马威和澳大利亚知名金融科技风投机构H2 Ventures联合发布《全球金融科技100强》榜单。在100强榜单中,最多的是支付公司,共有27家。在100强榜单中,有3家中国金融科技公司位列前十:蚂蚁金服(第一)、京东金融(第三)、百度(第六)。这3家中国金融科技公司均与支付密切相关:蚂蚁金服起步于2004年成立的支付宝,京东金融和百度均持有支付牌照。支付公司在全球顶级金融科技公司中的高占比是一种偶然现象还是必然结果?现代支付体系是如何运作的?支付创新对该系统产生了何种影响?支付创新在金融科技发展中扮演了什么角色?通过本章的学习,将找到上述问题的答案。

**本章学习目标**

本章将以介绍现代支付体系和传统支付手段为起点,结合互联网技术和移动技术的发展以及支付领域存在的问题,重点阐述第三方支付和移动支付等现代技术下的支付创新。通过本章的学习,了解现代银行清算制度,重点掌握现代支付体系中不同层次的支付清算系统及其发展。

## 第一节 现代支付清算体系与支付手段

### 一、现代支付清算体系概述

(一)现代支付清算体系的概念

尽管清算可以通过金融机构之间建立双边清算协议实现,但随着金融机构相互间关系的复杂化,依靠双边清算关系已经难以完成越来越复杂的清算职能,出现了专门提供清算服务的组织和支付系统。支付清算系统顺利运转,债权债务关系得到及时清算是商品交易、劳务供应、金融活动和消费行为顺利进行的保证,而由私人机构提供支付清算服务并不能保证系统总是顺利运转。中央银行在资产负债业务运作中必然与金融机构之间产生债权债务关系的清算。同时,由于中央银行非营利性质和垄断货币发行的特殊地位,中央银行不存在信用风险和流动风险,并接受商业银行的法定存款准备金。金融机构都愿意在中央银行开设账户,从而为金融机构间的清算创造了便利。因此,在实施中央银行制度的国家,通常由中央银行提供支付清算业务。

所以,现代支付清算体系是中央银行向金融机构及社会经济活动提供资金清算服务的综合安排,由清算机构、支付系统、支付结算制度等组成。中央银行支付清算业务是指中央银行作为一国支付清算体系的参与者和管理者,通过一定的方式和途径使金融机构之间的债权债务清偿和资金转移顺利完成,并维护支付系统的平稳运行,从而保证经济活动和社会生活正常进行。

(二) 现代支付清算体系的构成

现代支付清算体系的构成包括清算机构、支付系统和支付清算制度。

1. 清算机构

清算机构是为金融机构提供资金清算服务的中介组织,在支付清算体系中占有重要位置。票据交换所是最典型和传统的清算机构。此外,还可以采取清算中心和清算协会等组织形式。从经营形态来看,清算机构既有私营的,也有政府主办的。从业务的地域范围来看,既有全国性的,也有地区性的,甚至还有国际性的。清算机构一般实行会员制,会员必须遵守组织章程和操作规则,缴纳会费。在许多国家,中央银行也作为会员,直接参与清算活动。一般来说,清算机构同时经营支付系统。

2. 支付系统

支付系统是由提供支付清算服务的中介机构和实现支付指令传送及资金清算的专业技术手段共同组成的,其职能是实现债权债务清偿及资金转移。由于债权债务清偿及资金转移关系到经济活动能否顺利进行,因此支付系统的任务是快速、有序、安全地实现货币所有权在经济活动参与者之间的转移。

同时,支付系统运行关系到货币政策的实施,对稳定货币、稳定金融与稳定市场具有至关重要的影响。因此,为了防止由于各种突发事件对支付系统造成的风险,各国中央银行对支付系统的建立和运行过程实行监督,如对私营清算机构的开业进行审批、对操作规程进行审核等。同时,中央银行直接拥有和经营大额支付系统,以保障支付的安全性。

3. 支付清算制度

支付清算制度是关于结算活动的规章政策、操作程序、实施范围等的规定和安排。中央银行作为货币当局,有义务根据国家经济发展状况、金融体系构成、金融基础设施及银行业务能力等,与有关部门共同规定支付清算制度。特别是金融机构之间为办理客户委托业务和为自身的债权债务清偿而进行资金划转的同业清算业务已经在社会支付清算业务中占据极大的部分。因此,同业间一旦出现清算障碍将酿成灾难,危及金融稳定。各国中央银行应对同业间清算的制度建设、系统设计、操作规则等予以高度重视,并赋予中央银行管理监督的职权。很多国家中央银行不仅制定同业间清算制度、设计支付系统结构和运行模式、审核支付系统操作规则,还直接提供清算服务。

（三）现代支付清算体系的作用

1. 组织票据交换清算

同城银行间的资金清算,主要通过票据交换所进行。根据票据交换理论,在多家银行参加票据交换和清算的情况下,各行应收差额的总和一定等于各行应付差额的总和。票据交换所在有些国家是由各银行联合举办的,在有些国家是由中央银行直接主办的。无论哪种情况,票据交换的应收应付款最后都得通过各银行或清算机构在中央银行的账户完成差额清算。20世纪70年代美国率先利用电子化和自动化技术实现了支票的自动交换,极大地提高了清算效率。截至2020年,我国基本实现了同城票据交换的电子化。

2. 办理异地跨行清算

异地银行之间远距离的资金划拨都由中央银行统一办理。由于各国使用的票据和银行组织方式不同,异地资金划拨的具体清算做法也不一样,一般有两种类型:一种是先由各商业银行等金融机构通过内部联行系统划转,最后由它们的总行通过中央银行办理转账清算;另一种是直接把异地票据集中送到中央银行总行办理轧差转账。

3. 为私营清算机构提供差额清算服务

在有些国家,存在多种形式的私营清算组织,它们拥有支付网络系统,为经济交易和消费活动提供不同形式的支付结算服务。为了实现清算机构参加者间的差额头寸清算,很多清算机构乐于利用中央银行提供的差额清算服务,中央银行通过对相关清算各方的账户进行资金划拨而完成最终清算。如美国1980年的《货币管制法》中规定,美联储对各存款机构的清算服务收取一定的费用,由此促进了私营清算机构的发展,达到了鼓励公司行业竞争、节约使用结算设施、提高结算效率的目的。美国同时也拥有世界上最大的私营支付清算系统(CHIPS),CHIPS的资金清算最终就是通过中央银行完成的。

4. 提供证券和金融衍生工具交易清算服务

由于证券和金融衍生工具交易不同于一般经济活动的债权债务清算,为其提供结算服务的支付系统是专门设立的。尤其是涉及中央银行公开市场操作效果的政府证券,更是备受中央银行的关注,有些中央银行甚至直接参与其支付清算活动。

5. 提供跨国支付服务

随着国际贸易、投资和民间往来的增多,国际资金转移和债权债务清偿业务量迅速扩大。中央银行除为本国经济与金融活动提供支付清算服务外,在国家的对外支付结算和跨国支付系统的网络建设中也发挥着十分重要的作用。

## 二、现代支付工具

（一）现金支付

1. 现金在支付中的作用

现金支付是指收付款人直接用现金进行货币收付,清偿债权债务的行为。其特点是"支付面对面""一手交钱一手交货""钱货两讫",支付过程瞬间完成,不需要银行等中介组织和支付清算系统的参与。在中国,现金结算受现金管理制度的制约,限于个人之间和单位之间结算起点以下的零星收支以及单位对个人的有关开支。

2. 现金类支付工具

现金是指各主权国家法律确定的、在一定范围内立即可以投入流通的交换媒介,具有普遍的可接受性,可以有效地立即用来购买商品、货物、劳务或偿还债务。根据《金融大辞典》中的定义,现金是具有现实购买力或清偿力的现行通货或法定通货。在现代支付体系中,现金包括铸币、纸币和信用货币。我国的现金指人民币,包括纸币和金属辅币。广义上,现金除纸币和金属辅币外,还包括活期存款及可转让存单等。从支付结算工具的角度来讲,本章所讨论的现金是狭义上的现金,活期存款和可转让存单属于非现金支付工具。

(二) 非现金支付工具

1. 银行卡基支付

银行卡是按照一定的技术标准制成的,由发卡机构向社会公开发行的,载有发卡单位和持卡人信息,具有消费信用、转账结算、存取现金等全部或部分功能的,作为结算支付工具的各类卡的统称。狭义的银行卡特指由商业银行发行的银行卡。中国人民银行1999年1月印发的《银行卡业务管理办法》将银行卡定义为由商业银行(含邮政金融机构)向社会发行的具有消费信用、转账结算、存取现金等全部或部分功能的信用支付工具。银行卡包括信用卡和借记卡,信用卡按是否向发卡银行交存备用金分为贷记卡、准贷记卡两类。广义的银行卡是指由商业银行、非银行金融机构(含保险、邮政金融机构)或专业发卡公司(统称为发卡机构)向社会发行的具有信用透支、消费结算、转账支付、存取现金等全部或部分功能的信用凭证和支付工具。

2. 票据支付

票据有广义上的票据和狭义上的票据之分。广义上的票据包括各种有价证券和商业凭证,如股票、国库券、发票、仓单等。狭义上的票据,在中国,仅指票据法所规定的票据,也就是出票人约定自己或委托付款人在见票时或指定的日期向收款人或持票人无条件支付一定金额并可以流通转让的有价证券,包括汇票、本票和支票。

3. 商业预付卡支付

商业预付卡是指发卡机构以特定载体和形式发行的,可在发卡机构之外或发卡机构购买商品或服务的预付价值,包括采取磁条、芯片等技术以卡片、密码等形式发行的预付卡。商业预付卡以预付和非金融主体发行为典型特征。换言之,商业预付卡不能够透支,必须先存款后使用,只能由金融机构以外的机构发行。按发卡人不同可划分为专营发卡机构发行的预付卡和商业企业发行的预付卡。根据是否记名,预付卡可以分为记名预付卡和不记名预付卡。

4. 网络支付

2012年,中国人民银行公布的《支付机构互联网支付业务管理办法(征求意见稿)》,明确界定了:互联网支付是指客户为购买特定商品或服务,通过计算机等设备,依托互联网发起支付指令,实现货币资金转移的行为。这里的"互联网支付"等同于《非金融机构支付服务管理办法》所指的"网络支付"。

根据中国人民银行发布的《中国金融稳定报告(2014)》,互联网支付主要分为三类:一是客户通过支付机构链接到银行网银,或者在计算机、手机外接的刷卡器上刷卡,划转银行账户资金。资金仍存储在客户自身的银行账户中,第三方支付机构不直接参与资金划转。二是客户在支付机构开立支付账户,将银行账户内的资金划转至支付账户,再向支付机构发出支付指令。支付账户是支付机构为客户开立的内部账务簿记,客户资金实际上存储在支付机构的银行账户中。三是快捷支付模式,支付机构为客户开立支付账户,客户、支付机构与开户银行三方签订协议,将银行账户与支付账户进行绑定,客户登录支付账户后可直接管理银行账户内的资金。该模式中资金存储在客户的银行账户中,但是资金操作指令通过支付机构发出。

5. 移动支付

移动支付可以被看作电子货币与移动通信业务相结合的产物,主要指用户通过移动通信设备、利用无线通信技术来转移货币价值以清偿债权债务关系,究其实质就是用户使用其移动终端(通常是手机、PAD 等)对消费的商品或服务进行账务支付的一种服务方式。

(三) 现代支付方式

1. 银行直接支付

银行直接支付基本步骤是:发卡机构向客户发卡,持卡人在商户消费(或在 ATM 取款),商户向收单机构结算,银行卡清算机构进行信息转接,之后发卡机构调整持卡人账户,发卡机构与收单机构清算,最后发卡机构与持卡人结算(见图 8-1)。

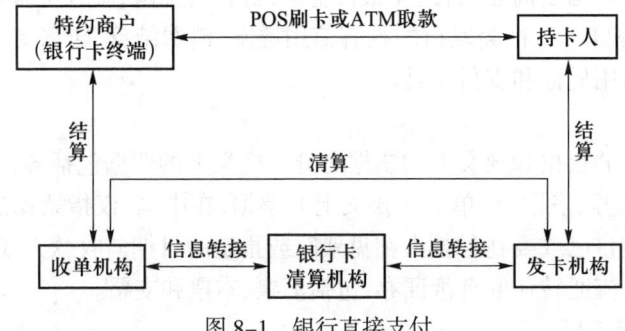

图 8-1 银行直接支付

2. 第三方平台支付

第三方平台支付按照是否具有交易平台,又可以分为交易平台型账户支付模式(直付模式)和无交易平台型账户支付模式(间付模式)。

直付模式支付流程与传统转账、汇款流程类似,只是屏蔽了银行账户,交易双方以支付账户的资金进行交易付款。这种模式典型应用有易宝账户支付、快钱账户支付等(见图 8-2)。

间付模式是指由电子商务平台独立或者合作开发,同各大银行建立合作关系,凭借其公司的实力和信誉承担买卖双方中间担保的第三方支付平台,利用自身的电子商务平台和中介担保支付平台吸引商家开展经营业务。买方选购商品后,使用该平台提供的账户进行货款支付,并由第三方通知卖家货款到达、发货;买方检验物品后,就可以通知第三方支付平台付款给卖家,第三方支付平台再将款项转至卖家账户(见图 8-3)。这种模式典型应用有支付宝账户支付。

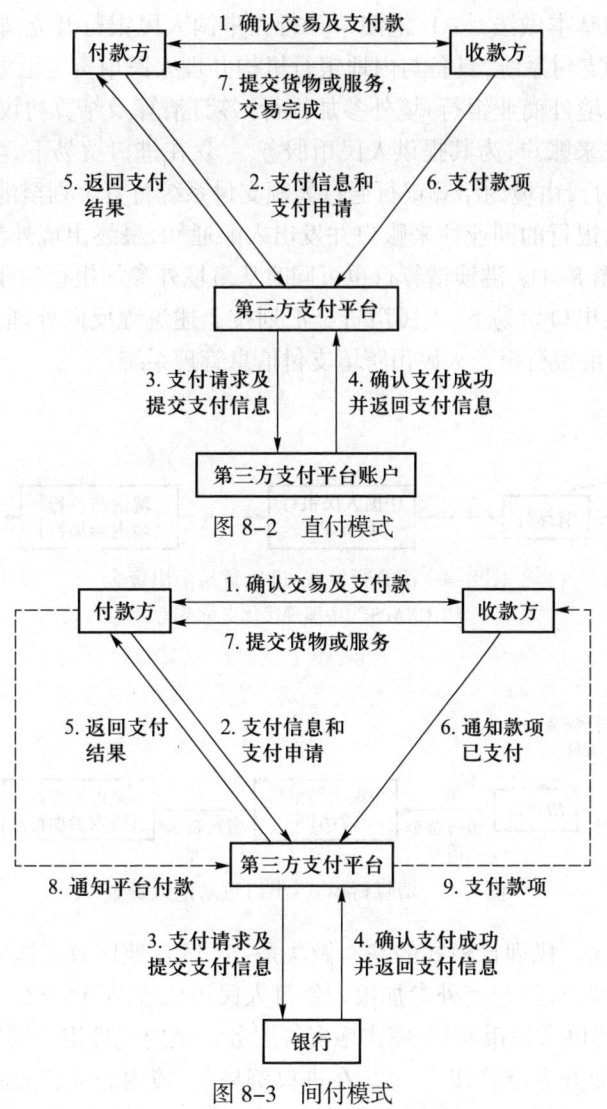

图 8-2　直付模式

图 8-3　间付模式

3. 跨境支付系统支付

跨境支付系统根据清算模式不同,可以分为两类:一类是清算行模式,另一类是代理行模式。下面以人民币跨境清算系统为例,介绍两种模式下跨境支付系统的构成和支付流程。人民币跨境清算可以自由选择两种模式:一是通过中国香港、澳门地区人民币清算业务进行人民币资金的跨境清算和结算,即清算行模式;二是通过境内商业银行代理境外商业银行进行人民币资金的跨境清算和结算,即代理行模式。

(1) 清算行模式。在清算行模式下,经中国人民银行和香港金融管理局、澳门金融管理局认可,已加入中国人民银行大额支付系统并进行港澳人民币清算业务的商业银行,可以作为港澳人民币清算银行,提供跨境人民币结算和清算业务。目前,中国香港地区的人民币清算行为中国银行(香港)有限责任公司,中国澳门地区的人民币清算行为中国银行澳门分行。

清算行模式的基本做法是：① 港澳清算行在中国人民银行开立清算账户，以直接参与者身份接入大额支付系统，具备与内地银行机构办理人民币资金汇划业务能力。② 港澳人民币清算行与境外商业银行(境外参加银行)签订清算及结算协议，为境外参加银行开立人民币同业往来账户，为其提供人民币服务。③ 在进口贸易下，境内企业首先将资金汇入境内结算银行，由境内结算银行通过大额支付系统将资金划至港澳清算行，港澳清算行贷记境外参加银行的同业往来账户并发出入账通知，最终由境外参加银行将资金解付给境外企业(见图 8-4)。港澳清算行也可同时从事境外参加银行的业务，直接将资金解付给境外企业。在出口贸易下，人民币资金汇划按上述流程反向处理(见图 8-5)。④ 人民币跨境流动信息由银行报送人民币跨境支付信息管理系统。

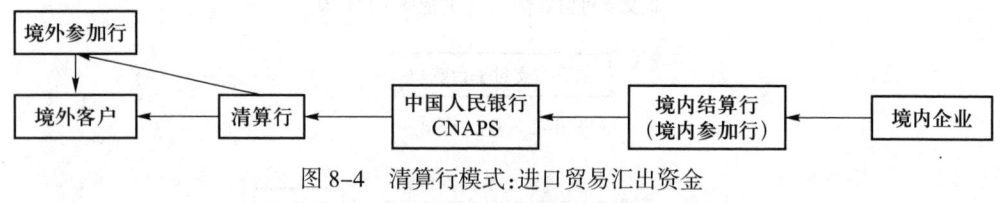

图 8-4　清算行模式：进口贸易汇出资金

注：CNAPS 为中国现代化支付系统。

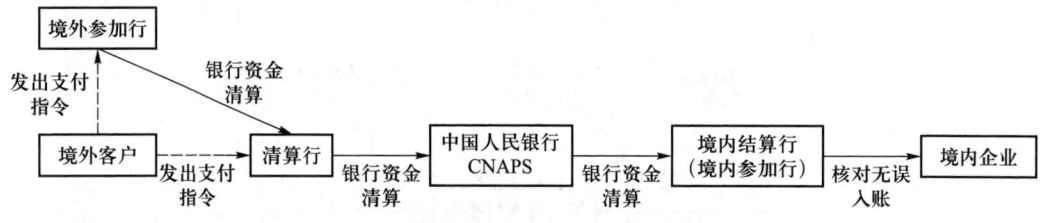

图 8-5　清算行模式：出口贸易汇入资金

(2) 代理行模式。代理行模式的基本做法是：① 试点地区具备国际结算业务能力的商业银行(境内代理银行)与境外参加银行签订人民币代理结算协议，为其开立人民币同业往来账户，并可提供人民币购售、账户融资等服务。境内代理银行可以同时作为境内结算银行，为境内企业开立结算账户。② 在进口贸易下，境内企业首先将资金汇入境内代理银行，境内代理银行将支付指令通过 SWIFT 系统发送至境外参加银行，然后由境外参加银行将资金解付给境外企业(见图 8-6)。在出口贸易中，人民币资金汇划按上述流程反向处理(见图 8-7)。③ 人民币跨境流动信息由代理银行或境内结算银行报送人民币跨境收付信息管理系统。

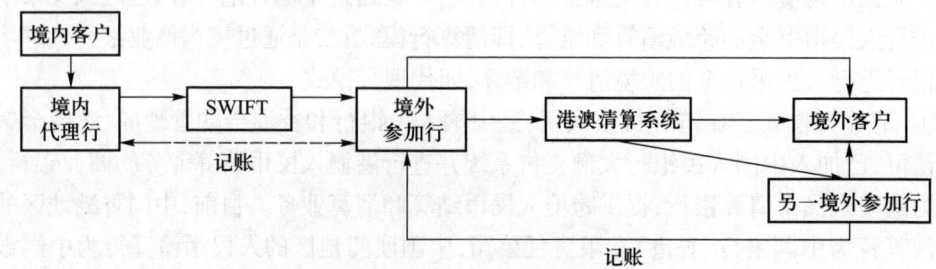

图 8-6　代理行模式：进口贸易汇出资金

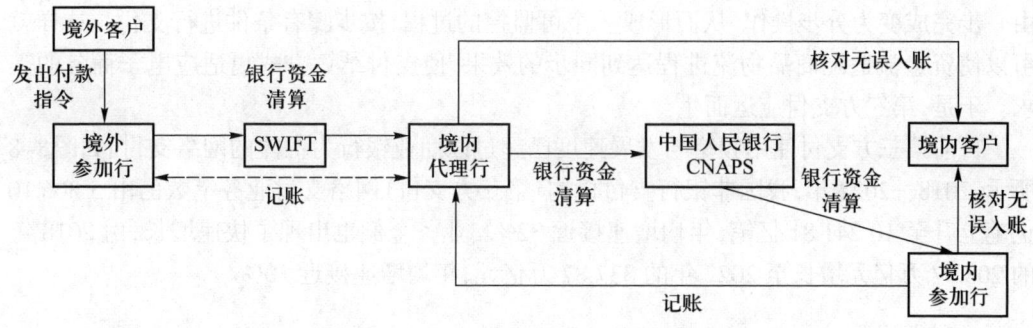

图 8-7 代理行模式：出口贸易汇入资金

## 第二节 技术推动下的新兴支付方式

### 一、依托现代技术的第三方支付

（一）互联网技术与第三方支付

1. 互联网推动电子商务发展

进入 21 世纪，信息网络时代来临，电子商务逐渐成为企业信息化与网络经济的核心。电子商务是指买卖双方基于浏览器或服务器应用方式，在互联网开放的网络环境下，不谋面地进行各种商贸活动，形成的一种消费者可以在网上购物、商户之间进行网上交易和在线电子支付以及从事各种商务活动、交易活动、金融活动和相关的综合服务活动的新型商业运营模式。而支付问题成为制约电子商务发展的一个重要因素。

2. 电子商务交易中的支付问题

电子商务活动的核心是交易，即资金和商品的交换。交换是交付标的与支付货币两大对立流程的统一，一般的交易活动应遵循的原则是等价和同步。同步交换，就是交货与付款互为条件，也是等价交换的重要保证。在实际操作中，对于现货商品的面对面交易，同步交换容易实现，但在电子商务活动中，由于交易商品或服务的流转和验收需要过程，物流与资金流的异步、分离的矛盾不可避免，同步交换往往难以实现。如果采取异步交换，即先付款后收货，或者先收货后付款，其中一方容易违背道德和协议，破坏等价交换原则，故先履行交易的一方往往会受制于人，陷入被动、弱势的境地，承担风险。结果导致电子商务交易因双方互不认识而陷入了卖家不愿先发货、买家不愿先付款的困境。因此，异步交换只有附加信用保障或法律支持才能顺利完成，而这并不适合于电子商务活动便捷性高、交易成本低的需求。

3. 第三方支付的产生与发展

为了确保电子商务活动中的等价交换，解决买卖双方互相不信任的问题，需要遵循同步交换的原则，这就要求支付方式应与交货方式相匹配。过程化分步支付方式是解决上述问题的有效办法。过程化分步支付方式是指款项从启动支付到所有权转移至对方不是一步完成的，而是在中间增加中介托管的环节，由原来的直接付转改进到间接转移，业务由一步完成变为分步操作,从而形成一个可监控的过程,按步骤有条件进行支付。这样就可以使资金流适配商品物流进程达到同步的效果,使支付结算方式更适应电子商务的需求。于是,第三方支付应运而生。

目前第三方支付使用频率与发展速度已超过以商业银行为主体的网络支付。如图8-8所示,2018—2022年,我国非银行支付机构(第三方支付)网络支付业务笔数已由5 306.10亿笔上升至10 241.81亿笔,年均增速接近32%。业务金额也出现了快速增长,由2018年的208.07万亿元增长至2022年的337.87万亿元,年均增速接近20%。

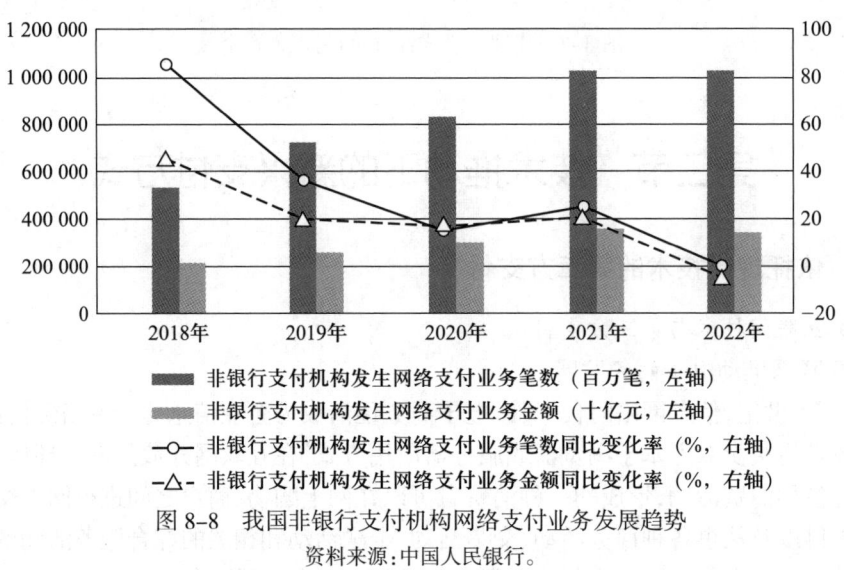

图8-8 我国非银行支付机构网络支付业务发展趋势

资料来源:中国人民银行。

### (二)第三方支付的技术模式

#### 1. 直连模式

直连,即支付机构在商业银行多头开户、多头连接,其通过在各银行开立的备付金账户办理跨行资金清算,变相行使央行或清算组织的跨行清算职能。与银行的直连是支付机构快速发展的核心模式。特别是快捷支付的推出,直接绑定银行卡,形成了支付机构体系和银行体系之间资金的快速循环。对于支付头部机构来说,主要有以下好处。一是不用再跳转网银的网关,绑卡直接线上操作,无论是支付的成功率还是用户体验都大大提升。二是支付机构利用其备付金存款作为筹码,从银行争取到更加优厚的条件,如更优惠的通道费用以及对个性化需求的及时响应。三是头部支付机构建立了独立的支付账户体系,资金的账面处理从银行体系转入支付账户体系,形成独立的资金信息和支付业务处理系统。直连模式下,第三方支付机构可以实现跨行清算,这实际上属于超范围经营,属于违规清算。

#### 2. 网联模式

合规性和市场竞争公平性是直连模式的核心问题。合规问题在于做清算业务需要中国人民银行特许,一旦中国人民银行认定直连做业务是清算业务,意味着需要拿到清算业务的牌照。而事实上,中国人民银行不可能"追加"支付宝等第三方支付机构的清算牌照。

因此,对于支付宝等机构而言,必然要退出清算业务。但是,由于移动支付的业务量大,服务群体众多,只退不接会对支付市场产生较大负面影响。

基于此,2017年8月4日,中国人民银行支付结算司向有关金融机构下发了《中国人民银行支付结算司关于将非银行支付机构网络支付业务由直连模式迁移至网联平台处理的通知》。根据该文件的要求,各银行及支付机构应于2017年10月15日前完成接入网联平台和业务迁移相关准备工作。自2018年6月30日起,支付机构受理的涉及银行账户的网络支付业务全部通过网联平台处理。

在网联模式下,若涉及银行卡支付,则需要付款方将付款请求传给第三方支付账户,第三方支付自动向网联平台发出协议支付申请。之后,网联平台会对数据进行保存并把支付请求传递到商业银行,商业银行在收到付款人扣款信息后将会进行资金的查询以及扣款处理。

(三)第三方支付的生态场景

1. 基于电子商务的生态场景

电子商务是第三方支付平台扩大用户基础的重要生态场景。支付宝在中国第三方支付行业的市场份额常年位居第一,这与其背靠的电子商务平台有密切联系。支付宝2013年全年付款额超过3.15万亿元人民币,其中淘宝的贡献超过35%。同样,淘宝年度交易额达到1.5万亿元人民币,其中78.6%的交易额的支付是使用支付宝完成的。2016年第四季度支付宝的市场份额达到了55%,财付通市场份额为37%,其他众多支付企业的市场份额之和约为8%。支付宝和财付通的占优场景有很大区别,其差异正是与支付宝和财付通所背靠的电子商务生态场景不同有紧密联系。支付宝与阿里旗下的天猫、淘宝深度绑定,得益于电商领域的稳固领导者地位。从交易金额和笔数来看,支付宝的交易份额分别为66%和65%,而财付通的交易份额为26%和28%。

2. 基于消费支付的生态场景

除了电子商务平台外,第三方支付的消费支付场景的覆盖面已越来越广。这些支付场景可主要分为四类。一是个人类交易,如话费充值、转账、发红包、生活缴费、信用卡还款、城市公交卡充值等。二是线下消费类交易,如线下餐饮支付、线下商超零售、团购、日常出行订单、景点门票、旅游、境外购物、个人健康护理、票务等。三是线上消费类交易,如线上游戏充值等。四是金融类交易,包括基金申购、保险购买、小额网贷等。

3. 基于社交活动的生态场景

第三方支付平台通过引入社交活动,构建了富有生机的生态场景,主要包括商户与用户、用户与用户之间的双重生态场景。以支付宝推出的口碑为例,商家通过引入移动支付首先降低管理成本,进而发布电子会员卡、发展会员,通过用户分析实现精准营销。此外,还能够通过互联网发布优惠权益,推送新品,与用户建立互动,使得线下店铺在线上获得更多展示机会,定向开展新用户到点促销、忠诚用户奖励,并促进用户持续消费。对用户而言,不仅可以在该平台就餐饮、娱乐、商超等消费买单支付,而且能够查看到商户的信息。此外,还可以对商家进行评价、查看其他消费者的评价,而且用户的支付宝首页会通过推送好友消费和评价记录的群体效应对商户进行推广。微信红包也是典型的用户之间进行的社交互动场景。

> **专栏 8-1**
>
> **第四方支付**
>
> 2017年1月,央行下发《关于开展违规"聚合支付"服务清理整治工作的通知》。什么是聚合支付?聚合支付又叫融合支付或第四方支付,是一个将多种互联网支付方式整合起来的支付接口,它借助银行、非银行支付机构以及转接清算组织的支付通道。第四方支付是相对第三方支付而言的,是对第三方支付平台服务的拓展,介于第三方支付和商户之间,不持有第三方支付牌照,故而得名。从本质上来看,第四方支付是一个支付服务集成商,它集合了各个第三方支付及多种支付渠道,能够根据商户的需求进行个性化定制,形成支付通道资源互补,满足商户需求,提供适合商户的支付解决方案。
>
> 第四方支付的产生有两大背景。一是第三方支付行业门槛变高,新企业难以进入。截至2015年9月,中国人民银行分8次共发放了270张支付牌照。但是,自2016年《国务院办公厅关于印发互联网金融风险专项整治工作实施方案的通知》后,中国人民银行等14部委也联合印发《非银行支付机构风险专项整治工作实施方案》,开始遵循"总量控制、结构优化、提高质量、有序发展"的原则,严格把控支付机构市场准入,一般不再受理新机构设立申请。二是在第三方支付发展的过程中,第三方支付媒介和终端设备多样化导致交易成本升高,客户有降低交易成本的需要。第四方支付集合了众多第三方支付平台的接口,不论客户选择多少支付通道,只需完成一个接口的接入工作即可,大大节省了消费者的人力成本和时间。

## 二、移动支付

### (一)移动支付技术发展

#### 1. 移动支付的类型

移动支付论坛对移动支付的定义是:交易双方为了某种货物或者业务,通过移动设备进行商业交易;所使用的移动终端可以是手机、PDA、移动 PC 等。中国人民银行对移动支付的定义是:移动支付是指单位、个人直接或授权他人通过移动终端或者设备,如手机、掌上计算机、便携式计算机等,发出支付指令,实现货币支付与资金转移的行为。中国银联对移动支付的定义是:移动支付又称手机支付,是指用户使用移动手持设备,通过无线网络购买实体或虚拟物品以及各种服务的一种新型支付方式。

基于支付流程的划分,移动支付可以分为近场支付和远程支付。近场支付主要基于 NFC 无线射频技术,客户只需将内置 NFC 芯片的手机或 PDA 靠近商家的阅读器,阅读器识别和采集用户信息,然后将相应的交易和支付信息传输至银行,银行进行账户处理后,将授权或拒绝信息返回到支付平台,从而完成和实现支付。在近场支付中,根据受理终端是否需要联机认证,又可以分为联机支付和脱机支付。远程支付是指用户可使用短信、语音、WAP、K-java、USSD 等方式,在客户、商家、运营商、银行之间传递交易和支付信息,完成交易。

基于支付账户性质不同,移动支付可以分为移动运营商账户支付、银行卡账户支付和第三方支付账户支付。移动运营商账户支付是指移动运营商为用户提供信用,用户在互联网上购买游戏、软件等小额的虚拟物品时,直接从手机账户扣费完成支付过程的支付方式。这种方式简单易用,普及面广,但由于受到监管部门对支付金额的限制,目前仅适用于小额支付。银行卡账户支付是指移动运营商和银行合作,由银行为用户提供信用,用户将手机号与银行卡账户绑定,直接通过绑定银行卡账户完成支付过程的支付方式。第三方支付账户支付是指第三方支付机构作为买卖交易双方的中间商,为交易提供支付服务通道,买家通过第三方支付平台完成支付过程的支付。

基于用户和商家互动方式的不同,移动支付可以分为"手机—手机""手机—移动POS 机""手机—专用设备"三种类型。"手机—手机"支付方式是指,付款方和收款方均为手机银行客户,付款方通过手机银行向收款方支付消费款项,买卖双方都通过手机银行完成支付。这种支付方式适合于有固定营业人员的消费场所,如批发市场等。"手机—移动 POS 机"支付方式是指,收款方为与银行联网的商户和超市等,付款方通过手机银行支付消费款项,收款方通过移动 POS 机接收收款信息。这种支付方式适合于大型商场、酒店和娱乐场所等。"手机—专用设备"支付方式是指,收款方安装了红外线、蓝牙、USSD等专用设备,付款人通过近场支付的方式完成支付。这种支付方式适用于小型商店等营业人员不固定的场所。

2. 移动支付技术架构

移动支付按照技术实现方式可以分为短信支付、WAP 支付、客户端支付、刷卡支付和NFC 支付。这里介绍其中四种。

(1) 短信支付。短信支付是移动支付中较早出现的一类产品,它将用户手机 SIM 卡与用户本人的银行卡账号、第三方账号建立一种一一对应的关系,用户通过编辑发送特定格式短信到移动运营商、银行或第三方支付公司的短信服务号码,移动运营商、银行或第三方支付公司按照用户指令办理相关业务,并将交易结果以短信方式通知用户以完成整个支付流程。在短信支付中,产品交易是通过短信来实现的,而货币支付则是通过移动运营商的营业系统(通过计费系统来计费并由移动运营商代收)来实现的。这种模式完成的交易一般为定向类交易(如缴费、信用卡还款)和查询类交易(如账单查询)。短信支付具有使用门槛低、操作简单等天然优势,可以随时随地进行交易。但短信自身同样有着交互性差、响应时间不确定、短信发送失败率较高等劣势。

(2) WAP 支付。WAP 支付是指手机等移动终端通过移动运营商的网络以 WAP 浏览器方式为用户提供支付服务的一项产品。用户可以通过手机 WAP 浏览器登录商户 WAP 网站下订单并选择支付,支付时将从商户页面跳转到银行 WAP 支付或第三方账户 WAP 支付页面,验证登录密码通过后,即可对该订单进行支付。可以算是 PC 端在线支付在移动终端的一种延伸。设计较好的银行 WAP 网站,能够让用户通过 WAP,实现网上银行的全部功能。而且 WAP 银行无须安装软件,只要手机能够上网,就能够通过 WAP 方式进行账户管理及操作,比较简单易用。相比于短信支付,WAP 支付的界面更为直观、功能更为完备,人机交互也得到了极大的改善,然而由于传统手机运算能力低下、内存偏小,2G 网络带宽较窄容易丢失数据,以至于无法运行太复杂的加密算法,使得进行 WAP 支付数据保密性较低。用户在用手机进行支付时,由于加密等安全措施不到位,很容易被黑客通过钓鱼网站或木马程序等手段窃取到用户信息,将移动支付功能进行非法复制,从而造成用户的损失。WAP 支付的应用场景主要有 WAP 版手机银行。

(3) 客户端支付。手机上网支付是指用户使用移动终端通过移动互联网完成的在线支付,支付过程可以通过登录浏览器或运行专门的客户端软件来实现。此前手机上网支付的发展一直受到终端硬件和网络带宽的限制,伴随着 5G 时代的到来以及智能手机和 Wi-Fi 网络的逐步普及,手机端移动互联网支付正在受到广大用户的青睐。客户端支付产品为用户提供了更直观和便捷的可视菜单操作界面,用户可以点击各图标进行商品选购或功能操作,然后通过安全性载体中的支付应用选择银行卡进行交易并完成支付过程,避免了 WAP 支付页面跳转带来的风险。除了更全面地支持线上远程支付服务,客户端支付还可以通过结合二维码支付、声波支付信息支付方式进行近场支付。相较于 WAP 支付,客户端支付只适用于智能移动终端用户,且使用时需要进行软件安装或进行版本更新,无形中设置了用户使用门槛。

(4) NFC 支付。近距离通信技术(Near Field Communication,NFC)是通过 NFC 近场通信技术(短距离,小于 10 cm 的无线通信技术,允许电子设备之间进行非接触式数据传输)实现的一种新型支付产品。用户在选购商品或服务时,确认相应金额后,使用具备 NFC 支付功能的移动终端,在支持非接触式支付终端上轻松一挥便可快速完成支付,无须输入密码和签名。

NFC 由非接触式射频识别(RFID)以及互联互通通信技术整合演变而来,在单一芯片上结合感应式卡片、感应式读卡器和点对点的功能,能进行短距离的兼容设备间的识别和数据交换。该技术是在手机中嵌入一块 NFC 芯片,之后与 SIM 卡互联,实现信息通信管理。NFC 技术主要基于 13.56 MHz 的频率运行,操作距离从几厘米到 20 厘米不等。NFC 手机内置 NFC 芯片,组成 RHD 模块的一部分,可以当作 RHD 无源标签使用,在其中存放一定数量的金额,用来支付费用,同时也可以当作 RFID 读写器识别其他非接触电子标签,用作数据交换与采集。这种方式的最大缺陷在于用户若用手机支付,必须更换带有 NFC 功能的手机。与其他移动支付技术相比,NFC 支付更侧重线下近场支付,NFC 支付的便捷性以及多种应用的集合对用户来说十分具有吸引力。NFC 支付的应用场景主要有移动 NFC 手机钱包等。

(二) 移动支付的优势

1. 移动支付与百姓生活

移动支付随时随地随性,使得消费者可以在日益快节奏的现代生活中,利用零碎的时间进行购物支付,也规避了携带大量现金或多张信用卡带来的丢失风险和携带成本。移动支付行业的竞争是效率的竞争和成本的竞争,随着移动支付行业的广泛应用、技术进步带来的效率提高、规模扩大带来的成本下降等,都使得消费者能以更低的成本获得更好的服务。

2. 移动支付的效率

移动支付改变了客户与商户的关系,提高了交易效率。传统的客户与商户关系是销售购买的关系。商家销售特定的商品,制定价格;顾客挑选商品,持现金或银行卡购买。

移动支付的发展改变了客户与商户的关系:商户有了解客户的欲望,会根据客户的消费信息分析客户消费习惯和消费水平,为客户制定特定的商品和服务;顾客不再愿意持现金去寻找需要的商品或服务进行支付购买,而更愿意随时随地随心地挑选商品和服务,方便地进行支付。移动支付较好地满足了商户和客户的要求,促进了交易活动的开展。

移动支付提高了支付环节的效率。传统支付方式通常需要较高的交易时间,例如现金支付需要经历消费者点钞、商家点钞并找零的过程,信用卡支付需要刷卡、输入密码、等待银行信号返回、打印凭条、签字等多个环节和等待过程。相比之下,以移动支付为代表的第三方支付免去了点钞、找零、输入密码、打印凭条、签字等交易环节,大大节省了交易时间。调查显示,2016年肯德基的移动支付比例已经超过20%,通过移动支付,肯德基可以平均为每位顾客节省8秒的结账时间,对于肯德基在我国5 000多家门店来说,这意味着运转效率的提升和接待能力的增加。

3. 移动支付衍生的金融服务

丰富的线下线上场景,提供了能够完整刻画用户特征的多维度海量用户数据,包括用户的基本特征、个人信用、风险偏好、出行动线、品牌偏好、综合账单、消费行为等。基于历史支付信息形成的大数据,应用人工智能、数据挖掘、海量数据处理等技术,第三方支付平台推出了信用贷款、信用卡还款、消费分期、理财投资、基金、保险等金融业务,为用户提供以数据驱动的科技金融服务新体验。例如,微信钱包用户可以使用信用卡还款服务设定在每月固定时间对信用卡进行自动还款;用户可以通过"微粒贷借钱"获得信用贷款,最快1分钟就能迅速到账,并可在微信上实时查询借还记录。另外,微信用户还可以通过理财通购买货币基金、定期产品、保险产品、企业贷产品和券商产品等金融产品,并通过工资理财绑定工资卡,每月自动将工资卡中的资金转入理财产品获取收益。

### 三、科技改善支付体验

(一) 场景服务多样化

用户使用某种产品的背景、出发点和期望目标,构成该产品的应用场景。应用场景指一个应用被使用的时候,用户最可能的所处场景,是一种更具象化的分析和描述用户需求的方法,大致包含以下几点:在某时某地,出现了某件事,使得用户产生某种需求,然后通过某种方法来满足这种需求。如果缺少应用场景,会使产品设计方无法直观地展示出产品的各项功能的价值,以及究竟能给真实的生活带来何种变化。反之,一个好的产品也要有恰当的应用场景予以配合,以达到较好的效果。总体而言,一个好的产品方案来自应用场景,同时一个典型的应用场景会自然地讲述用户需求,帮助用户满足这种需求就是产品的价值所在。目前移动支付覆盖的场景已十分丰富,用户可以随时随地使用移动支付,包括物流、票务、校园、售货机、医院、美容、超市、航旅、零售、酒店、餐饮、4S店、客运、彩票、社区、车险、加油站、药店、景区、KTV、停车场等场景。

(二) 支付服务便捷化

支付体系具有明显的网络效应,用户数量越多,支付体系的效率和成本越将得到进一步优化,因此决定支付机构发展高度的是其用户基础。除了支付场景的多样化,移动支付平台还通过推出多样的支付服务,拉近用户与支付场景的距离,强化用户基础。这些服务主要包括：一是转账、汇兑、贷款、理财、保险等金融服务。二是社保、政务、交通、医疗、生活缴费等城市服务。三是电影、火车票、机票、游戏中心、电商等购物娱乐服务。四是基于支付账户的征信信用服务。五是校园、亲子账户以及疾病救助、扶贫救灾、教育助学、环保、动物保护等教育公益服务。六是聊天、赠礼、红包等社交服务。

## 第三节　银行清算制度及其发展

### 一、行内结算系统

（一）银行内部结算系统

同一银行内不同分支机构之间因资金汇划、缴存、借贷而产生债权债务关系，需要一定的程序与方法来进行支付指令的发送与接收、对账与确认、收付数额的统计轧差、金额或净额的结清，以便清偿债权债务关系。行内的"支付系统"就是实现行内支付指令传送和资金清算结算的系统，它并不是独立存在于银行信息系统之外的一个系统，而是银行信息系统内部的一个重要功能模块。

银行信息系统按使用范围大致可分为总行级系统和部门级系统。前者如核心业务系统，特点是全行上下统一版本。后者如分行特色业务、第三方存管、外汇交易系统等，特点是只局限于某个机构在使用，或者说不同机构使用的版本、功能差异很大。

（二）银行与第三方之间结算系统

在第三方预付卡发行与受理业务中，第三方与银行需进行资金结算，但该系统并不涉及跨行清算，因此在行内结算系统部分进行介绍。预付卡主要分为封闭式预付卡和开放式预付卡。封闭式预付卡是指仅能在单个商户或者通过特定网络连接的多个商户内使用的预付卡，是一种行业储值卡。开放式预付卡则是指能在银行卡组织的受理网络上使用的预付卡。由于现行法律规定，银行和非银行金融机构均不允许发行预付卡，且只有银行或银行卡组织会员机构发行的卡产品才可以在银行卡组织的受理网络上使用，因而开放式预付卡在国内几乎没有发行。

封闭式预付卡业务虽然具体运作方式各异，但基本模式相似。一般是由消费者从商户（或商户预付卡代销渠道）购买特定金额的预付卡，然后持卡在特定商户及其合作单位消费。如果是一次性卡片，卡内金额消费完后需要重新购卡；如果是可循环使用的卡片，则可自行充值后继续消费。在整个运作过程中，封闭式预付卡由发卡商户自行运作，整个流程都在发卡商户或其合作商户圈内完成。发卡机构的预付卡发行收入采用备付金存款形式存入存管银行，消费者使用预付卡消费时，存管银行与商户进行款项结算。

### 二、行间清算系统

（一）大额实时支付全额清算系统

大额实时支付全额清算系统（简称大额支付系统）以电子方式实时处理同城和异地的每笔金额在规定起点以上的大额贷记支付业务和紧急的小额贷记支付业务，支付指令实时发送，逐笔全额清算资金，主要为银行业金融机构、广大企事业单位以及金融市场提供安全、高效的支付清算服务。

1. 系统参与者

大额支付系统的参与者根据其参与支付系统的身份不同,分为直接参与者、间接参与者和特许参与者。直接参与者是指参与支付系统办理支付清算业务的机构,包括中国人民银行总行、在中国人民银行开设清算账户的银行和非银行金融机构。在具体业务中,直接参与者又称发起清算行或接收清算行。间接参与者是指委托直接参与者通过支付系统办理支付清算业务的机构,包括中国人民银行分支行(库)以及未在中国人民银行开设清算账户的银行机构等。在具体业务中,间接参与者又称发起行或接收行。特许参与者是经中国人民银行批准,通过支付系统办理特定支付业务的机构。目前支付系统的特许参与者有公开市场操作室、中央结算公司、外汇交易中心、中国银联、城商行资金清算中心和上海清算所。

2. 系统结构

大额支付系统在物理结构上设立了两级处理中心,即国家处理中心(NPC)和31个省会城市及深圳市城市处理中心(CCPC)。NPC分别与各CCPC连接。NPC是大额支付系统的中枢节点,负责接收、转发各参与者提交的大额支付业务,并将大额支付业务逐笔实时提交结算;CCPC是大额支付系统的城市节点,连接NPC和各直接参与者,负责在NPC和直接参与者之间接收、转发大额支付业务。

大额支付系统支持各商业银行以法人机构集中一点接入:中央债券综合业务系统、银行间市场清算所和中国银联综合业务系统作为特许参与者与大额支付系统连接,办理债券交易的资金结算、外汇交易人民币资金结算以及银联卡跨行交易的人民币结算;城市商业银行资金清算中心、外汇交易中心作为特许参与者与大额支付系统连接,办理城市商业银行汇票业务以及外汇交易市场、银行间同业拆借市场有关交易的人民币资金结算;香港人民币清算行、澳门人民币清算行作为特许参与者办理人民币跨境支付业务;中国人民银行中央银行会计核算数据集中系统(ACS)、国库会计数据集中系统(TCBS)作为直接参与者一点接入大额支付系统;电子商业汇票系统作为大额支付系统的特许参与者,与大额支付系统连接,实现商业汇票业务资金清算、业务收费等功能。

3. 业务处理

按业务处理流程不同,大额支付系统处理的业务分为普通大额支付业务、即时转账支付业务、中国人民银行内部转账业务和同城轧差净额业务。其中,普通大额支付业务和即时转账支付业务是大额支付系统处理的两类主要支付业务。

(二) 小额支付净额清算系统

小额支付净额清算系统(小额支付系统)是一个净额延时支付系统,主要处理同城和异地纸凭证截留的借记支付业务以及每笔金额在规定起点以下的小额贷记支付业务。小额支付系统批量发送支付指令,净额清算资金。

1. 系统参与者

小额支付系统的参与者包括商业银行、非金融支付服务组织、中国人民银行会计营业部门以及中国银联、连通公司和万事网联公司等。

2. 系统结构

小额支付系统与大额支付系统具有相同的系统架构。作为两个相互独立的业务系统,两者共用同一系统物理平台和数据通信网络。小额支付系统支持各类参与者一点接入。其中,集中代收代付中心、支票圈存中心等作为无户特许参与者(不在支付系统中开立清算账户)接入小额支付系统。

3. 小额支付系统的主要特点

(1) 支撑各种支付工具的应用。除传统的借记、贷记业务外,小额支付系统还能支持办理公用事业收费、工资、养老金和保险金的发放、支票圈存和支票影像截留业务,为商业银行开展业务创新搭建安全、高效的公共平台,为社会提供低成本、大业务量的支付清算服务,满足社会多样化的支付清算需求。

(2) 系统 $7\times 24$ 小时连续运行。为了满足法定节假日社会公众支付活动需要,小额支付系统实行 $7\times 24$ 小时连续运行,通过向商业银行和社会公众提供全时的支付服务,提升中央银行金融服务水平。

(3) 完善的风险管理和防范措施。针对小额支付系统对支付业务金额清算资金、业务实时转发和资金延后结算的不同步特点,系统设计了净借记限额控制等可靠的信用风险防范措施。同时,针对小额支付系统业务处理和系统运行情况,采取先进的技术手段防范系统运行风险,建设安全、稳定的小额支付系统。

(4) 系统具有多样性和可扩充性。小额支付系统设计遵循"平台化、通用化"原则,能够满足零售支付业务种类多、业务发展迅速的需要。根据基础业务处理流程,规划设计适应参数化管理要求的报文标准;建立小额支付系统的业务处理内核,根据管理和业务拓展需要,可对内核进行灵活的应用和扩展,增强系统的适应性和可扩充性,避免因业务功能拓展而频繁导致内核改造。

### 三、跨境支付清算系统

跨境支付清算是指两个或两个以上的国家、地区之间因国际贸易、国际投资及其他方面所发生的国际债权债务,借助一定的支付工具和支付系统进行清算,实现资金跨国和跨地区转移的行为。由于跨国支付结算关系带有相互的性质,所以并不需要每笔支付结算业务都以现实的国际货币来进行,只有抵消后的差额才需要以国际货币进行清算。

(一) 国际银行卡清算系统

目前国际银行卡清算机构中,维萨(VISA)国际组织和万事达卡(MasterCard)国际组织是世界上最大的两个开放式银行卡清算机构,分别在200多个国家和地区有14 500多个和25 000多个会员机构,经营的网络覆盖全球;美国运通公司(American Express)、美国大莱银行卡公司(Diner Club International)和美国发现公司(Discover Company)都是国际银行卡清算机构;日本JCB公司是美国以外唯一一家国际银行卡清算机构。

国际银行卡市场的卡组织分为两类:开放式银行卡清算机构和封闭式银行卡清算机构。目前,全球性的开放式银行卡清算机构有两家,VISA国际组织和MasterCard国际组织。此外,还有一些地区性的银行卡清算机构,如法国的CB、中国的银联和中国台湾的"联合信用卡中心"等。开放式银行卡清算机构本身并不直接发卡,银行卡是由参加该组织的会员(主要是银行)发行的。与开放式银行卡清算机构不同的是,封闭式银行卡清算机构本身就是发卡机构,美国运通国际股份有限公司、大莱信用卡有限公司和JCB日本国际信用卡公司是国际三大封闭式信用卡公司。

### (二) 西联汇款支付清算

西联汇款(Western Union)是世界上领先的特快汇款公司,迄今已有170多年的历史。它拥有全球最大最先进的电子汇兑金融网络,代理网点遍布全球近200个国家和地区。西联汇款是美国财富500强之一的第一数据公司(FDC)的子公司。使用西联汇款和取款,只需要到最近的西联汇款合作网点即可。在国际贸易收款中,与普通国际汇款相比,西联汇款不需开立银行账户,1万美元以下业务不需提供外汇监管部门审批文件,汇款在10分钟之内就可以汇到,简便快捷。而普通国际汇款要求卖家在汇入行开立银行账户,并给国外买家提供汇款线路,国外买家即可到当地银行按照提供的汇款线路办理国际汇款。但是,国外买家需要承担高额的汇款费用,需要3~7天才能到账,2 000美元以上还需外汇监管部门审批。

### (三) SWIFT系统

环球同业银行金融电信协会(Society for Worldwide Interbank Financial Telecommunications, SWIFT)成立于1973年,是一个国际银行间非营利性的国际合作组织。目前全球大多数国家大多数银行已使用SWIFT系统。主要提供金融数据传输、文件传输、直通处理STP(Straight Through Process)、撮合、清算和净额支付服务等。目前,SWIFT系统为200多个国家和地区的11 000多家银行和证券机构提供服务,银行和其他金融机构通过SWIFT系统与同业交换电文来完成金融交易。SWIFT系统的使用,为银行的结算提供了安全、可靠、快捷、标准化、自动化的通信业务,从而大大提高了银行的结算速度。

### (四) Ripple系统

随着互联网技术在金融领域的广泛应用,部分金融科技产品迭出。Ripple系统基于比特币去中心化的理念,创造了去中心化的支付和清算系统——Ripple系统,其能在全球范围内实现多币种快捷、低廉的转账业务。Ripple系统由Ripple支付协议(RTXP)、"共识"(Consensus)记账机制、做市商(Authorized Liquidity Maker)机制、网关(Gateway)和瑞波币(XRP)四个核心部分构建。Ripple与SWIFT目前均为跨境支付转账提供服务,但Ripple借助互联网技术,在部分交易环节方面取得了优势,对SWIFT的地位发起了挑战,并可能对当前的国际支付体系以及一国的中央银行支付清算系统产生影响。

## 本 章 小 结

现代中央银行支付清算体系的构成包括清算机构、支付系统和支付清算制度。清算机构是为金融机构提供资金清算服务的中介组织,在支付清算体系中占有重要位置。支付系统是由提供支付清算服务的中介机构和实现支付指令传送及资金清算的专业技术手段共同组成的,其职能是实现债权债务清偿及资金转移。支付清算制度是关于结算活动的规章政策、操作程序、实施范围等的规定和安排。现代支付清算体系的作用包括组织票据交换清算、办理异地跨行清算、为私营清算机构提供差额清算服务、提供证券和金融衍生工具交易清算服务以及提供跨国支付服务。现代支付结算工具包括现金支付和非现金支付。其中非现金支付工具包括银行卡基支付、票据支付、商业预付卡支付、网络支付和移动支付。现代支付方式包括银行直接支付、第三方平台支付和跨境组织系统支付,其中跨境组织系统支付又包括清算行模式和代理行模式两类。现代支付清算系统可分为行内结算系统、行间清算系统和跨境支付清算系统。第三方支付包括直连模式和网联模式。移动支付按照技术实现方式可以分为短信支付、WAP 支付、客户端支付、刷卡支付和 NFC 支付。银行清算制度可分为行内结算系统、行间清算系统和跨境支付清算系统。行间清算系统由大额实时支付全额清算系统与小额支付净额清算系统组成;跨境支付清算系统有国际银行卡清算系统、西联汇款支付清算、SWIFT 系统、Ripple 系统等。

## 关 键 名 词

清算机构　支付系统　网络支付　移动支付　第三方支付　直连模式　网联模式　近场支付　远程支付　NFC 支付　SWIFT 系统　Ripple 系统

## 复习思考题

1. 现代支付清算体系的作用是什么?
2. 现代支付体系中有哪些非现金支付工具?
3. 现代支付方式有哪些?
4. 第三方支付中的直连模式和网联模式有何异同?
5. 移动支付包括哪些支付架构?
6. 技术推动的新兴支付方式如何改变了人们的支付体验?
7. SWIFT 系统与 Ripple 系统有何异同?

## 即 测 即 评

## 延 伸 阅 读

[1] 陆强华,杨志宁.深度支付.北京:中国金融出版社,2018.

[2] 廉薇,边慧,苏向辉,等.蚂蚁金服:从支付宝到新金融生态圈.北京:中国人民大学出版社,2017.

[3] Beck T, Pamuk H, Ramrattan R, et al. Payment instruments, finance and development. Journal of Development Economics, 2018, 133: 162-186.

[4] 赵亮,束姝妹.现代金融支付.北京:中国金融出版社,2023.

# 第九章
# 现代银行的金融科技

**章前导读**

2018年4月11日,中国建设银行宣布国内第一家无人银行在上海正式开业。客户第一次刷脸+身份证识别绑定认证身份,以后每次只需刷脸,进门在机器人大堂经理的屏幕上预约业务操作,通过智慧柜员机、VTM、外汇兑换机以及AR、VR等互动体验区等办理相关业务,复杂业务还有可视化柜台远程连线人工柜员。客户还可以体验虚拟超市,可办理衣、食、住、行各项民生事务,实现费用一键缴纳;可以浏览建行建融家园中所有租赁的房子;可享受图书借阅服务等。那么,现代银行使用了哪些科技手段来提升金融服务?现代银行的金融科技创新的目标和动力是什么?开放银行的生态圈如何搭建?

**本章学习目标**

本章梳理了在金融科技驱动下现代银行在管理、模式、业务、流程等方面的金融创新。通过本章的学习,可以初步了解银行和现代银行体系,对现代银行的金融科技创新有一定的掌握,熟悉网上银行、移动银行、直销银行和互联网银行的业务和服务,掌握开放银行和银行电子商务的理念以及模式,了解银行的金融科技平台,掌握现代银行的内控与风险管理技术。

## 第一节 现代银行体系

从组织制度角度看,1694年采用股份制模式成立的英格兰银行标志着现代银行的诞生。200多年后,中国出现了第一家民族资本的银行——中国通商银行。历经一个多世纪的发展,以现代科技支撑的现代银行体系已经成为金融体系的主要支柱。

### 一、银行的功能与本质

(一)银行的功能

银行为商品生产者和商人办理货币的收付、结算等业务,又充当支付中介。商业银行在现代经济活动中承担信用中介、支付中介、存款货币创造、扩展金融服务和调节经济等职能[①],并通过这些职能在国民经济活动中发挥着重要作用。商业银行的业务活动对全社会的货币供给有重要影响,是国家实施宏观经济政策的重要基础。

1. 信用中介

信用中介是商业银行最基本的功能,商业银行充当将经济活动中的赤字单位和盈余单位联系起来的中介人的角色。信用中介的作用体现在将闲散货币转化为资本,使闲置资本得到充分利用,将短期资金转化为长期资金。

2. 支付中介

支付中介是指商业银行借助支票、汇票等信用流通工具和资金汇转渠道,通过客户活期存款账户的资金转移为客户办理货币结算、货币收付、货币兑换和存款转移等业务。商业银行支付中介功能的发挥节约了商品流通费用,降低了违约风险,同时也扩大了银行的资金来源。

3. 存款货币创造

存款货币创造是指商业银行通过吸收活期存款、发放贷款、派生存款,从而增加银行的资金规模、扩大社会货币的供应量。商业银行发挥存款货币创造功能的作用主要是通过贷款机制创造存款货币,扩大社会信用规模,减少经济交易的流通费用,又能够满足社会经济发展对流通手段和支付手段的需要。

4. 扩展金融服务

扩展金融服务是指商业银行利用在国民经济中联系面广、信息灵通等的特殊地位和优势,利用其在发挥信用中介和支付中介功能的过程中所获得的大量信息,借助电子计算机等先进手段和工具,为客户提供财务咨询、融资代理、信托租赁、代收代付等各种金融服务。通过提供此类金融服务,商业银行既提高了信息与信息技术的利用价值,也拓宽了收入来源,提高了银行的盈利能力。

5. 调节经济

商业银行在国家宏观经济政策的影响下,通过信贷政策的实施,利率、信贷规模及资金投向的调节,实现调节经济结构、投资消费比、产业结构等目的,为国家经济稳定发挥重要作用。

(二)银行的本质

传统定义的银行,是指依法成立的经营货币信贷业务的金融机构,它通过经营存款、贷款、汇兑、资管等业务,发挥信用中介的作用。现代银行逐步变成了信息不敏感证券的创造机构,银行发售的存单、资产证券化产品、资管类产品等,都具有信息不敏感证券的特点。这类证券区别于资本市场证券,其流动性弱,存续期内一般被锁定,变现能力差,因而对信息不敏感。现代银行的表外业务多以信息不敏感证券和相应的资产组合为主。

## 二、现代银行体系构成

银行体系是指决定金融机构本身及其管理机构的组成设置和职能的制度,又称银行

---

[①] 何思睿. 商业银行的转变及其对策建议. 经济研究导刊,2012(25):56–57.

体制、银行系统。一国银行体系的建立取决于该国的政治历史条件与经济发展水平。

（一）现代银行体系的一般构成

现代银行体系包括中央银行、政策性银行、商业银行、专业银行和其他银行类金融机构。中央银行属于金融管理机构，本质上是存款货币银行，服务对象是金融机构和政府，履行货币监管、支付清算监管的职责，管理国家储备资产，制定和执行货币政策。政策性银行是为执行某一领域政策而设置的金融机构，本质上也是存款货币银行，资金来源和资金运营都有特定的对象和服务领域。商业银行是向社会各类经济主体提供存贷款服务、汇兑支付服务、资产管理和公共簿记服务的金融机构，吸收公众存款和发放商业贷款是其主体业务。专业银行包括邮政储蓄银行、住房储蓄信贷银行等。信用社也是现代银行的重要组成，服务的对象主要是社员，组织形式比较独特。

（二）现代国际银行体系的构成

从世界各国银行体系的视角看，现代国际银行体系基本都是以中央银行为核心、以商业银行为主体、以专业银行和其他金融机构为补充的现代银行体系。各金融机构受立法的保护与约束，并由金融管理当局（中央银行或由政府单设的管理机构）管理和监督，在经济活动中发挥积极作用。中央银行与商业银行互为基础、相互促进，商业银行与工商企业相互渗透。银行业发展趋势步调一致，各国银行业集中度越来越高，各国银行业国际化速度越来越快，各国银行业管制越来越松。大型跨国银行的发展，成为全球商业银行体系的重要支撑。

在全球银行协调层面，成立最早的组织为国际清算银行（Bank for International Settlements，BIS），也被称为中央银行的中央银行，下设巴塞尔银行监管委员会。巴塞尔银行监管委员会简称巴塞尔委员会，从1975年开始，BIS专门就商业银行监管提出了相应监管规则，1988年、1997年、2010年先后三次对《巴塞尔协议》进行完善修订，形成了以最低资本要求、监督检查和市场纪律为核心的商业银行国际监管制度框架，对于全球商业银行的规范、合规和稳健发展具有重要意义。其他国际性银行包括援助性、开发性、商业性的机构，如世界银行、国际开发协会、国际金融公司、亚洲开发银行、泛美开发银行、非洲开发银行等。2015年成立的亚洲基础设施投资银行是政府间性质的亚洲区域多边开发机构，总部设在北京，重点支持基础设施建设，成立宗旨是促进亚洲区域的建设互联互通化和经济一体化的进程。现代国际银行体系由全球性清算银行、开发银行以及世界各国的跨国商业银行等组成。

## 三、中国现代银行体系的建立与发展

中国共产党领导建立的银行可以追溯到第二次国内革命战争时期成立的中共苏维埃共和国国家银行，该行在革命战争时期发挥了重要的融资服务作用。新中国成立以前，革命根据地多设有自己的银行，管理货币流通，发挥革命根据地金库的作用。新中国成立前夕的1948年12月，在华北银行、北海银行、西北农民银行的基础上合并组成的中国人民银行，为新中国国家银行体系的建立奠定了基础。

1953—1978年，在高度集中统一的计划经济体制下，中国的银行体系形成了集货币发行、外汇管理、存贷款服务、保险服务等于一身的中国人民银行管理体制。中国人民银行既是国家管理金融机构和货币发行的机关,同时又是全面经营银行业务的国家银行。

1979—1992年,改革开放后,中国逐步建立起独立的中央银行制度。1978年3月中国人民银行从财政部独立出来,1983年国务院决定由中国人民银行专门行使中央银行职能,并成立中国工商银行承担由原来人民银行办理的工商信贷和储蓄业务。此前,中国银行和中国人民保险公司已经从人民银行独立出来,中国农业银行恢复,中国人民建设银行(现在的中国建设银行)也从财政部独立出来。至此,我国初步形成了一个以中国人民银行为中心,以国家银行为主导,包括工商银行、农业银行、中国银行和其他金融机构等组成的新的银行系统,改变了过去的银行"大一统"局面。之后的10年间,我国又设置了交通银行和中信银行,成立了中国光大银行、兴业银行、华夏银行、招商银行、深圳发展银行和上海浦东发展银行等股份制商业银行。

从1993年至今,为逐步强化和完善现代中央银行体系阶段。中国政府相继出台了《关于金融体制改革的决定》,颁布了《中华人民共和国中国人民银行法》和《中华人民共和国中国人民银行法(修正案)》等,从制度的层面对银行体系进行规范。从1994年开始,我国先后成立了三大政策性银行和四大资产管理公司,剥离了工、农、中、建四大国有银行的政策性业务和不良资产,推动了国有银行商业化、股份化改革。从2005年开始,四大国有银行先后完成改制并成功上市,逐步成为全球有影响力的大型股份制商业银行。同时,城市信用社逐步改制为地方城市商业银行,农村信用社也陆续改制为地方农村商业银行或地区农业合作银行;我国培育了村镇银行、民营商业银行和互联网银行,监管部门批设了金融消费公司。截止到2023年6月,包含政策性银行、国有大型商业银行、邮储银行、全国性股份制商业银行、城市商业银行、农村商业银行、民营银行、村镇银行、外资银行、农村信用社、企业集团财务公司、金融消费公司等在内的银行类金融机构数量共计4 561家。一个多元化、多层次、全方位的现代银行体系正在形成。

**四、现代银行的内部控制**

现代银行的内部控制是指银行内部自觉主动地通过建立各种规章制度,确保管理有效、资产安全,最终实现安全与效率的目标。现代银行的内部控制应遵循全面、审慎、有效和独立的原则。

(1)银行要求健全内部控制管理制度,创造良好的内部控制。在各个岗位、各个部门、各个环节上建立严格而具体的内部控制制度,做到有法可依、有章可循。同时也应该建立部门之间、岗位之间的相互核查制度。银行要制定发展目标和方向,按照合法、合规、稳健的要求制定明确的经营方针。各部门和分支机构都应该围绕整体的经营方针来制定相应的工作目标,以实现整体的经营利益。

(2)完善岗位责任制度,规范岗位管理措施。推进银行内部工作的目标管理,制定规范的岗位责任制度,实施严格的操作程序和合理的工作标准,同时赋予各岗位相应的责任和职权,建立相互配合、相互监督、相互制约的工作关系。实施部门岗位职责的适当分离。职责分离是内部控制独立性的基本要求,能够使各部门、各岗位人员各尽其职,也符合巴塞尔有效核心监管原则中"职能分离"的目标。

(3)实现合理的授权分责。各项业务是由各级管理人员和在岗人员完成的,赋予各级人员合理的权限是完成任务的基础和保证。各级管理人员要在各自的岗位上,按所授予的权限开展工作,并对各自职责范围的工作负责。①建立有效的内部稽核制度。内部稽核制度是指各部门、各岗位之间在业务运作过程中的一种不间断的连续检查制度,即每一个环节在完成自身业务的同时,也是对上一环节工作准确性的核查。②确保内部稽核制度的权威性和独立性。内部稽核部门的主要职责是对各项业务提出内部控制的建议,检查和评价各有关部门内部控制的情况,对内部控制制度的执行进行稽核检查,对违反内部控制的部门和个人进行处分和处理。

(4) 构建完整的信息数据库。信息资料是业务过程的全记录,是银行经营活动的重要凭证。银行应当全面、真实、及时地记载每一笔经济业务,正确进行会计核算和业务核算,建立完整的会计、统计和各种业务资料的档案,确保内控行为的顺利实施与开展。建立有效的预警预报系统,可以在早期预知可能出现的错误和问题,及时发现经营过程中的隐情。围绕经营行为、业务管理、风险防范、资产安全建立定期业务分析等,建立定期实物盘点、各种账证账表的核对制度以及业务活动的事前、事中和事后的监督制度,从而把业务风险降到最低程度。建立有效的应急措施,对重要岗位和营业网点制定明确的应急措施,保证业务的持续进行。应急措施要充分考虑各种可能的内外部因素,依次设定具体的应变步骤。

## 第二节 商业银行的金融科技创新

### 一、电子汇兑与支付结算

#### (一) 电子汇兑业务

电子汇兑是汇款单位委托银行使用电子化手段将款项汇往异地收款单位的一种结算方式。电子汇兑系统以计算机通信网络为支撑,以电子化联网网点为基础,采用先进的信息技术,提供集汇款交易处理、资金清算、会计核算和风险防范于一体的快速汇款服务。电子汇兑具有更加快捷、高效、灵活、收费合理的特色。电子汇款服务从汇款交易受理开始,到汇款信息的传输处理,全过程均由计算机系统控制完成。与传统汇款服务相比,电子汇款服务在业务处理手段、处理方式、处理流程等方面发生了质的飞跃。

#### (二) 电子汇兑系统

同自助银行系统相比,电子汇兑系统业务金融额大、数量少,主要面对企业单位和政府部门。自助银行系统额小量大,主要面对社会公众。电子汇兑系统具有如下显著的特点。

1. 交易额大,风险性大

电子汇兑系统处理的交易金额较大,因而风险性也大。在银行系统的案例中,犯罪分子在电子汇兑系统里的作案比例较大,作案金额是各类案例之首。

2. 对系统的安全性要求高于时效性要求

通过电子汇兑系统的汇兑金额较大,客户汇款时最关心的是安全问题。为了电子汇兑系统的安全,信息传输应采用先存后送的方式,确保信息在传输过程中所通过的每个站点都有确切的记录,以防万一汇兑业务出现问题,能迅速找出出事的站点。

### 3. 跨行和跨国交易所占比例较大

汇兑的业务处理包含巨额的国际支付、行际资金调拨、企业间的贸易往来和个人的小额汇兑,还有各种托收和代付等。这些业务中,随着国际贸易的发展、跨国公司的壮大和全球经济一体化进程的加速,跨行和跨国交易所占的比重不断增大。因此,电子汇兑系统应适应国际上通行的各种标准、规格和要求。

为适应国际贸易和国际金融交易快速发展的需要,国际上建立了许多电子汇兑系统,这些系统所提供的功能不尽相同。依其作业性质,电子汇兑系统分为通信系统、支付系统和清算系统。通信系统主要提供通信服务,专为成员金融机构传送同汇兑有关的电子汇兑系统信息。成员行接收到这种信息后,若同意处理,则将其转送到相应的资金调拨系统或清算系统,再由后者进行各种必要的资金转账处理。支付系统是典型的汇兑作业系统,它们的功能较齐全。我国各商业银行的电子汇兑系统、中国人民银行的全国电子联行系统也都属于这类系统。清算系统主要提供清算处理服务,当汇入行接受汇出行委托,执行资金调拨处理,导致行际发生借差或贷差时,若汇入行与汇出行之间又无直接清算能力,则需委托清算系统进行处理。

### (三) 支付结算

支付结算是指单位、个人在社会经济活动中使用现金、票据、信用卡和结算凭证进行货币给付及资金清算的行为。银行、信用合作社以及单位和个人是办理支付结算的主体。其中,银行是支付结算和资金清算的中介机构。非银行金融机构和其他单位不得作为中介机构办理支付结算业务。传统的结算方式是指汇票、本票、支票和汇款。近年来,又出现了电子汇兑、网上支付、移动支付等结算方式。银行为国际贸易提供的支付结算及带有贸易融资功能的支付结算方式,通常包括汇款、信用证及托收。信用证和托收又派生出许多带有融资功能的服务,如打包贷款、出口押汇、出口托收融资、出口票据贴现、进口押汇、提货担保等。

## 二、智能银行

智能银行是通过高科技的广泛应用,为客户提供全新的业务办理体验的智慧型银行,能够大大提高日常银行业务办理的效率,有效提升客户体验感和满意度。

### (一) 智能机具

传统意义上的自助服务渠道包括自助取款机(ATM)、现金存款机(CDM)、存取款一体机(CRS)、多媒体自助终端(BSM)、自助查询机、虚拟柜员机(VTM)等多种机具,在现代银行服务网点应用比较广泛。

自动取款机(ATM)是由计算机控制的持卡人自我服务型的金融专用设备。ATM可以向持卡人提供提款、查询余额、更改密码、进行账户之间资金划拨等功能。ATM不仅能接受本行本地卡,还可以通过网络功能接受异地卡、他行卡,同时为持卡人每日提供24小时服务。ATM还可以对异常事件进行报告,视频监控ATM的使用情况(见图9-1)。

现金存款机(CDM)可办理查询余额和存款等业务。目前许多银行的CDM兼具ATM功能,既可取款也可存款,还可以提供转账、交话费等服务。

图 9-1 自助银行服务

存取款一体机(CRS)可进行自助取款和自助存款,还可以实现存取款现金的自动循环功能,即把客户存进来的钱,作为取款客户的取款现金。CRS 的现金自动循环功能开通后,柜员机可以一天几乎 24 小时全功能满负荷地工作,最大限度地提高了使用效率。CRS 的配置可以适当减少每个网点 ATM 的经营台数,缓解了部分网点没有空间增装 ATM 的问题,减少了 ATM 操作员的工作量,从而节省了人工成本。

银行的多媒体自助终端机(BSM)的功能主要包括现金取款、现金存款、余额查询、本行或异行转账、修改密码等基本功能。有些多功能自助终端机还提供诸如存折打印、对账单打印、支票存款、信封存款、缴费、充值等一系列便捷服务。

自助查询机是目前最简单、便利而且适用于多种信息查询的输入输出设备。自助查询机可以查询并打印银行卡明细、信用卡消费信息、理财信息等多种非现金业务的信息,有的网点还可以进行个人信用报告的查询,提供更加人性化的服务,极大地方便了对于计算机操作不熟悉的客户。

虚拟柜员机(VTM)是一种通过远程视频方式来办理一些柜台业务的机电一体化设备。除了具备如账户查询、转账汇款、修改交易密码、信用卡还款、整存整取等功能,虚拟柜员机还具备视频办卡、理财购买、理财产品风险承受能力评估等功能。客户可以通过机具完成一些安全认证等级较低、柜台业务量较大的交易,实现客户和银行的双赢。客户可以快捷办理业务,银行可节省人力资源。但是为了控制风险,符合监管和业务本身要求,VTM 需要人工进行审核确认。

(二) 超级柜台

随着银行业务的离柜率逐步提升,面对传统线下银行网点运营成本的压力,银行网点转型需求日益迫切。与此同时,5G、人工智能、区块链、物联网等前沿科技正应用于金融的方方面面,传统网点加快了数字化进程,逐步转型为智能化网点。

超级柜台通过硬件设备的集成和业务流程、交易凭证的整合,借助视频、影像、工作流、人脸识别等技术手段,实现柜面非现金业务的客户自助办理。超级柜台的业务范围包括自助开卡、电子银行签约、银行卡账户挂失、信用卡申请、转账、理财、基金、查询等(见图 9-2)。随着功能的不断迭代升级,智能柜台已经能够受理 13 大类、154 项,涵盖 90% 以上零售和对公的非现金业务,对柜面交易的替代作用明显。[①] 超级柜台打破了传统的银行业务处理流程,由工作人员在大堂引导客户,客户自助办理业务,后台系统人员专业审核。这种新型业务处理模式实现了个人客户非现金业务的快速处理,改变了银行柜面业务流程填单多、签名多、流程较烦琐的现状,提升了银行的效益。

(三)智慧网点

5G 技术作为新一代移动通信网络技术,具有增强移动带宽、高可靠、低延时的特点,促进了金融科技的升级和应用,如人脸识别的更广泛应用、基于微表情的实时风控、新的支付手段、基于自然语言处理的语义分析、人机交互的普及甚至远程开户的放开等。未来客户存取款不需要携带身份证和银行卡,通过刷脸或手机银行扫码就可以办理存取款业务。

图 9-2 超级柜台

### 三、网上银行服务

(一)网上银行概念

网上银行又称网络银行、在线银行或电子银行,是各银行在互联网中设立的虚拟柜台。银行利用互联网技术,向客户提供全面而丰富的网银功能,包括账户服务、转账支付、投资理财、信用卡、融资、生活缴费、信息服务以及专属服务等,使客户足不出户就能够安全、便捷地管理银行账户,帮助其开展相应的线上与线下经济交易活动等。

(二)网上银行业务

网上银行的业务品种主要包括基本业务、投资理财、电子商务、企业银行及其他金融服务。

1. 基本业务

商业银行提供的基本网上银行服务包括在线查询账户余额、交易记录、下载数据、转账和网上支付缴费等。

2. 投资理财

由于金融服务市场发达,可以投资的金融产品种类众多,网上银行提供包括股票、期权、外汇、黄金、共同基金投资等多种金融产品服务。

3. 电子商务

网上银行设立了网上购物服务,大大方便了客户网上购物,为客户在相同的服务品种上提供了优质的金融服务和相关的信息服务,加强了商业银行在传统竞争领域的竞争

---

① 杨建文,张武刚,朱亚伟. 银行全渠道业务分析及发展趋势研究. 农村金融研究,2019(9):47-52.

优势。

4. 企业银行

企业银行服务是网上银行服务中最重要的部分之一。其服务品种比个人客户的服务品种更多,也更为复杂,对相关技术的要求也更高,所以为企业提供网上银行服务的大多是有实力的大型商业银行,一般中小网上银行或互联网银行只提供部分甚至不提供企业服务。

5. 其他金融服务

除了银行服务,商业银行的网上银行还通过自身或与其他金融服务网站联合的方式,为客户提供多种金融服务产品,如保险、抵押和按揭等,扩大了网上银行的服务范围。

### 四、移动银行

(一)移动银行模式

随着移动互联网和智能手机的普及,手机银行APP等移动端产品得以迅速发展。移动银行(Mobile Banking)利用移动通信网络及智能手机、平板电脑等移动终端办理线上银行业务。作为一种结合了货币电子化与移动通信的崭新服务,移动银行业务不仅可以使人们在任何时间、任何地点处理多种金融业务,而且极大地丰富了银行服务的内涵,使银行能以便利、高效而又安全的方式为客户提供传统和创新的服务。移动终端所独具的贴身特性,使之成为继ATM、互联网、POS机之后银行开展业务的强有力工具。

(二)移动银行业务

目前移动银行业务大致可分为五类。

(1)账户业务。包括账户查询、余额查询、账户的明细、消费支付、转账、银行代收的水电费、缴费充值等。

(2)存贷款与信用卡业务。包括办理非现金存款、快速信用贷款、申请和办理信用卡等相关业务。

(3)投资理财业务。包括购买理财产品、基金、保险,外汇交易、贵金属交易等。

(4)信息咨询服务。包括生活咨询、投资理财咨询和消息通知等服务。

(5)权益服务。包括领取优惠券、消费满减、在线促销活动等。

(三)移动银行业务的优势

在移动支付方面,我国移动支付用户规模持续扩大,用户使用习惯进一步巩固,用户在线下消费使用手机网上支付比例提升较为明显。在移动理财方面,货币基金在线理财的规模增长快速,银行移动平台理财市场的发展趋势呈现多元化。在移动信贷方面,部分传统银行充分挖掘现有存量用户的信贷潜力并将其引导至移动互联网端;银行网络平台通过搭建电商平台或与其他线上场景合作获取海量客户流量和用户数据,借助金融科技为用户提供多元化的金融服务。在移动投资方面,作为银行获客和服务的载体,移动银行平台提供了各类金融投资与理财产品,吸引用户流量和资源。可以说,移动银行降低了金融服务门槛,为普惠金融服务创造了条件。

> **专栏 9–1**
>
> **中国建设银行的手机银行**
>
> 中国建设银行坚持移动优先策略,在应用金融科技创新的基础上,打造网络金融生态系统,为客户提供智慧、便捷、高效的网络金融综合服务。2017 年,中国建设银行新版手机银行亮相,提供信用卡、投资理财和贷款等业务的办理。新版手机银行融入了"智慧、生态、协同"的理念,更加突出"智慧"内核,为客户提供个性化的服务推送和投融资建议以及生活缴费、娱乐出行等便民服务。

### 五、直销银行

(一)直销银行理念

直销银行诞生于 20 世纪 90 年代末北美及欧洲等经济发达国家,因其业务拓展不以实体网点和物理柜台为基础,具有机构少、人员精、成本低等特点,因此能够为顾客提供比传统银行更便捷、优惠的金融服务。在近 20 年的发展过程中,直销银行经受起了互联网泡沫、金融危机的历练,已积累了成熟的商业模式,成为金融市场的重要组成部分,在各国银行业的市场份额已达 9%~10%,且占比仍在不断扩大。[①] 直销银行几乎不设立实体业务网点,也不发放实体银行卡,主要通过互联网、移动终端、电话、传真等媒介工具,实现业务中心与终端客户直接进行业务往来。直销银行的客户定位于受过良好教育的、愿意接受在线金融服务的互联网年轻客户。虽然随着互联网技术和电子商务的发展,国内大部分银行均设立了网上银行、手机银行、电话银行等业务,业务的电子替代率持续上升,但这些业务依然作为传统银行整体的一部分而存在,更多的是充当对传统物理网点的补充,并没有完全脱离实体网点而独立存在。随着国内金融改革的推进,开设直销银行成为广泛关注的焦点。

"直销"的概念来自实体经济,是相对于"分销"而言的。商业银行提供的是无形的服务产品,但是不断膨胀的分支行运营成本成为影响商业银行损益表的最主要因素,而直销模式能够极大地降低商业银行的运营成本。虽然直销银行缘起于商业银行降低成本的需求,但是互联网金融环境下竞合的生态才是直销银行大力发展的根本原因。互联网的广泛应用推进了金融的普惠化,使得支付环境和监管大大改善,银行间、银商间的竞合体系逐步完善,渠道竞争和渠道合作成为常规,尤其是电子商务平台的开放更加促进了直销银行的发展。

(二)直销银行产品

目前直销银行的产品主要分为三类。最基础的是存款,包括普通存款和结构化存款;另一类是基金,包括债券基金和股票基金;第三类是理财产品,即"宝"类产品。

中国民生直销银行共推出"如意宝""慧选宝""民生金"和"轻松汇"四款产品,分别

---

① 梁礼方. 金融科技时代的银行 IT(三). 中国金融电脑,2019(7):24–29.

针对不同的人群需要而设定。"如意宝"是一款操作简便、低门槛、零手续费、随取随用的余额宝类产品,为客户提供电子账户的余额增值服务和活期资金的管理服务。"慧选宝"是一款创新类定期存款产品,结合大数据分析模型,对客户的风险偏好进行分析,为客户推荐出适合的理财产品。它不但能获得较高的收益,而且对部分产品以质押贷款方式提供实时流动性服务,让客户不仅可选择最适合自己的投资理财产品,还可拥有活期资金的高流动性。"民生金"则是一款以人民币为交易结算货币的黄金投资业务,具有操作简便、低门槛和可实物黄金提现的特点,大大提高了民生直销银行的可用性。

(三)直销银行模式

1. 纯粹的网络银行

以安全第一网络银行(Security First Network Bank,SFNB)为代表。它是全球第一家纯粹的网络银行。SFNB建立之初,以服务网民为宗旨,业务模式和用户体验更贴近互联网用户的习惯,更能吸引年轻的个人用户。但由于完全缺乏母银行的品牌效应和安全性,在商业模式、信息安全和客户服务方面,纯粹的网络银行面临更大的挑战,对所在国家网络用户普及率和监管政策依赖度较高。

2. 全球性的直销银行

以ING Direct为代表。ING Direct通常是目标国家市场的首位直销银行,三年左右即实现盈亏平衡。经历2008年国际金融危机后,ING Direct逐步收缩,出售了在北美和英国等多处的直销银行业务,专注在欧洲的业务发展。

3. 作为子品牌的直销银行

以Norisbank为例。Norisbank是德意志银行集团的直销银行品牌,瞄准数字精英客户群体。欧洲国家的直销银行大多采用这种模式,依靠母公司集团,针对独立的客户群,建立独立的子公司和子品牌,通过电子渠道进行直接销售。

4. 作为事业部的直销银行

以HSBC Direct为代表。HSBC Direct仅作为客户的附属增值账户,关注能带来存款额的客户,强调模式创新和低成本。

直销银行模式成立的关键是具有独立的门户、独立的客群、独立的产品体系、独立的核算体系。大部分直销银行精简了原有的银行业务,对部分业务进行了升级,并进行整合,为客户提供更加精准、更加便捷、更具市场活力的业务和服务。

(四)纯互联网银行的技术基础与优势

互联网银行是借助互联网等现代通信技术,通过云计算、大数据等方式在线为用户提供存贷款、支付结算等标准金融服务的互联网金融服务机构,具有快捷、高效的特点,同时兼有传统银行的安全性能。由美国联邦银行管理机构批准的安全第一网络银行,其前台业务在互联网上进行,其后台处理只集中在一个地点进行。1996年年初,美国安全第一网络银行全面在互联网上正式营业和开展银行金融服务,用户可以采用电子方式开出支票和支付账单,可以上网了解当前货币汇率等信息。互联网银行和传统银行之间的区别是互联网银行没有分行和物理网点,所有业务在网上开展,所有操作在线完成,客户可以足不出户、方便快捷地享受24小时不间断服务。通过互联网技术,互联网银行取消了物理网点,降低了运营成本和人力资源等成本。与传统银行相比,互联网银行具有极强的竞争优势。互联网银行的特点是以客户体验为中心,将互联网精神应用在金融服务中,共享、透明、开放、全球互联是未来互联网银行的必然发展方向。

2014—2022 年,中国的银行监管部门共批准了 19 家民营银行,其中采用直销银行形式开办的纯互联网银行包括深圳前海微众银行、浙江网商银行、中信百信银行、江苏苏宁银行、四川新网银行、武汉众邦银行等。深圳前海微众银行的主要业务为贷款、理财,产品有"微粒贷""微业贷"和"微车贷"。浙江网商银行为小微企业和乡镇农户推出了"网商贷""旺农贷"和"余利宝"等各类贷款及理财产品。中信百信银行是首家获批的独立法人形式的直销银行,市场定位是"为百姓理财,为大众融资",基于中信银行的产品研发及创新能力、客户经营及风险管控体系,依托百度公司互联网技术和用户流量资源,满足客户的个性化金融需求,打造差异化、有独特市场竞争力的直销银行,推出了消费金融、小微金融和财富管理三大核心业务。江苏苏宁银行是全国第一家 O2O(Online to Offline)银行,聚焦于供应链金融、消费金融、微小商户金融和产品销售平台四大核心业务,推出了"升级贷""微商贷"和"苏宁云贷"等产品。四川新网银行是我国中西部的第一家互联网银行,为消费者和小微企业提供定制服务,其宗旨是服务小微群体、支持实体经济、践行普惠金融。目前推出的产品有面向个人消费者的"好人贷"、为企业提供的线上金融服务"企业网银",以及资金存管业务。武汉众邦银行是专注服务个人小微的互联网银行。众邦银行聚焦于供应链金融、消费金融、互联网金融、支付金融,提供金融市场业务和投行业务。

互联网银行开展的金融服务重点面向个人消费者、中小微企业和"三农"等,信用贷是各个互联网银行的核心业务。各互联网银行的定位差别不大,主要依托股东的场景资源。深圳前海微众银行依托于腾讯海量的活跃个人用户,浙江网商银行依托于阿里体系庞大的供应链客群和电商用户,四川新网银行则依靠对外的合作。金融交易的效率在互联网银行模式下得到了提高,金融资源的配置效率也得到了有效的提升和保障。

## 六、银行电商

2012 年 6 月,中国建设银行"善融商务"正式上线,成为国内商业银行第一家综合性电子商务平台。同年,交通银行推出"交博汇"电子商务平台。之后工商银行"融 e 购"、招商银行"掌上生活"以及其他银行的电子商务平台如雨后春笋般出现在公众的视野里。银行电商依托于其存量金融业务客户,成为我国电子商务领域的一股新生力量。

(一)银行电商理念

银行通过自营或与第三方公司共建的方式,为电子商务交易双方或者多方提供网络经营场所,并且在电子商务平台上发布信息、撮合交易。银行开展的电商业务主要是通过银行电商平台销售商品,在结算过程中提供银行的服务。银行电商不是一个通常概念的网上商城,而是一个金融服务平台,比如用户在银行电商平台买一部价格为 4 000 元的手机,银行可以提供相应的贷款支持,相当于分期付款。如果不需要银行资金支持,则银行电商平台会提供支付服务。银行开展电子商务业务能够更好地为企业和个人客户提供服务,增加客户黏性。

银行以自己的客户资源和品牌效应为依托,让个人客户和企业客户在自己运营的电子商务平台上完成电子商务交易,所有的资金流动在银行内部系统里完成。用户通过银行的电商平台进行交易,银行不仅能产生金融服务收入,还能掌握用户的交易数据,用户数据决定了银行未来的生存竞争力。银行原本拥有的客户信息并不全面,获得了客户的交易数据或产业链上下游数据后,可以通过大数据技术来驱动业务运营。大数据技术能够帮助银行刻画个人客户画像和企业客户画像,建立全面的客户视图。在客户视图的基础上银行可以有效地开展精准营销,包括实时营销、交叉营销、个性化推荐和客户生命周期管理,从而促进电商平台的运营。

(二)银行电商模式

银行电商主要有针对个人客户的 B2C 模式和为企业客户提供服务的 B2B 模式。以建设银行的"善融商务"为例。"善融商务"分为"善融商务个人商城""善融商务企业商城"和"房 e 通"三个板块。在金融服务方面,客户可以享受到从支付结算、托管、担保到融资服务的全方位金融服务。在电商方面,提供 B2B 和 B2C 两种客户操作模式,涵盖商品批发、商品零售、房屋交易等领域,为客户提供信息发布、交易撮合、社区服务、在线财务管理、在线客服等配套服务。"善融商务个人商城"定位为面向个人消费者的 B2C 平台,出售服饰、箱包、图书、电器等 14 个品类的商品,采用加盟商家向消费者提供产品的模式,入驻个人商城的企业有海尔集团、银泰百货等知名品牌厂家。消费者在购买商品时可以分期支付或者申请贷款支付,也可采用信用卡积分兑换券进行支付。"善融商务企业商城"定位为面向企业用户的独立 B2B 平台,包括专业市场、对公融资和资金托管三大部分。"房 e 通"主要是新房、二手房等的贷款业务,帮助客户在网上便捷地申请到贷款和住房基金等多种业务。相比传统银行电商,"善融商务"是一个完全开放的平台,消费者不局限于本行用户,其他行用户也可以在"善融商务"平台上进行电子商务交易,提高了建设银行自身的竞争力。

(三)银行电商与互联网电商

银行电商平台和传统互联网电商平台提供的服务基本相同。但是银行电商平台在传统互联网电商提供的产品和服务的基础上,还增设了基金产品、理财产品等金融产品和金融服务板块。银行电商平台和传统互联网电商平台的运营主体不同。银行电商平台主要依托银行内部业务部门,如网络金融部自运营或委托第三方代运营的方式,互联网电商平台则是电商公司自运营。两种电商平台的定位也不同。通过搭建电商平台,银行可以获取客户数据,进一步开拓金融服务场景。而传统互联网电商业务侧重于电子商务本身,在保证电子商务交易体验的情况下提供金融服务或其他服务。

## 第三节 现代银行技术业务

### 一、开放银行

开放银行模式起源于英国,可理解为一种平台,利用开放应用程序编程接口(Application Programming Interface,API)或软件开发工具包(Software Development Kit,SDK)等技术,实现银行与第三方之间的数据共享、银行服务与产品的即插即用。

## （一）开放银行理念

开放银行是一种平台化商业模式,通过与商业生态系统共享数据、算法、交易、流程和其他业务功能,为商业生态系统的客户、金融科技公司、供应商和其他合作伙伴提供服务。开放银行构造了一个开放共享、共建共赢的场景金融生态圈,生态圈的参与方主要有商业银行、第三方合作伙伴、第三方金融科技公司、政府部门或行业组织、国家监管机构以及用户等。不同的参与方在生态圈中承担着不同的职责,商业银行主要提供金融服务与金融数据,第三方合作伙伴提供垂直行业的场景数据,第三方金融科技公司提供技术与分析数据,政府部门提供非金融数据,国家监管机构承担着监管职责与监督权力,用户以第三方合作伙伴构建的场景为入口授权相关数据并享受服务。银行是生态圈中的核心,开放自身金融服务接口给第三方使用。如果银行开放账户查询、支付、消费贷款等金融服务接口供电商平台调用,客户可以直接从电商平台上在线获得上述银行服务而无须到银行办理,极大地提升了用户的交易体验。

## （二）开放银行技术

在金融行业,对于数据隐私、信托责任等领域需要有完善的监管治理和保障体系。无论是对于政府还是行业的监管机构而言,API 接口都可帮助开放银行方案落地时减少不必要的障碍和摩擦。API 接口是为了实现某个应用程序与其他系统的互动而设计的经过记录的连接点。API 的概念可以追溯到大型主机的年代,投资管理公司是其早期使用者之一,它们通过这种技术将第三方的费率、基金表现、交易清算等数据无缝引入自己的桌面程序上开展管理。到了 21 世纪初,以客户为中心的互联网新时代到来,为 API 技术提供了新的使用场景。API 主要有三种模式:公共/开放式接口、合作伙伴/B2B 接口、内部接口。公共/开放式接口是供外部合作伙伴和开发 APP 以及新产品的开发人员使用的 API 接口;合作伙伴/B2B 接口是供合作伙伴使用的 API 接口,包括供应商、分销商和其他合作伙伴,以实现更密切的合作;内部接口是开发人员在企业内部使用的 API 接口。[①]

银行生态圈的数据共享是一个需要多方参与且注重隐私保护的场景。区块链技术具有去中心化、多方参与、共同维护以增强信任的特点,因此在数据共享中必不可少。区块链技术是一种去中心化的分布式账本技术,其典型技术特征是通过块链式的数据结构实现全网确认和验证的分布式账本,实现防伪造、防篡改和可追溯等特性。区块链网络的各个参与方基于多方共识来共同记录账本,并在网络成员之间进行共享与同步数据,每个参与方都享有相对平等的权利和相同的账本,便于资产和数据的交换,消除了不同账本的时间差和开支差。以数字摘要算法、数字签名和加密算法为代表的安全技术在区块链中起着基础作用,在保证区块链数据安全性的同时,也确保了参与者身份的安全性,通过可授权加解密机制实现参与者以及用户对链上自身数据的完全掌控。链上存储的数据都是由相关参与方使用自身的密钥对数据进行加密后上链再进行共识的达成,保证了数据的安全性,大大减少了数据泄密的可能性。利用区块链不可篡改、数字签名、共识机制、智能合约等技术可以对数据进行确权,并对数据的产生、收集、传输、使用与收益进行全周期的记

---

① Laura Brodsky, Liz Oakes. Data sharing and open banking. McKinsey China, 2017.

录与监控,实现了收益共享与风险共担,促进了数据资产的流通,实现了开放银行生态圈的合作共赢。

> **专栏 9–2**
>
> **浦发银行 API 开放平台**
>
> 浦发银行针对网贷产品、风险评估和信托业务等业务场景开放了一系列 API 接口。在互联网贷款场景中,浦发银行通过 API 接口的方式向合作方提供网贷授信支用合同生成服务和签订服务。根据客户的签约类型、申请流水号等有效贷款信息,合作方调用该接口后,可以基于用户信息生成授信支用合同。生成网贷授信合同后,合作方再调用浦发银行提供的网贷授信支用合同签订服务接口,根据授信合同编号等有效网贷信息签订网贷授信支用合同。在风险评估场景中,合作方可以通过浦发银行提供的 API 接口,查询风险评估结果、风险评估等级,以及风险评估到期日等其他信息。在信托业务场景中,合作方发起信托单笔交易信息状态查询,浦发银行电商托管系统会根据查询条件中的交易流水号、结算账号等信息查询指定交易的处理状态,并返回合作方。

## 二、银行金融科技平台

以大数据、云计算、人工智能、区块链和 5G 通信等为代表的新兴科技与金融业的深度融合正推动着传统金融业步入数字化转型发展的快车道。金融与科技的融合已不仅仅停留在技术层面,更体现为思维、理念、业务模式、管理模式等全方位的融合。在此背景下,商业银行开始探索科技引领、科技驱动、协作创新发展的新路径,深化金融科技在各个业务场景中的应用。银行金融科技平台正开启传统银行在金融科技时代创新发展的新篇章。

(一)金融科技的技术基础

目前大数据、云计算、人工智能、区块链和现代通信等技术在金融行业已经有比较广泛的应用,第五章已有详细介绍。大数据技术是基于全部数据大量、高速、多样、低价值密度、真实性特点的海量数据处理技术,主要步骤包括数据架构和信息整合、通过人工建模进行初步分析和决策、多维度多层次的大数据分析。通过处理分析大量终端用户数据,银行获得了良好的数据基础,进而促进了个人征信、授信、风控以及保险定价等领域的发展。在智能理财领域,可以根据用户大数据识别用户的个性化的风险偏好,根据不同的风险偏好提供个性化的理财方案。云计算可以提供便捷、按需获取和可配置计算资源的共享网络服务模式,为大数据提供超强的运算和存储能力,可用于安全防护和数据灾备。人工智能是研究模拟人类智能的科学技术,技术逻辑架构主要由数据层、技术层和应用层构成,在反欺诈、异常行为分析、智能量化交易、智能投顾和智能运维等方面有着重要作用。机器人技术通常应用于智慧网点、智慧机房等场景。[①] 区块链是一种分布式数据库,利用块链式数据结构来验证与存储数据,利用分布式节点共识算法来生成和更新数据,利用密码

---

① 程娟,周雄伟.基于人工智能的证券金融服务创新研究.金融科技时代,2018(10):13–19.

学的方式保证数据传输和访问的安全,利用智能合约来编程和操作数据。区块链的应用解决了中间成本问题,可替代原本由中介或中心机构处理的交易流程,可编程的智能合约能够有效规范市场秩序。现代通信技术以 5G 网络为代表,为数据信息快速传输以及云计算的算力共享提供了基础路径。

(二) 银行金融科技子公司

2015 年 12 月,兴业银行成立兴业数字金融服务(上海)股份有限公司(简称兴业数金),开创了商业银行成立金融科技子公司的先河。同月,平安集团旗下金融科技公司上海壹账通金融科技有限公司(简称金融壹账通)成立。同时,平安集团旗下平安科技也从普通的信息服务向金融科技服务转型。2016 年 2 月,招商银行组建全资子公司招银云创(深圳)信息技术有限公司(简称招银云创)。2016 年 12 月,为推动光大集团科技创新发展模式,光大科技有限公司(简称光大科技)应运而生。2018 年 4 月,建设银行组建建信金融科技有限责任公司(简称建信金科)。 2018 年 5 月,民生银行宣布正式成立民生科技有限公司(简称民生科技)。同月,华夏银行成立了全资金融科技子公司——龙盈智达(深圳)科技有限公司(简称龙盈智达)。2019 年 3 月北京银行设立金融科技子公司——北银金融有限责任公司。2019 年 5 月,中国工商银行通过附属机构设立的工银科技有限公司(简称工银科技),在河北雄安新区正式挂牌开业。2019 年 6 月,中国银行成立全资子公司——中银金融科技有限公司(简称中银金科)。2020 年 1 月,交通银行在其子公司交银国际控股有限公司的下属公司交银国际(上海)股权投资管理有限公司旗下,发起设立交银金融科技有限公司(简称交银金科)。2020 年 7 月,中国农业银行设立农银金融科技有限责任公司,其他银行等也在筹划设立金融科技子公司。

银行纷纷设立金融科技公司主要出于竞争环境变化的考量。从银行内部看,设立金融科技子公司是银行转型需要。由于竞争加剧,商业银行净利润增速放缓、净息差收窄。同时,监管层对商业银行提出了"更普惠、更创新、更合规"的发展要求。利用现代科技,创新金融业务,通过自身力量培育金融科技核心竞争力,实现控制成本、服务长尾客户、增加收益等目标。

金融科技专业子公司具有明显优势:专业化的研发模式有助于科研创新的快速推进,市场化的薪酬激励机制更容易吸引和培养金融科技人才,子公司化运作模式更容易与外部金融机构建立合作关系,有利于构建金融科技生态,为自身金融科技长远发展夯实基础。金融科技公司在技术和服务成熟之后,适时、适当地开展科技输出,从而实现盈利,并获得技术市场话语权是商业银行金融科技转型的另一个重要方向。

(三) 银行金融科技业务

银行金融科技公司主要业务方向是以金融科技为手段,聚焦行业客户、政务服务等金融场景建设,开展技术创新、软件研发和产品运营。具体业务包括金融信息科技、计算机科技、网络科技、机电科技、软件科技领域的技术开发、技术咨询、技术服务、技术转让,以及接受金融机构委托从事金融信息技术外包、金融业务流程外包、金融知识流程外包,金融信息服务(除金融许可业务)等。具体可以划分为集团内金融科技服务和外部金融科技服务。

1. 集团内金融科技服务

集团内金融科技服务主要面向集团综合经营公司提供科技服务,包括应用系统与基础平台的开发、测试、维护等。根据市场发展,集团应加大在新技术、新工艺下的自主研发和创新,提升核心技术自主可控能力,提高技术应用效率。

2. 外部金融科技服务

外部金融科技服务方面,主要依托集团在金融服务、风险控制、技术研发等领域的优势,挖掘市场潜在客户,对外进行技术和产品输出。建设面向集团外部服务的公有云基础设施,依托公有云对集团外部提供金融云服务及相关的IT能力。与政府、交通、能源、医疗、学校等行业紧密合作,不但提供金融服务而且提供行业云计算服务,将场景生态建设与基础运营支持紧密衔接,实现多行业多产业链合作共生的行业生态联盟。

> **专栏 9-3**
>
> **兴业数金提供专属银行科技服务**
>
> 兴业数金通过搭建平台、运营平台的方式持有信息资产,为中小银行、非银行金融机构、中小企业提供金融信息云服务,包括接受金融机构委托从事金融信息技术服务外包、金融业务流程外包、金融知识流程外包、应用软件开发和运营服务、系统集成服务等。
>
> 兴业数金打造了"三朵云"和"开放银行+智慧银行"的格局。"银行云"由兴业银行"银银平台"科技输出板块业务发展而来,面向城商行、农商行、民营银行、村镇银行等客户群体,提供完整的银行信息系统的云服务,为中小银行的核心银行和智能网点等提供解决方案,帮助合作的银行节约科技投入成本、降低信息科技风险。"非银云"主要为财务公司和金融租赁公司的核心业务系统提供云服务,尽可能地满足财务公司和金融租赁公司金融业务发展的需求。"基础云"为金融类客户提供 IaaS、PaaS 层的基础设施云服务,包括云主机、云硬盘、安全防护等各类云计算资源,帮助金融企业构建高效的 IT 平台。开放银行和智慧银行提供的解决方案都面向城/农商行、民营银行和村镇银行等各类银行机构,通过人工智能和区块链等技术手段提供安全便捷的科技系统,提升银行智慧化服务水平,促进银行机构向开放银行和智慧银行转型。兴业数金已成为国内最大的核心系统托管服务商,提供超过 400 项全方位金融行业云服务。

### 三、营销场景搭建与客户体验设计

随着科学技术的发展,金融科技进入 3.0 时代,其显著特征之一就是金融服务场景化,即场景金融。场景金融指的是通过科学技术,将金融活动嵌入各个不同的生活场景中,以满足客户的金融需求体验。[①] 场景搭建主要围绕个人金融场景和产业金融场景展开。

(一)银行营销场景模式与搭建

银行推进业务产品线上营销主要通过搭建消费场景来获客。我们每个人的生活都离不开衣、食、住、行,面对 C 端的银行场景主要融入衣、食、住、行、医疗、教育等日常生活场

---

① 陈亮,梁航,李冬菊.商业银行发展场景金融的探索与思考.金融科技时代,2019(9):17–21.

景。如工商银行将金融服务悄无声息地融入了每个人的生活和消费场景中,与公交公司和地铁公司合作开展了公交卡充值业务,与神州专车、共享单车等合作共同打造共享出行、共享雨伞的服务模式,与爱奇艺、京东开展了视频、支付等合作,与各大高校合作提供校园卡充值服务,还有线下自助售货机扫码支付等多个便民生活场景。银行除了融入已有的场景之外,还要针对特定人群构建各类垂直场景,让人们融入搭建的场景中,并对现有的数据和渠道进行二次利用。以"二宝贷"为例,针对国家放开二胎的政策,家庭对"四人全家福"的期待带来了新的金融需求,对二胎政策放开后动心的家庭难免会担忧经济压力,这种场景下"二宝贷"能够减轻经济负担,加速实现二孩梦。它的出现立足于对国家最新政策和市场环境的精准把握,把握住了处在"临界点"家庭心理上可能担忧的经济压力。

银行场景的B端模式主要是产业场景,供应链场景是产业场景中的重要体现。供应链上有供应商、工贸商、核心企业、经销商、C端用户,服务于供应链的有金融机构、物流公司、供应链服务商等。供应商与核心企业之间有一一对应,也有一对多的关系,经销商和客户之间是多多对应的关系,每一种对应是一个场景。银行可以针对供应链上的支付交易需求、流动性需求和风险控制需求进行场景的搭建。

(二)客户体验设计

场景营销的最终目的是提升客户体验,增强客户黏性,从而优化自身的竞争力。从客户角度来看,客户体验主要包括服务的功能性、可用性和期望性。服务的功能性是客户体验的基础,能满足客户的基本需求。服务的可用性是客户体验的保障,指产品使用顺畅,服务感受良好。服务的期望性是客户体验的升华,指银行的服务超越客户的预期,满足客户潜在需求。在2011年,交通银行携手沃尔玛(中国),在全国范围内推出了交通银行沃尔玛信用卡。在该信用卡原有的功能与服务之外,还推出了店内消费双倍积分的优惠活动,积分奖励计划促使客户使用该信用卡进行消费,信用卡使客户拥有与会员一样便捷的超市服务和购物体验。大型商场是一种产生频繁消费与大额消费的场景,银行利用客户的消费心理,对消费者的需求进行迎合,在这一场景中进行信用卡营销,有效提升了客户的开卡意愿。当客户来到商场进行购物消费时,会因为商城所构建的衣、食、住、行面面俱到的购物场景而产生持续的购买欲望,这种情况下,银行与商场合作发放的联名卡所具有的优惠政策会因为消费频度的增大而被放大,提供的服务会远远超越客户的期望。从真实消费场景的角度出发,按照客户的实际需要定制产品功能,在场景中进行精准营销,是银行融入场景并获取效益最简单直接的手段。

## 四、内控与风险管理技术

一直以来,银行的风险管理秉承着"事前预防、事中监控、事后追踪"的原则,管理重点主要集中于合规性操作风险。就贷款业务而言,贷前审查环节要求资料繁多、审核严格,需要经过层层审批。原有的风险控制方式,虽然能够减少银行放贷的风险,但是也会错误地拒绝潜在的优质的贷款人,银行的风险管理水平较低。在当前宏观经济调整、利率市场化、外部竞争加剧的大环境中,应用大数据技术量化风险极为重要。

当前银行内部控制与风险管理领域广泛应用大数据和人工智能技术,效果显著。通过监督型机器学习模型,基于可观察到的交易特征变量和已知标签的案例数据,模型从已知答案中学习辨别案例的好与坏,在遇到新的案例时应用训练得到的模型进行风险预测。同时,在交易、账户登录等场景应用无监督机器学习模型,在没有"正确答案"的标签数据情况下,通过分析欺诈用户和正常用户行为模式的异同,将用户进行聚类分析,识别欺诈风险。在信贷场景中,大数据产品基于用户的多维度数据,利用信用评分的建模方法描述用户的信用等级,再通过监督型机器学习模型预测、衡量用户的还款能力和还款意愿。

银行主要面临信用风险、市场风险和操作风险三大风险。在信用风险管理方面,银行采用大数据和人工智能技术,建立了包括客户评级和债项评级在内的二维评级体系,可以用于信贷政策的制定、授信额度的确定等,还可以用于定价。市场风险是指银行由于面临市场因素,比如汇率、利率、股票指数、商品、大宗商品价格等的波动,用于交易资产的价格会发生变化,而由这个变化所带来损失的可能性。银行采用大数据技术建立市场风险的管理系统后,通过市场数据库、交易数据库、计量参数库,每天对交易头寸和敞口进行定价估值和损益计算、计量各个层级的风险值、对交易组合进行限额监控等,充分确保市场交易的各个行为符合银行自身的风险偏好。操作风险是由于不完善的具有问题的内部操作程序、人员、系统,或者由于外部事件所造成的银行的风险,比如洗钱、欺诈、内部人员的操作失误甚至舞弊等。通过引入大数据技术打通跨行业数据,实现对多场景大数据的自动化关联分析与可视化。设备、IP、手机号、身份证号、地址、电子邮件等多个维度关联有助于识别支付盗卡、多头申请、团伙作案、刷单、撞库登录等多种欺诈风险,能够有效地应用于反欺诈、反洗钱以及内部员工经营行为监控。采用人工智能技术可以对风险事件进行有效的预警。

## 本 章 小 结

商业银行在经济活动中发挥着信用中介、支付中介、存款货币创造、扩展服务和调节经济的功能。现代银行体系由中央银行、商业银行、专业银行和其他存款类金融机构组成。现代银行拥有严格的内控制度。现代银行的金融科技创新主要体现在电子汇兑与支付结算、智能银行、网上银行、移动银行等创新型服务和直销银行、银行电商等新型银行模式上。银行使用电子化手段实现异地快速精准汇款;利用网络技术,引入各种智能机具,为客户提供全新的业务办理体验,提高了银行业务办理的效率,提升了客户满意度。移动银行等新型银行模式通过互联网向客户提供银行基本业务、投资理财等业务。银行开展的电商业务主要是通过平台销售商品,通过技术手段将金融服务渗透进客户的消费行为中,更好地为企业和个人客户提供服务,增加客户黏性。在技术服务方面,开放银行利用开放API等技术,实现银行与第三方之间的数据共享、银行服务与产品的即插即用;运用大数据、云计算、人工智能和区块链等技术将数据整合并进行深入的数据分析,促进了个人征信、授信、风控以及定价等领域的发展。银行营销场景搭建以数据为根本,以具体的场景为出发点聚焦对消费者的营销,提升客户体验。

## 关 键 名 词

中央银行 商业银行 专业银行 网上银行 智能银行 智能柜台 移动银行 直

销银行　银行电商　开放银行　API接口　营销场景　客户体验

## 复习思考题

1. 银行发展经历哪几个阶段？现代银行具有哪些功能？
2. 简述现代银行体系的构成与管理运作。
3. 现代银行内部控制的内容有哪些？
4. 网上银行提供的服务主要有什么？
5. 商业银行组建独立的金融科技子公司的原因是什么？
6. 直销银行有哪几种模式？
7. 开放银行开放的内容是什么？
8. 大数据和人工智能技术在银行场景搭建时有什么应用？

## 即测即评

## 延伸阅读

[1] 廖理,张伟强,王正位,等.互联网银行:美国经验与中国比较.北京:清华大学出版社,2015.

[2] 赵志宏.银行科技:构建智能金融价值网.北京:中国金融出版社,2017.

[3] 中国互联网金融协会.商业银行互联网金融业务法律法规汇编.北京:中国金融出版社,2019.

[4] 徐丽俊.构建大型银行开放平台系统智能运维体系研究.上海:上海交通大学出版社,2018.

# 第十章
# 现代金融交易体系

**章前导读**

智能投资顾问起源于美国,目前美国智能投资顾问市场规模居全球首位,占全球智能投资顾问管理资产规模的 70.0%。据统计公司 Statista 预测,预计 2026 年美国智能投资顾问总资产管理规模将达 1.99 万亿美元。目前我国已有数十家互联网金融平台及金融科技公司推出了智能投资顾问业务。金融科技的发展,改变了金融市场的运行模式,出现了新兴的市场中介,带来了资产管理和财富管理的理念革新,促进了证券交易的数量化和智能化,在量化投资和程序化交易领域取得了巨大发展。那么,金融科技发展对现代金融交易体系有何影响?人工智能和大数据技术如何改变资产管理和财富管理手段?量化技术和计算机控制如何改变股票投资方法?本章将对这些问题进行理论和应用方面的探讨。

**本章学习目标**

本章首先介绍我国的金融交易所体系概念,阐述交易所市场层次结构和我国交易所的市场体系。其次,考察资产配置与财富管理的相关概念、策略和方法。再次,介绍智能投资顾问这一新兴的投资中介主体,阐述智能投资顾问的特点、功能、技术和业务模式。最后,分析量化投资和程序化交易的相关技术基础、具体功能和应用。通过本章的学习,可以了解现代金融交易所体系,掌握资产配置与财富管理的原理和方法,掌握智能投资顾问的功能、基本原理和业务模式;了解量化投资交易的概念和特点,量化投资的方法、风险和策略,以及程序化交易基本原理。

## 第一节 现代交易所体系

### 一、金融交易所概述

（一）交易所的概念

交易所是进行证券交易或大宗商品交易的市场,所买卖的可以是现货,也可以是期货,通常分为证券交易所和期货交易所。以股票、公司债券等为交易对象的叫证券交易所,以期货合约为交易对象的叫期货交易所。

1. 证券交易所

证券交易所是证券买卖双方公开交易的场所,是一个高度组织化、集中进行证券交易的市场,是整个证券市场的核心。证券交易所本身并不买卖证券,也不决定证券价格,而是为证券交易提供一定的场所和设施,配备必要的管理和服务人员,并对证券交易进行周密的组织和严格的管理,为证券交易顺利进行提供一个稳定、公开、高效的市场。我国《证券法》规定,证券交易所是为证券集中交易提供场所和设施,组织和监督证券交易,实施自律管理的法人。

2. 期货交易所

期货交易所是专门进行标准化期货合约买卖的场所,按照其章程的规定实行自律管理,以其全部财产承担民事责任。在现代市场经济条件下,期货交易所是一种具有高度系统性和严密性、高度组织化和规范化的交易服务组织,它本身不参与交易活动,不参与期货价格的形成,也不拥有合约标的商品,只为期货交易提供设施和服务。

（二）证券交易所市场结构

从欧美、日本等发达国家和地区看,多层次资本市场一般由三类市场组成,依次是主板市场、二板市场与三板市场。

1. 主板市场

主板市场是一个国家或地区证券发行、上市及交易的主要场所。一般而言,各国主要的证券交易所代表着国内主板市场。主板市场对发行人的经营期限、股本大小、盈利水平、最低市值等方面的要求标准较高,上市企业多为大型成熟企业,具有较大的资本规模以及稳定的营利能力。主板市场是资本市场中最重要的组成部分,很大程度上能够反映经济发展状况。

2. 二板市场

由于高科技企业具有高风险、小规模、建立时间短等特点,一般难以进入一国的证券主板市场,为了促进高科技企业的发展,同时为风险资本的退出提供出口,许多国家根据本国的实际情况,在主板市场之外专门建立了二板市场。与主板市场相比,在二板市场上市的企业标准和上市条件相对较低,中小企业更容易上市以募集发展所需资金。二板市场被誉为高科技企业成长的摇篮。美国的纳斯达克市场、英国的 AIM（Alternative Investment Market）和日本的 7 家地区性证券交易所都属于二板市场。

### 3. 三板市场

三板市场也称场外交易市场,是指通过大量分散的像投资银行等证券经营机构的证券柜台和主要电信设施买卖证券而形成的市场,有时也被称作柜台交易市场(OTC 市场)。这些市场没有集中的统一交易制度和场所,是在交易所外由证券买卖双方当面议价成交的市场。其交易主要利用电话、电报、传真及计算机网络进行,交易的证券以不在交易所上市的证券为主。

## 二、我国交易所体系概述

2019 年 12 月 28 日,第十三届全国人大常委会第十五次会议审议通过了修订后的《中华人民共和国证券法》(以下简称《证券法》),于 2020 年 3 月 1 日起施行。《证券法》将证券交易场所划分为证券交易所、国务院批准的其他全国性证券交易场所、按照国务院规定设立的区域性股权市场三个层次。交易所体系的形成,有助于为不同规模和生命周期的企业提供融资平台,对于完善我国的金融体系建设具有重要意义。

### (一)我国金融交易所体系现状

#### 1. 证券交易所

我国的证券交易所是指位于上海、深圳和北京的主要从事股票交易的证券交易所。上海证券交易所为中国内地首屈一指的证券交易市场,上市公司数、上市股票数、市价总值、流通市值、证券成交总额、股票成交金额和国债成交金额等各项指标均居首位。北京证券交易所是以全国中小企业股份转让系统(俗称"新三板")精选层为基础创建的。

上海证券交易所(简称上交所)成立于 1990 年 11 月 26 日,同年 12 月 19 日开业,归属中国证监会直接管理。秉承"法制、监管、自律、规范"八字方针,上海证券交易所致力于创造透明、开放、安全、高效的市场环境,切实保护投资者权益。其主要职能包括:提供证券交易的场所和设施;制定证券交易所的业务规则;接受上市申请,安排证券上市;组织、监督证券交易;对会员、上市公司进行监管;管理和公布市场信息。

深圳证券交易所(简称深交所)成立于 1990 年 12 月 1 日,是为证券集中交易提供场所和设施,组织和监督证券交易,实行自律管理的法人,由中国证监会直接监督管理。深交所致力于多层次证券市场的建设,努力创造公开、公平、公正的市场环境。主要职能包括:提供证券交易的场所和设施;制定本所业务规则;接受上市申请、安排证券上市;组织、监督证券交易;对会员和上市公司进行监管;管理和公布市场信息;中国证监会许可的其他职能。

北京证券交易所(简称北交所)成立于 2021 年 9 月 3 日,是经中华人民共和国国务院批准成立的首家采用公司制组织形式的证券交易所。北京证券交易所上市企业或由"新三板"创新层挂牌满 12 个月的企业转板或新发行上市,维持"新三板"基础层、创新层与北京证券交易所的递进层次。首批上市的 81 家公司中,10 家为首次公开发行的企业,71 家由"新三板"精选层平移至北交所上市。北京证券交易所正式揭牌开市是继 2020 年 7 月正式推出精选层后深化"新三板"改革、促进资本市场高质量发展的又一重大创新举措,也是"新三板"市场运营八年多来,积极探索具有中国特色资本市场普惠金融之路的新起点。

### 2. 其他全国性证券交易场所

全国中小企业股份转让系统(简称股转系统或"新三板"),是中国证监会监管下的全国性证券市场。2013年12月31日起,股转系统面向全国接收企业挂牌申请。券商为企业提供推荐挂牌、定向股权发行、债券融资、股票交易、并购重组、持续督导等综合性金融服务。

全国中小企业股份转让系统与证券交易所的主要区别在于:一是服务对象不同。全国中小企业股份转让系统的定位主要是为创新型、创业型、成长型中小微企业服务。这类企业普遍规模较小,尚未形成稳定的盈利模式。在准入条件上,不设财务门槛,申请挂牌的公司可以尚未盈利,股权结构清晰、经营合法规范、公司治理健全、业务明确并履行信息披露义务的股份公司均可以经主办券商推荐申请在全国中小企业股份转让系统挂牌。二是投资者群体不同。我国证券交易所的投资者结构以中小投资者为主,而全国中小企业股份转让系统实行了较严格的投资者适当性制度,未来的发展方向将是一个以机构投资者为主的市场。这类投资者普遍具有较强的风险识别与承受能力。三是全国中小企业股份转让系统是中小微企业与产业资本的服务媒介,主要是为企业发展、资本投入与退出服务,不是以交易为主要目的。

### 3. 区域性股权市场

区域性股权市场是主要服务于所在省级行政区域内中小微企业的私募股权市场,是多层次资本市场体系的重要组成部分,是地方人民政府扶持中小微企业政策措施的综合运用平台。要处理好监管与发展的关系,按照既有利于规范又有利于发展的要求,积极稳妥地推进区域性股权市场规范发展,防范和化解金融风险,有序扩大和更加便利中小微企业融资。

区域性股权市场是多层次资本市场的基石,也是地方重要的金融基础设施,是促进创新创业和经济转型升级的有力抓手。区域性股权市场能够集聚地方金融要素,建设以股权融资为核心的综合金融服务平台,为中小微企业提供改制辅导、融资转让、财务顾问、信息咨询、管理培训、路演宣传、培育孵化等一揽子服务。地方上市后备企业可以到区域性股权市场挂牌进行规范培育,鼓励符合条件的区域性股权市场挂牌公司进一步到新三板挂牌或证券交易所上市。

## (二) 我国证券交易所市场结构

根据社会经济发展对资本市场的需求和建设多层次资本市场的部署,我国形成了证券交易所内的不同市场层次,如图10-1所示。

### 1. 主板市场

上海证券交易所和深圳证券交易所主板、中小板是我国证券市场的主板市场。2004年5月,经国务院批准,中国证监会批复同意,深圳证券交易所在主板市场内设立中小企业板块市场。设立中小企业板块的宗旨是为主业突出、具有成长性和科技含量的中小企业提供直接融资平台,是我国多层次资本市场体系建设的一项重要内容,也是分步推进创业板市场建设的一个重要步骤。

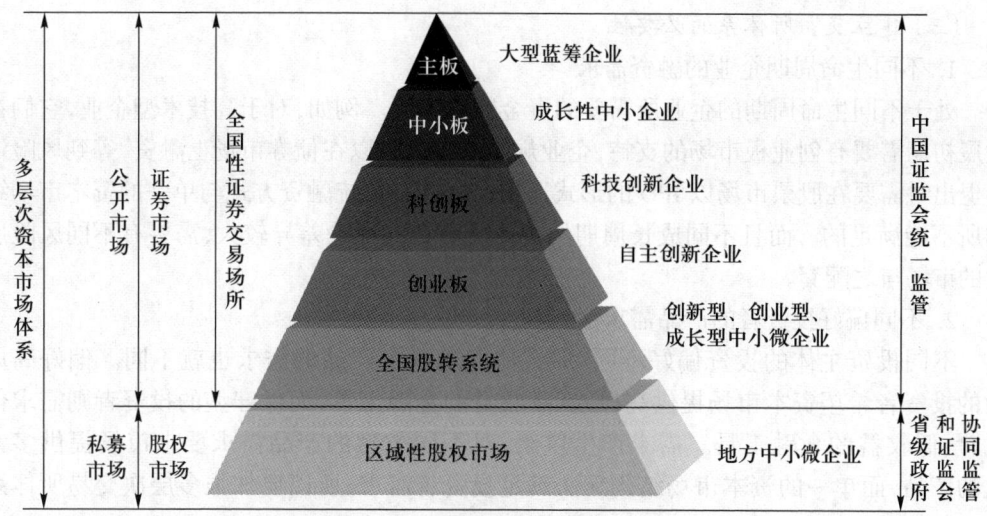

图 10-1 我国多层次资本市场

中小企业板块的设计要点有四个方面：第一，暂不降低发行上市标准，而是在主板市场发行上市标准的框架下设立中小企业板块，这样可以避免因发行上市标准变化带来的风险；第二，在考虑上市企业的成长性和科技含量的同时，尽可能扩大行业覆盖面，以增强上市公司行业结构的互补性；第三，在现有主板市场内设立中小企业板块，可以依托主板市场形成初始规模，避免直接建立创业板市场初始规模过小带来的风险；第四，在主板市场的制度框架内相对独立运行，目的在于有针对性地解决市场监管的特殊性问题，逐步推进制度创新，从而为建立创业板市场积累经验。

2. 创业板市场

创业板市场是为具有高成长性的中小企业和高科技企业融资服务的资本市场。经国务院同意、中国证监会批准，我国创业板市场于 2009 年 10 月 23 日在深圳证券交易所正式启动。创业板市场是不同于主板市场的独特的资本市场，具有前瞻性、高风险、监管要求严格以及明显的高技术产业导向的特点。与主板市场相比，在创业板市场上市的企业规模较小、上市条件相对较低，中小企业更容易上市募集发展所需资金。创业板市场的功能主要表现在两个方面：一是在风险投资机制中的作用，即承担风险资本的退出窗口作用；二是作为资本市场所固有的功能，包括优化资源配置、促进产业升级等作用，而对企业来讲，上市除了融通资金，还有提高企业知名度、分担投资风险、规范企业运作等作用。因而，建立创业板市场是完善风险投资体系，为中小高科技企业提供直接融资服务的重要一环，也是多层次资本市场的重要组成部分。

3. 科创板市场

科创板是指设立于上海证券交易所下的板块，也是独立于现有主板市场的新设板块。科创板的特点是并不限制首次公开募股的定价，且实行注册制上市，允许企业采取双重股权结构，上市企业以科技创新企业为主。从市场功能看，科创板能够实现资本市场和科技创新更加深度的融合。科技创新具有投入大、周期长、风险高等特点。科创板市场对于促进科技和资本的融合、加速创新资本的形成和有效循环，具有至关重要的作用。

### （三）建立交易所体系的必要性

**1. 不同生命周期企业的融资需求**

处于不同生命周期的企业所需要的资金数量不同。例如，对于高技术型企业，它们在发展初期需要有创业板市场的支持，企业规模增大后可以在债券市场上融资，等到风险资本退出时需要在股票市场以 IPO 的形式退出。这些是传统融资方式与单一的资本市场结构所不能满足的。而且不同成长周期的企业所蕴含的风险差异较大，需要有不同风险层次的市场与之配套。

**2. 不同偏好投资者的产品需求**

不同投资主体的投资偏好不同，那么他们对投资产品的需求也就不同。偏好高风险的投资者希望资本市场提供高风险、高收益的金融工具，而保守型的投资者则需求低风险、低收益的金融工具。需求产生供给，对不同类型的产品需求要求市场提供多元化的产品，而单一的资本市场结构无法满足投资者需求，所以要加强多层次交易所体系建设。

**3. 化解金融风险的监管需求**

我国金融体系一个突出性的问题是直接融资比重过低，而间接融资主要是依赖银行融资，融资结构单一，融资体系多元化进程缓慢。我国资本市场层次的单一性，造成企业过多地依靠银行融资，导致我国间接融资比例过高。我国金融资产过度集中于银行，积聚了大量的金融风险，成为商业银行改革的障碍，并阻碍中央银行货币政策的传导，制约着利率市场化和汇率体制改革。可见，资本市场层次的单一性所造成的这种不合理金融结构，蕴含着较大的金融风险，严重制约着我国经济的进一步健康发展。发展多层次的交易所体系，有助于扩大直接融资的比例，化解系统性金融风险。

## 第二节　资产配置与财富管理

### 一、资产配置概述

**（一）资产配置的概念**

资产配置是指根据投资需求将投资资金在不同资产类别之间进行分配，通常是将资产在低风险、低收益证券与高风险、高收益证券之间进行分配。在现代投资管理模式下，投资一般分为规划、实施和优化管理三个阶段。投资规划即资产配置，它是资产组合管理决策制定步骤中最重要的环节。

**（二）资产配置的考虑因素**

**1. 投资者风险承受能力和收益需求**

影响投资者风险承受能力和收益需求的各项因素包括投资者的年龄、投资周期、资产负债状况、财务变动状况与趋势、财富净值、风险偏好等。

**2. 资本市场环境**

影响各类资产的风险收益状况以及相关关系的资本市场环境因素包括国际经济形势、国内经济状况与发展动向、通货膨胀、利率变化、经济周期波动、监管等。

### 3. 资产流动性

在金融市场,资产流动性是指该资产在一定时间期限内以较合理的价格变现的能力。资产的流动性特征需要与投资者的流动性要求相匹配,主要涉及资产的变现能力和投资人风险偏好两方面因素。

### 4. 投资期限

投资者在不同到期日的资产(如债券等)之间进行选择时,需要考虑投资期限的安排问题。依照资金可运用期限,可将投资期限分为短期(一般少于 2 年)、中期(3~10 年)和长期(10 年以上)。不同期限投资需要搭配不同风险水平的资产类别。

### 5. 税收考虑

税收结果对投资决策意义重大,因为任何一个投资策略的业绩都是由其税后收益的多少来进行评价的。因此,在选择投资产品时,要充分考虑该产品的税率情况,准确计算实际收益率。

## (三) 资产配置的策略

资产配置从策略上可分为买入并持有策略、恒定混合策略、投资组合保险策略和动态资产配置策略等。一般而言,全球资产配置的期限在 1 年以上;股票、债券资产配置的期限为半年;行业资产配置的时间最短,一般根据季度周期或行业波动特征进行调整。

### 1. 买入并持有策略

买入并持有策略是消极型的长期再平衡方式,适用于有长期计划水平并满足于战略性资产配置的投资者。买入并持有策略适用于资本市场环境和投资者的偏好变化不大,或者改变资产配置状态的成本大于收益时的状态。买入并持有策略的投资组合价值与股票市场价值保持同方向、同比例的变动,并最终取决于最初的战略性资产配置所决定的资产构成。投资组合价值线的斜率由资产配置的比例决定。

### 2. 恒定混合策略

恒定混合策略是指保持投资组合中各类资产的比例固定。也就是说,在各类资产的市场表现出现变化时,资产配置应当进行相应的调整,以保持各类资产的投资比例不变。与战术性资产配置相比,恒定混合策略对资产配置的调整并非基于资产收益率的变动或者投资者的风险承受能力的变动,而是假定资产的收益情况和投资者偏好没有大的改变,因而投资组合的配置比例不变。

### 3. 投资组合保险策略

投资组合保险策略是在将一部分资金投资于无风险资产从而保证资产组合最低价值的前提下,将其余资金投资于风险资产,并随着市场的变动调整风险资产和无风险资产的比例,同时不放弃资产升值潜力的一种动态调整策略。当风险资产收益率上升时,风险资产的投资比例随之上升,如果风险资产市场继续上升,投资组合保险策略将取得优于买入并持有策略的结果。与恒定混合策略相反,投资组合保险策略在股票市场上涨时提高股票投资比例,而在股票市场下跌时降低股票投资比例,从而既保证资产组合的总价值不低于某个最低价值,同时又不放弃资产升值潜力。在严重衰退的市场上,随着风险资产投资比例的不断下降,投资组合能够最终保持在最低价值基础之上。在股票市场急剧降低或缺乏流动性时,投资组合保险策略至少保持最低价值的目标可能无法达到,甚至可能由于投资组合保险策略的实施反而加剧了市场朝不利方向的运动。

4. 动态资产配置策略

动态资产配置策略,是指动态地根据市场情况在不同类型的资产之间配置资金。当股票价格上升时,将更大比例的资金投向股票。当股票价格超过某一高点,资金应全部投向股票,从股票价格的任何进一步上升中充分地获利。相反,当股票价格下跌时,要及时削减投资于股票的资金比例,换成生息存款或可能的债券,形成投资组合的垫底价值,防止进一步的损失。当股票价格达到某一低点,资金应全部转向存款,确保股票价格再跌情况下组合价值不再下降,如此便建立了基金的保底水平。投资组合持有部分现金和部分股票,组合对市场波动的反应就会温和一些。

（四）资产配置的步骤

资产配置的过程包括以下几个步骤。第一,明确投资目标和限制因素。考虑投资者的投资风险偏好、流动性需求、时间跨度要求,并考虑市场上实际的投资限制、操作规则、税收等问题,确定投资需求。第二,明确资本市场的期望值。利用历史数据与经济分析来决定资产在相关持有期间内的预期收益率,确定投资的指导性目标。第三,确定有效资产组合的边界。找出在既定风险水平下可获得最大预期收益的资产组合,确定风险修正条件下投资的指导性目标。第四,寻找最佳的资产组合。在满足限制因素的条件下,选择最能满足风险收益目标的资产组合,确定实际的资产配置战略。第五,明确资产组合中的资产类别。通常考虑的几种主要资产类型有货币市场工具(现金)、固定收益证券、股票、不动产、贵金属等,确定具体的资产配置。

## 二、财富管理概述

（一）财富管理的概念

财富管理是指以客户为中心,设计出一套全面的财务规划,通过向客户提供现金、信用、保险、投资组合等一系列的金融服务,对客户的资产、负债、流动性进行管理,以满足客户不同阶段的财务需求,帮助客户达到降低风险、实现财富增值的目的。财富管理范围包括现金储蓄及管理、债务管理、个人风险管理、保险计划、投资组合管理、退休计划及遗产安排等。

（二）财富管理的机构

随着国外越来越多的富人和财富管理公司的出现,财富管理已经不再是银行一家独大,信托、基金及第三方理财机构都面临着日益激烈的竞争,行业呈现了整合的趋势。为应对行业的竞争,这些公司不约而同地开始提供更多产品和服务,以便能更好地为客户提供财富管理产品。

1. 银行

就目前国内而言,规模最大、最具有影响力的仍然是银行理财业务,其因为具有传统商业银行背景而占有大量客户群体,可以很自然延伸到财富管理领域。因此,传统商业银行的财富管理业务是中国财富管理业务的主力军。银行在财富管理的过程中销售自身理财产品以及基金、证券、信托、私募等投资机构的理财产品。

2. 信托机构

市场上的信托公司主要分为央企信托、银行信托、地方信托三种类型。

(1) 央企信托。主要由国有企业投资成立,产品风格在所有信托公司里最为保守。

(2) 银行信托。主要由大型银行投资成立信托公司,银行信托的强势在于信托项目的资金风控方面。

(3) 地方信托。主要由地方国资委或财政局投资成立,其产品特点是主要满足在其地方政府财政局管辖区内企业的融资需求。

3. 公募及私募基金公司

自 2007 年以来,中国基金规模出现了爆炸式增长。总体来看,基金公司管理规模持续增长,一方面体现了市场投资行为与选择的变化,另一方面显示出其对市场的影响程度。另外,以余额宝为主的互联网基金的诞生,开启了互联网+基金模式发展,也意味着基金公司打破传统瓶颈,跨入财富管理的新时代。

4. 独立财富管理机构

为满足投资者日益加剧的财富管理需求,第三方理财机构从无到有,迅速崛起,仅十余年的时间就发展成为财富管理市场的重要角色。2010 年 11 月,诺亚财富在纽约证券交易所挂牌交易,成为独立财富管理机构的标杆,使得第三方财富管理机构获得越来越多人的信任。目前中国财富管理机构总数量已超过万家。

目前,国内独立财富管理机构的市场份额仍然较小。据公开数据统计,2015 年独立财富管理总资产约为 4.68 万亿元,占整个财富管理市场份额余额的 5%。而在欧美等发达国家,独立财富管理占据整个财富管理市场份额的 60%以上。未来发展潜力最大、速度最快的将是独立财富管理机构。

5. 保险机构

受益于保险行业的快速发展,保费高速增长,保险行业资产管理规模稳定增长,保险公司的财富管理也逐渐进入人们的视野。其中,人寿类保险产品成为保险机构的主要资金来源。目前保险机构主要投资的项目有三类:债券、股票和基金。保险机构主要有两大优势。第一,自有资金充足,背靠保险母公司,不用再为资金来源铺设渠道。第二,投资领域广泛。保险机构可以覆盖权益类投资、固定收益类投资、产业投资等高、中、低不同风险业务领域的资产管理机构。

6. 证券公司

证券公司的证券经纪业务逐步向财富管理转型升级,建立起财富管理发展模式,贯彻以客户为中心的经营理念和帮助客户实现资产保值增值的经营宗旨,为客户提供涵盖交易服务、投资理财、财富配置及传承等综合金融解决方案。从最初的传统经纪业务逐步拓展至包含经纪交易、融资融券、代销金融产品、投资咨询、家族办公室等在内的多元业务。近年来财富管理业务成为证券公司服务居民财富管理、提升财产性收入的重要抓手,也是我国证券行业提升市场竞争力的关键环节。

7. 互联网财富管理机构

近年来,中国居民财富持续积累,财富管理需求不断增加。在余额宝、京东小金库等新型理财方式的先行教育下,居民的理财意识不断提高,对互联网也更加信任。另外,在打破刚兑、利率下行、房地产调控的背景下,居民的财富管理需求正在逐渐释放和转变,这为互联网财富管理行业的发展带来了机遇和挑战。近年来我国互联网财富管理规模快速增长,截至 2021 年年末,约 35 万亿元,占财富管理市场总规模近 1/3。

(三) 财富管理与资产管理的区别

1. 管理对象

资产管理的对象是资产,如可交易股票、不公开交易的公司股权、公司债券等。资产管理公司需要针对这些资产做相应的组合配置、控制风险、注意产品净值的回撤率等。本质上,资产管理公司提供的是策略。投资策略的形态以产品形式划分,包括公募基金、专户理财等;按资产类别划分,包括固定收益、股票,也可以跨资产配置;按策略类型划分,包括指数 ETF 或是完全没有基准的无限制策略。客户所投资的是一个具体的、存在于投资指引框架内的策略。

财富管理的主体是人,对象也是人、家庭或者机构。因为管理对象的原因,财富管理的需求具有个性化特点。本质上,财富管理机构向客户提供的一般是更灵活的顾问服务,有时是一揽子的解决方案。从最基本的证券交易,到基金、理财产品平台、证券发行配售、融资、财富规划等,这些都可能是一个财富管理机构向客户提供的服务,资产管理服务只是其中的一部分。财富管理机构本身并不是投资者,而更多的是一个平台。财富管理机构也可以做资产配置,但具体的投资策略可能属于本公司的资产管理业务,也可能属于其他公司。

2. 专业能力

资产管理公司的专业能力体现在对某一类资产价值规则的清晰理解,以及长期积累的风险控制能力。这种能力需要经过多年的专业积累,但是一旦掌握了某类资产的投资能力,其可复制性很强,可以很容易通过条款约定汇集一定规模的同质化资金进行运作,运作过程不太需要考虑资金来源的个性化需求。因此,资产管理行业规模可以迅速扩张。

财富管理的专业能力体现在良好的沟通能力,值得信任的品行,对大类资产配置的精通以及善于挑选好的资产管理人。这种能力较为宽泛,其门槛也比较高,具有难以替代的特性。因为客户需求的多样性,难以进行大规模复制。

## 第三节 智能投资顾问

### 一、智能投资顾问概述

(一) 智能投资顾问的概念

虽然智能投顾在国内起步较晚,但随着投资理财产品的市场化和多样化,大数据、人工智能等技术的发展以及政策引导支持,智能投顾在我国呈蓬勃发展之势。

智能投资顾问是指在线自动提供以算法为基础的投资组合管理咨询等财富管理服务的一类理财顾问。

智能投资顾问利用计算机通过现代投资组合理论等投资分析方法,自动计算并提供组合配置建议,把人为干涉因素降到最低。其核心是算法设计,包括证券投资组合理论、组合优化、技术分析、模式识别等机器学习和人工智能系统的理论或方法,其与量化投资的主要区别在于其个性化和多样化。智能投资顾问的服务层次如果延伸到交易层面,在投资组合建立和风险控制环节,均会涉及程序化交易。比如,在满足止损规则的情况下,投资者可以选择智能自动下单交易。

（二）智能投资顾问的特点

传统投资顾问一对一的投资理财咨询服务有成本高、服务对象少、知识储备不足、经验较少、存在道德风险等缺点。智能投资顾问将人工智能和大数据等技术引入投资顾问领域,可以处理海量的信息,快速应对时势,具有低门槛、低费用、操作简便、透明度高和个性化定制五大优势和特点。

1. 低门槛

传统的专业投资顾问的门槛通常在 100 万元以上,而私人银行理财起点多为 600 万元以上,部分私人银行甚至将门槛设定到 1 000 万元,主要针对高净值客户。大部分中产及以下长尾人群很难享受专业化、定制化的投资咨询服务,而这类人群不仅基数大,在理财上也一直有着资产保值、增值的强烈诉求。智能投资顾问平台对客户的最低投资金额要求很低,最低要求普遍在 1 万~10 万元。这一设定为各层次的投资者打开了私人财富管理的大门,真正意义上实现了全民理财。

2. 低费用

传统投资顾问由专业人士担任,主要针对高净值人群。由于人力成本高,传统投资顾问的管理费普遍高于 1%,且边际成本下降不明显。但是基于计算机算法辅助的智能投顾,管理费普遍在 0.25%~0.5%,边际成本随着客户的增多而下降,边际效应明显。

3. 操作简便

智能投资顾问的服务流程较为简便,全流程均可以在互联网上实现,标准相对固定,大幅简化用户操作过程,一般只需几个步骤就可完成投资,省去分析和选择投资对象的过程。智能投资顾问平台一般都设有网页或 APP,投资者只需要在平台上填答相应的投资调查问卷,智能投资顾问系统便可以评估出投资者的风险偏好水平,确定理财方案,自动生成相应的投资配置组合。整个流程下来所花的时间仅需几分钟,达到高效、精准匹配用户资产管理目标。智能投资顾问就像一个贴身管家,$7 \times 24$ 小时随时响应客户需求,不间断智能化管理客户的专属投资账户。

4. 透明度高

传统投资顾问服务的信息披露晦涩,存在金融产品供应商与客户利益相冲突的问题,而智能投资顾问对投资理念、金融产品选择范围、收取费用等披露充分,客户随时随地可查看投资信息。智能投资顾问给出的资产配置方案多数是基于经典的资产配置理论,具备较强的专业性和客观性。智能投资顾问严格执行程序或模型给出的资产配置建议,采取自动化策略为客户提供资产组合服务,不会为了业绩误导客户操作而获得更高的佣金收入。相对传统投资顾问而言,智能投资顾问减少了道德风险,更加客观公正。

5. 个性化定制

针对客户的风险偏好及投资期限为其个性化定制最佳投资组合。智能投资顾问在用户主动提供或测评得到风险偏好及投资期限之后,为其个性化定制最佳投资组合,并且将详细方案清晰呈现。

## 二、智能投资顾问的功能

### (一) 识别用户风险偏好

智能投资顾问应当实现的内容里有实现大批量的不同个体定制化投资顾问方案这一条,其中"个体定制化"突出了对用户个性化的注重。理想的智能投资顾问是能够根据投资者的实际状况,如收入状况、年龄、投资目的、心理风险承受能力等因素来评估用户实际风险偏好及其变化规律的。传统投资顾问在面对用户风险偏好这一问题上基本运用沟通方式来处理,但这种沟通成本往往是非常高的,很容易产生差错而造成用户亏损。但智能投资顾问是以大数据识别用户的个性化风险偏好,根据不同的风险偏好提供个性化的理财方案,解决了传统理财顾问通过沟通识别风险偏好带来的高成本问题,降低了风险成本,帮助用户提升收益。而更重要的在于,利用大数据进行的风险偏好识别可以实时动态计算,紧跟市场涨跌、用户收入水平等因素的变化而变化,避免传统理财顾问面对用户风险偏好改变时可能出现的滞后性和额外沟通成本。

### (二) 定制风险资产组合

智能投资顾问在了解了用户个性化的风险偏好后,可以通过资产配置模型由计算机得出最优投资组合,也可以通过多因子风险控制模型更好更准确地把握前瞻性风险,还可以通过信号监控、量化手段制定择时策略。这一切最重要的在于智能投资顾问高端的智能算法和模型。而结合了用户个性化的风险偏好再通过智能算法模型定制的资产配置方案一定是符合用户个人特征的,因此智能投资顾问应当是千人千时千面的,其提供的资产配置方案绝不是固定打包的金融产品。

## 三、智能投资顾问的核心技术与业务模式

### (一) 核心技术

智能投资顾问运用云计算、人工智能、区块链等技术将资产组合理论等其他金融投资理论应用到模型中,再将投资者风险偏好、财务状况及理财规划等变量输入模型,为用户生成自动化、智能化、个性化的资产配置建议,并对组合实现跟踪和自动调整。智能投资顾问所采用的核心技术主要有以下几方面。

1. 用户画像

用户画像,即用户信息标签化,通过收集与分析消费者社会属性、生活习惯、行为特征等主要信息的数据之后,抽象出用户的商业全貌。用户画像依赖于大数据,并且要根据变化的数据不断修正。智能投资顾问是通过用户画像以各式各样的标签来理解用户的特点,然后自动给特定用户提供真正所需的服务。用户画像能给智能投资顾问带来商业价值。在对用户进行基本信息、财务状况、投资知识、投资经验、风险偏好、风格偏好、策略偏好、行业偏好等维度的画像后,智能投资顾问可以将不同的投资组合推荐给匹配的用户。

2. 推荐引擎

推荐引擎,即借助个性化推荐技术,基于用户的基本信息,从用户的行为和偏好中发现规律,进而判断用户是否对此项产品感兴趣,为不同用户提供个性化的内容,以

此提升产品的内容吸引力。其实质是利用信息过滤技术向用户推荐其可能感兴趣的产品。

3. 大数据挖掘

通过网络爬虫等方式获取文本、图片等内容，基于自然语言处理、图像识别等技术，从网络文本、图片中提取关键信息。例如，从公告中提取公司财务数据，从研究报告中获取一致预期数据，构建网络舆情系统监测行业和概念热点。公司公告（股东大会、重大利好、增发、交易提示、配股、股权股本、重大事项）和财务报表（年报、中报、季报、业绩预告、业绩快报）、分析师的研究报告、论坛帖子、社交网络、新闻媒体报道、搜索引擎返回信息呈现给大家的大都是一些非结构化的信息，采用文本挖掘的方法对这些非结构化数据中的金融信息进行挖掘，从而可以在智能投资顾问中为客户精准推送产品和资讯，辅助客户的投资决策。

（二）业务模式

智能投资顾问在中国落地生根后，演化出了多种业务模式。从业务模式上分析，基本可以将目前的智能投资顾问平台分为独立建议型、混合推荐型和一键理财型三种。

1. 独立建议型

独立建议型的智能投资顾问模式通过调查问卷的方式，对用户的年龄、资产、投资期限和风险承受能力等方面进行分析后，经过计算，为用户提供满足其风险和收益要求的一系列不同配比的金融产品。这类智能投资顾问平台为用户提供理财建议，并代销其他机构的金融产品，平台自身并不开发金融产品。平台推荐的金融产品大多数为货币基金、债券基金、股票基金和指数基金等，有些平台还配置有股票、期权、债券和黄金等。

### 专栏 10-1

#### 理财魔方一站式理财服务平台

理财魔方是一款为用户提供理财产品推荐与排行、收益追踪、投资优化和资产配置的一站式理财服务平台，成立于 2014 年 12 月，旨在通过自动化的理财平台，改变大众的投资方式，为普通用户提供专属的投资顾问服务。

与资产管理不同的是，财富管理并不单纯追求收益率或夏普比率的最大化，其重点在于客户的需求，如风险承受能力等，与投资组合的相互匹配。理财魔方构建了智能化的客户分析管理系统与投资管理系统，来满足不同用户的投资需求。

智能客户分析与管理系统，对于初次使用的客户，主要是通过问卷调查的形式来量化客户可承受的最大回撤比例这一指标，得出用户的风险承受能力。该问卷覆盖了用户的资产与投资情况、投资目的及预期，以及能够承受的风险损失等。而对于非初次使用客户，理财魔方会基于用户在该平台的行为数据，对其风险承受力进行适当的调整。基于类似的行为数据，智能客户系统便会对用户的风险承受力作出调整。

理财魔方的智能投资管理系统主要是根据市场及各类资产的具体情况，为用户配置资产，并进行实时调整，以确保投资组合的风险在用户的可承受范围内。如上所述，

> 平台配置的底层资产为公募基金,可通过构建多因子模型来选取合适的基金。而理财魔方与大多数平台不同的是,用户是不能够随意调整投资组合配置的。当智能化系统计算出需要调仓时,用户可以选择接受或不接受,但是不能够自行调整,以此确保智能化配置的有效性。

2. 混合推荐型

混合推荐型平台在业务中融入了平台自身特有的金融产品,即向用户推荐的投资组合中,部分金融产品是平台参与开发的。该类型平台仍然通过调查问卷的方式,对用户的年龄、资产、投资期限和风险承受能力等方面进行分析。与独立建议型平台不同的是,混合推荐型平台在经过大量计算后为投资者推荐的产品分为平台特有金融产品和其他机构金融产品两类。例如,一些混合推荐型平台会为用户配置一些平台参与开发的P2P网贷产品、票据理财产品、固定收益理财产品等。同时,平台还为用户配置其他机构的金融产品来满足用户需求。

3. 一键理财型

一键理财型智能投资顾问平台的用户不直接参与具体的金融产品配置方案的制定,用户只需要选择"智能投顾"这项业务,平台就会根据用户的需求和以往的行为数据自动配置产品。简单来说,这类智能投资顾问平台,简单明了地给用户"收益率"这个结果,采用机器人进行资产配置,用户并不参与。比如,有的平台会根据用户行为分析用户资金的转出概率,给每个用户配置流动性需求不同的资产组合,并设置不同的现金保留比例,最后通过机器高效匹配来实现用户间的债权转让,从而保证较好的客户体验。

## 第四节 量化投资交易

### 一、量化投资交易的概念与特点

(一) 量化投资交易的概念

量化投资交易是指以先进的数学模型替代人为的主观判断,利用计算机技术从庞大的历史数据中筛选出能带来超额收益的多种大概率事件以制定策略,极大地减少投资者情绪波动所带来的影响,避免在市场极度狂热或悲观的情况下做出非理性的投资决策的一种投资交易方式。量化投资交易和传统的投资交易本质上来说是相同的,二者都是基于市场非有效或弱式有效理论。两者的区别在于量化投资交易更加强调数据在投资决策中的作用。

(二) 量化投资交易的特点

量化投资交易具有以下几个方面的特点。

1. 纪律性

根据模型的运行结果进行决策,而不是凭感觉。纪律性既可以克服人性中贪婪、恐惧和侥幸心理等弱点,也可以克服认知偏差,且可跟踪。

## 2. 系统性

系统性具体表现为"三多"。一是多层次,包括在大类资产配置、行业选择、精选具体资产三个层次上都有模型;二是多角度,定量投资的核心思想包括宏观周期、市场结构、估值、成长、盈利质量、分析师盈利预测、市场情绪等多个角度;三是多数据,即对海量数据的处理。

## 3. 套利思想

量化投资交易通过全面系统性的扫描捕捉错误定价、错误估值带来的机会,从而发现估值洼地,并通过买入低估值资产、卖出高估值资产而获利。

## 4. 概率取胜

量化投资交易不断从历史数据中挖掘有望重复的规律并加以利用,依靠组合资产取胜,而不是单个资产取胜。

## 二、量化投资交易方法

量化投资交易包括多种具体方法,在投资品种选择、投资时机选择、股指期货套利、商品期货套利、统计套利和算法交易等领域得到广泛应用。在此,以统计套利和算法交易为例进行阐述。

### (一)统计套利

统计套利是利用资产价格的历史统计规律进行的套利,是一种风险套利,其风险在于这种历史统计规律在未来一段时间内是否继续存在。统计套利的主要思路是先找出相关性最好的若干对投资品种,再找出每一对投资品种的长期均衡关系(协整关系),当某一对品种的价差(协整方程的残差)偏离到一定程度时开始建仓,买进被相对低估的品种、卖空被相对高估的品种,等价差回归均衡后获利了结。股指期货对冲是统计套利较常采用的一种操作策略,即利用不同国家、地区或行业的指数相关性,同时买入、卖出一对指数期货进行交易。在经济全球化条件下,各个国家、地区和行业股票指数的关联性越来越强,从而容易导致股指系统性风险的产生。因此,对指数间的统计套利进行对冲是一种低风险、高收益的交易方式。

### (二)算法交易

算法交易又称自动交易、黑盒交易或机器交易,是指通过设计算法,利用计算机程序发出交易指令的方法。在交易中,程序可以决定的范围包括交易时间的选择、交易的价格,甚至包括最后需要成交的资产数量。算法交易的主要类型有:冲击驱动型算法交易、成本驱动型算法交易、机会导向型算法交易。

#### 1. 冲击驱动型算法交易

冲击驱动型算法是由简单的指令分割策略演化而来的。通过将大订单分拆成小订单进行发送,试图降低交易对资产价格的影响,达到最小化市场冲击成本的目的。

基于平均价格的算法,代表了第一代冲击驱动型算法。这些算法都是由带有预设目标的算法演化而来的,对价格或成交量等条件无敏感性。它们通常按预定的步骤被执行,在给定的时间内不管市场条件如何,只是单纯执行预先设置的指令。

时间加权平均价格(TWAP)是一种基于时间变化的加权平均价格。基于时间加权平均价格设计的算法被称为TWAP算法,其仅以时间分割为基础,考虑指令的设置或指令的执行,而不受市场价格或成交量等其他方面因素的影响。用这种方法执行一系列指令,其平均执行价格就是各执行时间点市场交易价格的加权平均。

相对于TWAP交易策略而言,成交量加权平均价格(VWAP)交易策略是指交易者利用市场成交量来实现使平均执行价格等于VWAP基准价格的执行策略。它是最常用的交易策略之一,具有简单易操作等特点。基本思想就是让算法的成交量提交比例与市场成交量比例尽可能匹配,在减少市场冲击的同时,获得市场成交加权的平均交易价格。因此,VWAP交易策略一般不直接对交易的冲击成本建模,而是注重日内成交量分布的预测。值得注意的是,如果订单量很大,VWAP交易策略的冲击成本仍不可忽略。

2. 成本驱动型算法交易

成本驱动型算法交易的主要目的是降低总体交易成本,除了佣金和价差,冲击成本和时机风险等隐性成本都是成本的重要组成部分。虽然将大订单进行分割并将其分散到相当长的一段时间内进行交易可以最小化市场冲击,然而这样做会把订单暴露在更大的时机风险下,对波动性大的资产尤其如此。因此,成本驱动型算法交易也需要同时降低时机成本。

过于主动的交易会导致相当大的市场冲击,而过于被动的交易会引起时机风险。为了最小化总交易成本,我们需要在冲击成本和时机风险这两者之间寻找一个平衡点。为了找到这样一个平衡点需要考虑到投资者的风险厌恶程度。早期的成本驱动型算法是由冲击驱动算法吸收了时机风险等要素演化而来的,现在成本驱动型算法越来越多地使用复杂市场模型,是预测潜在的交易成本和决定指令的最优交易策略。

3. 机会导向型算法交易

机会导向型算法是从一系列交易算法中演化而来的,其本质都是利用有利的市场条件,包括价格、流动性或其他因素。其中,盯住价格算法是以成交量加权平均价格算法、参与率算法等策略为基础,与它们所不同的是添加了对价格的敏感指标,并且能够基于当前市场价格是否有利来修正算法的交易风格。因此,许多看重市场冲击成本的算法都会采用机会导向型策略。

### 三、量化投资交易风险

量化投资交易风险主要包括三种。第一种风险是一二级市场间的级差风险。一二级市场间的级差是整个套利交易的核心。因为套利的空间非常小,通常只有万分之几,因此套利交易为了获取适中的收益,参与的资金量都比较大。如果交易员把握不当顺序做反,则投资将出现亏损,这便是级差风险。第二种风险是交易员操作失误风险,即交易员在输入交易指令时出现失误所带来的风险。第三种风险是系统软件风险。每个交易员在系统中都有相应的交易权限,包括数量、金额。一旦巨大的金额绕过系统权限完成交易,可能将造成不可估量的损失。

### 四、量化投资交易策略

量化投资交易策略大体可以分成三类:股票策略、宏观策略和套利策略。其中,股票策略和宏观策略的收益主要来自投资目标的实际价值的变化,而套利策略的收益来自一对或一组投资目标的相对价值的变化。这三者不是完全独立的,套利策略也可应用于股票市场,宏观资产配置也会借鉴股票策略中基本面分析方法。

### (一) 股票策略

股票策略主要指的是单一地应用于股票市场的交易策略。按照人和计算机在策略中的参与程度,股票策略分成主动权益投资和主动量化投资。主动权益投资主要是靠投资者的主观判断,通过对行业和企业的深入调查,形成自己的投资逻辑,然后进行股票筛选。这里又根据交易的限制分为多空策略、做多策略和做空策略。主动量化投资将投资逻辑输入计算机,通过计算机的快速运算,来构建自己的投资组合。它和主动权益投资的区别体现在研究的深度和广度上。主动量化投资依赖于数据。换句话说,对于那些不是以数据形式存在的信息(比如与他人的谈话),计算机是没法获得的,也无法转化成交易信号。从这个角度来看,主动量化投资对单一股票的研究深度不如主动权益投资。但是,借助于计算机的快速处理能力,主动量化投资所构建的自动化模型,能在短时间内消化各种类型的数据信息,并且把它转换成有价值的交易信号。因此,主动量化投资在研究的广度上比主动权益投资更具有优势。目前在我国股票市场主要存在的量化交易策略是多因子选股模型和一些基于流动性的高频交易策略。前者更适用于资金规模大的公募基金,后者则适用于追求短期高回报的私募基金。

### (二) 宏观策略

宏观策略的投资范围不局限于单一类型的市场,而是进行全类型市场的投资。这一类型的策略又可以分成以期货为投资工具的CTA策略和宏观资产配置策略。CTA策略是动量策略的代表作。动量策略又称趋势型策略。它研究的是价格的变化趋势,基于行为金融学,找到价格变化背后的规律(动量和反转),通过趋势变化的规律赚取收益。CTA通过期货标的物,可以把投资范围扩大到各个类型的资产,分散动量策略本身的高风险。宏观策略主要研究的是宏观经济的变化,然后做多或做空某一区域内所有类型的市场。

### (三) 套利策略

套利策略理论上可用于不同类型的市场。对于固定收益类产品,因为未来的现金流动比较固定,所以其价格与到期时间、利率、通胀、信用利差之间的关系更为确定。借助这个特点,投资者能更容易找到固定收益类产品之间的关系,也能产生出更多样的套利策略。事件驱动类的套利一般用在兼并收购这类事件,通过预测事件是否成功,从而做多或做空与参与者相关的股票、债券等产品。

## 第五节 程序化交易

### 一、程序化交易原理

#### (一) 程序化交易与量化投资交易的关系

程序化交易是指通过既定程序或特定软件,自动生成或执行交易指令的交易行为。

程序化交易属于量化交易的一个组成部分。量化投资以数据模型为内核,以程序化交易为手段,能够自动识别投资机会并自动触发交易。不难看出,量化投资是投资的一种方法,而程序化交易是一种客观的交易实现手段。

(二)程序化交易的优点

1. 交易客观性的优势

程序化交易具有客观性,可排除人为贪婪及恐惧等因素。程序化交易系统以计算机为决策工具,从而有效解决了交易者的情绪对交易的负面影响这个问题。人们在参与交易时,随着盈利或亏损的变化,难免会受到一些负面情绪的影响。如盈利的贪婪,或者暂时亏损时的恐惧等。这些情绪会影响交易者做出不理性的决策,从而与盈利失之交臂,而有时候抓住这样的机会也许只需要再坚持几分钟或者几小时。而程序化交易能代替人们时刻保持"头脑清醒"。

2. 速度优势

由于市场价格波动快,对于金融衍生产品重仓操作每天都有可能让交易者承受过重的心理压力。程序化交易可以让交易者迅速换手。同时日内短线交易者对速度的要求也非常严格。而程序化交易能够自动触发成交,这在速度上给交易者带来了全新的不同,也让普通的散户投资者在这个层面上同职业化的交易者和大机构站在了同等的舞台上面。如当发现了相对强弱指标 RSI 顶背离等一些投资机会时,程序化交易能在第一时间下单,自动抓取每一个敏感而细小的盈利机会。

3. 计算能力的优势

金融衍生品交易中往往会遇到许多复杂的模型,这些模型对计算能力有很高的要求,在计算机的帮助下程序化交易能实现对定价的估算,快速寻找不同投资品种之间的价差或者是对历史数据进行统计分析,寻找到合理的买点与卖点等。并且能通过反复模拟测试收益率,比较不同的投资策略,从而选出最优的投资策略。这些在组合金融衍生品指标交易、股指期货期现套利等方面发挥出巨大优势。

4. 分散投资风险的优势

因为无法保证每一笔交易的盈利,金融衍生品市场的交易很大程度上是博取概率事件的胜率。因此,这就需要我们分散交易,同时对多个品种交易,或者同时采用不同的交易策略对一个品种交易。采用程序化交易可以顺利完成上述策略,达到最大限度的风险分散,实现合理资产配置。

5. 持续关注市场的优势

程序化交易能持续关注全球市场变化,因而能持续快速发现市场的投资机会。例如一个程序化交易策略可以同时追踪所有国内期货品种的 RSI 背离、股指期货期现套利机会,并给出预警信号。在程序化交易的帮助下,投资者可以将有限的精力放在做一些重大决策上,大大降低了投资的人力成本。

(三)程序化交易的缺点

1. 资金出现大幅回撤

有些程序化交易模型从长期看是盈利的,但是短期内可能出现巨幅的资金回撤。部分投资者对程序化交易认识比较模糊,认为程序化交易就是一台赚钱的机器,永远盈利,因而在这种资金回撤下就可能难以继续进行程序化交易，从而错过后期出现的大幅盈利。

2. 交易系统滞后于价格变化

大部分程序化交易系统都是追随趋势的，但这种模型在区间震荡行情中往往会遇到频繁的交易并可能连续亏损。

3. 缺少灵活性

目前已有的程序化交易系统往往缺少灵活性，特别是无法真正发挥资金管理的作用。而资金管理在一定程度上也是程序化交易系统的胜败关键。

4. 需要使用者具有极大的耐心和纪律

程序化交易系统并不是必胜的。它重在追求长期累积效益，在此过程中，就必然会有短期的亏损。短期频繁的小亏损也许让你感到厌烦，但是当系统捕捉到一个可以获得较大盈利的行情时，往往可以弥补以前所有的亏损，这需要极大的耐心和纪律。

## 二、程序化交易的实践

（一）程序化交易系统构成

程序化交易系统由变量定义模块、数据处理模块、交易决策模块、交易执行模块、风险控制模块等构成。

1. 变量定义模块

变量定义模块是所有程序化交易程序的基础。变量定义包括参数和变量两类。参数全部为数值型，变量有数值型、字符型、逻辑型三种。整个程序中所使用的参数和变量都必须在该模块中进行定义，没有定义的任何参数和变量都不能够在程序里面赋值或引用。

2. 数据处理模块

数据处理模块是交易策略程序的核心模块之一。任何的决策模型都必须对一系列的基础数据进行计算处理，对变量进行赋值，对各种决策条件进行计算和分析。

3. 交易决策模块

交易决策模块是程序化交易系统的核心，负责根据交易策略思想对已经计算处理的数据进行分析判断，看其是否符合策略思想确定的建仓、平仓条件，从而决定什么时候，以什么价格、多大规模，建立什么样的仓位（多仓或者空仓）或者平仓。

4. 交易执行模块

交易执行模块负责执行交易决策模块发出的交易信号。命令既可以写在交易策略程序中，也可以在加载交易策略程序的图表上通过交易策略设置窗口进行设置，包括交易策略的参数设置、信号图表显示、分割交易、费用/数量、强制平仓和买卖方式。

5. 风险控制模块

风险控制是程序化交易成功的关键。风险控制模块负责根据风险控制策略对程序化交易的持仓风险和账户资金进行管理和控制。管理账户资金，确定其建仓的规模是否恰当，以控制其账户面临的最大风险。对已经建立的仓位面临的风险进行实时评估，判断其是否达到策略允许的风险上限。对达到策略允许的风险上限的持仓必须采取必要措施，包括减仓和清仓，以防止损失进一步扩大。

## (二)程序化交易的风险

中国二级市场发展较西方发达国家明显滞后,程序化交易也是近十年才逐渐兴起的。早期商品期货市场虽有程序化交易的雏形,但直到2009年,中国资本市场才引入"量化投资"概念。2010年,股指期货和融资融券类做空机制的出现,使程序化交易正式进入中国证券市场,并在中国股指期货、ETF基金、融资融券、商品期货市场如火如荼地发展起来。2013年8月13日的光大乌龙指事件,使程序化交易首次进入公众视野,被定性为中国资本市场首起因高频交易软件程序设计错误导致的市场短期巨幅波动事件,并迫使监管部门开始重点关注并重新审视程序化交易蕴藏的巨大风险。因被指为2015年股灾的帮凶之一,程序化交易再次为公众所关注。中国资本市场对程序化交易,尤其是高频交易限制较大,少量低频程序化交易可在A股、ETF基金等市场开展,高频交易则主要集中在商品期货市场。

程序化交易存在的风险主要有以下几方面。

1. 计算机自动执行程序的技术风险和操作风险

程序化交易完全由计算机测算和执行,下单时间、交易对手选择、价格设定和仓位控制完全独立。这一模式在没有人为因素的干扰下,能避免交易中的诸多问题。但任何模型都有失效的时候,一旦市场发生的变化不利于现有模型做出最优判断或出现程序无法解决的问题时,计算机欠缺应变能力的弱点就会显现出来。当成交量和成交价均严重偏离真实值时,报单会对市场造成较大影响,单边错误引导市场走向。若不能对此及时加以应对,还可能通过溢出等方式传导至其他市场,引发系统性金融风险。

2. 部分交易违反公平性原则

程序化交易使用计算机技术,在下单和成交方面有着传统手动操作无法比拟的优势,处理速度和执行效率也非传统手段所能比,因而就技术层面而言,其相对传统交易占有绝对优势。但这一优势也更容易隐藏交易者的真实交易动机,使内幕交易等被掩盖,且相较传统手动下单更难以被发现。如果被掩盖的交易涉嫌非法扰乱、操纵市场的塞单、幌骗等行为,则会严重损害交易的公平性和市场其他参与主体的利益。

3. 程序化交易向市场提供虚假的流动性

程序化交易,尤其是高频交易,具有高流动性、允许日内交易和交易成本低等特点。目前,高频交易参与的品种,多是已经很活跃的品种,其参与会虚增市场的活跃度;对那些欠缺流动性或者有待活跃的市场,高频交易则较少涉足。因此,程序化交易所提供的流动性对于整个市场而言,是一种虚假的流动性。

---

**专栏10-2**

### 易盛程序化交易

易盛程序化交易既可采用类似EasyLanguage的语言开发策略模型,实现程序化交易和套利交易,也可以根据易盛柜台提供的行情和交易API,采用C++开发外接应用的方式,实现期货、股票更复杂的量化交易。在量化模型研发方面,易盛程序化交易提供的EL开发模型,类似于中低端的量化交易平台,但在行情的速度、交易和账户函数的实时性和精细化处理方面,达到了高端量化交易平台的要求。在量化交易方面,易盛柜台的行情和交易速度具有一定的比较优势,量化交易平台支撑的应用主要是期货的程序化交易、自动交易、对冲和套利交易。

## 本章小结

  金融科技对现代金融交易体系的发展和变迁具有巨大影响,极大地改变了金融交易的方式和金融交易体系的构成。现代金融交易体系中交易所占据重要地位,内部的板块结构能够满足不同企业的融资需求。具有中国特色的多层次资本市场为中国不同类型企业提供了融资的平台。资产配置在投资决策中占据重要地位,资产管理的策略和方法以及资产配置的步骤对于投资组合的收益和风险具有决定性影响。财富管理与资产管理之间既有联系又有区别。在金融科技发展背景下,中国财富管理行业出现了多元化的增长趋势。在此基础上,智能投资顾问这一新兴的投资中介主体得到了蓬勃发展,其具有独特的功能、核心技术和业务模式,它的快速发展将改变人们未来投资金融市场的方式。金融科技在金融交易领域的两大主流应用包括量化投资和程序化交易。量化投资具有多种交易方法和策略,而程序化交易也存在优缺点,交易系统由多模块构成。

## 关 键 名 词

交易所体系  资产配置  财富管理  智能投资顾问  量化投资  程序化交易

## 复习思考题

1. 我国金融交易所体系包含哪些组成部分?
2. 资产管理与财富管理有哪些区别?
3. 财富管理的发展对于我国的证券行业有何影响?
4. 智能投资顾问是如何与金融科技及大数据相结合的?
5. 程序化交易有何风险,对金融监管提出了哪些挑战?

## 即 测 即 评

## 延 伸 阅 读

[1] 孙健,吴岚,赵明熠.量化投资.北京:科学出版社,2023.
[2] 许荣,徐星美,张俊岩,方明浩.财富管理.北京:中国人民大学出版社,2023.
[3] 郑小林,贲圣林.智能投资:大数据智能驱动投顾创新.北京:清华大学出版社,2021.

# 第十一章 现代保险科技

**章前导读**

2023年10月举行的中央金融工作会议指出：发挥保险业的经济减震器和社会稳定器功能。保险业高质量发展是"金融强国"的重要组成部分，近些年保险业借助科技力量不断提升自身竞争力并形成了保险科技的新业态。作为金融科技的重要组成部分，保险科技之所以能够有引人瞩目的融资规模，是因为保险行业受科技影响较大。那么，从科技视角看，保险的特点是什么？科技具体在保险中起到什么作用？它又促发了哪些保险创新，造就了哪些新的保险场景和业务模式？本章将回答这些基本问题。

**本章学习目标**

本章从保险与风险的原理出发，介绍保险科技的形式和作用，以及它带来的革新。通过本章的学习，掌握风险的基本知识、保险原理、保险科技的概念和基本形式；掌握互联网保险的基本概念和内容，了解互联网保险的优势，熟悉互联网保险的种类和互联网保险的创新模式；掌握大数据与保险定价、核保核赔中的新科技、产品营销与推荐相关的保险科技内容，了解智能保顾。

## 第一节 风险、保险与保险科技

### 一、风险与保险概述

对人类社会来说，风险一直存在，为了应对风险，人类提出和创造了很多风险管理手段，保险就是其中一种。

（一）风险认知

人类从诞生之初，就必须面对各种天灾人祸，这些都可以称为风险。即使人类形成了社会,有了国家和政府之后,每一个个体仍然要面对生、老、病、残、死的风险。生即人在生存状态,但可能缺少支撑生存状态的资源,如资产、食物等。老即衰老或者无钱养老等。病即生病。残即残疾、失能等身体变为自由受限的状态。死即死亡,主要指非自主意志的死亡。

除了这些个体生存所面临的风险,每个人还会面临其他一些风险,例如,投资风险、政策变化的风险、企业经营的风险、婚姻相关的风险、驾驶过程的风险等。金融学是与风险密切联系的学科。应该看到,风险并不意味着所有人要选择同样的风险厌恶态度,每个人对风险厌恶的特征是不同的,每个人都有一条独立的风险厌恶曲线。在金融经营中,风险实际上意味着机会,金融中的许多业务实际上是在风险中获取对等的收益。

进一步地,人类对风险的认知通常来自两个维度:一个是风险发生的概率;一个是风险发生的严重程度(见图11-1)。第一象限,风险发生的概率大,风险发生的损失大,如超过75岁老年人罹患阿尔兹海默症的风险、吸烟或者吸二手烟导致的肺癌风险、一些危险运动人群的死亡风险等。第二象限,风险发生的概率小,风险发生的损失大,如大多数重大疾病、家庭和工厂的火灾、飞机事故等。第三象限,风险发生的概率小,风险发生的损失小,如动物咬伤、普通人群的诸如病毒感染、交通剐蹭等。第四象限,风险发生的概率大,风险发生的损失小,如大多数人群的感冒发烧、飞机晚点等。

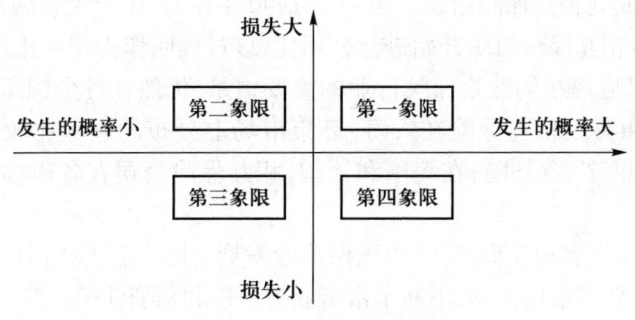

图 11-1 风险认知的维度

对待风险,人类已经进化出了几大类风险应对方法,这些方法一般可以与四个象限划分的四类风险进行对应。第一类方法是风险自留,通常对于"损失小,发生的概率小"的风险适用;第二类方法是风险规避,通常对于"损失大,发生的概率大"的风险适用;第三类方法是风险控制,通常对于"损失小,发生的概率大"的风险适用;第四类方法是风险转移,通常对于"损失大,发生的概率小"的风险适用。

从经济学角度,保险的产生实际上与第二象限关系密切。对于"损失大,发生的概率小"的风险,人们希望进行风险转移,足够多的被转移的风险形成了风险交易的市场,而交易的对手方就是保险公司。因此,我们常说保险公司是交易风险的机构。

值得注意的是,科技本身也对风险的认知产生影响,许多风险在不同的科技条件下,可能在不同的象限之间转移。例如,在消炎药被发明之前,一些炎症类疾病常常导致死亡,这是非常严重的损失,但是在消炎药发明之后,部分疾病则不会轻易威胁个体的生命①,对应的风险从第一象限或者第二象限转移到了第三象限或者第四象限。类似影响也发生在自动驾驶技术的普及过程中,随着自动驾驶系统越来越可靠,其风险发生的概率和损失程度都相对于人类驾驶员有较大幅度下降,这使得风险从第二象限逐渐转移,从而对保险业存在的市场基础产生影响。从广义的角度看,这些也是保险科技所涉及的内容。

(二)相互制度

根据我国原保监会2015年9月发布的《相互保险组织监管试行办法》,相互保险是指具有同质风险保障需求的单位或个人,通过订立合同成为会员,并缴纳保费形成互助基金,由该基金对合同约定的事故发生所造成的损失承担赔偿责任,或者当被保险人死亡、伤残、疾病或者达到合同约定的年龄、期限等条件时承担给付保险金责任的保险活动。

与国外名称不同,我国更多采用"相互保险组织"这一名称,以体现其"相互""互助"的特性。但相互制组织和公司的内涵是相同的,即投保人和股东合二为一,这从根本上解决了企业所有者和企业所服务的对象利益不同的矛盾。

保险最早是以互助形式诞生的,这种形式实际上是最早的相互制度。19世纪末20世纪初,由于股份制保险公司中股东和投保人利益不一致,美国出现了大量的股份制保险公司转制为相互保险公司的浪潮。数据显示,1900—1936年,在美国,至少有15家股份制寿险公司转为相互制。同时,由于投保人群体与商业保险公司价格谈判失败,许多投保人群体选择成立相互保险组织。但到了1990年左右,由于企业融资、上市和新业务发展的需要,许多相互保险组织开始进行公司化,该过程叫作去相互化(Demutualization)。即使如此,相互保险现在仍然是保险行业的重要力量,仍然在各个国家都发挥着较大的作用,如在日本和英国相互保险在人寿、健康市场上分布的领域比较广;在法国,相互保险主要集中在财产、意外险;在美国和德国,相互保险公司在各市场上都发挥着重大作用。

我国也在积极发展相互保险。《中国保险业发展"十三五"规划纲要》指出,要"积极发展自保、相互等新型市场主体,不断丰富新业务形态和新商业模式"。当前,国内市场上批准成立的相互保险组织一共有三家,分别是:信美人寿相互保险社、众惠财产相互保险社和汇友建工财产相互保险社。监管机构认为,批准信美等三家相互保险机构是普惠金融的一种,是对现有的保险市场主体的有力补充。

科技的发展也逐渐影响了相互保险。随着互联网等科技手段的引入,人与人的联系更加多元和复杂,构建跨地域、非日常信任关系的互助合作成为可能。在某种程度上,这些科技手段赋予了相互保险更稳固的基础,是保险科技发挥作用的有力说明。相互保险的"相互"特性与区块链的分布式账本特征有相似之处,基于区块链技术构建相互保险或者在相互保险中引入区块链是保险科技探索的前沿领域。

---

① 1923年,亚历山大·弗莱明发现溶菌酶。1928年,他又首先发现了青霉素。之后,英国病理学家弗劳雷、德国生物化学家钱恩进一步研究改进,并成功将青霉素用于医治人的疾病,三人也因此获得了诺贝尔生理或医学奖。青霉素的发现,使人类找到了一种具有强大杀菌作用的药物,结束了传染病几乎无法治疗的时代。

> **专栏 11-1**
>
> **相互保险公司的市场规模**
>
> 根据国际相互合作保险组织联盟统计,2013 年全球相互保险市场收入 1.23 万亿美元,并在不同国家占据了较大比例市场,例如,相互保险占日本保险市场份额的近 3/4;相互保险占美国保险市场份额的 1/3;相互保险占世界头五大保险市场 42% 的份额;相互保险占全球保险市场的 26.7%。可以说,无论从公司数量还是从市场规模角度来衡量,相互保险公司都占有相当大的保险市场份额。

(三)保险公司运营方式

根据风险的认知特点,人们对特定类别的风险(发生概率小,风险发生后的损失很大)会天然地选择风险转移,而许多这样的风险转移需求实际上就是保险公司运营的基础,保险公司通过汇聚这些风险,来实现公司层面的风险分散。对整个群体来说,只有一定比率的标的会发生损失,需要赔偿。当然随着保险公司处置风险方式的变化、风险把控能力的发展,保险所承保的风险已经不仅仅包括"发生概率小,发生风险后的损失大"这类风险。具体到操作层面,保险公司运营当然要复杂得多,除了和其他公司一样需要人事、财务、客服等,还有特有的核保、定价、核赔定损等部门。

核保是对投保的标的进行审核,以确定是否可以承保,包括风险是否能够分散、是否合规,风险是否超过公司承受能力等。定价通常是与产品部门配合,为保险产品进行合理的定价。监管部门对相关保险产品有明确的精算指引,通常保险公司定价部门的精算师根据商讨一致的利率、费率、风险发生率给产品进行定价。核赔定损部门是在接到报案后对理赔进行处理的部门,所谓理赔处理包括对提出索赔的审核,确定是否属于保险公司的承保责任,是否符合保险合同的约定,在确定进行赔付时一般还需要对赔付金额进行确定(定损)。

当前许多保险科技已经被应用到核保、核赔定损等环节,例如一些金融科技公司推出的人工智能定损可以根据图片和视频对保险标的的损失进行评估,减少人力投入,降低成本,提升案件处理效率。

(四)保险市场的形成和发展

保险市场随着保险的产生而存在,并随着保险的发展而发展,它是金融市场的重要组成部分。保险机构充分参与到投资、融资等金融市场活动中,发挥金融中介的作用。

保险的产生是基于风险转移的需求,而商品市场的迅速发展则推动了风险转移需求。一方面,生产经营活动中的风险寻求转移促使了财产险市场的发展。另一方面,劳动力成为生产的基本要素,基于劳动力生存保障的保险即人身险和健康险的需求大大增加,推动了人身险市场的发展。随着保险标的越来越复杂,保险本身也不断发展并带动保险市场的发展。保险公司在承保较大风险标的或者超过自身承受能力的风险标的时,也为自己赔付的风险寻求转移方式,也就是寻求保险的保险,这促使了再保险市场的产生和发展。此外,保险标的也在随着经营活动的深入而逐渐从实体标的扩展到非实体保险标的,这就包括责任保险和信用保证保险等。保险伴随着经济活动发展，同时通过它自身的风险弥补功能来支持经济运行，许多国家看到保险的作用和其跨期支付的特点，开始利用强制手段推进一些特定保险，这就形成了社会保险。当前社会保险和商业保险充分合作，已经成为社会经济重要的稳定剂。保险市场因为其保险标的的多元性而与诸多行业相连，这使得保险市场更早地受科技影响。当相关保险标的受到科技影响发生性质改变，其风险发生概率或者风险发生的损失程度发生实质性变化时，相应的保险市场也会受到影响。

例如，汽车事故的发生是小概率事件，其损失可大可小。对于这类风险，人们习惯上选择风险转移的方式进行处理，这是形成车险市场的基础。但是，当汽车在大数据人工智能技术的支持下，逐渐实现自动驾驶，汽车的人工智能系统可以大幅度降低事故概率，同时将事故损失控制在较小范围内。此时，风险变成了小概率小损失，人们对待这类风险一般是选择风险自留。这意味着，自动驾驶技术的普及将会触及车险市场存在的市场基础。

（五）保险的基本原则

保险的运作有其内在的原则，这些原则一方面界定了保险的界限，赋予了保险正常运行的轨道，另一方面提供了保险量化的机理和科技应用的空间。下面介绍与保险科技密切相关的原则。

1. 风险分散原则

风险分散原则是指由多个保险人或被保险人共同分担某一风险责任。保险人在承保了大量的风险后，如果所承保的风险在某段时间或某个区域内过于集中，一旦发生较大的风险事故，可能导致保险企业偿付能力不足，从而损害被保险人利益，也威胁着自身的生存发展。因此，保险人除了对风险进行有选择的承保，还要遵循风险分散原则，尽可能地将已承保的风险加以分散，以确保保险经营的稳定。具体来说，风险分散措施主要体现在核保时和承保后。核保时的风险分散主要表现在保险人对风险的控制方面，即保险人对将承保的风险责任要适当加以控制。控制风险的目的是减少被保险人（或者保险标的物）对保险的依赖性，同时也是防止因保险而可能产生的道德风险。值得一提的是，当前已经有许多保险科技应用于核保和保后风险管理，帮助保险人控制风险，例如对健康险，保险公司引入了一些健康物联网的因素，鼓励被保险人进行健康管理从而提升健康水平，减少保险公司的赔付，达到双赢的目的。承保后的风险分散以再保险和共同保险为主要手段。再保险是保险人将其所承担的业务中超出自己承受能力之外的风险转移给再保险人承担。共同保险是由两个或两个以上保险人共同承保某个风险较大的保险标的。

2. 大数定律原则

在保险业中，风险单位是指发生一次风险事故可能造成标的损失的范围，也就是遭受损失的人、物或场所。风险单位是保险公司确定其能够承担的最高保险责任的计算基础。保险经营机制是将分散的、不确定性的损失集中起来，转化为大致的确定性的分摊损失。故保险公司关心的是实际损失与预期损失之间的偏差。在保险新产品开发之前，必须通过大量的损失统计资料对风险损失进行估算，这对保险费率的厘定极为重要。在费率厘定时，对附加保费、安全系数等计算得越精确，可使保险公司有足够的资金赔付保险期限内发生的所有索赔，从而使保险公司的运营更为平稳，也更有利于投保人和被投保人。

应该注意到，保险中的大数定律还有更深刻的内涵：当"风险性质相似"的个体（且没有相关性)足够多的时候,他们的统计规律能够反映具体个体的风险概率。这里风险性质相似看起来简单,实际上说明了保险的基础不仅仅是"大数"还要有同质,这正是定义风险单位的基础。

表 11–1 是利用大数定律构建的生命表的部分截图。保险公司进行产品精算定价时需要使用生命表,当前使用的生命表是 10—13 版。[①]

表 11–1　生命表部分

| 年龄 | 男(CL1) | 女(CL2) |
|---|---|---|
| 0 | 0.000 867 | 0.000 62 |
| 1 | 0.000 615 | 0.000 456 |
| 2 | 0.000 445 | 0.000 337 |
| 3 | 0.000 339 | 0.000 256 |
| 4 | 0.000 28 | 0.000 203 |
| 5 | 0.000 251 | 0.000 17 |
| 6 | 0.000 237 | 0.000 149 |
| 7 | 0.000 233 | 0.000 137 |
| 8 | 0.000 238 | 0.000 133 |
| 9 | 0.000 25 | 0.000 136 |
| 10 | 0.000 269 | 0.000 145 |
| 11 | 0.000 293 | 0.000 157 |
| 12 | 0.000 319 | 0.000 172 |
| 13 | 0.000 347 | 0.000 189 |
| 14 | 0.000 375 | 0.000 206 |
| 15 | 0.000 402 | 0.000 221 |
| 16 | 0.000 427 | 0.000 234 |
| 17 | 0.000 449 | 0.000 245 |
| 18 | 0.000 469 | 0.000 255 |
| 19 | 0.000 489 | 0.000 262 |
| 20 | 0.000 508 | 0.000 269 |

可以看到,大数定律是保险人无法获知单独的风险单位的风险特征而采用的数学方法。科技的引入则一定程度上可以让保险人更好地把握单独的风险单位的风险特征,这时候,大数定律则转化为"依据小数据进行精准风险量化",这也是保险科技的一个重要发力之处。

---

[①] 生命表反映了不同年龄人群的死亡概率,它是保险产品(特别是寿险产品)定价的基础。生命表除了 2010—2013 版(简称 10—13 版),历史上还有 90—93 版、00—03 版。

> **专栏 11-2**
>
> **生命表编制与保险科技**
>
> 生命表描述的是个体在不同年龄的死亡概率,这给保险产品定价提供了基础,实际上在保险的众多定价过程中,都需要类似这种描述特定阶段发生概率的生命表,例如健康保险中大病保险所需要的重疾发生率表。在这些生命表的构造中,由于依赖的场景越来越复杂、所使用的数据越来越多,大数据技术、机器学习方法常常与统计方法共同使用来获得对应概率。

3. 风险可保原则

保险公司承保的风险必须是可保风险,这意味着风险能够被补偿,即在法律体系上可以根据合同约定进行货币弥补。

4. 损失补偿原则

损失补偿原则是指保险合同生效之后,如果发生保险责任范围内的损失,被保险人有权按照合同的约定,获得全面、充分的赔偿。保险赔偿的目的是弥补被保险人由于保险标的遭受损失而失去的经济利益,被保险人不能因保险赔偿而获得额外的利益。

5. 收支平衡原则

收支平衡原则就是使所收保费及其利息收入的现值等于给付支出和所需管理费用的现值。保险公司基于收支平衡原则对产品进行定价。

(六)精算技术

一般来说,保险公司的收支平衡原则通过精算来实现,这就是保险产品的定价。精算是借助数学、统计和计算机技术进行风险度量的学科。而保险产品进入市场之前一般都需要对产品定价。根据收支平衡原则,所谓的定价就是对风险进行测算,这个工作一般由精算师来完成,即通过度量保险标的的风险来预测保险公司的赔付支出,从而确定投保人要缴纳的保费。可以看到,在保险中,精算发挥的作用其实是风险的度量,而风险的度量包括风险发生的频率和风险发生带来的损失。当前,大数据技术为风险度量提供了数据基础,而人工智能技术则在一定程度上可以与精算技术相互配合,使得风险度量更加精准。

> **专栏 11-3**
>
> **精算师与保险科技**
>
> 根据原中国银保监会的规定,寿险公司和财产险公司需要设立精算师职位,并设立一名总精算师,总精算师对产品定价和责任准备金测算负责。精算师一般通过认证产生,当前精算师认证认可度最高的机构有:北美精算师协会(SOA),英国精算师协会(IFoA),中国精算师协会等。但保险不是精算的唯一应用场所。因为金融本身是关于风险的学科,在许多地方需要进行风险度量,所以精算技术也会应用于其他金融领域。

例如,北美的正精算师FSA,分为6个方向,其中保险方向占4个,其他2个分别是公司财务和风险管理方向、计量金融和投资方向。当前,众多的精算师资格考试都增加了相关数据分析和机器学习的内容,使得精算师职业逐渐和数据分析师重合。

## 二、保险科技概述

（一）保险科技界定

就像保险是金融的一部分一样,保险科技是金融科技的重要组成部分。保险科技（Insurance Technology,Insur-Tech）的核心是科技,即在整个保险流程中,应用人工智能、机器学习、物联网装置和区块链等新技术,使客户更方便地选购保险产品、投保及理赔,使公司提高运营分销能力,更准确地进行风险评估并定价。

因为保险标的可能链接多个行业,所以,随着新科技不断影响诸多行业并为相关行业带来了变革,传统保险行业也要面临重塑价值链的挑战。根据保险科技的内容和目的,本书将保险科技定义为,保险科技是科技手段在保险场景中应用,提升保险业务的效率并创造价值。基于金融功能已经稳定而科技范畴仍在不断变化的现实,本书认为保险科技的核心仍然是实现金融的功能,但未来保险的功能可能和现在有所不同,包括扩展保险功能实现范围、提升保险功能实现效率,甚至保险科技会成为主要的保险功能实现方式等。

根据科技与保险融合的程度不同,保险科技的发展会经过三个层次。第一个层次是提升保险功能实现效率。当前许多保险公司还处于向互联网转型的过程,正在使用互联网技术来为投保、核保、理赔等环节提供更便捷的服务。第二个层次是扩展保险功能实现范围。这里的范围包括保险服务的客户范围以及金融的功能所涉及的范围。互联网和移动互联网的普及使得保险公司的服务扩展到更多的客户,同时一些新的科技的使用,使得保险公司可以为既有客户提供新的金融服务。第三个层次是成为主要保险功能的实现方式。这是科技与保险的深度融合,保险功能以科技为主要实现方式,保险公司实现基于数据的智能经济体的架构。

（二）保险科技的类型

保险科技的类型可以从两个角度来划分,分别是保险业务角度和科技类型角度。

从保险业务角度,保险科技可以分为核保科技、定价科技、产品开发科技、核赔科技和定损科技等。核保科技是保险公司在决定是否承保时使用科技手段提升效率。区块链技术、大数据技术以及人工智能技术都可以提升核保效率。例如,当前基于客户关系网络的大数据技术可以有效地防止核保过程中欺诈的发生。定价科技是保险公司利用科技手段提升定价效率,实现更好的风险预测。产品开发科技是保险公司利用科技手段提升产品开发的效率,开发新的产品,发现新的市场契机。核赔科技是保险公司在确定是否赔付时使用科技手段提升效率。定损科技是保险公司在确定赔付后使用科技手段提升定损效率,快速、低成本地给出赔付金额。

从科技类型角度,保险科技可以分为区块链技术、人工智能、物联网、云计算、大数据、车联网、无人驾驶汽车、无人机、基因检测、可穿戴设备等。这些科技根据各自特点可以应用在保险的各个细分场景中。例如,保险业务进行中运用区块链技术可以杜绝虚假信息和恶意行为,并有效追溯和标记投保标的信息,有助于进一步改进产品和精准评估风险。

（三）保险科技的优势与当前存在的问题

保险科技相对于传统保险业务模式,提升了效率,延展了保险的功能,也一定程度创造了新的价值,并可能在未来成为保险业务价值的主要创造方式。具体来看,它的优势体现在以下几个方面。保险科技大幅度降低了保险业务中的人力成本,较大提升了保险业务处理效率,在一定程度降低了保险产品的费用率,使得保险产品定价更加公平。其深度应用可以降低保险公司的保险风险、提升保险公司的风险管理水平。应用于风险预防阶段,可以降低风险发生率,从而提升客户的生活质量。例如,保险公司通过物联网技术助力客户健康管理,既降低了客户的健康风险发生率,又降低了保险公司的赔付率。

尽管保险科技有一定的优势,但是也存在一些问题。第一,保险业务和科技的融合程度仍然较松散,保险的核心业务模式还较少使用保险科技,两者还只是握手的阶段,还没有到充分融合的阶段。第二,保险科技的诸多理论问题亟待解决,例如保险应用新技术的可解释性问题、精确性问题以及可控性问题。第三,保险科技的外延容易超过监管的范围,引起合规风险。第四,保险标的的多种类使得保险科技过度依赖于对应行业专业技术,容易失去独立性。

这些问题也是保险科技不断发展的动力,可以肯定地说,保险科技的运用已经并将继续推动保险业新的变革,推动保险业务朝便捷化、智能化、自动化方向迈进。以人工智能技术为例,保险公司逐步引入人工智能技术已经成为行业趋势,人工智能技术尽管还不能完全代替人类,但通过智能定价、精准营销、反欺诈等技术手段将会使保险业务更加智能化。可以预测,未来保险公司将会利用保险科技相关技术替代更多的重复性人工劳动,实现从投保到赔付的全流程的自动化。

**专栏 11-4**

### 机器人流程自动化

RPA 是英文 Robotic Process Automation 缩写,它在众多行业得到迅速的应用,这其中也包括保险公司。它可以翻译为机器人流程自动化、软件机器人、虚拟劳动者、流程机器人等。它本质上是记录人在计算机上的操作并重复运行该操作以及操作组合的软件。它的作用是使得办公室工作充分地自动化,降低劳动力成本,提高生产效率,并最大程度降低人为错误。

（四）我国保险科技发展阶段与发展动力

我国保险科技的发展过程可以分为三个阶段。第一阶段是 2008 年之前。该阶段是金融的电子化与信息化时期,是金融科技的雏形期,也是保险行业信息化的探索期。在这一阶段中,会计账务实现了电子化,金融业务也开始能够进行电子数据化处理。与此同时,保险行业迎来了第一波发展。从 1999 年到 2008 年,国内保费规模从 1 393 亿元升至 9 000 亿元。

第二阶段是 2008—2016 年。该阶段是金融网络化、移动化的时期,是金融科技的基础构建期,在此阶段保险实现互联网化。从 2008 年以后,软件技术大幅提升,互联网、移动互联网迎来爆发,配合新出现的"云计算与物联网"等新概念,国内保费规模从9 000亿元上升到了1.4万亿元。在市场上,保险行业的互联网化为用户打开了一扇新的大门,中国老百姓开始接受新的保险购买方式。

第三阶段是2016年以来。该阶段是金融智能化阶段,也是匹配智能经济的过渡阶段,同时也是金融科技的重要发展期。在此阶段,保险业向自动化及智能化迈进,大数据、云计算技术已经开始落地,物联网、区块链、人工智能等技术也被应用于保险业务的诸多场景中。同时,全行业保费增长迅速,不断有新的保险业务创新和保险科技创新出现,保险科技将会对保险产业进行多维度的创新与重塑。

从以上三个阶段可以看到,整个保险科技的发展与互联网经济、数字经济和智能经济的发展充分契合,互联网构建的新的资源架构、数据资产的基础认同以及科技力量的效率替代是保险科技的发展动力。综合这些阶段的关键经济要素,我们可以从如下四个角度对其进行分析。

第一个角度,碎片化、场景化需求。在新时代下,生活因为场景不同被切割成无数碎片,相应的风险需求随之而生。与此同时,随着互联网日益成为人们获取知识和信息的重要来源,移动支付、全球定位、生物识别等技术的赋能使得互联网能够直接掌握潜在的保险场景资源,精准把握消费者的碎片化、场景化需求。

第二个角度,流量优势。中国拥有世界规模最大的互联网用户,互联网渗透率增长较快,各网络平台流量规模和增速较快,消费者对于互联网消费的接受程度高。而互联网保险业务的快速增长亦得益于平台的流量优势,互联网保险的核心亦是"流量变现"。

第三个角度,互联网信息技术优势。信息技术让这个世界重新洗牌,而日益复杂的生产生活和环境水平因素使得人们暴露在高维风险当中。为了解决高维风险带来的隐患,互联网信息技术逐渐显现其优势,通过最大限度地降低成本及信息不对称带来的影响,保险产品更易于为消费者所接受。

第四个角度,互联网思维。传统企业所依赖的稀缺和不可复制资源构成了行业巨头们的竞争优势。专利技术优势、企业文化优势、地理位置优势、人才优势、成本优势似乎是新兴企业无法轻易复制和获取的。但是,互联网思维可以降低此类优势的稀缺性和必要性,使这些竞争优势荡然无存,并重构新的竞争优势。凭借庞大的流量、用户体验及运营模式建立起的全新竞争维度,互联网通过跨维度整合资源,以免费对抗收费、以简单战胜烦琐来解决传统保险的痛点,并变革整个保险业。

## 第二节　互联网保险

互联网保险是指保险公司或新型第三方保险网以互联网和电子商务技术为工具来支持保险销售和经营管理活动的经济行为。[1] 近年来互联网保险总体呈快速增长的态势,互联网保单量5年间增长18倍。[2]

---

[1] 何平平,车云月. 互联网金融. 北京:清华大学出版社,2017.
[2] 来源自腾讯公司发布的《2018年互联网保险年度报告》。

## 一、互联网保险概述

### （一）互联网保险对传统保险的影响

互联网保险对传统保险产生了多重影响。首先,互联网保险对传统保险的影响体现在颠覆保险经营观念上。在传统模式下,保险公司运用市场营销的4P理论[①],将公司产品推销给消费者,关键因素是产品包装、价格优势、渠道实力和促销策略等。但是,在互联网时代,由于信息量大,信息流动快,消费者拥有了更多的知情权和选择权,传统的4P理论没有了应用基础,保险营销模式发生本质改变。甚至因为营销模式的改变,整个保险的业务链条,例如产品开发和定价都受到影响。

其次,互联网保险对传统保险的影响体现在对行业销售入口的冲击上。保险销售是对具有同样风险特征的个体聚合的过程。对个体的不同定义方式,派生出了营销、直销、代理等不同销售渠道。而互联网天生就是"连接""聚合"的途径。例如,新型的互联网保险公司选择进行纯线上运营,不设任何分支机构,完全通过互联网进行销售和理赔。这种模式可以很容易克服空间上的限制,将人群风险特征进行无限细分并利用小众人群的"长尾效应"[②],最终组合成个性化的"团单"进行承保。在此背景下,决定保险业务量的将是互联网平台的流量;传统模式下,依靠网点数量和人力规模进行一对一营销的传统优势,由于成本较高,必将受到一定的削弱和冲击。

再次,互联网保险对传统保险的影响体现在对保险市场边界的扩展上。互联网带来了新经济和新生活方式中派生出的新保障需求。例如,某些保险公司推出基于网购的"任性退"产品。又如,部分保险公司借助互联网强大的客户聚集能力,将保险期限和保费碎片化,使得以往不具有高额投保能力的客户纳入被保人群。还如,一些保险公司基于大数据技术提升行业风险定价与管理能力,从而将以前难以有效管理的风险纳入承保范围,并且利用科技创新,打造完整的保险产业链。

最后,互联网保险对传统保险的影响体现在对运营流程革新的挑战上。这主要表现在以下两个方面。一方面行业外包将加快发展,保险公司收缩日常活动范畴,集中内部资源聚焦在风险管理、客户服务及资金运用的核心领域。另一方面,核心业务流程网络化自助服务水平不断提高,在提升运营效率的同时迎合客户消费习惯的改变;企业运营成本受到严格管控,节省下来的成本转变为产品费率的下降回馈给客户,固定资产成本、人力资源投入等大幅减少,降低了万元标准保费的运营成本,提升了其竞争力。

### （二）互联网保险的内容

从互联网保险定义上看,互联网保险涵盖许多具体内容。由于互联网保险仍然是保险的一种形式,我们可以从保险业务流程出发来了解互联网保险的内容。具体来说,它包括如下五个方面。

第一,数据的获取和价值创造,包括数据的收集、数据的处理以及数据分析等。这是

---

① 杰罗姆·麦卡锡（McCarthy）于1960年在其《基础营销》（Basic Marketing）一书中将营销相关的要素一般性地概括为4类:产品（Product）、价格（Price）、渠道（Place）、促销（Promotion）,即4Ps。1967年,菲利普·科特勒在其畅销书《营销管理:分析、规划与控制》进一步确认了以4Ps为核心的组合营销方法。读者可以参考相关书籍获得更多信息。

② 本书第三章对此有详细论述。

互联网保险的技术特征。无论保险还是互联网保险都需要收集数据来开始保险业务,但是互联网保险收集的数据维度和数据类型都与传统保险的调查数据不同,其数据特征符合大数据的 5V 特征。

第二,保险产品的设计和营销,是互联网保险当前最主要的呈现形式。产品销售是保险公司盈利的基础,在这个环节上互联网保险相对于传统的保险销售模式具有巨大优势,许多互联网营销经验可以应用在这里,如来自电商的精准营销等方法。

第三,专业保险需求分析和保险问题解答,是互联网保险的咨询形式。保险公司借助互联网保险可以充分了解客户的需求,提供专业的需求分析和问题解答,从而进一步增加用户的黏性,发展潜在客户。这样的模式在健康险产品中应用空间巨大。从广义上看,健康险产品购买人群的健康管理服务也属于该模式。

第四,保险产品的购买服务。互联网保险基于成熟的互联网金融支付技术和相关验证技术,使得客户购买保险产品轻松简单。

第五,提供在线核保和理赔服务。保险公司通过提供在线核保和理赔,可以极大地提升客户的服务质量感知,有效减少传统保险模式"理赔难"的投诉,减少客户焦虑,提高客户对保险公司的黏性。

(三) 互联网保险的优势

和传统保险相比,互联网保险的优势主要体现在四个方面。首先,互联网保险相比传统保险更能够满足客户需求,让客户能自主选择产品。客户可以在线比较多家保险公司的产品,保费透明,保障权益也清晰明了。这种方式可让传统保险销售的退保率大大降低。其次,互联网保险服务方面更便捷,网上在线产品咨询、电子保单发送到邮箱等都可以通过轻点鼠标来完成。再次,互联网保险理赔更轻松,互联网让投保更简单,信息流通更快,也让客户理赔不再像以前那样困难。最后,互联网保险定价更加精准,借助互联网应用和物联网设备获取的数据可以帮助保险公司开发个性化的产品,对个体和保险标的进行更精准的定价。

## 二、互联网保险产品种类

(一) 人身保险产品

人身保险是以人的身体或生命为保险标的的一种保险。具体的人身保险种类又分为人寿保险(含寿险、年金保险以及两全保险)、意外保险以及健康保险等。这些细分的人身保险产品基本都可以通过互联网的方式进行销售,许多产品支持通过互联网进行核保和核赔。

(二) 财产保险

财产保险是指以财产及其相关利益为保险标的,因保险事故的发生导致财产的损失,以金钱或实物进行补偿的一种保险。它包括火灾保险、海上保险、汽车保险、工程保险、航空保险、利润损失保险、农业保险、家财险和企财险等。和人身保险产品不同,互联网保险产品中财产保险产品比例较小,以车险为主。

(三) 信用保证保险

信用保证保险是以经济合同所制定的有形财产或预期应得的经济利益为保险标的的保险。例如,出口信用保险就是典型的信用保证保险。信用保证保险种类包括信用保险和保证保险。信用保险是权利人要求保险人担保对方(被保证人)信用的一种保险。保证保险是被保证人根据权利人的要求,请求保险人担保自己信用的一种保险。互联网保险中信用保证保险还相对较少,但因为信用相关评价可以基于大数据进行。在一定程度上,通过互联网进行信用保证保险的交易是可行的。

（四）创新型保险

互联网保险的发展也演化出了许多创新型保险,类似于赏月险、恋爱险等。这些险种一定程度上脱离了保险的范畴,而引起了诸多争议,部分不合规的保险产品已经被监管机构叫停。需要注意的是,创新是一个相对的概念,在人身险领域,也有一种提法,将包含了投资功能的保险叫作创新型保险,如万能险、分红险、投资连结保险等。应该注意,这里的创新型保险和包含投资功能的人身保险产品是不同的。

### 三、互联网保险的创新模式

（一）销售模式创新

销售模式创新大致分为六类:第一,在线网站类型。该类型是指保险公司自己通过自建官网方式展现自身品牌、展示保险产品、销售产品、提供在线咨询和服务。例如,几乎所有的中大型保险公司都设立自己的在线平台进行保险产品销售和服务。第二,第三方平台。该类型是指保险公司借助独立运营的第三方平台来销售保险产品并提供相关服务,这些平台包括已经获得资质的大型电子商务网站,也包括部分专门进行金融产品销售的平台。第三,专业中介代理模式。该类型是指保险代理或经纪公司建立网络销售平台,代理销售多家保险企业的产品,提供相关的服务。第四,网络兼业代理模式类型。该类型主要指非保险企业通过自己的官网代理销售相关保险产品、提供保险服务。一般来说,这种兼业代理所销售的保险产品种类与这些代理机构的主业有一定的关联性。第五,移动互联网销售类型。该类型是指保险企业通过用户的智能终端(例如手机、电视、平板电脑等)销售保险产品和提供相关的服务。第六,嵌入形式。该类型是指在既有的通过互联网方式提供商品和服务的平台上链接保险服务,例如部分购物平台的退货运费险。

---

**专栏 11-5**

**购物平台的退货运费险**

买家在购物平台上买东西,除了质量问题外也会因为喜好或者其他原因进行退换货。大多数购物平台规定:如果卖家的商品没有质量问题,则换货的来回运费是要买家承担的。针对这样的场景,购物平台一般都提供退货运费险服务,卖家在买下商品后,可以选择退货运费险,费用低廉,这样一旦发生退货或者换货,在整个流程结束后,保险公司会将运费的理赔金直接打到买家支付账户上。

---

（二）产品创新

互联网保险的产品创新形式分为平台保险和场景保险。平台保险指的是在互联网平台上面销售的保险,包括传统的健康险、车险、意外伤害险等。场景保险指的是在消费者的生活、消费场景中融入保险产品,比较典型的有退货运费险、账户安全险、延保险等。

## （三）技术创新

技术创新是指互联网技术与保险的有机结合，这些结合包括大数据技术引入并与保险融合，人工智能技术引入并与保险融合，以及区块链技术引入并与保险融合等。例如当前一些公司推出的"区块链和保险"融合模式，就是将区块链技术应用在传统航空意外险保单业务中的实践，也是将主流的金融资产放在区块链上进行流通的尝试。这种融合模式利用区块链技术多方数据共享的特点，可以对航空意外险从源头开始追溯到客户流转的全部过程，建立起保险公司和投保人之间直接和透明的关系，消除信息不对称，一定程度上解决保单造假、中介商抬价等问题，同时便于后续理赔。

## （四）服务创新

服务创新是利用互联网形式和技术提供创新服务。例如，互联网保险第三方平台对用户发布"可追溯的评级服务"，提供所有在线服务及电话语音记录全公开的升级服务，用户和行业监管可以对其销售行为进行回溯。这种模式能够有效减少消费的误导行为，提升整个保险行业的形象和效率，同时也意味着互联网保险销售开启了消费者科技主权新时代。

# 第三节　现代科技在保险业务中的应用

## 一、大数据与保险定价

### （一）精准定价

保险公司对保险产品定价实际上是基于大数定律的假设。我们注意到，大数定律的假设很难满足，例如每一个个体的健康情况相差很大，相同年龄和性别的人死亡风险也不同。如果简单地以年龄和性别作为区分，那么收取同样的保费是不公平的，结果是死亡风险低的被保险人多缴纳了保费，而死亡风险高的被保险人少缴纳了保费。例如，具有两个APOE基因的E4变异的个体其阿尔兹海默症的发病率是正常群体的3倍，有接近25%的概率。很显然，仅仅按照年龄和性别来区分人群，相同年龄和性别的人缴纳相同的护理保险保费有些不公平。

理论上，所有的人身险产品都会面对这样的问题，只要人的特征参数足够清晰，人们甚至能够对每个个体的风险进行量化，实现最根本的个性化，这就是精准定价——每一个个体都是根据自己的风险特征测算获得保费。[①] 精准定价最直接的应用就是车险和健康险，接下来分别介绍。

### （二）车险的精准定价

传统车险的价格通常由型号和使用年限等与车有关的因素确定，这意味着有着相同因素的汽车会收取相同的保费。但很显然，车险所提供的损失补偿通常针对的是事故，而事故的发生概率通常与驾驶人关系更密切，而与车的品牌和使用年限关系较小。现在，车险中的保险科技已经开始在定价中考虑"从人"的因素，借助于车载诊断系统接口，一些经过授权的驾驶数据可以被保险公司记录，并分析驾驶人的驾驶习惯，从而给出更合理的

---

① 张宁．精准定价：保险中的"大数定律"失效了吗？．新理财，2019（Z1）：30-32．

价格。更进一步地,借助于大数据技术特别是深度学习技术,保险公司可以精准地预测一辆车的出险概率。

图 11-2 是某保险公司基于谷歌的 TensorFlow 平台建立的出险预测机器学习模型,该模型使用了 3 层隐藏层的神经网络,最终可以将预测准确率从随机森林方法的 43% 提升到 78.3%。

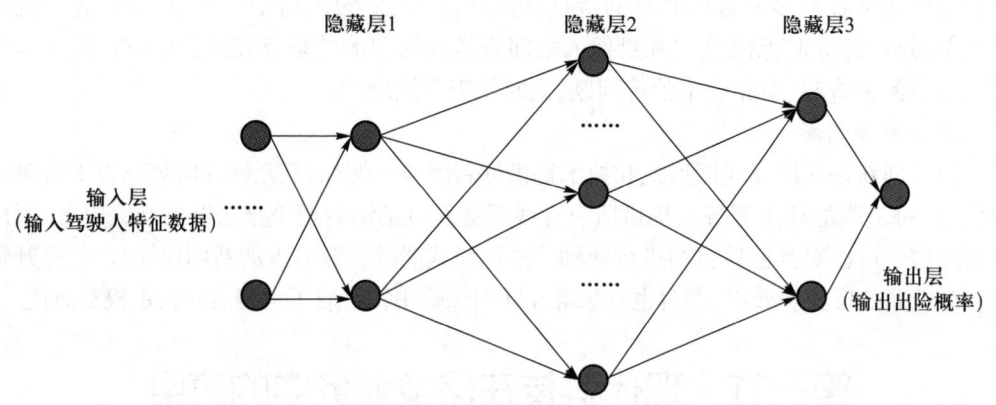

图 11-2　某保险公司使用深度学习预测出险概率

(三) 健康险精准定价

健康险的情况与车险类似,通常保险公司依据年龄、性别和是否吸烟等因素来确定保费。但是随着生理学研究的深入,人们发现年龄增加会使得个体健康差异增加。这意味着依据以上因素定出的价格可能不够精准,一些比平均水平更健康的人多缴纳了保费,而一些比平均健康水平差的人少缴纳了保费。

健康险的精准定价就是依据个体的健康水平确定产品价格,能够实施该定价的前提是有效度量个体的健康水平。当前大量的物联网健康设备已经走入生活中,例如手环、体脂测量仪甚至心电图测量仪等,这些数据可以被云端汇集并进行计算,可以有效给出健康水平的评估。

---

**专栏 11-6**

### 恒康金融停止承保传统业务

美国恒康金融(John Hancoc)是美国大型寿险公司之一,它建立于 1862 年,拥有上千万美国客户,管理资产规模达 1 500 亿美元。其核心零售产品为消费者提供金融解决方案,产品组合包括人寿保险、互惠基金、401k 计划、长期护理保险等。2018 年,该寿险公司停止承保传统业务,以后只承保基于可穿戴设备用户的保险,这意味着它将借助保险科技手段对用户进行更好的服务、提供针对性的产品,其定价模式也从传统保险的"大数定律"逐渐向"精准定价"转移。

## 二、核保核赔中的新科技

### (一) 核保中的大数据应用

在收到投保申请后,保险公司需要进行核保。对财产保险来说,核保需要进行实物评估。根据标的物不同,评估的流程也不同。一般来说,该流程需要较高的专业性。这里主要介绍人身险的核保以及其中的大数据应用。

对人身险来说,若申请符合自动核保规则,则保险公司会通过该投保;若不符合,则保险公司会进行人工介入,根据不同的险种可能要求被保险人进行体检、生存调查、提供财务证明(见图11-3)。

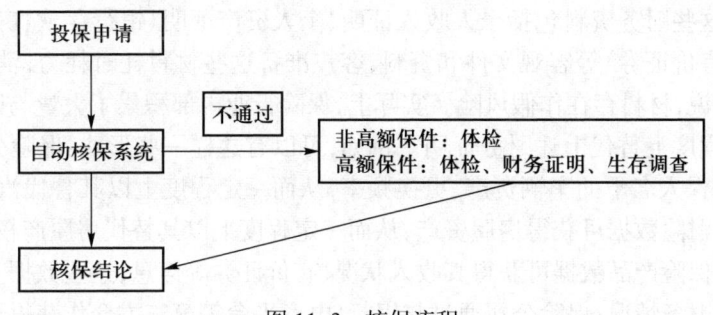

图 11-3 核保流程

对人寿保险来说,核保主要考虑两大类风险,分别是健康风险和财务风险。健康风险涉及的因素包括年龄、性别、地域、职业、家族史、既往病史、当前健康状况、危险性较高的爱好等。财务风险则主要是针对高额保件,一般情况下高额保件指累计寿险风险保额达到100万元(含)以上的投保件,需要注意的是不同保险公司对高额保件的标准不一样。

由于牵涉因素多,保险公司在核保过程中面临着诸多困难,包括核保规则设置不够精细。核保资料获得效率低,体检、问卷、生存调查等涉及流程多,核保成本高,出单时间长,消费体验差;高度依赖核保人员的个人定性判断,对被保险人的风险程度缺乏定量评价。而保险科技则可能在一定程度上解决这些困难,具体分为下列几类场景。

1. 充分利用全行业大数据

充分利用全行业大数据主要包括保险行业数据共享以及使用全行业黑名单。保险行业数据共享是指保险公司通过保险行业数据共享获取被保险人全行业累计风险保额。累计风险保额指被保人所有已生效的及正在投保的寿险、意外险和重大疾病险保险合同中保险公司可能给付的累计最高金额,它是核保的关键因素。在没有大数据的支持下,保险公司虽然能计算被保险人在本公司的累计风险保额,但无法知晓其在其他公司的风险保额,这一直是核保中的一个风险盲点。保险行业数据共享之后,保险公司可以通过该机制获得被保险人在全行业的累计风险保额,提高数据精确度,更好地支持核保。

使用全行业黑名单是指保险公司根据整个保险行业数据制定行业级黑名单。在传统业务模式下,保险公司只能根据其经营的历史经验及中国人民银行黑名单等制定其自身的黑名单。保险行业数据共享之后,保险公司则能根据整个保险行业数据制定行业级黑名单,为其核保提供更多支撑。

2. 改变数据获取方式

改变数据获取方式主要包括以下几个方面。

(1) 利用征信数据来核验个人基本信息。对保险公司来说,年龄、职业、婚姻状况是重要的核保因素;征信数据也可用于职业、年龄、受教育程度、婚姻状况等个人基本信息的核验。例如,被保险人职业与其死亡率及发病率相关性很大,保险公司根据不同职业类别设定高低不同的保费;历史赔案表明,职业信息实际造假频发,查验成本高;在这种情况下,保险公司可使用中国人民银行征信中心或其他征信公司提供的征信数据,进行职业信息的可靠、快速、低成本校核。

(2) 利用保险相关资产替代财务证明。针对高额保件,保险公司一般需要被保险人提供财务资料,这些财务资料包括个人收入证明、个人资产证明(银行存款、房屋产权、有效汽车行驶证、有价证券)等客观文件和资料,客户准备这些材料耗时耗力,消费体验差,且对保险公司来说,材料存在作假风险。实际上,保险行业内部积累了大量与财产相关的数据,可在一定程度上替代上述财务证明。例如,可以有这样一些形式:保险公司通过车险数据可获得被保人名下的车辆资产、更换频率,从而一定程度上以其替代汽车行驶证;保险公司通过家财险数据可获得房屋资产,从而一定程度上以其替代房屋产权证明;保险公司通过投资型保险产品数据可获得其收入状况、有价证券等信息,这些数据一定程度上可以反映相应的财务情况;保险公司通过与银行、电商平台等第三方合作获得更多的财产相关数据(如信用卡额度、电商平台年度消费额)来测度被保险人的经济状况。

(3) 利用健康险历史理赔数据了解既往病史,推测健康现状,并在一定程度上替代体检。健康险的理赔数据详细记录了被保险人的历次就诊情况及费用,是被保险人既往病史的全面记录,也是评估被保险人当前健康状况的最佳数据之一,它很大程度上可替代体检;保险公司通过关联保单,可获得直系亲属健康险、寿险的历史理赔数据,根据医学知识推测被保人的家族病史状况;保险行业内部数据与社保数据、医院诊疗数据逐步实现共享,相关历史理赔记录将发挥更大作用。

3. 增加新的核保因素

一般来说,核保因素越多,核保结论的可信度越高,保险科技可以帮助在现有的核保因素基础上引入新的核保因素。在实践中,美国律商联讯公司将居住地址、电话和水电煤气记录、职业证书、教育历史、破产、抵押、判决和驱逐等非传统数据引入赔付率预测模型,核保效能提升高达 30%。现有核保因素中可以加入以下新因素。

(1) 信用记录。美国联邦贸易委员会 2007 年的报告证实,信用好的消费者,其未来索赔率较低。我国已在信用保证保险、国内贸易信用保险等领域使用中国人民银行征信中心的信用记录进行风险评估,今后可将信用记录用于寿险的风险评估与核保。

(2) 生活消费方式。保险公司通过可穿戴设备实时监测人体健康数据,也可利用被保险人在网上的购买信息、关注信息、点击流等数据,分析被保险人的健康风险。根据医学知识,生活作息规律、经常健身的被保险人,其健康状况较好,其对应的未来索赔概率也更低。

(3) 位置信息。个人位置信息与被保险人生活稳定性、行为可预测性等风险密切相关。在大数据技术的支持下,被保险人位置信息可通过手机准确、快速、低成本地记录、传输、分析与使用。

#### 4. 建设一体化核保中控平台

建设一体化核保中控平台是指用行业级数据替代企业级数据、提供新的数据收集方式、提供新的核保因素,并支持保险业务的全流程服务。该方法可使核保规则更为精细,核保资料收集更为便捷、有效。保险公司在建设一体化核保中控平台中,要充分发挥保险科技作用,尝试在新数据来源、新核保因素的基础上,不断进行数据积累和自动学习,将被保险人整体风险程度通过模型进行量化与预测,将传统的定性决策转变为定量决策,提高寿险自动核保的比例,降低整个行业的核保成本。

### (二) 核赔与定损中的人工智能

核赔与定损是保险公司接到报案后需要给出是否赔付以及赔付多少的业务。对于人寿保险以及健康保险中的疾病保险来说,通常赔付金额容易确定,保险公司主要确定是否属于保险责任;对于健康保险中的医疗保险来说,保险公司需要根据合同确定所发生的治疗费用有哪些属于赔付的范围,并最终给出赔付金额;对于财产险来说,保险公司除了需要确定是否属于保险责任,还需要根据标的的损失情况做出评估。

在核赔中,人工智能技术可以对报案人提供的票据进行自动解读和判断,一些正在研究的保险合同知识图谱可以对相关报案给出"是否属于保险责任"的建议;在定损中,深度学习技术和计算机视觉的组合应用可以让机器对保险标的的损失进行精确的评估,而虚拟现实和增强现实等技术则可以让查勘变得更加简单和高效。

核赔中的"反欺诈"也是保险科技的应用场景。[①]通过利用大数据技术和人工智能技术,保险公司在接到报案时就可以进行一定的欺诈甄别;在后续分析中,保险公司可以通过关联数据、历史记录、行为特征、音视频等综合判断,降低保险公司不必要的赔付支出。

## 三、产品营销与推荐

保险科技可以助力保险公司的产品营销,甚至从根本上改变传统的保险营销模式。在保险行业营销工作中,无论是产品、渠道、价格还是顾客,每一项工作都与大数据的采集和分析息息相关。一方面,保险公司通过获取数据并加以统计分析来充分了解市场信息,掌握竞争者的商情和动态,知晓产品在竞争群中所处的市场地位,来达到针对性施策的目的。另一方面,保险公司通过积累和挖掘保险行业消费者档案数据,分析顾客的消费行为和偏好,便于更好地为消费者服务和发展忠诚顾客。

以顾客消费行为和偏好分析方面为例,如果保险公司平时善于积累、收集和整理消费者的消费行为方面的信息数据,如消费者购买产品的花费、选择的产品渠道、偏好产品的类型、产品使用周期、购买产品的目的、消费者家庭背景、工作和生活环境、个人消费观和价值观等,并建立消费者大数据库,则在营销时,保险公司可以通过统计和分析来掌握消费者的消费行为、兴趣偏好和产品的市场口碑,再根据这些总结出来的结果制定有针对性

---

[①] 保险当事人双方都可能构成保险欺诈。凡保险关系投保人一方不遵守诚信原则,故意隐瞒有关保险标的的真实情况,诱使保险人承保,或者利用保险合同内容,故意制造或捏造保险事故造成保险公司损害,以谋取保险赔付金的,均属投保方欺诈。凡保险人在缺乏必要偿付能力或未经批准擅自经营业务,并利用拟订保险条款和保险费率的机会,或夸大保险责任范围诱导、欺骗投保人和被保险人的,均属于保险人欺诈。而这里所说的欺诈识别则是其中的一类,即理赔欺诈。

的营销方案和营销策略,有针对性地向消费者推荐。这些推荐能满足消费者的个性化需求,其带来的营销效果也会很好。

具体来说,保险科技对保险营销的影响包括两方面。

一是精准化渠道营销。在保险行业,传统营销与销售方式投入大、效率低。精准个性化营销是保险业市场拓展的必由之路。保险行业借助大数据分析,可根据客户的消费习惯和行为特征,及时、准确地把握市场营销行情;可根据年龄、行为、财务状况和保险需求等各种维度对潜在客户进行用户分群,为不同客户群制定个性化的精准定向的市场营销策略。

二是促进交叉销售与增值销售。传统保险行业主要通过保险代理人连接保险客户,对客户的基本信息和需求掌握很少。例如,保险公司通常会通过呼叫中心(Call Center)来辅助电销业务,但盲目式电话保险推销极易引起客户反感,成功率极低。在保险科技的支持下,销售可以方便地对客户的兴趣与爱好、购买能力做出预测和综合判断,并向客户推荐保险服务及产品,以保障推荐产品符合其财力、兴趣、理财偏好;电销人员可以在掌握客户交易行为、理财情况等信息的前提下进行产品与服务的针对性推荐,能够最大限度提高客户尊崇感和满意度,保证电销成功率;智能客服的引入可以优化和补充人工座席服务,更有效地提供交互服务;保险公司可以根据营销效果反馈,设定多频次、不同渠道的营销流程,提升营销成功率,实现交叉销售和增值销售。

### 四、智能保顾

智能保顾即智能化的保险顾问,是基于客户自身的保险需要,通过算法和产品来完成保险顾问的服务。作为对比,这个服务以往通常是由人来实现的,保险销售人员基于自己的经验来为客户进行保险产品配置。相对于传统人提供的保险顾问服务,智能保顾具有以下三大优势。首先,公正客观。智能保顾提供的任何信息或是建议皆是通过计算机算法产生的,完全排除受到佣金或是公司政策影响的人为因素,减少用户直接与销售顾问咨询时的疑虑。其次,满足用户个性化需求。奠基于人工智能技术,智能保顾可以在数秒内处理大量数据,预测用户未来需要,更全面地评估用户需要的产品种类、保费以及保障。最后,不受时空限制。通过互联网及移动装置,智能保顾在线实时且随时随地为用户提供服务,满足互联网时代下用户的习性及需求,提升用户投保时的体验。截至2019年年底,国内很多保险公司和保险平台都推出了自己的智能保顾,但从应用角度看,智能保顾还不能很好地契合客户需求,完全成熟还需要一段时间。

### 五、数字员工

大模型技术快速发展为保险业提供了专业知识来源,相关AIGC(AI Generate Content)技术进一步将其扩展,这使得保险业可以充分引入数字员工承担许多专业工作。这些工作包括与客户沟通的客服,维持客户关系的代理人,专业支持的投顾团队等。所谓数字员工,也叫数字机器人,是智能软件机器人形象化的称呼。它的新模型具有可定制的形象、声音以及动作,并具有大模型技术支持的专业能力及交互经验。当前已经有众多针对保险公司的保险科技公司推出专有的保险数字员工,这形成了一种新的产业生态,提升了企业运行效率,也进一步满足了客户的服务需求。

## 本 章 小 结

  风险的本质是不确定性,它可以按照发生概率不同和发生后损失程度不同而被分为四类,即风险的四象限。人们对第二象限的风险概率低而损失程度大的风险的处置手段常常是风险转移,这形成了保险的市场基础。同样,科技的发展会导致风险在不同象限中转移,影响保险的市场基础。保险在发展过程中以及保险经营所遵从的原则都受到科技的影响。保险科技是科技手段在保险场景中应用,它能提升保险业务的效率并创造价值。互联网保险是保险科技的一种早期体现,是指保险公司或新型第三方保险平台以互联网和电子商务技术为工具来支持保险销售和经营管理活动的经济行为。随着人工智能、机器学习、物联网装置和区块链等新技术不断发展,保险科技可以帮助客户更方便地选购保险产品、投保及理赔,帮助保险公司提高运营分销能力,更准确地进行风险评估并定价。具体到保险业务,保险的核保过程可以考虑利用包括机器学习在内的科技手段,这叫作核保科技;保险的定价过程可以考虑利用大数据和人工智能等技术进行一定程度的精准定价或者对定价模型进行补充,这叫作定价科技;在保险的核赔和定损过程中,各种科技手段可以混合运用,这叫作核赔科技和定损科技;在保险的选择中,智能保顾是保险科技的一种典型形式。

## 关 键 名 词

  核保 收支平衡原则 互联网保险 保险科技 核保科技 定价科技 核赔科技
定损科技 智能保顾 数字员工

## 复习思考题

1. 列举不少于5种人身风险,并将它们按照图11-1的象限进行分类。
2. 查找资料,对自动驾驶的事故发生率进行统计分析。
3. 对不少于5家的大型保险公司的互联网保险平台进行对比和分析。
4. 列举不少于3类的精准定价场景。
5. 与传统保险顾问相比,智能保顾具有哪些优势?

## 即 测 即 评

## 延 伸 阅 读

[1] 何平平,车云月. 互联网金融. 北京:清华大学出版社,2017.
[2] 帕特里夏·L. 萨波里托. 大数据时代的保险分析. 北京:中国人民大学出版社,2016.
[3] 王和. 大数据时代保险变革研究. 北京:中国金融出版社,2014.
[4] 张宁. 保险科技中的大数据与人工智能. 北京:经济科学出版社,2021.

# 第十二章
# 金融风险管理中的现代科技

**章前导读**

在全球金融市场愈发动荡、不确定性日益加大的背景下,世界范围内的金融市场参与主体对金融风险的担忧不断增加。为了充分应对风险带来的冲击,各参与主体都希望能够建立完备的金融风险管理框架,提高金融风险管理工作的科学性和有效性。值得一提的是,伴随着金融科技的迅猛发展,大数据、云计算、人工智能、区块链等技术纷纷开始介入金融风险管理领域,为风险管理主体的相关工作提供了强大助力。例如,美国量化对冲基金公司 Two Sigma 借助近年兴起的 ChatGPT 进行大规模、自动化的财务报表分析及新闻解读,在 AI 大模型超大规模语料库和高效的自然语言处理能力加持下,基金公司得以更及时、更全面地发现投资标的以及市场整体的各类风险。相较传统风控手段,日益兴起的金融科技在金融风险管理领域究竟有哪些应用、优劣及前景?本章将对此进行探讨。

**本章学习目标**

本章从金融风险管理的功能与层级入手,分析金融科技在金融风险管理中的应用。通过本章的学习,理解金融风险管理工作的深刻内涵,并在此基础上掌握金融风险管理工作的系统流程,熟悉金融风险的管理技术方法。同时,理解各类金融科技在金融风险管理工作中的应用及优劣,能够积极探索金融风险管理新模式。

## 第一节 金融风险管理的功能与层级

### 一、金融风险管理的功能

#### (一)金融风险的主要类型

在认识并讨论金融风险管理之前,我们首先有必要去厘清金融风险的类型。根据不同的标准,金融风险可以划分为不同类型。目前,主流的分类方法是将金融风险按照形态来进行分类,如信用风险、市场风险、操作风险、流动性风险、法律风险、战略风险、国家风险等。这些形态各异的风险有着迥异的特征,熟悉它们的内涵有助于我们更深刻地理解后续的金融风险管理问题。

(二) 金融风险管理的概念与意义

相比于其他行业,金融行业的经营性质决定了其更容易遭受风险侵袭和危害。同时,鉴于金融机构与其他经济主体的密切关联以及它在宏观经济中的核心地位,金融风险的存在和发生所导致的后果相较其他领域的风险要更为严重。

金融风险管理正是经济主体为了最大限度地减少上述各类金融风险可能带来的不利影响,运用适当的方法和措施,对金融风险进行识别、度量、监测预警和控制的行为过程。无论是微观经济个体,还是宏观经济整体,加强金融风险管理都意义重大:第一,金融风险管理有助于经济主体减少甚至避免金融风险造成的损失;第二,金融风险管理有助于经济主体做出合理决策;第三,金融风险管理有助于提高金融企业整体素质和竞争力;第四,金融风险管理有助于维护金融秩序,保障金融体系安全运行;第五,金融风险管理有助于保持宏观经济稳定并健康发展。

## 二、金融风险管理的层级

根据涉及的范围不同,金融风险管理可以划分为两个层次,分别是宏观金融风险管理和微观金融风险管理。宏观金融风险管理涉及的经济主体是众多单一经济主体的集合,是从全局、整体的角度来考虑金融风险管理;微观金融风险管理涉及的经济主体是单一独立的个体,如个人、单个企业。

(一) 宏观金融风险管理

顾名思义,宏观金融风险管理是对宏观经济运行所遭受的金融风险开展风险管理活动。宏观金融风险是宏观经济运行中会存在的金融风险,即由于金融体系、金融制度的缺陷,金融政策的失误以及微观金融风险的积累等因素,导致经济波动的加剧和经济发展的停滞或倒退,从而给整个国民经济带来损失的可能性。

(二) 微观金融风险管理

相比之下,微观金融风险管理是对微观经济主体所遭受的金融风险开展风险管理活动。宏观金融风险管理固然是一国金融平稳运行、经济健康发展的关键,但是风险的最终承担和管理主体应该是也必须是市场中的微观主体。他们面临的诸多微观金融风险,如资产缩水、投资损失、收益减少甚至巨幅亏损等,一旦累积并集中爆发,可能演变为严重的宏观金融风险。因此,对微观金融风险管理同样需要给予足够的重视。

(三) 两种层级金融风险管理的区别

1. 风险管理目标的区别

宏观金融风险管理的目标是整个金融系统的稳定,避免出现金融危机,进而保护社会公众的整体利益。这一目标包括两个方面的内容:第一,稳定方面,保持金融市场运行稳定,维系社会公众对于本国金融体系的信心;第二,发展方面,推动金融市场有序发展,促进经济整体健康稳健经营。

微观金融风险管理的目标在于采用适宜、经济的措施与手段,帮助微观经济主体尽最大程度地规避风险损失。这一目标也包括两个方面的内容：第一，进行风险控制。微观经济主体进行金融风险管理的基础目标应该是将风险，也就是预期收益的波动控制在既定的、自身能力所能承受的范围之内。第二，进行损失控制。减少损失是微观金融风险管理的最终目标。为了达成此目的，微观经济主体可以根据自身条件及环境条件，通过风险转移、对冲保值等方式将损失降到最低程度。

2. 风险管理措施的区别

宏观金融风险管理的措施一般涵盖经济社会整体的经济政策、市场监管、法律体系等方面的内容。经济政策主要包括中央政府或货币当局调控经济、金融活动的战略方针、指导准则以及具体举措等。市场监管主要指的是监管当局对金融市场行为进行密切的监管和适时适度的约束，以避免市场整体秩序出现混乱。法律体系主要包括金融监管当局为了维护金融市场有序运转、金融交易公平展开而制定的一系列法律、法规及各种规章制度。

微观金融风险管理的措施往往具备更强的针对性，常见的措施有法律法规方法、管理体制方法、约束措施与具体管理等。法律法规方法指的是经济主体严格执行相关法律法规、既定的内部规章制度等内容，以此规范操作行为，控制金融风险。管理体制方法指的是各经济主体在既定的法律法规框架中制定匹配自身条件的有效管理体制。约束措施指的是经济主体在日常的金融活动中签订具备法律效力的合同或协议，借之规定交易双方的权利义务等，防止日后纠纷争议以及相关风险损失的出现。

### 三、金融风险管理系统

金融风险管理是一项复杂的系统性工程。要想实现风险管理的目标，需要建立严谨完善的金融风险管理系统并在日常业务活动中严格落实。根据金融风险管理过程中各部分任务的职能差异，通常可将其划分为四大部分，分别是金融风险识别、度量、预警及控制。

（一）金融风险识别

金融风险识别是金融风险管理的首要步骤，指的是风险管理人员在调查研究后，运用科学系统的方法对经济主体所面临的各种潜在风险形态进行全面识别和系统分类，主要的识别内容有三方面。第一，识别风险来源，就是要找出经济主体的各项交易等业务活动中有哪些部分暴露在金融风险中、暴露在何种金融风险中。第二，分析风险因子，是指进一步分析引发潜在风险的原因，通过把具体的风险分解、归并为几类风险因子，可以更好地认识、把握经济主体面临的风险情况。第三，分析风险效应，是指充分评估金融风险最终可能带来的影响，为后续的决策提供依据。金融风险可能造成的损失主要取决于风险暴露头寸的大小和风险因子变化的幅度。

（二）金融风险度量

金融风险度量是金融风险管理过程中的关键环节，是在金融风险识别的基础上，进一步运用概率统计等数学方法，估计和衡量风险发生的可能性和风险损失的范围和程度。金融风险衡量的内容包含两个方面：一是风险发生的概率；二是风险损失的程度。从经济的角度来看，重要的不是完全消除风险，而是考虑将经济风险控制在一个怎样的程度，这也要求金融风险管理主体必须尽可能准确地度量金融风险发生的概率及损失程度。

### (三) 金融风险预警

金融风险预警机制是指在现实金融活动的基础上,在相关的金融理论支持下,采取一系列科学系统的预警方法技术、指标体系和模型信号系统,监测金融运行过程,并对监测结果发布警示的金融决策支持系统。借助有效的金融风险预警机制,经济主体或监管当局可随时掌握并有效评估金融风险情况,及时发现问题并采取措施,以控制风险减少损失。

### (四) 金融风险控制

金融风险控制是金融风险管理的最后环节,也是最核心的环节。它指的是经济主体或监管当局在识别出可能的潜在风险,度量出风险损失发生的概率和程度,并对其进行预警监测的基础上,采取各种适宜举措对风险予以控制,避免风险实际发生后扩散辐射以及带来难以承受的巨大损失。目前,主要的风险控制策略包括风险分散、风险对冲、风险转移、风险规避、风险补偿等。

## 第二节 风险管理的技术基础

经过前面的介绍,我们知道一套完善的金融风险管理系统包括风险识别、风险度量、风险预警和风险控制四个主要部分。每一个环节严谨、科学与否都深刻影响着金融风险管理的最终效果,因此每个环节都必须采取适宜、有效的方法来展开。本节的主要内容就是介绍这四个环节中各自运用的主流技术方法。

### 一、金融风险识别方法

现实活动中,风险识别的主客体不尽相同,往往还会随着时间的推移发生或多或少的变化,这就需要经济主体必须因时因势灵活采取恰当的金融风险识别技术方法。

#### (一) 现场调查法

现场调查法指的是风险识别主体对存在潜在风险及损失的单位、活动进行细致的现场调查,根据调查结果开展对金融风险的初步识别。根据流程,现场调查法一般包括事前、事中、事后三个环节。第一,事前准备。在现场调查之前,风险识别主体需要详细掌握调查对象的相关背景资料,据之明确调查重点内容和调查清单。第二,现场调查。在现场进行调查的过程中,风险识别主体主要根据事前设计的调查清单,逐一开展调查工作,具体方式包括访问相关负责人员、实地观察业务流程、查阅相关档案资料等。第三,事后报告。在现场调查工作完成之后,风险识别主体应当对获得的调查结果资料进行整理、分析,并在此基础上形成有针对性的调查报告,以系统地反映风险识别的结果。

#### (二) 情景分析法

情景分析法指的是设置特定的未来情景,以识别风险形成原因及其引致后果等的风险识别方法。情景分析的结果会以图示、表格等方式呈现,形象生动。情景分析法的典型操作流程包括:先利用相关的数据、图表等材料对某项投资或业务的未来收益状态进行描述,选取造成风险的关键因素及影响结果,之后分析判断当上述因素发生变化时,整个情况将会有何变化,何种风险将会出现,风险损失程度如何变化等。

## 二、金融风险度量方法

每一种具体的金融风险度量方法都有一定的针对性和局限性,因此有必要按照适用风险领域对金融风险度量方法进行划分归类,以方便金融风险度量主体进行选择。

（一）信用风险度量方法

1. 专家评定法

专家评定法是一种古典的信用风险度量手段,是指由经过长期训练、经验技巧丰富的信贷专家对借款人的信用状况进行主观评价,进而判定信用风险的程度,做出是否放贷的决策。经过长期的实践与改进,目前已经形成了诸多具体技术方法。

2. 信用评级法

早期的信用风险度量通常由债权人独立完成。后来,陆续出现了各种第三方的信用评级机构,它们可以对借款人的信用情况进行专业的评估。以穆迪、标普、惠誉等为代表的第三方专业评级机构促进了信用风险分析方法的改进和完善,同时也推动了经济主体内部评级技术的发展。

3. 现代度量模型

伴随着经济计量等新技术的发展与推广,新的现代信用风险度量技术也纷纷涌现,如 JP 摩根的 Credit Metric 模型、瑞士银行的"Credit Risk +"模型、麦肯锡公司的 Credit Portfolio View 模型等。这些现代度量模型帮助风险度量主体得以在更高的精度上把握信用风险发生的概率和风险损失,得到相当广泛的认可。

---

**专栏 12-1**

### 违约预测:KMV 模型

KMV 模型是由 KMV 公司利用默顿的期权定价理论开发的一种违约预测模型,其理论基础是将银行贷款看作债务人享有的看跌期权。当企业资产超过企业负债时,企业有动力偿还贷款;当企业资产低于企业负债时,企业会行使期权,即选择违约。

作为一个动态模型,KMV 模型的优势在于将借款公司的高频股价信息转换成信用信息,因此模型敏感度较高,前瞻性较强,可用来做先行预测。KMV 模型的不足在于,如果股票市场非有效,股价与公司实际价值出现较大背离时,模型的预测结果可能在精确度上大打折扣。同时,该模型只适于评估与企业资产价值联系较密切的资产的风险,对其他资产的风险评估显得不足。此外,模型建立在企业资产价值服从正态分布等严苛的理论假设的基础上,与现实情况可能存在较大偏差。

---

（二）市场风险度量方法（以利率风险为例）

1. 利率敏感性缺口法

利率敏感性缺口法的基本思路是,当市场利率发生变动的时候,并非所有的资产和负债都会受到影响。因此,在分析度量利率风险及其后果时,经济主体只需要考虑直接受利率变动影响的资产和负债,即利率敏感性资产和利率敏感性负债。利率敏感性缺口指的正是利率敏感性资产与利率敏感性负债之间的差值。如果利率敏感性缺口为零,则资产负债组合处于对利率"免疫"的状态,不会受到利率波动的冲击。

2. 久期缺口法

在得到利率敏感性资产组合的久期和利率敏感性负债组合的久期之后,可以计算出久期缺口。如果久期缺口为正,则面临着利率上升导致损失的风险;如果久期缺口为负,则面临着利率下降带来损失的风险;如果久期缺口为零,则资产负债组合处于对利率"免疫"的状态,不会受到利率波动的冲击。

(三)流动性风险度量方法

1. 流动性缺口法

流动性缺口指的是一定期限内到期的资产和相同期限内到期的负债之间的规模之差。根据缺口大小分为正缺口(一定期限内到期的资产规模大于相同期限内到期的负债规模)、零缺口和负缺口。以三个月为例,如果流动性缺口为正,说明经济主体的短期流动性可能过剩;如果流动性缺口为负,说明经济主体可能面临着短期流动性不足的风险。

2. 指标度量法

指标度量法是指选用一系列具体指标来度量流动性风险,常用的指标分为财务指标和市场指标两类。财务指标包括现金比率、流动比率、不良贷款率等;市场指标包括公众对商业银行的信心、商业银行再贷款情况、资信评级等。

### 三、金融风险预警方法

(一)景气指标预警法

景气指标预警法出现较早,基本原理是结合经济发展的各个领域,挑选出一批能够反映经济发展状况的指标,衡量经济发展的景气程度。景气指标分为先行指标、同步指标和滞后指标三组。在对金融风险进行预警时,主要选用其中的先行指标。根据先行指标呈现出的趋势变化,对预警对象未来的运动走势进行预警,以此可以提前发现潜在的金融风险。

(二)指标体系评分预警法

指标体系评分预警法是将彼此相关的金融预警指标组合在一起建立指标群,根据预警对象的运行状态对指标体系进行打分,在此基础上进行风险的预警监测。在这种方法中,最重要的是确定指标体系中各指标的权重,这将直接关系到预警结果的敏感性与可靠性。

(三)模型预警法

随着金融预警方法的发展,模型预警法特别是现代预警模型越来越广泛地被用于金融风险预警工作中。这类方法的思路是:以经典的经济学原理为基础,借助不断发展完善的计量经济学知识,构建以预警指标为自变量、警兆指标为因变量的金融风险预警模型。根据预警指标的变动,预测警兆指标的趋势,借之监测、预告潜在的金融风险。

### 四、金融风险控制方法

种类纷繁的金融风险不仅在风险度量方法上有所差异,而且其风险控制方法也多有不同。下面同样根据风险分类逐一介绍几类主流金融风险的具体风险控制方法。

（一）信用风险控制方法

1. 信用限额管理

作为最便捷有效的信用风险控制手段，设置信用限额长期以来得到了广泛的应用。信用限额是指在一定时期内对某一客户，金融机构愿意承受的最大信用暴露。通过这种手段，金融机构可以将信用风险暴露控制在预定的可承受范围之内。

2. 信用衍生工具

得益于金融衍生工具的创新发展，越来越多的经济主体选择利用信用衍生工具来控制信用风险。常见的信用衍生工具包括信用违约互换、信用价差期权等。这些衍生工具为经济主体对冲信用风险、控制风险损失提供了有效手段。

（二）市场风险控制方法（以利率风险为例）

1. 利率敏感性缺口管理

前文介绍了利率敏感性的三种缺口，在预测未来利率变化的基础上，通过调整缺口方向可以较好地规避风险损失。其中的一种极端方法是保持零缺口，此时无论将来利率如何变动，资产负债组合的价值都不会发生变化，相当于资产负债组合对利率波动保持"免疫"，也就是规避了利率风险。

2. 久期缺口管理

与利率敏感性缺口管理类似，久期缺口管理指的是经济主体在预测未来利率变化的基础上，通过调整久期缺口方向尽可能地规避利率风险及损失。同样，如果采取极端的零久期缺口管理，则资产负债组合将对利率风险"免疫"。

（三）流动性风险控制方法

1. 资产流动性管理

资产流动性管理方法的思路是通过持有流动性较强的资产以及安排合理的资产期限结构来保持经济主体的流动性。这样，当出现流动性不足的情况时，可以出售部分流动资产，及时回笼部分资金，满足流动性需求。

2. 负债流动性管理

负债流动性管理方法的思路是加强负债方的流动性管理，当出现流动性不足的情况时，可以通过负债方及时地筹措资金来满足流动性需求。按照这种思路，开发维护丰富的融资渠道和融资工具是经济主体可以参考选择的流动性风险控制方法。

3. 平衡流动性管理

平衡流动性管理方法已经成为经济主体进行流动性风险管理的主要方向，其思路是统筹资产和负债，综合考虑流动性风险的管理控制。经济主体根据外部环境的变化，因时因势动态调整资产负债结构，结合资金来源和资金运用来管理流动性。流动性缺口管理等正是基于这一思路的具体举措。

# 第三节 科技支撑下的风险管理框架体系

现代金融风险管理的快速发展，对数据信息的数量和质量不断提出更高的要求。凭借着在数据收集、分析、处理及同行业与相关行业的数据检索等方面的巨大优势，大数据、云计算、人工智能、区块链等在金融风险管理领域的应用日益绽放光彩。

## 一、大数据在金融风险管理中的应用

### (一) 大数据技术在风险管理中的优势

大数据技术可以采集更加丰富、及时、准确的样本数据，并且借助快速的数据流转能力，可以迅速发掘出不同数据变量之间的联系，进而帮助识别数据背后的相关风险，提高经济主体迅速识别、度量、监测金融风险的能力，并且有助于其形成科学的风险控制决策，大大提高风险管理的效率。

以大数据征信赋能传统信贷业务为例：在身份核实环节，借助大数据技术，可以免去传统的当面审核过程，改为在线分析社交网络等丰富数据，简化核查过程；在偿债能力评估环节，借助大数据技术可以分析申请人长期的消费、收入、纳税等数据，而不是单纯的工作、资产情况；在还款意愿环节，大数据技术能通过分析申请人的过往还款记录、交易好评度等对人物进行信用画像，这是传统信贷难以实现的。

总结看来，大数据技术可以在如下环节赋能并改进金融风险管理工作。

1. 提高风险识别效率

信用评分模型需要风险管理主体真实客观地识别申请客户当前的风险情况，并合理预判申请客户未来潜在的风险变化，这需要规避传统信贷审批过程中的主观因素、情感因素和判断失误等人为因素，为所有申请客户提供一个客观、严谨的信用风险评价，为后续的放贷决策提供坚实基础。

在大数据技术的支持下，金融风险识别主体可以通过决策树、聚类、多元判别分析等方法建立信用评分模型，提高信用评分的全面性和准确性，实现对客户多维度识别，提升科学信用评分的时效性。在此基础上可以实现实时、迅速的审批决策，大幅提高风险识别效率。

例如，浙商银行依托大数据科技底座，广泛引入、对接来自国家市场监督管理总局、最高人民法院、中国人民银行等多渠道的海量数据，具体覆盖征信、司法、税务等60余个场景分支，累积形成1 700余张数据底表。通过结合授信负面客户清单、信贷偿还记录等大量行内数据，浙商银行构建了10亿级企业画像知识图，2022年以来已提供服务超5 000万次，日均调用近30万次，有效支撑贷后管理、客户准入、征信风控、手机银行、大数据营销平台等相关业务系统的标签使用需求，极大提高了关联关系管理、贷后管理、预警管理、财务分析等环节的审批及管理效率。

---

**专栏 12-2**

#### 泰安银行基于大数据技术的小微企业智慧融资服务

在经济运行和社会发展的过程中，小微企业一直扮演着非常重要的角色。它们在各行各业中创造大量的就业机会，带动区域内经济增长，推进社会繁荣进步。由于规模较小、决策灵活，小微企业更容易适应市场变化，快速响应顾客需求，不断摸索各种与时俱进的业务模式、产品或服务,增强经济整体活力和韧性。然而,由于规模和资源有限、缺乏专业化管理能力、技术创新和研发能力相对薄弱,小微企业的经营也面临挑战。与上述特征相对应,小微企业信贷通常呈现"笔数多、金额小、信息少、监测难"等特点,有相对较高的信用风险、市场风险、管理风险。最终导致不少银行不敢轻易向小微企业发放信贷,引发小微企业"融资难、融资贵"的突出问题。

泰安银行早前应用的信贷系统基于传统的信贷作业方式,重点关注流程管理,在审批海量小微企业信贷申请的过程中,大量依赖人为主观判断,不仅成本高昂、效率一般,而且审批过程的客观性也有待提高。在中国人民银行济南分行纾解小微企业融资难的地市专题研讨会精神的指导下,泰安银行积极响应,全力攻关,多部门联合推进"基于大数据技术的小微企业智慧融资服务应用项目",成功建设了以信贷系统为核心的信贷业务系统群,包括新一代信贷管理系统、风控决策系统与移动信贷系统三个信息系统。

其中,新的风控决策系统以大数据为技术底座,采用"C+B全息风险画像"的模型结构,在行内存量数据、人行征信数据、山东省银税互动融资服务平台数据及其他第三方平台数据的基础上,深度挖掘分析可用信息,对小微信贷申请主体的各类潜在风险、企业信息丰富度等多重因素全面考量,最终形成了一整套从信贷准入到贷后管理的完整小微企业风控模型体系。相比于传统信贷系统,新风控决策系统不仅节省了大量人力成本、提高了审批效率,而且审批过程的客观性、统一性也得到了保证,泰安银行的小微信贷业务也迎来了迅速发展。

2. 改善风险度量效果

信用风险内部评级法是商业银行普遍采用的一种风险度量方法。一套健全的内部评级体系,其内容包括构建内部评级模型,由商业银行自行对违约概率、违约损失率、违约风险暴露、有效期限等信用风险因素进行度量,并计算每笔债权对应的信用风险资本要求。实施这种风险度量方法,需要商业银行积累、掌握较长一段时间的历史数据,这样建立起来的内部评级模型的可靠性和精确性才有相当的保障。

而借助现代金融科技建立起来的风险计量模型,如神经网络模型、深度学习模型等,可以通过自我学习和深度学习,使相关评价指标的权重更加准确,进而可以在更高的精度上量化确定违约概率、违约风险暴露等风险因子,相应计算出的监管资本和风险成本也更加精确和可靠,最终实现了信用风险管理从经验管理到科学管理、从定性管理到定量管理、从单一管理到组合管理的转变,很好地改善了包括商业银行在内的经济主体的金融风险度量效果。

3. 提升风险监测时效

借助大数据分析技术,可以实现对客户异动的诸多维度、严谨客观、实时有效的监测和介入,及时发出预警信息,助力金融风险的识别、管理和控制工作。得益于及时的预警,金融风险管理主体可以提前准备风险控制工作,减少后续可能发生的风险损失。这种全面的风险监测预警功能为银行的风险监测、管理和控制提供了科学精确的平台和工具,能满足预警及时、识别准确、紧急管控等风险管控需求。

(二)大数据技术的应用策略

经上述介绍可以看到,大数据技术的发展为经济主体管理金融风险提供了高效可靠的助力。经济主体可以从自身实际出发,选择合适的切入点,引进应用这项技术。

1. 加强信息挖掘整合,提高对市场和客户的认知

面对大数据时代的到来,各金融风险管理主体应当积极主动地利用大数据分析整合技术,开发整理自身内部的数据资源。这些内部数据往往具有标准化、价值高的特点,通过对其的深度挖掘,并结合外部数据进行综合分析,可以实现这些高价值数据的充分利用。此外,引入客户信息搜索引擎,收集、挖掘客户各类资讯,有选择地购买专业公司的客户评级、行业分析、大宗商品市场交易信息,以此丰富风险数据集市内涵,提高客户与市场感知度。通过银行内外部数据的分享与整合,将有利于实现对客户及关联关系风险的动态分析,以此进一步优化风险控制技术与流程,提高风险评估模型的精准度,保证银行风险管理的可靠性。

2. 借助大数据开展信用评分,完善风险决策机制

基于大数据技术的信用评分模型,无疑是对传统征信机制的有效补充,比如可以提供传统征信体系下无记录的企业、个人的相关资料。将大数据信用评分模型对接到银行等主体的相关业务条线,可以较好助力贷前调查、授信审批、放款核验、贷后监控、预警等工作,为风险管理部门的最终决策提供可靠依据,大幅提高风险决策的效率和科学程度,提高银行整体运营水平。

3. 建立集中式的风险监测预警中心,全面管控金融风险

为了最大化地发挥银行数据收集、整合的价值,有必要建立集中式的风险监测预警中心,据之实现银行风险全面管控。这包括风险的识别、度量、预警和控制等各个环节。通过海量数据核查分析,及时挖掘、管控潜在的风险点,提高全流程预警能力与风险管理的及时有效性。

以银行客户贷款为例,一旦通过大数据信用评分模型指出客户在存款或者交易方面出现大幅、异常变动,则监测预警中心会自动发出风险提示,贷前调查人员立即核实相关信息,贷中审查审批人员据此做出审批意见和决策,贷后管理人员及时进行现场核查。根据这些风险核查情况,督促客户改进,或是采取限制授信额度、提前收回贷款等措施,保证银行资产安全,规避、控制潜在的风险损失。

4. 强化检查与后评价机制,提高风险管理实效性

大数据时代背景下的金融风险管理需要配备与之相适应的管理机制,以切实提高风险管理的实际效果,例如检查与后评价机制、纠偏机制、责任管理机制等。检查与后评价机制,主要是利用各种模型、业务规则自动扫描相关数据,以此实现对各类潜在风险因子的主动挖掘,及时发现技术偏差、完善评价标准,提高内控水平;纠偏机制,主要是对于风险管理中的异常项目进行检查,启动项目再决策流程,及时调整授信策略,提高风险预控的效果;责任管理机制,可配合上述机制,快速定位风险根源及责任人,以便及时解决问题,提高风险管理效率,避免出现无法定位等问题,导致风险不断沉淀发酵。

### 5. 健全人才培养机制，提升风险管理能力

大数据时代的金融风险管理，对风险管理人员在数据分析处理、授信政策调整、业务规则总结等方面提出了更高的要求。具体来说，它要求后者具备自身业务领域的基础知识、精通数据挖掘分析技术，并将两者在实际应用中有效融合。有鉴于此，风险管理主体有必要进一步完善人才培养机制，落实员工多岗位定向培养、核心人才引进工作，储存一批高水准数据分析师、模型专家、风险知识管理员，切实提高自身的风险管理能力和经营管理效率。

## 二、云计算在风险管理中的应用

根据美国国家标准与技术研究院的定义，云计算是一种按使用量付费的模式，这种模式提供可用的、便捷的、按需的网络访问，进入可配置的计算资源共享池(资源包括网络、服务器、存储、应用软件、服务)，这些资源能够被快速提供，只需投入很少的管理工作，或与服务供应商进行很少的交互。这种技术具备超大规模、虚拟化、极其廉价、高可靠性、高可扩展性等显著特征。

### (一) 云计算技术在风险管理中的优势

#### 1. 降低金融机构的信息获取成本

在传统模式下，实力强劲的大型金融机构往往自己购买硬件基础设施，根据自身的具体业务需要，由本机构内部的信息部门搭建相关软硬件环境，开发各类业务软件或流程系统，之后开展进一步的风险管理工作；或者向外部供应商购买相关软硬件设备及人力服务，内部技术团队在此基础上进行集成运维和二次开发等工作。大多数中小金融机构受限于自身实力，只能采取后一种方式获取科技信息资源，有的甚至因为内部科技实力薄弱，只能完全依赖外包形式支撑其开展包括金融风险管理在内的各项业务服务。

传统模式信息资源的获取方式耗费巨大的人力、物力、财力，对金融机构而言是一项沉重的负担。云计算技术的出现，则大大地降低了金融机构的资源获取和应用成本。一方面，出于规模效应和专业化分工，云计算的提供者能以低廉的价格向金融机构提供服务，安排专业人员对基础设施进行维护，金融机构无须为此耗费额外的人力、物力、财力；另一方面，金融机构根据实际需求使用云上的 IT 资源，并按实际使用量进行付费，减少了资源的闲置和冗余投资。

以商业银行的信用卡业务为例，发卡银行内部云平台的搭建，实现了平台化协作模式，在促成资源共享的同时，大大减少了金融风险管理部门在数据获取和分析方面的重复投入，降低了信息获取和分析成本。此外，在私有云的基础上，各发卡银行逐步把公共的部分独立出来，从而形成行业云。借助于更加庞大的规模经济效应，行业云能够继续降低单个发卡银行进而整个信用卡行业的运营成本，推动整个产业竞争优势的提升。

#### 2. 提升金融风险预警能力

面对风险的多元化发展趋势，云计算技术借助超大规模的算力，可以迅速发掘海量基础数据中隐含的内在联系与相关关系，甚至可以发现某些数据与其行为主体的规律。这种高时效和多维度的分析，不仅对现有风险类型有预测和实时监控意义，而且对未来可能出现的风险类型有很好的防范效果。进而帮助金融风险管理主体从组织架构、内控机制、

运作流程等方面提前部署和谋划。

3. 提高金融风险度量结果的精度

我国传统金融风险量化管理技术较多情况下表现得简单、粗放,不能完美契合互联网环境中的业务发展需要。考虑到风险的精确计量技术与统计学、金融学及信息技术的发展密切相关,云计算技术为提升风险的精确量化管理能力提供了全新的可能性。金融风险管理主体可以立足平台收集的客户基础信息,分析其波动规律,基于规律进行高精度建模和风险点位控制,借助上述精确的风险度量结果评估用户价值和潜在风险程度的高低。因此,借助云计算技术,建立一套动态量化并核算风险生成过程的风险管理体系,有助于大幅度提升金融风险度量结果的精度。

---

**专栏 12-3**

**云计算技术对保险业务的助力**

2020 年 6 月 1 日,中华保险集团与阿里巴巴集团签署全面合作协议,双方在全新保险核心系统建设等领域展开深度合作,加速"数字中华"建设。根据合作协议,阿里巴巴集团旗下阿里云将为中华保险集团旗下中华财险构建新一代全分布式保险核心系统,助力中华保险数字化加速转型。合作金额近 7 亿元,成为彼时国内金融云领域第一大单。

中华财险此次引入的新型全分布式核心系统采用阿里云全套专有云平台、数据中台、业务中台与金融科技产品,并创新性地引入金融云公共平台。这是保险行业有史以来第一次基于混合云模式构建核心系统。整个方案包含"飞天"云计算操作系统、分布式中间件体系 SOFAStack、分布式数据库平台 OceanBase、金融数据智能平台、金融核心套件 bPaaS、保险专家服务、mPaaS 移动开发平台等一系列产品技术与服务。

上述云计算公共平台通过分布式架构和冗余机制提供了 IT 资源的高可用性和高可靠性,即使单个服务器或组件发生故障,业务系统仍然可以保持运行,确保公司业务的连续性和可靠性。2020 年"双十一"期间,中华财险新保单签约出现新的峰值,公司业务系统顺利通过极值考验。此外,中华财险业务系统的升级效率也大大提升,以往业务系统升级需要停机部署数个小时,在云计算技术的助力下,目前只需十几分钟即可完成。

---

(二) 云计算技术在风险管理中的劣势

1. 存在数据安全风险

金融行业涉及客户大量敏感信息,因此非常重视信息的安全及隐私保护工作。在当前管理模式下,大部分的金融数据都是各个机构保存在自己的系统之中,因此相对来说安全性比较高。如果将业务数据迁移至云上,潜在的数据泄露风险可能会相应地提高。一方面,由于云服务提供者具有访问用户数据的特权,当它是独立于金融机构的第三方时,存在利用特权收集、使用业务数据的可能;另一方面,这些云服务提供者还存在公司倒闭的可能。一旦"云"公司倒闭,使用其服务的金融机构直接面临业务中断和数据丢失的风险。

以美国为例,仅 2019 年一季度就发生了 21 件大规模数据泄露事件,受害者中不乏

Rubrik 等 IT 安全和云数据管理巨头。1 月 29 日,因服务器出现安全漏洞,Rubrik 的数据库遭到泄露。该数据库存储了数十吉字节(GB)的数据,包括每个客户的姓名和联系方式等,大量敏感数据的泄露引发社会各界对公司业务安全乃至网络整体安全的深刻担忧。虽然加强数据安全管理已经越来越成为公众、数据管理公司、政府等的主流共识,但是在数字化、网络化快速蔓延的今天,这项工作依然充满挑战。

2. 迁移成本巨大

金融行业是较早应用 IT 服务于自身业务、管理、决策的行业,现有的设备一般都是大型机器,已经耗费了巨大的人力、物力、财力。除设备以外,相应的软硬件的既有投资规模也十分庞大。如果将这些资源全部迁到"云"上,可能带来新的巨大的迁移成本。考虑到这些机器目前仍能比较好地工作,目前以金融行业为代表的金融风险管理机构在云计算技术的引入方面,需求还不迫切。

### 三、人工智能在金融风险管理中的应用

人工智能是研究使计算机来模拟人的某些思维过程和智能行为(如学习、推理、思考、规划等)的学科,主要包括计算机实现智能的原理、制造类似于人脑智能的计算机,使计算机能实现更高层次的应用。本书第七章对人工智能有详细论述,此处不再赘述。

**专栏 12-4**

#### BloombergGPT:人工智能 + 风险管理

近些年来,随着计算能力、数据存储和算法的不断提升,人工智能(AI)的发展呈现出令人瞩目的进步。越来越多的人认为,如同蒸汽时代的蒸汽机、电气时代的发电机、信息时代的计算机,人工智能正成为推动人类进入新时代的核心力量。2022 年 11 月 30 日,OpenAI 公司研发推出一款聊天机器人程序 ChatGPT(Chat Generative Pre-trained Transformer),该应用旋即在社交媒体走红,短短 5 天注册用户数超过 100 万。2023 年 1 月末,ChatGPT 的月活用户已突破 1 亿,成为史上增长最快的消费者应用。目前,ChatGPT 的应用范围还在持续拓展,图像处理、自动驾驶、智能医疗等领域都能看到它的身影。在金融风险管理领域,国内外的先行者们也在积极尝试将 ChatGPT 引入现实业务。

2023 年 3 月 30 日,彭博公司发布一篇关于全新的大规模生成式人工智能模型 BloombergGPT 开发情况的研究论文。根据彭博公司介绍,公司数据分析师在 40 多年的时间里收集和维护了充斥金融术语的文档。开发团队从这个由海量英文金融文档组成的档案库中提取并创建了一个包含 3 630 亿词例的金融数据集。这批数据又与另一个包含 3 450 亿词例的公共数据集叠加,成为了包含超 7 000 亿词例的大型训练语料库。彭博的研究团队利用该语料库的一部分内容,训练出包含 500 亿个参数的纯解码器因果语言模型。

经过基准测试,训练出来的 BloombergGPT 模型在金融任务上的表现远超类似规模

的开放模型。借助该模型,用户得以更高效高质地解决金融领域自然语言处理问题,如市场风险舆情监测、市场情绪分析、命名实体识别、新闻分类和问题回答等。

### (一)人工智能技术在风险管理中的优势

**1. 提升金融风险识别和度量的精度**

借助先进的计算技术和不断发展的计量经济学等基础科学,人工智能技术有望在金融风险识别和度量方面带来精度的巨大提升。目前,神经网络模型已经在一些业务中得到应用。例如,罗马尼亚有金融机构运用神经网络模型对3 000家公司的信用贷款违约风险进行评估分析。此外,各种混合智能模型等也在金融风险管理领域发挥着越来越重要的作用。

**2. 提高金融风险预警水平**

金融风险和金融危机的爆发虽然随机性较大,但其产生往往也不是无迹可寻,应该说是存在一定规律的。人工智能技术可以帮助人们从诸多细节现象中发现相关风险产生的特征,提前做好风险防范。特别是在结合贝叶斯、逻辑回归、支持向量机、深度神经网络等机器学习方法的基础上,人工智能技术可以大幅提高金融风险预警水平,对风险交易和违规行为做到智能监控。

### (二)人工智能技术在风险管理中面临的挑战

可以预见,人工智能的发展将会给金融风险管理领域带来重大变革:通过运用人工智能的深度学习系统,如果有足够多的数据供其不断进行学习,人工智能就可能不断完善,甚至能够超过人类的能力范围。而金融风险管理正需要处理大量复杂数据,应用人工智能将有助于金融系统大幅降低人力成本并提升金融风险管理能力。然而,人工智能在金融风险管理中的应用也面临一些现实问题和潜在的挑战,主要有以下几方面。

**1. 人工智能程序可能存在错误**

对于金融风险管理主体而言,其预测和管理风险都是基于对大量数据的分析结果。如果人工智能程序发生错误,那么基于前者所做的数据分析就很有可能产生错误的结果。更进一步地,前述主体就难以做出准确的风险管理决策,进而影响接下来的经营活动,并且可能由此而遭受损失。

**2. 人工智能存在失控风险**

当人工智能真正具备认知能力和深度学习能力时,"控制"就成为关键点。在金融风险管理领域,人工智能应用同样也存在失控风险。虽然这一风险的发生概率相对较低,但依然不能完全排除。内部技术失误或是外部因素刺激都可能使人工智能超出使用者的控制范围。基于金融风险管理在保障金融市场稳健运行方面的重要地位,金融系统在应用人工智能技术进行风险管理的过程中必须重视、防范人工智能的失控风险。

**3. 数据采集存在违规风险**

有效、高精度的金融风险管理往往基于对庞大规模数据的细致分析。因此,在应用于金融风险管理的过程中,人工智能通常需要采集大量的数据来进行处理和分析,这一环节中可能涉及所采集数据是否合法的问题。例如,商业银行在部分情况下对个人客户身份信息的采集可能就突破了反洗钱有关法律法规的允许范围;基于网络爬虫技术的海量数据自动爬取,也可能导致对目标网站非公开信息的非法采集。

相较于互联网对用户上网习惯、消费记录等信息采集,人工智能应用可采集用户人脸、指纹、声纹、虹膜、心跳、基因等具有强个人属性的生物特征信息。这些信息具有唯一性和不变性,一旦被泄露或者滥用会对公民权益造成严重影响。2018年8月,腾讯安全团队发现亚马逊智能音箱后门,可实现远程窃听并录音。2019年2月,我国人脸识别公司深网视界曝出数据泄露事件,超过250万人数据、680万条记录被泄露,其中包括身份证信息、人脸识别图像及GPS位置记录等。鉴于对个人隐私获取的担忧,智能安防的应用在欧美国家存在较大争议。2019年7月,继旧金山之后,萨默维尔市成为美国第二个禁止人脸识别的城市。

4. 信息安全存在泄露风险

不难看出,人工智能技术的运用与互联网信息技术的发展存在密切联系。但需要注意的是,互联网环境存在各种各样潜在的网络安全漏洞,不法分子可能利用潜在的网络安全漏洞进行攻击和破坏。在金融机构等金融风险管理主体利用人工智能技术获取、处理、分析海量网络数据的同时,信息安全风险也将随之增加,甚至导致公众大量隐私数据信息的泄露。

### 四、区块链在金融风险管理中的应用

区块链技术是利用块链式数据结构来验证与存储数据,利用分布式节点共识算法来生成和更新数据,利用密码学的方式保证数据传输和访问的安全,利用由自动化脚本代码组成的智能合约来编程和操作数据的一种全新的分布式基础架构与计算方式。本书第五章对区块链技术有详细介绍,此处不再赘述。

(一) 区块链技术在风险管理中的优势

1. 天然适合防范信用风险

区块链平台具有开源、透明的基本特性,参与者通过加密、去中心化的账本,确保交易历史是可靠的、没有被篡改的。这在相当程度上解决了信息不对称和信息不确定性的问题,提高了区块链内参与主体的可信水平,因此天然适合用来降低信用风险。

2018年6月13日,"京东金融—华泰资管19号京东白条应收账款债权资产支持专项计划"发起设立并于深交所挂牌转让。该项目加入了区块链技术的分布式记账、防篡改以及实时安全传输等特性应用,据之实现底层资产、现金流、财务数据等信息在原始权益人、管理人、托管人等多个参与方之间的实时共享及确认,助力实现信息透明化、提高操作效率并降低信用风险。

2. 有效降低系统故障等操作风险

传统的银行等金融机构通常都搭建了中心服务器。一旦中心系统出现故障或被攻击,就可能导致全体网络瘫痪,无法正常交易。而区块链采取了多节点分布技术,即使某一节点服务器出现故障,也不会影响其他节点交易记账,且每一节点都会完整地保存区块链上的数据信息,不存在损毁现象。所以,区块链技术可以有效防范系统故障等操作风险带来的冲击。

### 专栏 12-5

#### 区块链技术助力供应链金融发展

区块链作为信息技术的重要分支,素来被视为互联网的核心技术之一,也是当前数字经济创新发展的重要驱动力。近年来,在我国区块链政策的鼓励下,各种新产品、新模式、新服务不断涌现,区块链技术的价值得到进一步凸显。鉴于分布式、不可篡改、可追溯等特征,区块链技术天然适合解决数据确权、重塑信任、管控风险等问题,进而构建可信、简单、透明的追溯体系。

航天信息作为国有大型 IT 企业,以信息安全为核心,长期致力于区块链技术的研究开发与应用推广。2019 年 11 月 8 日,航天信息攻关研发并迭代完善的区块链平台通过工信部可信区块链权威认证。该平台全面采用国产密码算法,具备基于密码学的细粒度隐私保护及硬件级密钥防护工具,采用高性能可插拔共识机制,性能突破万级 TPS,可广泛应用于数字票据、供应链金融、质量追溯等诸多需要构建信任体系的业务领域。

以供应链金融领域为例,航天信息区块链平台在金融机构、企业用户等各上下游主体之间打造供应链融资商事凭证的可信环境,切实加强金融机构对供应链融资贸易背景真实性的核验审查能力,助力防范虚假融资、重复融资等道德欺诈问题,有效管控业务环节的信用风险、操作风险等,为中小企业供应链融资开辟出新路径。

(二)区块链技术在风险管理中的局限

区块链技术是一种新兴技术,在很多方面具备得天独厚的优势条件。但是,不容忽略的是,这种技术在当前的应用中,也存在不少的问题需要逐步解决。

1. 隐私数据存在泄露风险

在区块链公有链中,每一个参与者都能够获得完整的数据备份,所有交易数据都是公开和透明的,因此数据存在泄露风险。

2. 账户安全面临潜在威胁

区块链技术的一大特点就是不可逆、不可伪造,但前提是私钥处在安全状态。私钥是由用户生成并保管的,没有第三方参与。一旦私钥丢失,便无法对账户的资产做任何操作。伴随着量子计算机等新计算技术的发展,非对称加密算法在未来可能会被破解。相应地,私钥和账户被破解的风险可能提高,这是区块链技术应用道路上的又一潜在威胁。

3. 较高延迟影响风险管理的时效性

在金融区块链中,数据确认的时间相对较长。以比特币为例,当前产生的交易有效性受网络传输影响,比特币交易每次的确认时间大约 10 分钟,6 次确认的话需要一个小时。这种高延迟可能影响金融风险管理的时效性。

4. 技术应用尚不易获取

区块链技术是新兴技术,虽然针对个别场景的单个应用已经出现很久,但是综合、广泛的应用还没有展开。目前,技术社区普遍还处于早期建设阶段,系统、详细的案例、技术指导等也比较难以获得。因此区块链技术要想深入应用于金融风险管理等复杂工作中,还有许多问题需要解决。

## 本 章 小 结

金融风险管理可以划分为两个层次,分别是宏观金融风险管理和微观金融风险管理。宏观金融风险管理是对宏观经济主体所遭受的金融风险开展风险管理;微观金融风险管理是对微观经济运行所遭受的金融风险开展风险管理。宏观金融风险管理的目标是实现整个金融系统的稳定,避免出现金融危机,进而保护社会公众的整体利益;微观金融风险管理的目标在于采用适宜、经济的措施与手段,帮助微观经济主体最大限度地规避风险损失。根据金融风险管理过程中各部分任务的职能差异,通常可将其划分为金融风险的识别、度量、预警及控制。凭借着在数据收集、分析、处理及同行业与相关行业的数据检索等方面的巨大优势,大数据、云计算、人工智能、区块链等金融科技在金融风险管理领域的应用日益广泛,提升了金融风险管理的精准性和效率,同时也存在一些不足,面临挑战。

## 关 键 名 词

金融风险　宏观金融风险管理　微观金融风险管理　金融风险识别　金融风险度量　金融风险预警　金融风险控制　迁移成本

## 复习思考题

1. 简述宏观、微观金融风险管理,并介绍其区别。
2. 简述金融风险管理系统的组成。
3. 简述金融风险度量的具体技术方法。
4. 简述人工智能技术在金融风险管理工作中的优势与不足。
5. 简述区块链技术在金融风险管理工作中的优势与不足。

## 即 测 即 评

## 延 伸 阅 读

[1] 张金清.金融风险管理.上海:复旦大学出版社,2012.
[2] 于斌.金融科技概论.北京:人民邮电出版社,2017.
[3] 张家林.证券投资人工智能.北京:中国经济出版社,2017.
[4] 朱淑珍.金融风险管理.北京:北京大学出版社,2017.
[5] 苏珊娜·奇斯蒂.Fintech:全球金融科技权威指南.北京:中国人民大学出版社,2017.
[6] 黄卓,王海明,沈艳,谢绚丽.金融科技的中国时代:数字金融12讲.北京:中国人民大学出版社,2018.
[7] 吴辉航,魏行空,张晓燕.机器学习与资产定价.北京:清华大学出版社,2022.

# 第十三章
# 数字货币、货币供求与货币政策

**章前导读**

截至2023年年底,全球私人加密数字货币已经超过2.7万个,总市值超1.7万亿美元。与此同时,全球超百家中央银行已经开启了央行数字货币的研发,多个国家正进行央行数字货币跨境支付合作试点。私人加密数字货币对传统的货币供求及货币政策会产生什么样的影响?为什么众多中央银行投入央行数字货币的研发中?央行数字货币会是什么样的设计?又会对货币政策造成什么样的影响?本章将对这些问题进行探讨。

**本章学习目标**

本章从数字货币的概念界定入手,分析私人数字货币对传统货币供求和货币政策的影响;在介绍数字人民币系统设计的基础上,探讨央行数字货币体系对货币政策的影响。通过本章的学习,能够运用货币职能、货币供求等相关理论分析私人数字货币的货币属性及其对传统货币需求、现代货币供给机制和传统货币政策的影响,理解中央银行研发央行数字货币的动因以及未来可能的央行数字货币系统的总体框架,并在此基础上掌握央行数字货币对货币政策工具创新及货币政策有效性的影响。

## 第一节　私人数字货币、货币供求与货币政策

### 一、数字货币的概念界定与分类

货币是商品交换发展的必然产物。货币产生至今,其形式不断发生变化,经历了从实物货币、金属货币、纸质货币到电子货币等多个形态。伴随着金融科技的快速发展,货币形式无形化、电子化的趋势加快,呈现出数字化发展特征,并由此诞生了数字货币。目前数字货币的定义还没有统一,大体可以分为宽口径定义和窄口径定义两类,见表13-1。宽口径数字货币包括三类。

一是电子货币,主要指传统法定货币的数字化。传统法定货币主要由纸币、存款货币和货币市场基金构成。

二是传统虚拟货币,即由私人部门发行的在特定虚拟环境中流通的货币,如Q币、游戏币、京东京豆等。传统虚拟货币通常既可以向发行者(主要是游戏公司或网络社交平台)购买,也可以在买家之间进行转让,主要用于购买游戏平台和网络社交平台所提供的虚拟产品或服务。此时,虚拟货币社区是封闭的,虚拟货币币值变动只影响该虚拟社区,币值的高低与发行量以及与之对应的虚拟产品或服务的价值有关,对真实世界的影响与一般的产品和服务的出售没有本质区别,不影响真实世界的货币供求,因此也基本不影响货币政策的效果。

三是采用分布式记账技术的加密数字货币。根据发行主体的不同,分为私人部门发行的数字货币,即私人数字货币,如比特币、莱特币等;和中央银行发行的数字货币,即央行数字货币,又称法定数字货币。

窄口径数字货币特指加密数字货币。加密数字货币形成了与传统货币完全不同的货币供给体系,被视为货币形态的又一次重大变革。本章采用窄口径定义,即加密数字货币。

表 13-1 电子货币、虚拟货币与数字货币

| 分类 | 宽口径数字货币 | | | 窄口径数字货币<br>(加密数字货币) |
|---|---|---|---|---|
| | 电子货币 | 传统虚拟货币 | | |
| 流通体系 | 金融机构 | 非银金融机构 | 特定虚拟环境 | 跨境流通 | 跨境流通 |
| 典型代表 | 网上银行 | 余额宝 | 游戏币 | 比特币 | 央行数字货币 |
| 与法币的关系 | 法定货币 | | 非法定货币 | 非法定货币 | 法定货币 |

## 二、私人数字货币与货币需求

从 2009 年比特币诞生到 2010 年首笔实体交易完成,以比特币为代表的私人数字货币自诞生以来,以其去中心化、匿名性、低交易成本等优势很快受到了大众的关注和市场的追捧,并成为传统货币的竞争者。CoinCarp 的数据显示,截至 2023 年年底,全球私人数字货币市场的币种已经超 2.7 万个,总市值超 1.7 万亿美元,其中比特币约占一半。尽管目前各国政府对私人数字货币的态度不一,但不可否认的是,在部分国家私人数字货币已经可以用于购买现实世界的商品和服务,并且实现了与现实世界货币的双向兑换。2021 年 9 月 7 日,比特币更是与美元一起成为萨尔瓦多的法定货币,萨尔瓦多也成为全球首个将私人数字货币作为法定货币的国家。然而,关于私人数字货币能否替代传统货币仍然存在很大争议,有人认为它是"货币替代品",有人认为它只是类似货币的一种特殊商品,也有人认为这是哈耶克所提出的"货币的非国家化"的实践。

私人数字货币能否替代传统货币,关键看它能否发挥货币的各项职能、满足相应的货币需求。如果答案是肯定的,它自然就能成为传统货币的有力竞争者甚至替代者。不同学者关于货币职能的分析并不相同,大致可以归纳为交换媒介职能和资产职能两类。交

换媒介职能是指货币在商品交易中作为交换手段、计价标准和支付手段,从而提高交易效率、降低交易成本、便利商品交换的职能,这是货币最基本的职能。资产职能是指货币可以作为人们总资产的一种存在形式,成为实现资产保值增值的一种手段。

不同学者关于货币需求的分析也并不相同,比较有代表性的有凯恩斯学派的货币需求理论。凯恩斯将人们持有货币的动机划分为三类:一是交易动机,即人们为了满足日常支付交易的需要而持有一定数量的货币,由此所产生的货币需求称为交易性货币需求;二是预防动机,即人们为了应付不测之需而持有一定数量的货币,由此所产生的货币需求称为预防性货币需求;三是投机动机,即人们为了便于进行资产的买卖从而获得收益而持有一定数量的货币,相应的货币需求称为投机性货币需求。凯恩斯认为交易性货币需求和预防性货币需求主要受收入水平的影响,与收入正相关;投机性货币需求主要受持有货币的机会成本——利率的影响,与利率负相关。第二次世界大战以后,凯恩斯的追随者们进一步强化了利率对货币需求的决定性作用,认为交易性货币需求、预防性货币需求同样受利率的影响,与利率负相关。

(一)私人数字货币发挥部分货币职能

1. 交换媒介职能

首先是交换手段。尽管私人数字货币购买的商品种类相对有限,但不可否认的是,它在商品交换过程中同样发挥着"一手交钱,一手交货"的职能,因此私人数字货币可以发挥交换手段的职能。其次是计价标准。由于私人数字货币价格波动很大,为避免出现劣币驱逐良币,在实际使用中,私人数字货币更接近虚拟商品的属性,作为一种代币,其价格与法币相兑换后再用来表现商品的价格,因此可以认为目前私人数字货币还不具备计价标准的职能。当然,如果未来私人数字货币得到了广泛流通和应用,它也有可能发挥计价标准的功能。最后是支付手段。支付手段指货币作为延期支付的手段来结清债权债务关系,它的特征是价值的单方面转移,如偿还债务、财政收支、工资发放等。美国俄亥俄州政府接受用比特币来缴税、个别公司(如美国移动支付公司 Square)选择用比特币支付薪水等现象表明私人数字货币能够发挥支付手段的职能,尽管其应用范围还十分有限。

2. 资产职能

与其他资产形式相比,货币最大的优势在于它的流动性。目前绝大多数国家认为私人数字货币属于虚拟资产,受法律保护,但总体上私人数字货币的使用范围还十分有限,其流动性与传统货币相比仍然有很大的差距。由于价格波动剧烈,实际上人们更多地将其视作一种投资品,而非货币资产。如果未来私人数字货币能够实现价格平稳,并大幅拓宽其应用场景,有可能吸引更多的人以货币资产的方式来持有它。

**专栏 13-1**

稳 定 币

没有发行机构、绝对的去中心化是私人数字货币的一个突出优点,但这也是其缺点:"没有发行者"意味着没有机构做信用背书,其价值仅来自公众认为它们可以跨时间换取其他商品、服务或一定数量的法定货币,即价值共识,一旦失去了价值共识,其构建的货币体系将迅速崩塌。

  稳定币试图解决这个问题。稳定币是一种与美元、黄金等储备资产挂钩的数字货币,主要分为四种类型:法币抵押型、商品抵押型、加密货币抵押型和算法稳定型,其中以美元稳定币占绝对主导,如近年来稳居市值第三的泰达币(USDT)。目前各类稳定币的总市值占比位居第二,低于以比特币为代表的公有链,但远高于其他类型的数字货币。然而,由于稳定币的发行机构是非官方机构且不受国界限制,在无全球统一监管框架限制下,并没有公信力确保储备资产的安全,不能保证储备资产管理的透明度,也不能明确发行者和持币者的权责,这些都会导致稳定币的价值不稳定。2022年LUNA币爆雷就是一个典型的案例,它历史最高价格是2022年4月5日的119.18美元,是当时全球第五大市值的数字货币,但在2022年5月中旬不到一周时间就暴跌趋零。

  综上可见,私人数字货币具备发挥所有货币职能的潜力,但目前只能部分地发挥货币职能,因此它对传统货币的替代也十分有限。尤其在那些对私人数字货币态度谨慎,甚至持禁止态度的国家,私人数字货币基本只是作为一种投机性的资产而存在,很少甚至无法发挥交换媒介这一货币最基本的职能。

  (二)私人数字货币对传统货币需求的影响

  私人数字货币的一个突出特点是去中心化。它基于互联网存在,独立于任何国家、政府、金融机构及企业,并且可以不受地域和国家限制,在全世界范围内流通。因此,尽管不少国家限制甚至封杀私人数字货币作为货币形态在市场上流通,但仍然无法完全禁止私人数字货币发挥着货币的作用,并且在一些持开放态度的国家实现了私人数字货币与传统货币的双向兑换,这意味着私人数字货币可以通过其与现实世界货币系统的联系影响传统货币需求。

  由于不同动机的货币需求对货币职能的内在要求有所不同,目前私人数字货币对不同类型货币需求的影响也有所不同。

  交易性货币需求主要是因为货币作为商品交换的媒介,人们为了购买商品或支付劳务就必须持有一定的货币量,由此而产生的货币需求,主要体现的是货币交换媒介职能。根据马克思的分析,货币的本质是一般等价物,即在商品交换中用来表示其他一切商品的价值大小。换言之,计价标准是货币最基本的职能之一,缺少这一职能无法成为货币。由于当前私人数字货币能够使用的范围和领域十分有限,基本不具备计价标准的职能,因此它对交易性货币需求的影响非常有限。如果未来私人数字货币能够获得大范围的流通和应用,能够用于绝大多数的商品交换,那么它将会极大地减少传统货币的交易性货币需求。

  投机性货币需求主要是因为货币能够发挥资产职能而产生的货币需求。尽管很多国家否认私人数字货币的货币地位,但私人数字货币作为一种虚拟资产受大多数国家的法律保护。由于私人数字货币的价格波动剧烈,是一种极具风险的投资品,并不适合作为保值的资产选择,因此私人数字货币对投机性货币需求的影响还很有限。不过在一些特定背景下,如法定货币存在较大通货膨胀甚至是恶性通货膨胀时,由于私人数字货币相较于其他资产(如黄金、外汇等)在交易上更加便捷、成本更低,就有可能吸引公众选择私人数字货币作为其资产持有形式,从而表现为投机性货币需求减少、私人数字货币的需求上升。需要指出的是,较高的通货膨胀也会降低交易性货币需求和投机性货币需求,但由于受法律限制,法定货币仍然是国家强制流通的货币符号,人们必须持有一定量的交易性货币,因此相比于交易性货币需求,高通胀对投机性货币需求的影响更大。

预防性货币需求同时体现了货币的交换媒介职能和资产职能:人们为应付不测之需而持有一定量的作为交换媒介的货币,同时这部分货币又具有资产保值的功能。由于这两大职能的不完备,目前私人数字货币对预防性货币需求的影响还十分有限。但是,在高通货膨胀的国家,私人数字货币的出现会明显减少预防性货币需求,其主要原因在于私人数字货币相比法定货币具有更好的资产保值功能,同时又能发挥一定的交换媒介职能。

总体而言,目前私人数字货币因为只能部分地发挥各项货币职能,所以对传统货币需求影响较小,未来如果私人数字货币得到广泛应用,则可能在较大程度上替代传统货币需求。另外,由于目前大多数国家已经承认了私人数字货币的资产属性,因此私人数字货币的收益性会影响持有传统货币的机会成本,根据凯恩斯学派的理论,这将使得货币需求对利率更加敏感,提高传统货币需求的内生性。

### 三、私人数字货币与货币供给

现代信用货币供给体系采用"中央银行—商业银行"二级银行体制,中央银行主要负责提供和调节基础货币;商业银行通过吸收存款、发放贷款、转账支付等业务活动创造存款货币。私人数字货币在发行、流通、交易等方面形成了一个独立于传统货币的全新体系。尽管目前很多国家对私人数字货币还存在诸多限制,公众对私人数字货币的接受度还处于较低的水平,但不可否认的是,它已经对传统货币供给机制提出了很大的挑战。

(一)影响中央银行的货币发行

私人数字货币的出现和流通在某种程度上已经对中央银行垄断货币发行权的地位提出了挑战。在传统的中央银行—商业银行双层货币供给机制中,中央银行处于核心地位,它不仅创造基础货币,而且可以通过法定准备金政策等多种手段调控货币发行量。而私人数字货币的一个突出特点就是去中心化,这意味着中央银行无法控制其发行的数量,也无法对其做出法定准备金等要求,从而极大地限制了中央银行对私人数字货币供应量的影响力。

私人数字货币具备所有货币职能的潜力,其去中心化的发行机制能够在很大程度上避免中央银行超发货币造成通货膨胀的可能。在现实世界中,由于超发货币而引起高通货膨胀甚至恶性通货膨胀的情况时有发生,以往在中央银行垄断货币发行权的情况下,民众通常只能忍受这种通胀造成的损失,但私人数字货币的出现使得人们多了一种选择。由于中央银行和各级政府无法监管私人数字货币,即使中央银行禁止公众用私人数字货币进行交易,只要互联网存在,人们仍然可以私下持有和交易私人数字货币,这客观上已经对中央银行的地位形成了一定的挑战。比特币等私人数字货币在发生恶性通货膨胀的委内瑞拉受到追捧就是一个鲜活的案例。

## （二）削弱商业银行存款货币的创造能力

在现代信用货币制度下，商业银行是全面经营货币信用商品和提供金融服务的特殊企业。充当信用中介是商业银行最基本、最能反映其经营活动特征的职能，商业银行通过负债业务把社会上的各种闲散货币资金集中起来，再通过资产业务投向资金需求部门，实现了全社会资金融通。在此过程中，商业银行一方面解决了存贷款人之间关于资金供求的信息不对称问题，提高了资金融通效率；另一方面以自身信用保障了存款人的资金收益，维护了社会资金融通的安全性。此外，商业银行还作为支付中介，通过存款在不同客户账户上的转移为客户办理货币结算、货币收付、货币兑换等业务。在信用中介职能和支付中介职能的基础上，商业银行形成了信用创造的职能：由于商业银行存款广泛用于转账结算并且具有高安全性，能够很好地发挥交换媒介和资产职能，因此存款自然地成为货币，称为"存款货币"，商业银行发放贷款自然在"创造(存款)货币"，而货币供应量也正是通过中央银行提供基础货币和商业银行创造存款货币来注入流通领域的。

私人数字货币采用的是点对点的"去中心化"的支付体系，可以绕过商业银行直接进行资金流转，并且在信息时代，资金供求双方可以借助多种渠道来解决信息不对称问题，这二者都将极大地降低了商业银行在社会经济中的作用，随之而来的金融脱媒现象会直接影响商业银行的储蓄和授信机制，从而大幅削弱商业银行的存款货币创造能力。

运用现代货币供给模型可以直观地看出私人数字货币对货币供给的影响。货币供给的基本模型可以写为：$M_S = B \cdot m$。其中，$M_S$ 是货币供应量，主要包括流通中现金($C$)和存款货币($D$)。$B$ 是基础货币，又称高能货币或储备货币，是整个银行体系内存款扩张、货币创造的基础，由流通中现金($C$)和商业银行体系的准备金($R$)构成，后者包括法定准备金和超额准备金。$m$ 是货币乘数，可以表示为：

$$m = \frac{M_S}{B} = \frac{C+D}{C+R} = \frac{C/D+1}{C/D+R/D}$$

式中，$C/D$ 为通货—存款比率，是流通中的现金与商业银行存款的比率，主要取决于公众对持有现金的偏好。$R/D$ 是准备—存款比率，等于商业银行法定准备金率和超额准备金率之和。在投放货币过程中，中央银行可以很好地控制基础货币和法定存款准备金率，但通货—存款比率和超额准备金率则由市场来决定，因此，最终的货币供应量由央行和市场的行为共同决定。

私人数字货币的广泛流通意味着人们更多地以私人数字货币的方式来持有资产、更多地通过私人数字货币系统完成资金的流转和融通。从银行系统来看，这意味着人们提现的意愿上升、存款意愿下降，从而通货-存款比率会大幅上升，这会导致货币乘数下降，从而即使央行的基础货币投放不变，最终的货币供给仍会大幅减少。当然，由于私人数字货币也具有一定的支付功能，社会中的总支付手段未必下降，反而可能提高。此外，由于当前没有机构以数字货币来经营形成数字货币存款、贷款业务，数字货币这一支付手段并不能产生存款货币创造的效果。未来，如果私人数字货币被广泛接受，或者央行数字货币被广泛使用后，数字货币可能出现与银行一样的存款创造过程，届时对货币供给的影响会更为复杂。

### 四、私人数字货币与货币政策

货币政策有广义与狭义之分。广义的货币政策是指包括中央银行在内的所有宏观经济部门采取的与货币相关的各种规定及一系列影响货币数量和货币收支的措施的总和。狭义的货币政策是指中央银行为实现既定的目标运用各种工具调节货币供求,进而影响宏观经济运行的各种方针措施。这里分析的是狭义的货币政策。私人数字货币会影响货币供求,自然也会影响中央银行的货币政策效果。

#### (一)削弱了中央银行收集信息的能力

私人数字货币的支付网络不受世界各国政府的监管,对现有的中央银行—商业银行为主体的支付体系形成一定的替代和冲击,这削弱了中央银行通过支付系统监测资金流动、收集信息的能力,进而降低了中央银行金融监管和货币政策的有效性。

#### (二)降低了政府的铸币税收入

铸币税有广义和狭义之分。广义的铸币税泛指政府从货币发行中获得的各项收益,包括中央银行所获得并上交中央财政的利润、中央银行和商业银行通过购买国债向中央财政提供的资金,以及财政直接发行货币所获得的收益。狭义的铸币税指中央银行所获得并上交中央财政的利润。

私人数字货币的出现打破了中央银行对货币发行的垄断,如果其得到更广泛的流通,即人们更普遍地用数字货币来替代法定货币,将造成中央银行的非付息负债(即货币发行)的下降,这意味着中央银行要么缩减资产负债表规模,要么用付息负债来替代货币发行,要么二者兼而有之,中央银行的利润将会下降。此外,由于中央银行缺乏调控私人数字货币的数量、价格的能力,当政府需要发行以私人数字货币来计价的国债时,中央银行也无法为其提供资金,这也会降低政府的铸币税收入。

#### (三)削弱了数量型货币政策的有效性

数量型货币政策侧重于控制货币供应量等数量指标,在具体操作上,主要以货币供应量作为货币中介指标,以存款准备金政策、公开市场业务、再贴现政策、信贷政策等作为主要的货币政策工具。在传导机制中,存款性公司是最重要的调控对象,中央银行发挥主导调控作用,通过调节货币供应量来调控宏观经济。

根据上面的分析,私人数字货币的出现和流通一方面提高了传统货币需求的内生性,货币需求变得更加不稳定和难以预测,另一方面提高了货币供给的内生性,中央银行更难掌控货币供应量的变化,在这两方面的作用下,数量型货币政策容易出现货币供给与货币需求的不匹配问题,其政策的有效性被削弱。

#### (四)对价格型货币政策有效性的影响不确定

价格型货币政策主要关注利率、汇率等价格指标,在具体操作上,主要以利率为中介指标,以利率政策、汇率政策和公开市场操作等作为主要的货币政策工具。在传导机制中,中央银行主要通过利率、汇率和资产价格变化,影响微观主体的财务成本和收入预期,促使微观主体根据宏观调控信号调整自己行为,进而实现政策目标。

私人数字货币对价格型货币政策有效性存在正反两方面的影响。一方面,私人数字货币的出现提高了传统货币需求对利率的敏感度,金融市场对利率的变动更加敏感,微小的利率变化就有可能导致金融行为和资金流向的大幅变动,从而有助于提高价格型货币政策的有效性。另一方面,私人数字货币如果得到广泛流通,对传统货币形成较大的替代时,其数量和规模都将对实体经济产生重要的影响,由于中央银行无法调控私人数字货币,只能通过调控传统货币的供求来间接地施加影响,此时无论是数量型货币政策还是价格型货币政策,其有效性都将被大幅削弱。

(五)削弱了中央银行维护金融稳定的能力

金融是现代经济的核心,金融安全是经济平稳健康发展的重要基础,是国家安全的重要组成部分,维护金融稳定是中央银行重要的政策目标之一。私人数字货币的出现和流通削弱了中央银行维护金融稳定的能力。

首先,私人数字货币价格波动剧烈,具有很高的投机性。由于私人数字货币可以与法定货币进行直接兑换,这反过来会对传统金融市场和现行的货币体系形成一定的冲击。以比特币为例,2022年年末价格仅为年初的34.8%,而2023年又上涨超2.6倍。

其次,私人数字货币采用点对点交易,几乎无法追踪资金的来源,具有极强的匿名性。因此,私人数字货币被频繁用于洗钱、换汇、赌博等黑市交易,在一定程度上影响了金融市场的安全稳定运行。

再次,私人数字货币交易平台的脆弱性。私人数字货币交易平台通常是一个网络,本身就容易吸引黑客的攻击,存在较大的技术风险和道德风险,再加上中央银行和各级政府几乎无法监管私人数字货币支付网络,这进一步吸引了更多的不择手段的交易员、投机客和黑客,加剧了私人数字货币系统自身的风险性。现实中数字货币交易平台被黑客攻击的案例时有发生,用户因而蒙受了巨大的损失。

最后,中央银行货币发行权的丧失也意味着其失去了"最后贷款人"能力,当私人数字货币系统出现危机时,中央银行也无法对其进行救助。

总体而言,当前私人数字货币公众接受度相对较低,流通范围相对较小,并且存在许多缺陷和诸多亟须解决的问题,基本不可能直接取代传统货币,对绝大多数国家的货币政策的影响尚在可控的范围内。但是,作为一种新的货币形态,数字货币本身具有一系列优秀的特征,有很大的发展潜力。我们需要警惕,当私人数字货币被广泛采纳时,经济中将会出现不可控的支付手段,中央银行将难以对经济进行有效调控,导致货币政策有效性下降甚至完全失效。因此,大多数中央银行成立专门的研究机构,探索或研发央行数字货币,以应对私人数字货币的挑战。

## 第二节　央行数字货币的发行与管理

### 一、央行数字货币的研发动因

数字货币的出现被视为货币形态的又一次重大革命。私人数字货币因其匿名性、低成本、跨国界、去中心化、高扩散率和高波动性的特征,在全球范围内吸引了不少使用者,也迫使中央银行必须严肃考虑其对现有支付体系、经济运行以及金融稳定带来的冲击与影响,并主动地提出应对方案。发行央行数字货币(Central Bank Digital Currency, CBDC)

自然就成了其中一种可能的解决方案。

央行数字货币又称为法定数字货币,与传统货币相比,它具有以下优势。一是央行数字货币可同现钞一样,实现即时支付结算,方便快捷,并提供可控的匿名性,做到隐私保护。二是央行数字货币能够在多种交易介质和支付渠道上完成交易,具有良好的普适性,理论上银行存款货币、电子货币能达到支付网络边界,央行数字货币都可以达到。三是可以降低跨境支付成本,现行的跨境支付体系往往需要经过一家或多家代理行,支付链路长、费用高,利用基于央行数字货币的多边支付平台可以提供一个中央银行和商业机构直连网络,从而大幅提升跨境交易效率,有效降低跨境支付成本。四是可以基于央行数字货币来创新货币政策工具,提高货币政策的有效性,如通过调整央行数字货币利率来摆脱"零利率下限"的货币政策困扰,也可以通过加载智能合约等方式实现更精准的货币投放。五是可利用央行数字货币的可追踪性等特征进行更有效的反洗钱、反恐怖融资、反逃税、漏税等金融监管,保障金融安全。

国际清算银行的报告显示,2020—2023年全球范围内正在研发央行数字货币的中央银行数量增加了两倍,达到了130家。不过当前绝大多数央行数字货币仍处于研发阶段,并没有形成具有国际广泛影响力的央行数字货币,各国央行也没有急于正式发行央行数字货币。

## 二、中国数字人民币的研发进展

我国在央行数字货币的研发上处于全球前列。2014年,中国人民银行成立了法定数字货币研究小组;2016年,成立了数字货币研究所,完成了第一代原型系统搭建;2017年,中国人民银行与商业机构共同开展了法定数字货币系统(数字人民币原型系统,以下简称原型系统)的研发试验;2020年4月,数字人民币开始在部分地区试点测试。

数字人民币是中国人民银行发行的数字形式的法定货币,字母缩写按照国际使用惯例暂定为"e-CNY",由指定运营机构参与运营,以广义账户体系为基础,支持银行账户松耦合功能,与实物人民币等价,具有价值特征和法偿性。数字人民币主要定位于现金类支付凭证(M0),将与实物人民币长期并存。数字人民币与实物人民币都是央行对公众的负债,具有同等法律地位和经济价值。相比于存款货币,数字人民币只需要用户有数字人民币钱包,不需要到商业银行创建账户,而且可以实现"双离线支付",即在交易双方设备都处于离线、没有网络的状态下,也可以进行支付和交易。

数字人民币体系有助于降低公众获得金融服务的门槛,保持对广泛群体和各种场景的法定货币供应。没有银行账户的社会公众(如短期来华的境外居民)可通过数字人民币钱包享受基础金融服务,而数字人民币"支付即结算"的特性也有利于企业及有关方面在享受支付便利的同时,提高资金周转效率。我国数字人民币试点应用场景十分广泛,并且已经开始探索相关的跨境应用。

目前各国央行在央行数字货币的技术路线上采取高度开放的思路,不拘泥于某种预设路线,技术模式可以是集中的,也可以是分布式的,可以基于账户,亦可以基于代币,可以直接运营,亦可以双层运营。鉴于目前世界各国的央行数字货币尚处于研发阶段,国际上并没有成功的经验和先例,本节将介绍中国人民银行原型系统的总体框架和运行机制,以便读者能够更加直观地理解未来可能出现的央行数字货币系统。需要强调的是，各国央行数字货币系统仍处于研发阶段，原型系统及数字人民币只是其中一种可能的方案。

> **专栏 13-2**
>
> **多边央行数字货币桥 mBridge 项目**
>
> 2021年，中国人民银行数字货币研究所、香港金融管理局、泰国中央银行和阿拉伯联合酋长国中央银行宣布联合发起多边央行数字货币桥研究项目（mBridge），旨在探索央行数字货币在跨境支付中的应用。mBridge 采用单平台、直接访问的架构，参与国家或地区的中央银行与商业银行可直接接入该平台，企业不直接加入平台，而是通过委托平台上的商业银行完成跨境支付。mBridge 是一个基于分布式账本技术 DLT 建立的多边跨境支付平台，所有参与者使用一个同步的、实时更新的账本，因此平台上的银行可在无须互相开户、也无须共同在第三方机构开户的情况下进行"点对点"直接支付，且可实现"支付即结算"，整个过程实时完成，可极大提升支付结算的效率。
>
> 2022年8月15日至9月23日，来自中国、阿联酋和泰国的20家商业银行使用各自中央银行在 mBridge 上发行的央行数字货币，代表其企业客户进行了支付以及外汇同步交收交易。试点期间该平台上发行了超过1 200万美元的央行数字货币，完成了超过160笔支付和外汇同步交收交易，总金额超过2 200万美元。测试成功地展示了该平台提高跨境支付效率，并在现实环境中降低结算风险的能力。

### 三、数字人民币的总体框架

（一）央行数字货币的运行框架

央行数字货币是由中央银行发行，采用特定数字密码技术实现的货币形态。在运行框架上，央行数字货币有两种模式：一种是发行基于账户的央行数字货币的一元架构，即中央银行的账户向全社会公众开放，允许社会公众像商业银行一样在中央银行开户，由中央银行直接向全社会提供央行数字货币的发行和流通服务；另一种是发行基于代币的央行数字货币的"中央银行—商业机构"二元模式，即中央银行采用现行纸币发行流通模式，由中央银行将央行数字货币发行至商业银行的业务库，再由商业银行向公众提供央行数字货币存取、兑换等服务，并与中央银行一起维护央行数字货币的发行和流通服务。

中国人民银行和大多数中央银行采用第二种模式，原因有两个：一是更容易在现有货币运行框架下让央行数字货币逐步取代纸币，而不颠覆现有货币发行流通体系；二是可以复用现有的成熟的金融基础设施，充分调动商业银行积极性，共同参与央行数字货币发行流通，更好地服务社会。

在二元模式下，中央银行负责数字货币的发行与验证监测，商业银行从中央银行申请到数字货币后，负责面向社会提供数字货币流通服务与应用生态体系构建服务，运行框架示意图见图13-1。可以看出，央行数字货币的运行分为3层体系：第1层参与主体包括中央银行和商业银行，涉及央行数字货币发行、回笼以及在商业银行之间转移；第2层是商业银行到个人或企业用户的央行数字货币存取,央行数字货币在商业银行库和个人或企业的数字货币钱包中转移;第3层是个人或企业用户之间央行数字货币流通,央行数字货币在个人或企业的数字货币钱包之间转移。原型系统完成了第1层体系的搭建与测试。对于第2层体系,中国人民银行不干预商业银行的技术路线选择,只要商业银行能够达到央行对并发量的要求、客户体验的要求,以及对于技术规范的要求,区域链、传统账户体系等技术路线都可以。对于第3层体系,数字人民币的定位是M0替代物,只要有了数字人民币钱包,个人或企业就能够实现无网、跨行、跨支付机构支付和交易。

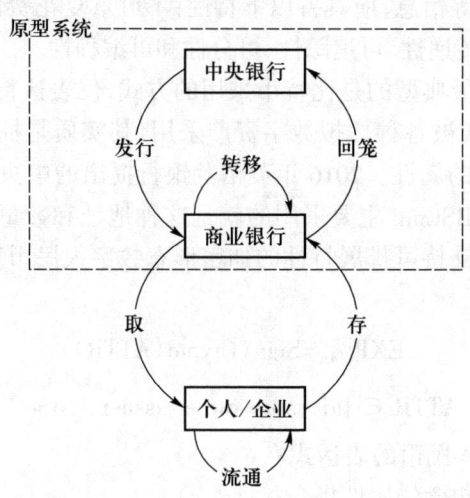

图13-1 央行数字货币二元模式运行框架

(二)数字人民币体系的关键要素

在原型系统中,数字人民币体系的核心要素有三个:一币、两库、三中心。

"一币"是指数字人民币,即由中央银行担保并签名发行的代表具体金额的加密数字串。

"两库"是指中央银行发行库和商业银行的银行库,以及在流通市场上个人或单位用户使用的数字人民币钱包。中央银行发行库是央行在数字人民币私有云上存放数字人民币发行基金的数据库。商业银行的银行库是商业银行存放数字人民币的数据库(金库),可以在本地或央行数字人民币私有云上。"两库"的设计可以实现分门别类地保存数字货币,从而既能防止内部人员非法领取数字货币,也能对抗入侵者的恶意攻击,还可以承载一些特殊的应用逻辑。

"三中心"是指认证中心、登记中心和大数据分析中心。其中,认证中心是中央银行用来对央行数字货币机构及用户身份信息进行集中管理的中心,这是系统安全的基础组建,也是可控匿名设计的重要环节。认证中心可针对不同的用户设计2~3层认证体系,比如金融机构用户、高端用户可以用公开密钥基础设施来认证,而低端用户可以用基于标识的密码技术来认证。登记中心用来记录数字人民币及对应用户的身份,完成权属登记;记录流水,完成数字人民币产生、流通、清点核对及消亡全过程登记。登记中心可基于区块链或传统集中方式,但优先考虑后者,因为尚不确定区块链技术是否可以经受得住海量实时交易的冲击。大数据分析中心,即中央银行运用大数据分析,为货币政策制定、金融监管等提供数据支持。

### 四、数字人民币的运行机制

#### (一) 数字人民币的表达

央行数字货币在形式上就是一串经过加密的字符串。央行数字货币表达式本质上是对货币制度主要构成要素及权属的加密处理，是央行数字货币系统安全运转的基础。理想的央行数字货币以精巧的数学模型为基础，模型中包含了发行方、发行金额、流通要求、时间约束甚至智能合约等信息，应具备以下特性：不可重复花费性、匿名性、不可伪造性、系统无关性、安全性、可传递性、可追踪性、可分性和可编程性。

数字货币简单表达最典型的是比特币采用的方式，仅表达特定地址的缺省单位下的数字货币数量，这种方式被各种虚拟数字资产采用，其实质是抽象、概念化的代币，无法具体表达实际货币应有的属性。2016 年英格兰银行提出的中央银行加密货币（Centrally Banked Cryptocurrencies）RSCoin 主要采用的就是这种地址和数量的简单化表达。中国人民银行原型系统探索了支持可扩展特性的加密形态数字人民币表达式，其形式化模型可以表达为：

$$EXP_{CBDC}=Sign(Crypto(ATTR))$$

$$ATTR \in \{id, value, owner, issuer, ExtSet\}$$

式中：$EXP_{CBDC}$ 代表数字人民币的表达式；

ATTR 代表表达式包含的属性集合；

Crypto 代表对属性集合元素进行加密运算；

Sign 代表对表达式进行签名运算，该属性集合包括最基本的用户标识 id、金额 value、所有者信息 owner、发行方信息 issuer、可扩展属性集合 ExtSet。

原型系统根据数字人民币的目标，围绕商业银行从发行、转移到回笼的闭环应用出发，充分考虑到稳定性和扩展性的要求，对数字人民币表达式进行了设计。数字人民币的表达式结构如图 13-2 所示。

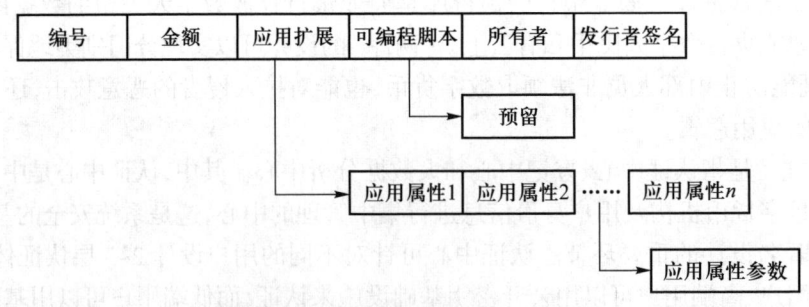

图 13-2 数字人民币的表达式结构

从基本构成上，央行数字货币应包含最基本的编号、金额、所有者和发行者签名。编号代表了央行数字货币的唯一标识，编号不能重复，可以作为央行数字货币的索引使用。金额代表了央行数字货币的面额，金额可以被拆分，其最小颗粒度为 0.01 元，最大面额未设定上限。所有者代表央行数字货币的拥有者,发行者签名则代表央行数字货币发行方。央行数字货币基本字段相对稳定,同时,通过应用扩展字段和可编程脚本字段将央行数字货币的应用扩展功能和可编程功能纳入其中。应用扩展字段通过可变长数据表达格式实现多个应用属性扩展存储。同时,在应用属性下一层还可以通过参数字段对应用属性提供进一步可配置的能力。可编程脚本通过预留的可变长数据表达格式可以将来进行扩展。可扩展字段结构的设计能够使得央行数字货币灵活适应广泛的应用场景需求。

(二)数字人民币的发行与回笼机制

央行数字货币发行是指中央银行生产所有者为商业银行的央行数字货币,并发送至商业银行的过程。央行数字货币回笼是指商业银行缴存央行数字货币,中央银行将央行数字货币作废的过程。为保证发行和回笼不改变中央银行货币发行总量,原型系统设计了通过商业银行存款准备金与数字人民币等额兑换的机制。在发行阶段,扣减商业银行存款准备金,等额发行数字人民币。在回笼阶段,作废数字人民币后,等额增加商业银行存款准备金。因涉及存款准备金变动,原型系统通过对接中央银行会计核算数据集中系统(简称中央银行会计核算系统)来实现。

数字人民币发行过程如图13-3所示。商业银行行内数字货币系统向中央银行数字货币系统发起请领申请,中央银行数字货币系统首先进行管控审批,该步骤为中央银行实施监管预留扩展功能。之后,向中央银行会计核算系统发起存款准备金扣款指令,中央银行会计核算系统扣减该商业银行存款准备金并等额增加数字人民币发行基金。扣款成功后,中央银行数字货币系统生产所有者为该商业银行的数字人民币,并发送至商业银行数字货币系统。最后,商业银行完成银行库入库操作。

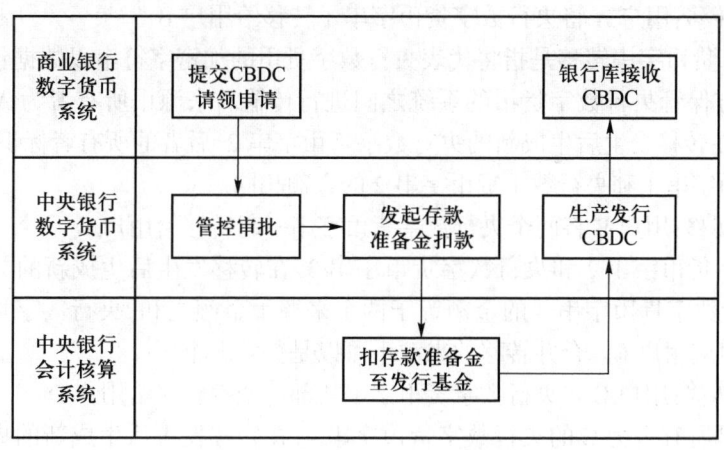

图13-3 数字人民币发行过程

数字人民币回笼过程如图13-4所示,商业银行行内数字货币系统向中央银行数字货币系统发起缴存申请,中央银行数字货币系统同样进行管控审批后,先将缴存的数字人民币作废,然后向中央银行会计核算系统发起存款准备金调增指令,中央银行会计核算系统扣减数字人民币发行基金,同时等额增加该商业银行存款准备金。完成后,中央银行数字货币系统通知商业银行回笼成功。

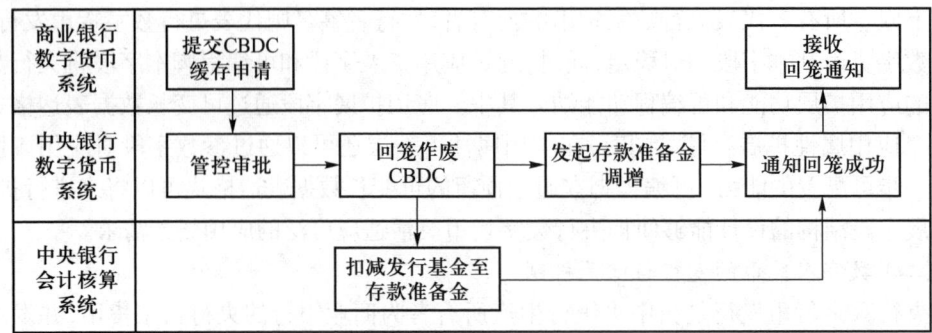

图 13-4　数字人民币回笼过程

### （三）数字人民币的转移机制

央行数字货币的转移涉及加密字符串的转换，分为来源币和去向币：来源币是转移之前的央行数字货币；去向币是经过转移将来源币作废之后，新生成的央行数字货币。央行数字货币的转移主要有三种模式：直接转移、合并转移和拆分转移，如图 13-5 所示。

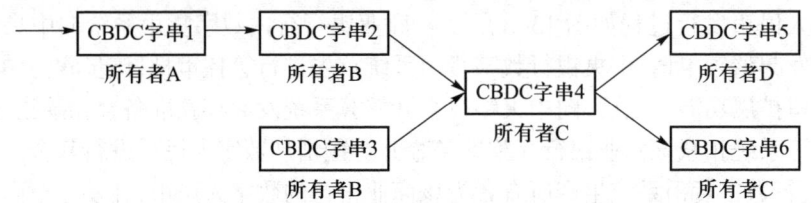

图 13-5　央行数字货币转移机制

1. **直接转移**：用户 A 将央行数字货币字串 1 转移给用户 B

央行数字货币字串转移是指将代表央行数字货币的加密字符串以数据包的形式在发送方和接收方保管央行数字货币的系统之间进行传输。来源币所有者为 A 的央行数字货币字串 1，在转移发生后生成新的央行数字货币字串 2，后者的所有者标识对应用户 B。央行数字货币字串 1 和央行数字货币字串 2 的金额相同。

2. **合并转移**：用户 B 将两个央行数字货币字串一起转移给用户 C

央行数字货币字串 2 和央行数字货币字串 3，在转移发生后生成新的央行数字货币字串 4。央行数字货币字串 4 的金额等于两个来源币金额之和，央行数字货币字串 4 的所有者标识对应用户 C。合并转移的来源币可以是任意多个。

3. **拆分转移**：用户 C 将央行数字货币字串 4 部分金额转移给用户 D

来源币是所有者为 C 的央行数字货币字串 4，在转移发生后生成新的央行数字货币字串 5，其所有者标识对应用户 D，其金额为转移金额。同时生成新的央行数字货币字串 6，其所有者标识对应用户 C，其金额为转移后的余额。

根据央行数字货币转移机制，原型系统中商业银行之间转移数字人民币，表现为数字人民币字串通过中央银行数字货币系统进行转换并传递的过程。如图 13-6 所示，商业银行 A 数字货币系统将待转移的数字人民币发送至中央银行数字货币系统。首先将来源币作废，然后按转移金额生成所有者为商业银行 B 的去向币，如果转移后还有余额，则还要生成所有者为商业银行 A 的去向币。然后将去向币分别发送给对应的商业银行。

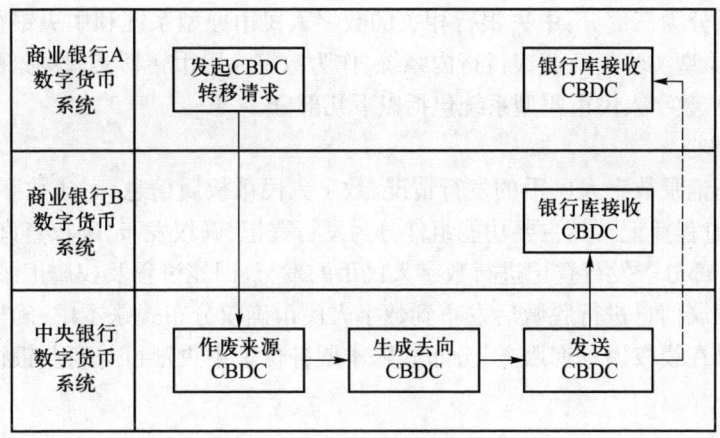

图 13-6　数字人民币转移过程

## 五、数字人民币系统的系统架构

（一）总体架构

原型系统在遵循中央银行—商业银行二元模式的基础上，针对中央银行到商业银行这一层的发行、转移和回笼的闭环运行机制进行整体规划设计，对软硬件基础设施、应用功能、业务数据等多个层面进行统一考虑，形成一个支撑功能及技术验证的、符合当前数字人民币运行框架的央行数字货币系统。原型系统总体架构如图 13-7 所示。

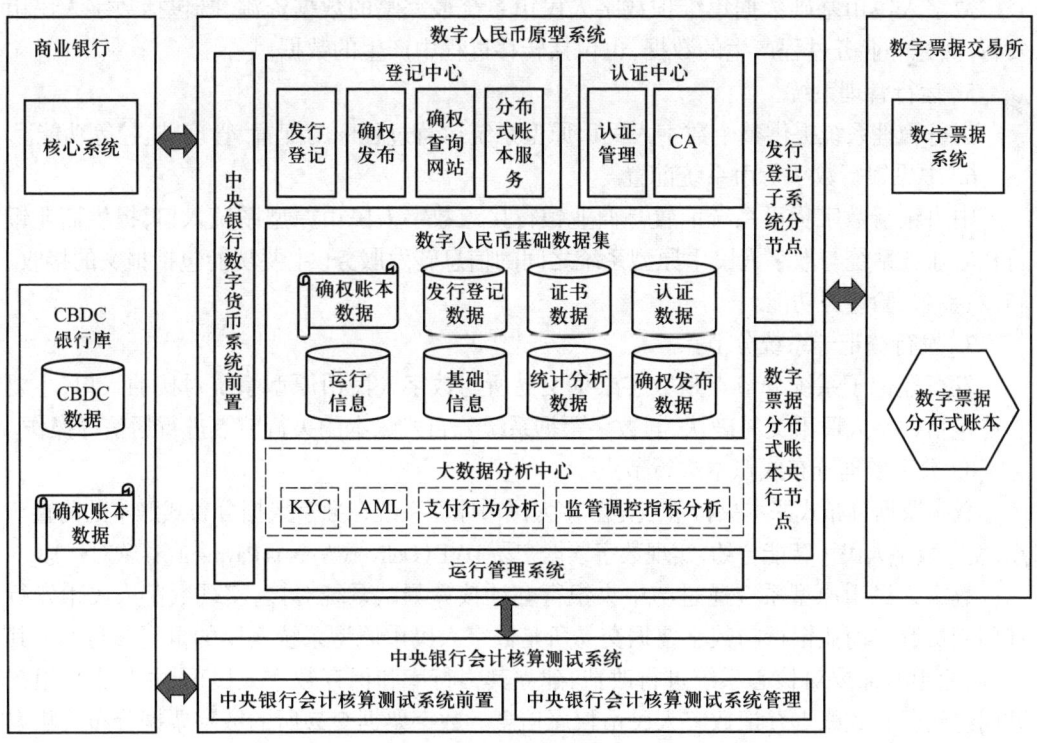

图 13-7　原型系统总体架构

整个体系分为三部分:中央银行相关的数字人民币原型系统和中央银行会计核算测试系统、参与原型实验的商业银行行内系统、作为数字人民币转移实验场景的数字票据交易平台。其中,数字人民币原型系统包括以下几部分。

1. 登记中心

登记中心记录数字人民币的发行情况、数字人民币权属信息,完成数字人民币发行、转移、回笼全过程登记。其主要功能组件分为发行登记、确权发布、确权查询网站、分布式账本服务四个部分。发行登记进行数字人民币的发行、回笼过程及权属记录;确权发布将发行登记的权属信息进行脱敏后发布到数字人民币确权分布式账本中;确权查询网站为商业银行提供在线权属查询服务;分布式账本服务保证中央银行与商业银行数字人民币权属信息的一致。

2. 认证中心

认证中心对数字人民币用户身份信息进行集中管理,是系统安全的基础组件,也是可控匿名设计的重要环节。其主要功能包括认证管理和CA(Certificate Authority)管理两部分,提供机构验证和证书管理功能,未来可构建对终端用户的认证支持。

3. 大数据中心

大数据中心包括KYC(Know Your Customer,充分了解你的客户)、AML(Anti Money Laundering,反洗钱)、支付行为分析、监管调控指标分析等功能,是数字人民币风险控制及业务管控的基础。

4. 数字人民币基础数据集

数字人民币基础数据集维护数字人民币系统最完整的数据资源,既包括数字人民币发行、回笼等业务过程产生的数据,也包括转移过程中产生的数据。

5. 运行管理系统

运行管理系统提供整个数字人民币原型系统运营过程中的配置、管理、监控等功能。

6. 中央银行数字货币系统前置

中央银行数字货币系统前置是商业银行接入数字人民币原型系统入口,提供商业银行核心业务系统与数字人民币原型系统之间的信息转发服务。主要功能包括报文的接收、转发、签名、验签等功能。

7. 发行登记子系统分节点

发行登记子系统分节点是数字票据交易所与数字人民币原型系统对接的入口,主要功能包括数字人民币交易确认、与数字票据系统分布式账本的央行节点进行通信等操作。

8. 数字票据分布式账本央行节点

数字票据分布式账本央行节点是数字人民币原型系统在数字票据分布式账本的前置节点,发布数字人民币智能合约,实现数字票据交易DVP(Delivery Versus Payment,券款对付)。

数字人民币原型系统通过与中央银行会计核算测试系统对接,实现数字人民币发行和回笼机制。商业银行与数字票据交易所是数字人民币原型系统实验的重要参与方。其中,商业银行需要对核心系统进行改造,建立其银行库和保存数字人民币,并与中央银行共同组建分布式账本登记数字人民币权属信息。数字票据交易所的数字票据分布式账本中加入央行节点,从而实现数字人民币与数字票据基于分布式账本的DVP交易。

(二) 系统架构

原型系统架构如图 13-8 所示。以数字人民币发行为例,对系统架构的运行过程说明如下。

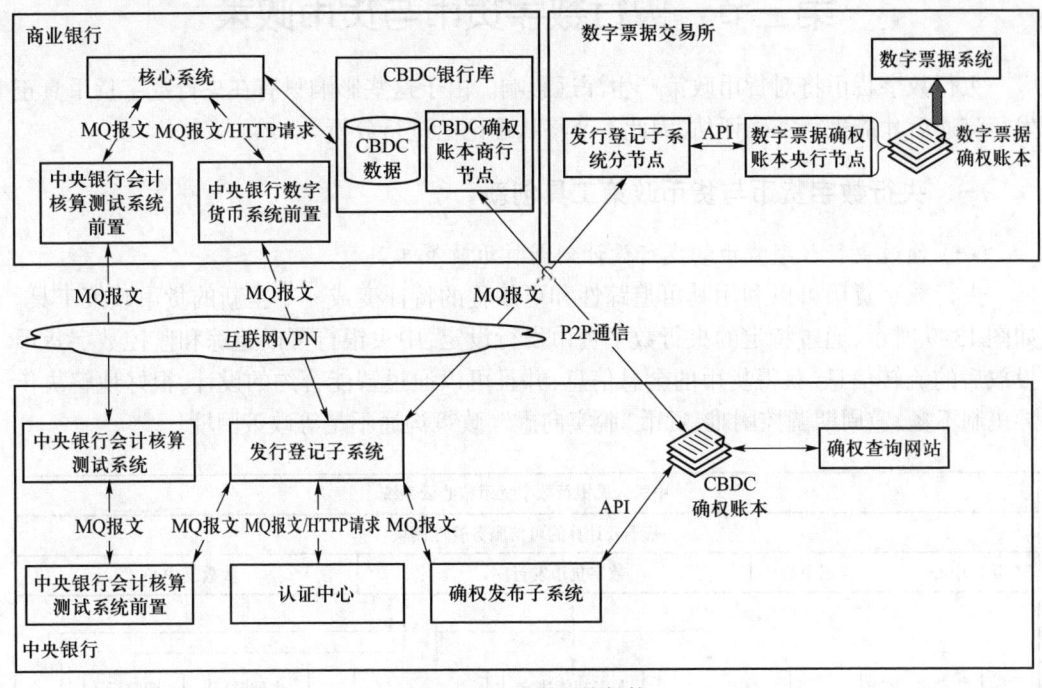

图 13-8 原型系统架构

1. 商业银行核心系统发起请领数字人民币的请求

商业银行核心系统向中央银行数字货币系统前置发起请领数字人民币的 MQ(Message Queue,消息队列)报文或 HTTP 请求。中央银行数字货币系统前置通过 VPN(Virtual Private Network,虚拟专用网络)向中央银行发行登记子系统转发报文,发行登记子系统开始处理数字人民币的发行业务。

2. 中央银行通过中央银行会计核算测试系统扣减存款准备金

发行登记子系统请求中央银行端的中央银行会计核算测试系统前置,发送扣减商业银行存款准备金报文。该前置将请求报文转发中央银行会计核算测试系统。中央银行会计核算测试系统扣减存款准备金后,通知商业银行端的中央银行会计核算测试系统前置存款准备金变化情况,该前置通知商业银行核心系统。中央银行会计核算测试系统同时将存款准备金扣款成功报文通知中央银行端的中央银行会计核算测试系统前置,该前置通知发行登记子系统扣款成功。

3. 中央银行发行数字人民币存放在商业银行

中央银行发行登记子系统生产发行数字人民币,通过中央银行数字货币系统前置发送至商业银行核心系统后,存放在商业银行银行库中。

4. 中央银行发行登记子系统在确权账本进行权属登记

发行登记子系统通知确权发布子系统数字人民币发行的权属信息,确权发布子系统将脱敏后数据发布在数字人民币分布式确权账本上,数字人民币确权查询网站读取分布式账本数据用于确权查询。商业银行的确权账本节点同步中央银行确权账本节点数据。

## 第三节 央行数字货币与货币政策

央行数字货币将对货币政策产生深远影响。由于这些影响只有在央行数字货币真正发行流通后才能进行准确评估,因此本节将从理论上进行分析。

### 一、央行数字货币与货币政策工具创新

(一)通过央行数字货币的发行设计创新货币政策工具

央行数字货币可以利用其可追踪性和可编程的特征变成一个全新的货币政策工具。如图13-9所示,通过特定的央行数字货币发行设定,中央银行可以追踪和监控数字货币投放后的流转信息,获得货币的全息信息,并且可以通过智能合约的设计,很好地解决传导机制不畅、逆周期调控困难、货币"脱实向虚"、政策沟通不足等政策困境。

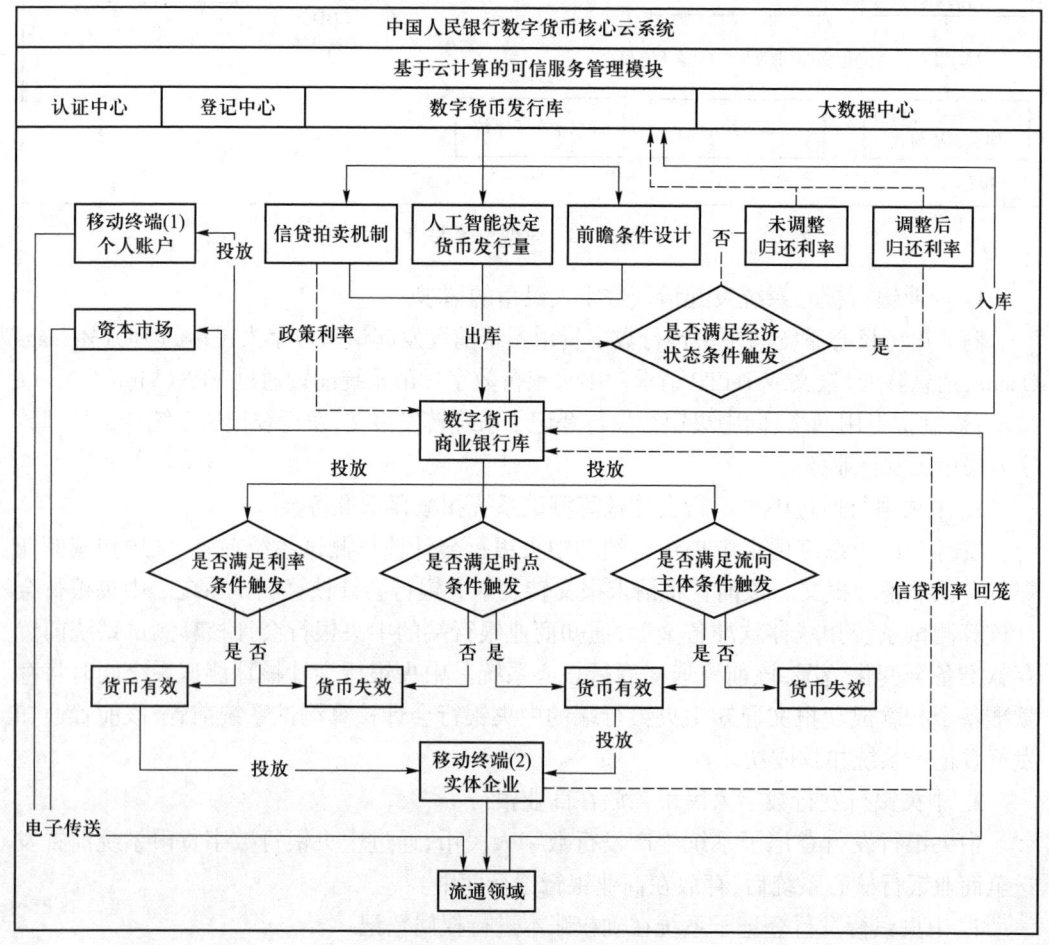

图13-9 央行数字货币发行设计

资料来源:谢星,封思贤.法定数字货币对我国货币政策影响的理论研究.经济学家,2019(9).

一方面，在实际运用中，中央银行首先通过大数据中心、登记中心等可信服务管理模块获得上一期所有经济信息，然后结合人工智能决定最优货币发行量。大数据分析系统的应用将有利于央行全方位地获取数字货币全生命周期关键基础数据，同时可以实时获取数字货币运行分布的云图，为货币政策的正确制定和精准实施做好支持。此外，由于每一期的货币发行量是基于大数据系统和人工智能的方法获得的最优发行量，这将大大提升货币政策的效果。

另一方面，央行数字货币发行之前必须完成前瞻条件设计，然后发行至商业银行库，此时的数字货币尚未生效。当商业银行向社会提供数字货币服务时，条件触发机制开始产生作用，当满足政策要求时，前瞻条件会被触发，央行数字货币才会生效，然后进行下一步的生产活动。条件触发机制包括中央银行预先设定的"时点条件""流向部门条件""信贷利率条件""经济状态条件"等，这些条件在货币发行前设定，在货币投放之后才会触发。显然，条件触发机制的应用将会全面提高货币政策的精准性，极大地提高货币政策的传导效率和传导效果。

央行数字货币发行设计的一个简单运用就是"直升机撒钱"政策。从 2008 年美联储开创量化宽松政策以来，量化宽松政策已经成为许多国家应对危机的常见手段。2020 年为应对新型冠状病毒感染疫情，美联储更是推出了无限量、开放式的量化宽松政策。尽管面对危机时，量化宽松政策能够在一定程度上稳定市场信心、刺激经济复苏，但长期使用量化宽松政策又可能加剧财富分配不均的现象。对此，学界通常认为用"直升机撒钱"的办法可以使得财富分配更为公平，并且比量化宽松和常规货币政策对经济的刺激更加直接有效，但是在实践上，中央银行一直没有找到"直升机撒钱"的最优途径。央行数字货币的出现则为央行通过数字货币账户进行"直升机撒钱"提供了一个可行途径：中央银行可利用数字货币可追踪性的特征保证目标对象获得相应的新增货币。

（二）央行数字货币利率可成为一种新的货币政策工具

央行数字货币利率可以作为一种新的货币政策工具，直接影响利率走廊的上下限，引导市场利率的变动。一是在批发端，当央行数字货币利率高于准备金利率时，它将取代准备金利率成为货币市场利率走廊的下限。二是在零售端，由于央行数字货币可由公众直接持有，央行数字货币利率可成为银行存款利率的下限。这个创新的政策工具对中央银行有着重要的意义。

第一，有助于提升中央银行政策利率对市场的影响。由于商业银行和非银私人部门都可以直接持有央行数字货币，因此中央银行对央行数字货币利率的调整不仅直接影响非银私人部门的经济行为，而且会影响银行存款利率，进而传导至银行贷款利率，影响银行信贷量。

第二，有助于打破零利率下限。现金的收益为零并且无风险，因此在现行的货币体制下，当零售金融资产利率下降至零甚至是负利率时，资金会加速向现金转换，进而导致负利率政策失效。而若中央银行发行零售端的央行数字货币，同时废止大额现金的使用，则中央银行可对央行数字货币计负利率，或者可酌情对央行数字货币收取钱包保管费，实质上等同于实施负利率政策，由此打破零利率下限约束，从而释放出更大的货币政策空间。

> **专栏 13-3**
>
> **利率走廊**
>
> 利率走廊是中央银行调控短期市场利率和银行体系流动性的一种操作模式，其基本操作原理是中央银行向金融机构提供短期存贷款工具，从而将货币市场的利率控制在由存贷款利率形成的一条"走廊"内变动，其中存贷款利率分别构成这条走廊的下限和上限。在利率走廊操作模式下，央行不需要频繁地使用公开市场操作来调节市场流动性，通常只需要调整利率走廊的边界就可以稳定市场的利率预期，从而降低了央行的调控成本，提高了货币政策透明度。20世纪90年代以来，随着金融创新的不断发展，货币供求的内生性日益增强，很多中央银行逐渐放弃了以货币供应量为中介目标的数量型货币政策，转向采用以利率为中介目标的价格型货币政策。在这个转型过程中，许多国家采用了利率走廊的操作模式。

## 二、央行数字货币有助于提高货币政策有效性

（一）货币政策传导机制不畅与传统货币特点

传统货币政策常常面临货币政策传导机制不畅、逆周期调控困难、货币"脱实向虚"、货币政策沟通不足等困境，其中很重要的原因在于传统货币具有难以追踪性、同质单一性和操作当下性的特点。

难以追踪性是指中央银行难以追踪和监控货币投放后的流通路径。对于货币投放后到底是停留在金融部门还是实体部门，中央银行无法准确掌握，只能依靠事后的粗略信息，大概的判断货币流向，然后再进行政策调整或监管应对。这种事后的调整必然会削弱货币政策的有效性。

同质单一性是指传统货币的要素仅有面额，货币间除了面额没有差异，因此传统货币政策是总量式调控，仅能在宏观层面上调控社会货币"量"与"价"的变化，进而影响私人部门的资金可获得性和资金成本，难以实现精准定向投放。

操作当下性是指传统货币的交易支付是实时、当下的。央行对货币的掌控也是实时、当下的。在货币投放的当下，央行即失去对货币的掌控，货币能否最终流向实体部门、能否实现央行所意图的政策目标，都由央行之外的各方力量和因素来决定，因此易导致货币政策传导的不畅或失效、资金"脱实向虚"等问题。货币政策操作的当下性还意味着货币政策是基于历史经济信息做出的，而当货币流向实体企业时，经济状态已经发生了变化，因此即使在货币政策操作的当下，央行决策是最优的，但对经济产生作用时则不一定最优，这种时间上的滞后性将极大地影响货币政策效果。

（二）央行数字货币有助于疏通货币政策传导渠道

央行数字货币采用了大数据分析、条件触发机制以及分布式记账等创新机制，中央银行可运用这些特征来疏通货币政策传导渠道，缩短货币政策时滞，提高货币政策的有效性。

第一,对于利率传导渠道,分布式记账技术的应用可使得央行数字货币交易中介环节扁平化,提升金融市场流动性,从而使得利率传导渠道更加畅通。大数据系统、条件触发机制以及央行数字货币利率政策的应用可提高中央银行引导市场利率的能力,提高金融机构定价水平,增强微观主体对利率的敏感性,进而提高利率在调整资源配置和传导货币政策中的作用。例如,中央银行可通过信贷利率条件触发机制的设计,实现基准利率向贷款利率的有效实时传导。此外,在央行数字货币场景下,货币政策的透明度和货币的流动性将得到有效提高,这将有利于培育市场可接受的政策利率,有助于利率走廊的构建和发挥作用。

第二,对于信贷渠道,中央银行可运用条件触发机制的设计对货币的运行和投放进行全面控制。例如,中央银行可通过时点条件触发机制的设计对放贷时点进行控制,使得商业银行的货币只有在放贷时才能生效,从而减少货币政策传导时滞,避免货币空转。中央银行还可以通过流向主体条件触发机制的设计对放贷主体进行控制,限定商业银行贷款的主体,从而实现贷款的精准投放,避免货币脱实向虚,提高金融服务实体经济的能力。另外,中央银行可运用信贷拍卖机制对商业银行的放贷行为直接加以影响从而约束商业银行行为,减少信贷传导过程中因商业银行行为而产生的不确定性。

第三,对于预期渠道,央行数字货币的运用将大幅提高中央银行货币政策沟通能力和预期管理能力。由于央行数字货币在发行时就内置了各种条件触发机制并向全社会公开,这些条件设定直接反映了中央银行货币政策逻辑和政策意图,有助于经济个体很好地理解和把握货币政策决策及其未来走势,实现中央银行对社会预期的引导,而良好的预期管理能力有助于提高货币政策的有效性。

第四,对于汇率渠道,中央银行可以利用央行数字货币的数据追踪系统对跨境资金流动进行实时监测,为汇率稳定打好基础。同时,央行可以通过大数据系统实时监测国内物价情况,防止外汇储备增加导致物价水平的提高,保证经济长期、有效地增长。央行数字货币的发行将有利于金融自由度的大幅提升,外汇的消化和使用将变得越来越普遍,从而使得货币政策的汇率传导渠道得到有效的提高。

(三)央行数字货币体系更有利于价格型货币政策

根据前面的分析可知,央行数字货币体系有助于疏通利率渠道和汇率渠道,从而有利于提高价格型货币政策的有效性。不过对于数量型货币政策,央行数字货币体系对其有效性有正反两方面影响。

一方面,中央银行可以借助央行数字货币支付系统和大数据分析大幅降低各类信息成本,更快地做出政策判断,缩短货币政策认识时滞和决策时滞;可以运用条件触发机制的设计等手段疏通信贷渠道,更好地实现对货币供应量的精准调控;可以更快、更准确地计算货币供应总量、分析货币结构,这意味着货币供应量等数量型中介指标的可测性、抗干扰性的特征将增强,从而有利于提高数量型货币政策的有效性。

另一方面,借助于央行数字货币更加便捷、更加低成本的支付网络,各类金融资产之间相互转换效率提升,金融资产的流动性上升,货币与其他金融资产的界限变得更加模糊,这将提高传统货币需求对利率的敏感性,导致货币需求的内生性增加,削弱数量型货币政策的有效性。此外,考虑到去中心化、脱媒化是金融科技发展的趋势,那么当未来央行数字货币发行时,货币供应量、信贷量等数量型货币政策中介指标与宏观经济的相关性很可能会出现明显下降,这也会降低数量型货币政策的有效性。

从总趋势上看,我们认为央行数字货币体系对数量型货币政策效果的负面影响要大于正面影响。因此,在央行数字货币体系下,中央银行应当主要采用价格型货币政策框架。

（四）央行数字货币有助于提升中央银行维护金融稳定的能力

对于私人数字货币,央行数字货币必然会对其形成强有力的竞争,甚至有可能直接将私人数字货币完全地挤出市场,从而极大地降低了私人数字货币带来的对金融稳定的负面影响。

对于传统货币,中央银行可以通过央行数字货币系统更全面地掌握资金流动等信息,大幅降低信息获取成本,并利用其特有的可追踪性、可编程性等特点提高监管效率,维护金融稳定。在现行支付体系下,传统货币的支付功能存在天然的不足:现钞不适合远程支付结算和大额支付,存款货币仅适用于金融机构间的支付结算。在实践中,第三方支付的推出弥补了法定货币支付功能的不足,大幅地提高了支付效率,因此获得了公众的青睐和政府的支持。但是,从监管角度来看,第三方支付的加入客观上延长了社会支付链条,资金流动要经过中央银行存款准备金账户、银行账户和第三方支付账户进行转移,而这三类账户支付体系分属不同部门,相互独立,容易产生数据鸿沟和信息孤岛,导致中央银行无法准确掌握资金流动信息,难以实施穿透式监管。因此,为保障社会支付体系的稳定,中央银行不得不对各类机构开展审慎监管,强化对其支付服务的监督管理,这客观上又会加重中央银行监管负担和压力。央行数字货币可以弥补传统货币支付功能的不足。央行数字货币可以像现钞一样实现即时支付结算,无须依赖第三方支付机构的服务,从而减轻中央银行对第三方服务机构的依赖,相应地减少监管负担和压力,实现更有效的监管,保障金融安全。

此外,在央行数字货币体系中,中央银行依然牢牢掌握或主导着货币发行权,因此当出现金融危机时,中央银行仍然可以通过最后贷款人的角色来稳定金融市场。

## 本 章 小 结

宽口径数字货币包括电子货币、传统虚拟货币和加密数字货币,窄口径数字货币特指加密数字货币。本章采用窄口径定义。数字货币具备发挥所有货币职能的潜力,但当前私人数字货币只能部分地发挥货币职能,因此它对传统货币的替代十分有限。私人数字货币在发行、流通、交易等方面形成了一个独立于传统货币的全新体系,会削弱中央银行收集信息的能力,降低政府的铸币税收入,降低数量型货币政策的有效性,也会削弱中央银行维护金融稳定的能力。私人数字货币的出现和流通倒逼中央银行研发央行数字货币。中国版法定数字货币称为数字人民币,其原型系统采用的是基于代币的央行数字货币的"中央银行—商业机构"二元模式,形成了从中央银行到商业银行的发行、转移和回笼的闭环运行系统。央行数字货币的发行设定和央行数字货币自身的利率都可以成为新的政策工具,并且可打破零利率下限,拓宽货币政策空间。中央银行可运用央行数字货币中的大数据分析、条件触发机制以及分布式记账等创新机制来疏通货币政策传导渠道,提高货币政策的有效性。相较而言,央行数字货币体系更有利于价格型货币政策,也有助于提升中央银行维护金融稳定的能力。

## 关 键 名 词

数字货币　私人数字货币　央行数字货币　货币职能　数字人民币　铸币税收入　数量型货币政策　价格型货币政策　利率走廊

## 复习思考题

1. 私人数字货币如何影响货币供求和货币政策?
2. 如何理解各国研发央行数字货币的动因?
3. 基于央行数字货币系统,货币政策工具可以有哪些创新?
4. 央行数字货币将如何影响货币政策的效果?

## 即测即评

## 延伸阅读

［1］李健.金融学.4版.北京:高等教育出版社,2022.
［2］中国人民银行数字人民币研发工作组.中国数字人民币的研发进展白皮书,2021.
［3］杨荣海,李亚波.全球央行数字货币竞争现状与数字人民币的发展策略.经济学家,2023(5).
［4］宋敏,徐瑞峰.央行数字货币创新研究新进展.经济学动态,2022(5).

# 第十四章
# 金融科技风险及其管理

**章前导读**

　　深圳证券交易所发布公告称,2023年6月19日,中信证券集中交易系统出现异常,导致部分客户交易受到影响。经查,中信证券存在机房基础设施建设安全性不足,信息系统设备可靠性管理疏漏等问题。金融科技是一把双刃剑,在提升金融功能、支持实体经济发展的同时,也带来了一些风险。金融科技风险主要包括金融科技技术风险和金融科技伦理风险两个方面。金融科技技术风险具有较强的传染性、较大的破坏性、较快的传播速度、较高的复杂程度等特征。金融科技伦理风险具有隐蔽性较强、专业性较强、监管难度较大的特征。如何理解和掌握金融科技风险的形成机制和表现形式? 如何运用金融科技风险管理的手段,妥善监测、评估、防范与应对金融科技风险? 这些是本章要回答的问题。

**本章学习目标**

　　本章介绍金融科技的技术风险、伦理风险和金融科技风险管理的基本原理、管理组织机制设计及其管理技术。通过本章的学习,可以掌握金融科技风险的基本内涵,熟悉金融科技技术风险和伦理风险的分类与特征,了解技术风险和伦理风险的形成机制,熟练掌握金融科技伦理风险的应对原则,掌握金融科技风险管理的内涵与理念,了解金融科技风险管理的组织和机制设计,了解金融科技风险管理的技术。

## 第一节 金融科技的技术风险

### 一、金融科技风险的内涵与特征

　　1997年诺贝尔经济学奖得主罗伯特·默顿认为,所有现代金融理论都将风险作为核心。风险管理也是金融的三大基本功能之一。在金融科技学中,我们不仅要利用金融科技手段来管控金融风险,而且要理解和防范金融科技本身带来的风险。

金融科技风险是在金融科技的基础上引申出的概念。顾名思义,它是指金融科技企业(包括非金融企业以及金融机构)在经营发展过程中,由于制度因素和非制度因素致使资金、财产和信誉遭受预期、非预期或灾难性损失的可能性。金融科技具备金融与科技的双重属性。金融科技是利用科技手段来改善金融功能、提高金融效率的一种表现形式。因此,金融科技也将面临传统金融所面临的风险,包括流动性风险、信用风险、市场风险、操作风险和法律风险等。除此之外,金融科技风险主要受到技术风险和伦理风险的影响。

(一)金融科技技术风险的内涵

科技是金融科技的重要载体,一切金融科技皆以科技为其手段。因而,科技创新所固有的不确定性特征亦是金融科技风险的重要来源。例如,区块链应用了大量密码学技术,属于算法高度密集的工程,出现错误在所难免。一旦爆发高级别的漏洞,可以说区块链整个大厦将轰然倒塌。科技本身的一些属性,使得金融科技相对于传统金融增加了一些新的风险问题,主要包括技术风险、政策风险等。

金融科技的技术风险是大数据、云计算、人工智能、区块链等数字技术不成熟而带来的潜在风险。金融科技的运行依靠的是科学算法、软硬件设备和互联网技术。算法的成熟程度、技术设备的可靠性、人员的技术水平均会影响金融科技手段的顺畅实施。如果金融科技存在技术漏洞,则会被人通过病毒等程序入侵到网络中,非法获取、篡改个人信息,窃取资金,危害公共安全。金融科技依赖的软硬件设备同样存在安全隐患。我国大部分高端芯片、基础软件均依赖于进口,这些软硬件设备具有潜在的信息安全隐患。

除此之外,技术的漏洞还有可能引发其他风险。盲目追求创新技术、颠覆式技术,并在未严格测试的情况下实施技术,很有可能使技术沦为市场投机、操纵和欺诈的工具,使不法之徒利用技术游走在法律边缘。以互联网金融为例,互联网金融的基础是计算机网络,互联网系统的安全运行是互联网金融持续健康发展的保证。互联网技术风险会对互联网金融交易中的资金安全构成威胁。由于网络及计算机自身缺陷或技术不成熟造成的停机、堵塞、出错及故障,以及通过病毒、黑客等人为破坏手段构成的网络软硬件瘫痪、信息泄露、被篡改等都有可能导致资金的截留或被盗。同时,互联网支付密钥的技术管理以及 TCP/IP 协议的安全性也会影响互联网金融业务中的资金安全性。

(二)金融科技技术风险的特征

金融科技是一把双刃剑。在提升质量、增加效率方面,金融科技有着不可或缺的优势,与此同时,金融科技所带来的创新型金融风险也不可忽视。金融科技风险具有传染性强、传播速度快、复杂程度高、破坏性强等特征。

1. 传染性强

在分业运营和分业监管的体制下,传统金融机构的风险相对较小,业务之间的风险相对独立,风险关联性较小。金融科技广泛运用互联网技术、分布式计算与分布式存储技术,导致业务之间的隔离减弱。互联网机构与客户之间互相交错、互相渗透,各金融业务种类间、金融机构间、国家间的风险相关性日益增强。金融科技风险如同计算机网络病毒一般,较容易在互联网中繁殖。因此,金融科技风险造成的预期损失、非预期损失和灾难性损失极易突破金融市场各业态的限制而传播。

2. 传播速度快

当代信息技术的发展,主要表现为计算效率更高、传输速度更快、存储容量更大。金融科技利用网络技术手段一方面能够远程快速处理金融信息,并且为客户提供更便捷快速的金融服务。另一方面,由于网络化与便捷度的提高,金融风险的扩散速度也快速增加。

3. 复杂程度高

随着金融科技企业的快速发展,金融产品、业务、组织和服务等被深度融合,金融科技"混业经营"趋势逐渐增强。在此背景下,金融科技企业的金融信息挖掘、处理和传播导致互联网信息系统的网络复杂性增加,任何漏洞都会增加因金融信息泄密、失密而造成损失的可能性。

4. 破坏性强

随着金融科技不断赋能传统金融业,平台逐渐依赖于业务数据化。与传统金融不同,金融科技具有数据高度集中的特点,一旦金融风险在短时间内突然爆发,进行化解的难度巨大。同时,其扩散面积和补救成本也随着数据密集程度而增加。此外,数据的高度集中也增加了发生系统性金融风险的可能性。

## 二、金融科技技术风险的分类

金融科技行业除了金融业本身的数字特征,还高度依赖于现代信息技术,所面临的技术风险较为复杂。主要表现在两个方面。

### (一) 技术选择风险

当前,各种金融科技发展变化很快,如果金融科技企业选择不合理的技术方案,则会引起相应的风险。第一,技术淘汰风险。面临日新月异的金融科技创新,选择不当的技术方案可能会较快过时,导致业务流程不顺畅,业务达成成本增加。与此同时,还会引起用户体验大幅下降,从而面临被淘汰的风险。第二,无法满足技术兼容性要求。如若选择的技术系统与客户终端的兼容性较差,将可能使业务的开展较为困难,甚至危及企业生存。

### (二) 技术安全风险

技术安全风险是指信息技术本身缺陷漏洞导致客户财产存在损失可能。金融科技的安全风险主要体现在以下四个方面。第一,技术泄密风险。为确保数据的完整、准确和不可抵赖等,金融科技运用各种手段加密,如若该手段被泄密或破解,则会引起严重的后果。第二,计算机病毒感染风险。互联网金融的运作主要依赖于计算机与网络,如若感染计算机病毒,则可能会使网络瘫痪,甚至整个系统的崩溃。第三,系统运行终端风险。如果系统服务器无法承受对大量数据的并发处理,则可能出现宕机等现象,影响平台的稳定性以及业务的开展。第四,数据传输风险。金融科技数据在传输过程中可能会被窥探或截获,造成信息泄露,影响交易安全。

## 三、金融科技技术风险的形成

金融科技行业的技术不成熟是内在风险产生的原因之一。金融科技行业较为依赖信息技术相关领域的软硬件设备,并以此来从事金融业务创新活动。其所面临的风险与具备的信息技术水平密切关联。由于不同金融科技企业的信息技术水平差距较大,部分企业的信息系统存在漏洞,信息安全存在隐患,容易受到黑客攻击,使得客户的账户、资金和信息等被盗或泄露,从而使客户遭受损失。传统的信息安全问题主要包括网络病毒攻击、网络勒索等。当前,黑客式的攻击往往带有特殊目的,包括商业目的或者政治目的等。在大数据时代,数据安全成为更加重要的信息安全问题。利用技术漏洞窃取数据,在黑市上交易数据,数据跨境传输等,都成为数据安全的巨大隐患。

1. 金融科技技术不成熟引致业务风险

有的机构在未经过严密测试和风险评估的情况下,盲目地追求所谓颠覆式技术,拔苗助长,急于求成,导致技术选型错位、资源浪费、安全事件频发等问题。特别是对部分尚处于发展初期的新兴技术,通过舆论和资本的过度炒作,可能会令它们沦为市场操纵、投机、诈骗的工具。实践表明,一些号称技术和数据驱动的所谓金融创新,实质上是利用制度规则相对滞后,游走在法律和监管的灰色地带。

2. 金融科技技术不成熟引致信息安全风险

当前,信息安全形势异常复杂严峻,常规攻击持续演变,高级持续性威胁等攻击手段不断翻新,有组织、大规模的网络攻击,时有发生。这给金融网络安全防护能力提出了更高的挑战。特别需要注意的是,金融科技在推动基础设施和金融服务线上化、开放化的同时,也增加了信息安全隐患。在传统的通信环境下,金融风险如果发生,往往只是局限于某个营业场所或某个区域。但是,现在通过网络,特别是在移动网络的条件下,有可能牵一发而动全身,将风险因素迅速传染至其他的机构和关联行业,乃至整个地区,甚至可能引发系统性风险。

3. 金融科技技术不成熟引致数据安全风险

随着电子商务条件下购物、支付、理财等网络金融系统的不断丰富,一些机构也积累了海量的客户行为数据和交易数据,但因其信息系统管理水平和应对网络攻击能力未能同步跟上,其数据安全保卫能力存在不足,存在数据被集中泄露的风险。此外,由于网络数据复制的无限性和低成本以及数字二次利用和传递的隐蔽性,金融科技领域数据过度采集、数据倒卖、一次授权、重复使用的违法违规行为屡见不鲜。

# 第二节 金融科技的伦理风险

## 一、金融科技伦理风险的内涵与特征

(一)金融科技伦理风险的内涵

金融科技是人类发展与社会进步的前沿。金融科技背后的伦理问题也将为金融科技带来一些伦理风险。科技进步将导致传统金融中的生产关系发生改变。金融科技导致的社会关系变化,就可能导致一些传统的伦理道德标准受到挑战,这也是与传统金融不同的新风险。

随着互联网、移动互联网、物联网和各种遥感探测技术的发展,一个"一切都被记录,一切都被分析"的数据化时代已经到来,金融科技正是在这样的时代背景下产生的。借助大数据、人工智能和区块链等技术的发展与应用实践,金融科技已经为我们的生活带来了显著的贡献,与此同时,也产生了一系列让人忧虑的问题。譬如个人关键隐私信息的大面积泄露问题,人工智能对传统金融岗位的冲击,大数据和人工智能深度结合形成的新型数据独裁、价格歧视等问题。这些问题要求我们在伦理意义上仔细审视金融科技的发展。

金融科技伦理风险是传统金融道德风险的延伸。传统金融道德风险的内涵存在广义与狭义的区别。狭义的金融道德风险指金融机构及其相关从业人员,在信息不对称的情况下,由于主观过失未能尽职尽责而导致金融资产损失的可能性。广义的金融道德风险指金融活动的参与者出于牟利的目的,利用信息优势或者工作之便违背金融交易规则,以致引发金融风险的行为。

类似地,金融科技伦理风险也有狭义和广义两个层面的含义。狭义的金融科技伦理风险指金融机构及其相关从业人员利用自身信息优势,违背道德伦理,导致客户受到损失的可能性。广义的金融科技伦理风险指一切金融科技参与者因科技伦理而遭到损失的可能性。例如,大数据杀熟属于狭义的金融科技伦理风险,而机器干预人类决策就是一种广义的金融科技伦理风险。

(二)金融科技伦理风险的特征

当前,以互联网、大数据、人工智能为代表的新一代信息技术蓬勃发展,深刻改变着人类的生存方式和社会交往方式,随之而来的金融科技伦理风险具有隐蔽性较强、专业性较强和监管难度大的特点。

1. 隐蔽性较强

无论是大数据的隐私问题,还是大数据杀熟问题,一系列的金融科技伦理风险均是隐藏在金融科技的技术手段下,难以被金融消费者察觉。当消费者在享受某项金融科技服务带来的便利性时,较少去怀疑该金融服务可能已经使自己遭受到了不公平的对待。因此,往往只有在大面积爆发之后,金融科技伦理风险才可能进入人们的视野之中。

2. 专业性较强

金融科技因其所依赖的信息技术本来就具有一定的专业性,普通的被服务人群并不了解金融科技的底层运行规则。更重要的是,金融活动也是具有一定专业性的,这将导致一般用户必须同时掌握金融和科技两种专业技能后才能够察觉和规避风险。

3. 监管难度大

在监管方面,平台运用金融科技手段让资金供求两端的交易支付线上化,导致金融业务失去了时间和地理限制,交易对象模糊、交易不透明,极大地增加了监管难度。在以第三方支付、网贷、消费金融等为主要模式的互联网金融平台,数据与信息安全风险交叉,风险隐蔽性较强,数据使用和保护不当将带来极大的风险。

二、金融科技伦理风险的分类

(一)大数据杀熟

随着大数据技术的日趋成熟,大数据技术的应用已渗透至人们生活的方方面面,企业也已开始利用大数据技术开展商业活动、创造企业价值。利用大数据技术,企业已实现了对用户的精准细分,能够根据每个用户的特征为其进行精准推送,或提供个性化需求。大数据技术商业化运用的同时也带来了一系列问题,例如近年来涌现的大数据杀熟现象。北京市消费者协会2022年3月发布的数据显示,86.91%的受访者认为自己有过被大数据杀熟的经历,82.37%的受访者认为互联网消费大数据杀熟问题普遍存在,92.33%的受访者认为大数据杀熟的原因是利用大数据技术进行差异化营销。

大数据杀熟指商家利用大数据技术,对自身积累或来自第三方的用户信息加以分类和处理,并对其中使用次数较多、对价格不敏感的客户实施加价,以达到利益最大化的差别化价格策略。大数据杀熟现象并非近年来出现的新现象。早在2000年,美国电商巨头亚马逊就被发现实施了类似的杀熟策略。亚马逊将其销售的68种DVD碟片根据潜在用户的人口统计资料、购物历史、网络行为等信息,进行动态定价。这一歧视性定价策略使不同的用户看到的价格存在差异,大大提高了亚马逊的销售毛利率。但这一尝试很快被用户发现并投诉,亚马逊迫于压力终止了该策略。

大数据杀熟问题,事实上是一种价格歧视。价格歧视是一种在金融科技运行中典型的道德伦理问题,其实质是价格差异,通常指商品或服务的提供者在向不同的接受者提供相同等级、相同质量的商品或服务时,在接受者之间实行不同的销售价格或收费标准。经营者没有正当理由,就同一种商品或者服务,对若干买主实行不同的售价,则构成价格歧视行为。其中,一级价格歧视又称完全价格歧视,即销售者为每一位顾客及其所购买的每一单位商品制定不同的价格,因此获取所有的消费者剩余。[1] 在传统金融市场运行中,一级价格歧视比较少见,但在金融科技业态中,通过技术手段,企业能够轻松地做到一级价格歧视,即通过对用户浏览记录、互联网行为等产生数据的分析,为每一位消费者制定价格,获取所有的消费者剩余,其具体表现即为大数据"杀熟"。

对于大数据杀熟,有观点认为这是大数据技术发展的必然结果。大数据技术提升了互联网企业的市场力量和市场地位,企业能够根据用户信息和特征准确预测用户需求的强烈程度,这是以往传统技术和传统经营环境所不能实现的。依据预测出的用户需求水平,企业可以实现"一人一价"的完全价格歧视。

然而,大多数人依旧不认同杀熟的做法,认为此举损害了消费者利益,加剧了社会不公平,引发了公众舆论的不满,应对反垄断法、价格法进一步完善,对大数据杀熟做法予以严禁。此外,大数据歧视定价的前提是获取了大量用户的个人信息。尤其是在保险、信贷等基于风险定价的领域,如果商家能够获取敏感的个人信息,往往会倾向于选择低风险的消费者,对高风险消费者索取高价或者排斥。在未经用户许可的情况下获取大量敏感个人信息,在一定程度上也侵犯了用户隐私,法律也应对用户隐私给予保护。

(二)大数据隐私

大数据是金融科技时代的生产力,也是金融科技时代的一种新的资产。大数据主要记录了人们的各类消费、收入的资金数据,通话、移动、上网的行为数据以及身份证号、职业等个人信息数据。大数据在为金融科技企业带来利润的同时,也遭受着人们的广泛质疑。尤其是个人隐私数据的泄露使人们充满了恐慌和厌恶的情绪。

---

[1] 刘易斯·卡布罗. 产业组织导论. 胡汉辉,赵震翔,译. 北京:人民邮电出版社,2002:157-162.

大数据行业鱼龙混杂，非法买卖用户数据一直是大数据行业内的潜规则，甚至有不少小公司完全靠收集和出卖用户数据为生。2018年11月，中国消费者协会曾经发布过一份报告，在接受调查的100个APP中，有91个"涉嫌过度收集个人信息"。那么，金融科技企业利用大数据来谋利，是否是对金融消费者合法权益的侵占？事实上，如果金融科技企业获取消费者大数据是为了提升服务质量，能够更好地、更有针对性地服务于消费者，那么，消费者应当以宽容的态度来面对这件事。但是，如果金融科技企业利用大数据进行伤害消费者权益的活动，那么，消费者就应当保护自己的信息。在金融科技企业面前，消费者是弱势群体，适当的立法将能够维护消费者的权益，保证金融科技企业更好地服务于消费者。

(三) 机器干预人类决策

随着人工智能的发展，计算机可能会自我学习和提升，甚至是进行一些决策。那么，计算机是否会从被人类控制转变为控制人类呢？Facebook的例子告诉我们，放任人工智能在人类的生活中进行肆无忌惮的行为，它可能反过来影响人类的决策。自古以来，工具是被人操纵的。计算机这种高性能的工具，也是服从人类给予的指令。以智能投资为例，人类为计算机设计了在某种条件下购买某种金融产品的规则后，计算机服从人的指令进行操作。从这个角度讲，计算机并不会控制人类。

> **专栏 14-1**
>
> ### AI能否控制人类？
>
> 据《自然》杂志报道，2017年11月中旬，《自然》杂志发表了一项突破性的医学研究成果：美国国防高级研究计划局(DARPA)资助的研究团队，设计出了一种由AI(人工智能)控制的大脑芯片，该芯片可发送电脉冲，"控制"人类的情绪和行为。该项研究的成果可以应用于医学领域，通过将芯片植入患者的大脑中，患者的大脑活动可被实时监测。当患者发生情感性精神障碍(Mood Disorders)时，芯片会通过算法，发送电脉冲，刺激大脑特定区域，让大脑恢复健康状态。对士兵、退伍军人的抑郁症、创伤后应激障碍(PTSD)、一些抗拒现有疗法的严重精神类疾病以及老年痴呆症等，这都是一种具有巨大意义的新治疗方式。
>
> AI技术能够在没有医生在旁的情况下，让患者的大脑及时恢复健康状态。而且，这是一种以生理信号为基础的个人定制化治疗，而不再只是凭医生的个人判断。这一技术对精神类疾病的治疗有极大的推动作用。然而，AI实现对人类情绪控制的背后也存在极大的风险和隐患。
>
> 2012年，Facebook曾联合康奈尔大学、加利福尼亚大学对70万余名不知情的用户展开过一项有关"情绪感染"的测试。Facebook通过后台算法对用户进行有差别性的内容推送，一些用户看到的主要是积极和快乐的内容，而另一些用户看到的主要是负面和悲哀的内容。研究表明，当实验结束时，这些用户的发帖行为已经发生了相应改变，那些每天看到积极内容的用户更有可能发布积极的消息，而那些每天看到消极内容的

用户更有可能发布消极的消息。虽然 Facebook 宣称研究的目的是了解用户的情绪,试图通过某种方式刺激用户发出积极的或消极的信息,但这项研究依然激起了公众的强烈不满,人们认为 Facebook 已涉嫌违反数据保护法,实现了侧面操控用户心情的目的。据澳大利亚一个 Facebook 的广告客户透露,Facebook 的人工智能分析依然如火如荼地应用着。它会根据用户特征和所发布的内容,对诸如贴有"有不安全感""抑郁、压力大"等标签的年轻人有针对性地投放游戏、瘾品和甚至虚假交友网站的广告,从中获取巨大利益。

随着社交网络的愈发兴盛,Facebook 这样的大型社交平台对群体情绪的影响不言而喻。2016 年美国大选期间,一家叫剑桥分析(Cambridge Analytica)的公司使用人工智能技术,针对任意一个潜在选民的"心理特征"投放付费政治广告;投什么样的广告,取决于一个人的政治倾向、情绪特征,以及易受影响的程度。很多虚假的消息在特定人群中能够迅速传播、增加曝光,并潜移默化地影响人们的价值判断。

我们很难想象,如果 AI 的情绪识别和操纵技术被应用于股票交易、投资交易过程中,将会产生怎样的后果。正如斯蒂芬·威廉·霍金所认为的,"人工智能崛起要么是人类最好的事情,要么就是最糟糕的事情"。

虽然计算机没有意识,无法像人类一样思考,但是,如果人类为计算机制定的规则是存在漏洞的,就可能反过来受制于计算机的控制。例如,2018 年波音 737Max 的坠机事件,正是由于人类为计算机下达的错误规则,导致飞机的自动驾驶系统不断地进行"死亡俯冲"。即便是驾驶员主动干涉计算机的自动程序,计算机的错误也无法得到修正,最终酿成了机毁人亡的惨剧。这种现象在金融科技领域中也可能出现。设想未来的智能财务管理助手帮助家庭管理财富时,也可能由于错误规则而激发错误决策,导致资金不能及时地用于家庭的紧急支付,或者利用某些极端的行为准则来限制人类的消费行为。因而,机器是有可能干预人类的决策的。

科技具有两面性,随着金融科技的发展,我们在利用金融科技的同时,也必须考虑金融科技的伦理问题,并在未来的金融科技运行中谨防人工智能的负面影响,做好应急预案。人与人工智能的关系,既不是主体与客体之间的关系,也不是主体之间的关系,而是一种主体与类主体之间的关系。信息技术已渗透到人们的日常生活,也深度融入国家治理、社会治理的过程中,对于实现美好生活、提升国家治理能力、促进社会道德进步发挥着越来越重要的作用。在可以预见的将来,人工智能将重塑生产力、生产关系、生产方式,重构社会关系、生活方式。

### 三、金融科技伦理风险的形成

(一)信息不对称

本书第四章介绍了信息不对称的内涵和原理,及其可能导致的逆向选择和道德风险。金融科技行业中广泛存在信息不对称问题,它们是诱发一些金融科技风险的重要原因。金融科技的本质是金融,金融科技活动的本质是信用关系的建立与存续。尽管我们常说,大数据技术实现了信息的快速传播与获取,使金融科技活动的参与者能够掌握大量的信息,缓解了信息不对称问题,然而,新的信息不对称问题又将出现。例如,大数据杀熟问题。大数据杀熟是最近的热门词语,反映了商家利用大数据技术了解了客户的信息,然而客户却无法了解商家的信息。事实上,金融科技主要解决了金融科技活动中力量较强一方的信息获取问题,力量弱势的一方仍然无法掌握足够的信息。例如,在商业银行中,银行充分了解了贷款企业的各类信息,能够有效地管理风险,然而贷款企业可能无法完全掌握银行的信息,从而导致企业未来出现管理风险、操作风险、续贷风险等。

与难以获取信息相比较,对信息视而不见是金融科技行业更加严重的问题。金融科技帮助投资者收集了足够多的信息来辅助决策,然而投资者却并未有效地利用这些信息。有研究表明,人人贷平台上90%的贷款项目在8分钟之内就完成了融资。由此可见,大部分的P2P投资者并未有效利用信息来识别风险,而是根据第一感觉盲目地进行了决策。快思维往往是非理性的,收益率是影响这些投资者进行投资决策的第一因素,风险却并未进入他们考虑的范围。这种因投资者素质不足而造成的信息不对称,是金融科技无法改变的,必须依赖于投资者教育。

(二)科技伦理

科技伦理是指科技创新活动中人与社会、人与自然和人与人关系的思想与行为准则,它规定了科技工作者及其共同体应恪守的价值观念、社会责任和行为规范。科技是推动社会发展的第一生产力,也是建设物质文明和精神文明的重要社会行为,承担着社会责任和道德责任。从这点来说,在科技活动中遵守伦理规范是社会发展的需要,一切不符合伦理道德的科技活动必将遭到人们的异议、反对,被送上道德法庭甚至受到法律的制裁。近年来,随着金融科技的快速发展,金融科技领域的伦理问题也受到广泛关注。道德伦理风险往往隐藏在金融科技活动背后,需要较长的时间才能显现和爆发出来。

### 四、应对伦理风险的道德原则

习近平总书记在中共中央政治局第九次集体学习时强调,"要加强人工智能发展的潜在风险研判和防范,维护人民利益和国家安全,确保人工智能安全、可靠、可控。要整合多学科力量,加强人工智能相关法律、伦理、社会问题研究,建立健全保障人工智能健康发展的法律法规、制度体系、伦理道德"[①]。面对信息技术的迅猛发展,有效应对信息技术带来的伦理挑战,需要深入研究思考并树立正确的道德观、价值观和法治观。从整体上看,应对信息化深入发展导致的伦理风险应当遵循以下道德原则。

第一,服务人类原则。要确保人类始终处于主导地位,始终将人造物置于人类的可控范围,避免人类的利益、尊严和价值主体地位受到损害,确保任何信息技术特别是具有自主性意识的人工智能机器持有与人类相同的基本价值观。始终坚守不伤害人自身的道德底线,追求造福人类的正确价值取向。

第二,安全可靠原则。新一代信息技术尤其是人工智能技术必须是安全、可靠、可控的,要确保民族、国家、企业和各类组织的信息安全、用户的隐私安全以及与此相关的

---

① 习近平.加强领导做好规划明确任务夯实基础 推动我国新一代人工智能健康发展.人民日报,2018-11-01(1).

政治、经济、文化安全。如果某一项科学技术可能危及人的价值主体地位,那么无论它具有多大的功用性价值,都应果断叫停。对于科学技术发展,应当进行严谨审慎的权衡与取舍。

第三,以人为本原则。信息技术必须为广大人民群众带来福祉、便利和享受,而不能为少数人所专享。要把新一代信息技术作为满足人民基本需求、维护人民根本利益、促进人民长远发展的重要手段。同时,保证公众参与和个人权利行使,鼓励公众提出质疑或有价值的反馈,从而共同促进信息技术产品性能与质量的提高。

第四,公开透明原则。新一代信息技术的研发、设计、制造、销售等各个环节,以及信息技术产品的算法、参数、设计目的、性能、限制等相关信息,都应当是公开透明的,不应当在开发、设计过程中给智能机器提供过时、不准确、不完整或带有偏见的数据,以避免人工智能机器对特定人群产生偏见和歧视。

## 第三节　金融科技风险管理

### 一、金融科技风险管理的内涵与理念

(一)金融科技风险管理的内涵

随着金融科技的快速发展与日益成熟,以及金融科技在金融领域的广泛应用,金融科技风险也不断进入人们的视野。金融科技风险较快的扩散性和较大的破坏性要求我们对金融科技风险采取一定的管理措施。金融科技风险管理指有关主体采取一系列措施对金融科技风险进行监测、评估、防范和应对的活动。

按照层次分,金融科技风险管理的主体包括金融科技企业、行业自律组织、监管机构等。金融科技企业主要对自身产生的金融科技风险进行管理,对技术漏洞、业务风险及其道德风险进行监控与评估,将风险水平控制在较低程度。行业自律组织是为了协调各个企业之间的经营活动而自发组织起来的一种社会机构。行业自律组织在推进统计监测、信息披露、信息共享、标准规则、消费者权益保护等工作方面具有积极作用。金融科技风险的监管机构主要包括中国人民银行、国家金融监督管理总局、各地方金融工作局等机构。监管机构对企业依法进行准入管理、日常监管,以防止企业进行技术套利,产生危害社会的风险。

金融科技风险管理的三类主体之间存在一定的配合关系。金融科技企业在风险管理方面往往经验不足,面临市场冲击时会表现出"羊群效应",因此需要受到行业自律组织和监管机构的管理;监管机构对金融科技企业的风险进行直接的监督管理;行业自律组织对金融科技企业起到督促引导的作用,同时能够积极配合监管部门进行风险整治。

金融科技风险管理的内容主要包括监测、评估、防范与应对四个方面。金融科技风险的监测主要指金融科技风险管理主体通过系统持续地收集金融科技业务的数据及相关信息,进行综合分析和及时通报的活动。随着与科技手段的不断结合,金融风险呈现出更强的隐蔽性和更快的扩散速度,对金融科技风险的监测不应拘泥于传统

手段,金融风险管理主体还需通过大数据等技术对风险进行实时、动态监测,并及时预警,避免风险扩散。金融科技风险的评估主要指在金融科技风险事件发生之前,金融科技风险管理主体辨识金融科技活动的风险类型,分析风险特征,描述风险发生的可能性和发生的条件,并评价风险将造成的价值损失程度。金融科技风险的评估不仅涉及业务层面的风险,还需对技术风险和道德风险进行关注。金融科技风险的防范主要指有目的、有意识地通过风险管理活动来阻止、防范风险损失的发生,降低损失发生的影响程度。金融科技风险的防范可以从技术漏洞、业务内容和道德标准等多个层面入手,以达到消除或减缓风险发生的目的。金融科技风险的应对主要指在确定了金融科技风险主体存在的风险的基础上,对风险概率及其风险影响程度进行分析,根据风险主体对风险的承受能力而制定的回避、承受、降低或者分担风险等相应防范计划。

金融科技风险管理的措施和手段包括法规构建、机制设计、风险管理技术等。首先,法规构建从根本上产生了抵御风险的作用。一方面,企业要重视金融科技风险,构建起防范风险的规章制度,将风险发生的可能性降至最低。另一方面,监管部门需进一步建立与完善金融科技监管的法律法规。例如制定金融科技信息安全行业标准,提高金融科技企业的安全准入门槛,同时还要明确金融科技企业的法律地位、金融监管部门以及政府的监管职责、金融科技行业的准入和退出机制。

其次,机制设计能够在运行过程中确保降低风险发生的概率。由于科技手段的特殊性,传统的金融风险管理机制已难以适应当下金融科技风险的特征,监管部门亟须为金融科技行业设计更适合的新机制。例如,建立更加完备的账户和资金流转监测,严格身份识别、交易审核、大额对账等;建立风险预警应急措施,对涉嫌非法集资、集资诈骗、洗钱等违法违规行为做到早预警、早处理、早报告,一旦发现采取清收措施,并快速启动司法保护程序,有效防范法律风险。

最后,风险管理技术是金融科技风险管理顺利实施的保障。金融科技风险管理不仅需要依靠法规和制度的建立,而且需要依赖于更高超的风险管理技术。在操作层面,金融科技企业需要提升金融科技技术水平,实施安全规范的操作,防范系统故障、黑客攻击、病毒植入等技术风险。在信息管理层面,金融科技企业需配合监管机构实现信息共享,防范利用高科技手段进行的非法集资、集资诈骗、洗钱等犯罪活动。在技术层面,各个金融科技风险主体都应不断更新技术,运用大数据挖掘、区块链等技术,建立信用评估体系和风险预警模型,有效防范信息泄露等产生的法律风险。

(二)金融科技风险管理的理念

金融科技风险管理应遵循整体性优先、监管及时、协调创新和安全关系的理念。

首先,金融科技风险监管应遵循整体性优先的理念。在面对金融科技风险监管问题时,监管主体应"守住不发生系统性金融风险的底线"。优先关注系统性金融风险防范是因为系统性金融风险与中国经济发展密切相关,防范和化解系统性金融风险是中国金融市场发展及监管工作的核心主题。监管部门应对一些重要的金融科技企业进行风险的重点监控,防止因这些企业的破产或巨额损失导致整个金融系统崩溃,或对实体经济产生严重负面影响。

其次,金融科技风险监管应遵循监管及时的理念。金融科技风险具有较高的外溢性和扩散性。随着金融与科技的不断融合,金融创新产品周期越来越短,产品覆盖能力越来越大,传播速度越来越快。在这一情况下,一旦金融科技风险发生,将会产生严重的影响。因此,金融科技风险监管应注重及时性,将金融风险监测机制常态化,加快监管平台的建设,对风险进行实时监测、评估,并及时进行风险预警,防患于未然。

最后,金融科技风险监管应注重对金融创新和安全两者关系的协调。科技为金融创新注入了新的活力,大大推动了金融发展。金融科技风险管理主体在进行风险管理过程中要严守金融安全的底线,但也不能扼杀金融创新的活力。这就要求金融科技风险监管主体紧密关注金融科技行业的发展动态,准确鉴别具有潜在风险的监管规则,调整和修正有损金融产品创新的漏洞与缺陷,在实践中不断尝试。

## 二、金融科技风险管理组织与机制设计

(一)金融科技风险管理组织

1. 金融科技监管部门

金融科技监管部门是金融科技风险的主要管理组织。2015年7月,中国人民银行、工业和信息化部、公安部、财政部、国家工商总局、国务院法制办、中国银行业监督管理委员会、中国证券监督管理委员会、中国保险监督管理委员会和国家互联网信息办公室联合印发了《关于促进互联网金融健康发展的指导意见》(简称《指导意见》)。《指导意见》按照"依法监管、适度监管、分类监管、协同监管、创新监管"的原则,确立了互联网支付、网络借贷、股权众筹融资、互联网基金销售、互联网保险、互联网信托和互联网消费金融等金融科技主要业态的监管职责分工,落实了监管责任,并明确了业务边界。《指导意见》属于多部门共同制定的法规,旨在鼓励金融科技的创新,发展、营造好的政策环境,规范从业机构的经营活动,维护市场秩序,协同推进发展普惠金融,鼓励金融创新与完善金融监管,引导并促进金融科技这一新兴业态健康发展。具体而言,金融科技风险的主要监管部门如下。

第一,中央金融委员会。中央金融工作委员会,是党中央派出机关。2023年3月,中共中央、国务院印发《党和国家机构改革方案》,组建中央金融委员会,统一领导金融系统党的工作,指导金融系统党的政治建设、思想建设、组织建设、作风建设、纪律建设等,完善金融监管体制机制,实现金融监管全覆盖,坚决做到管合法更要管非法、管行业必须管风险、建立健全兜底机制,依法将所有金融活动纳入监管。这意味着,中央金融委员会致力于构建稳健、透明、高效的包含金融科技风险在内的金融监管体系,保障金融市场的稳定和健康发展。

第二,中国人民银行。中国人民银行,简称央行,是中华人民共和国的中央银行,中华人民共和国国务院组成部门。在国务院领导下,制定和执行货币政策,防范和化解金融风险,维护金融稳定。2019年2月,中央机构编制委员会办公室发布《中国人民银行职能配置、内设机构和人员编制规定》,明确了中国人民银行负责统筹互联网金融监管、评估金融科技创新业务的主要职责。这意味着中国人民银行对金融科技的监管要上升为常态化的日常监管机制,并承担对未来诸如金融科技等金融新兴业态的评估和监管职责,体现了金

融监管的前瞻性。

第三，国家金融监督管理总局。国家金融监督管理总局是在中国银行保险监督管理委员会基础上组建的正部级国务院直属机构。2023年3月，中共中央、国务院印发了《党和国家机构改革方案》，决定在中国银行保险监督管理委员会基础上组建国家金融监督管理总局。不再保留中国银行保险监督管理委员会。同年5月18日，国家金融监督管理总局揭牌。2023年11月10日，为了规范国家金融监督管理总局的职能配置、内设机构和人员编制，推进机构、职能、权限、程序、责任法定化，制定《国家金融监督管理总局职能配置、内设机构和人员编制规定》中明确，国家金融监督管理总局负责银行业机构、保险业机构、金融控股公司等的科技监管，建立科技监管体系。同时，新设科技监管司，主要负责拟订相关信息科技发展规划和信息科技风险监管制度并组织实施，承担网络安全、数据安全、关键信息基础设施监管等工作，推动数字化信息化建设。

第四，证监会。中国证监会是国务院直属正部级事业单位，其依照法律、法规和国务院授权，统一监督管理全国证券期货市场，维护证券期货市场秩序，保障其合法运行。2018年9月，证监会正式印发《中国证监会监管科技总体建设方案》，明确了监管科技1.0、2.0、3.0各类信息化建设工作需求和工作内容，标志着证监会完成了监管科技建设工作顶层设计，并进入了全面实施阶段。

2. 金融科技行业自律组织

除了金融科技的监管部门，行业自律组织也是金融科技风险管理组织的重要组成。2015年12月31日，经国务院批准，民政部通知中国互联网金融协会准予成立。协会旨在通过自律管理和会员服务，规范从业机构市场行为，保护行业合法权益，推动从业机构更好地服务社会经济发展，引导行业规范健康运行。协会单位会员包括银行、证券、保险、基金、期货、信托、资产管理、消费金融、征信服务以及互联网支付、投资、理财、借贷等机构，还包括一些承担金融基础设施和金融研究教育职能的机构，基本覆盖了金融科技的主流业态和新兴业态。

中国互联网金融协会主要职责为：按业务类型制定经营管理规则和行业标准，推动机构之间的业务交流和信息共享；明确自律惩戒机制，提高行业规则和标准的约束力；强化守法、诚信、自律意识，树立从业机构服务经济社会发展的正面形象，营造诚信、规范发展的良好氛围。

金融科技的规范、健康发展，既离不开政府监管，也离不开行业自律。政府监管和行业自律相互支撑，有利于降低监管和市场运行的成本，提高监管效率并促进市场创新，也有利于提升金融科技市场整体运行的安全性和有效性。

(二) 金融科技风险管理机制设计

1. 金融科技风险管理机制的定义

金融科技风险管理机制是指管控主体以特定的金融科技机构及其关联方为对象，在发起设立、业务模式和市场行为等方面，予以局部或具体的指导、监督、检查、协调、控制和处置等管理行为的体系化制度。

2. 中国金融科技风险管理的主要机制

中国金融科技风险管理主要机制分为内部管控机制与外部管控机制。内部管控机制指金融机构针对其内部有效管理制定和实施的一系列保障性规章制度,从而获得生产效率和稳定经营秩序。根据不同细分领域,内部管控机制又可分为业务、营销、财务、人力资源、组织机构、信息管理系统以及其他包括内审、保密、消防在内的安全控制等方面的管控机制。有时,金融机构内部管控机制也会涉及其公司治理机制、决策机制等方面。建立企业内部管控机制的理论依据是"内部控制理论"。该理论源自系统科学的控制论和系统论、经济学的委托代理理论以及管理学的管理职能理论中的关于控制职能部分的各种相关理论。

外部管控机制主要包括金融安全网、互联网技术安全标准、行业市场准入、消费者权益保护和合作担保五个方面。

第一,金融安全网。金融安全网是指为了保障金融安全,由中央银行、金融监管当局和银行同业组织共同组成的具有公共性质的安全保护系统。广义的金融安全网包括审慎监管、存款保险和"最后贷款人"制度。狭义的金融安全网仅指存款保险和"最后贷款人"制度。金融安全网可以通过行政措施、法律手段和经济政策等措施,救助因金融危机而遭受严重损失的金融行业或金融机构,从而有效防范对金融机构的挤兑,抑制风险传播造成的金融恐慌。

第二,互联网技术安全标准。由于金融科技广泛采用现代信息技术和网络技术,具有虚拟与现实交互联通的特性,与传统金融形成重大区别,也使得金融科技面临较独特的技术风险。防范技术风险是金融科技管控机制面临的重要问题。因此,应该构建系统的、可行的、具有充分技术保障的互联网技术安全标准。

第三,行业市场准入。金融领域的行业市场准入是指金融管控部门为防范不正当竞争,维护市场竞争秩序,保护金融行业既得利益,对金融行业的新进入者采取限制性资格评审的制度措施。金融行业的准入限制性资格条件通常包括:金融机构(平台)的资质与以往违法性记录;从业人员的资质、从业经历和人员数量限制;资本及最低限额;风险评估等级和风险管理体系;内部控制制度;外国资本与本国资本在投资总额或资本结构中所占比例限额等。

第四,消费者权益保护。根据金融消费者权益保护理论,金融消费者的权益包括:知情权、受教育权、自由选择权、隐私权、受服务权、受益权、财产安全权、投诉权和获得赔偿权。金融科技消费者保护相比传统金融更为复杂与特殊。《指导意见》首次提出了"金融消费者权益保护"的理念,强调从消费者教育、信息披露、格式合同条款监督、多元化纠纷处理机制、个人信息保护、不实宣传与捆绑销售禁止等方面,对金融科技消费者权益进行保护。

第五,合作担保。合作担保指寻求第三方担保以分散金融风险的做法,主要分为两种:政策性合作担保和市场性合作担保。政策性合作担保机构由国家支持的第三方担保机构与借贷或投资类金融机构构成,两方共同为客户提供资金借贷与担保服务,以支持国家重点行业和政策性扶持行业为主。市场性合作担保机构由市场担保公司、贷款人和借款人组成,主要面向城镇中小微企业和农村合作社组织等。金融科技机构的合作担保对象多为后者。

### 三、金融科技风险管理技术

（一）金融科技风险管理技术的定义

金融科技风险管理技术指的是针对金融科技领域的特定风险所采用的风险管理技术。其中，最重要的互联网金融管控技术，是指在既定的管控体制和管控机制中，管控主体以特定的互联网金融机构及其关联方为对象，在其发起设立、业务模式、市场行为等方面予以局部或具体的指导、监督、检查、协调、控制和处置等管理行为的标准或合规操作程序与步骤。

（二）金融科技风险的主要管控技术

1. 防火墙

防火墙，指的是一个由软件和硬件设备组合而成、在内部网和外部网之间、专用网与公共网之间的界面上构造的保护屏障。防火墙主要由服务访问规则、验证工具、包过滤和应用网关4个部分组成，就是一个位于计算机和它所连接的网络之间的软件或硬件。《指导意见》第二部分规定，要"建立必要的防火墙"。

2. 风险源识别

风险源识别，又称风险辨识，指的是金融机构、第三方服务机构和金融管理部门使用一定的技术手段，获取和分析潜在风险信息，对风险源进行识别，对其性质加以判断，对可能造成的危害和影响提前进行预防，以确保系统的安全和稳定。

3. 智能风控

智能风控利用人工智能技术构建线上金融风控模型，通过海量运算与校验训练提升模型精度，最终应用到反欺诈、客户识别、贷前审批、授信定价及贷后监控等金融业务流程，从而提高金融行业的风控能力。智能风控为金融行业风控提供了一种基于线上业务的新型风控模式，贯穿反欺诈与客户识别认证、授信审批与定价分析、贷后管理与逾期催收等业务全流程的风控模式。

4. 信息披露

《指导意见》第二部分规定，要向客户充分披露服务信息，但不得夸大支付服务中介的性质和职能。《指导意见》第三部分规定：从业机构应当对客户进行充分的信息披露，及时向投资者公布其经营活动和财务状况的相关信息，以便投资者充分了解机构运作状况，促使从业机构稳健经营和控制风险。

5. 风险提示

风险提示又称"风险告知"，是对金融消费者的一种保护性措施，指的是金融机构在开展金融业务之前，应以醒目的方式将金融业务潜在风险告知客户。《指导意见》第二部分规定，要向客户清晰地提示业务风险。《指导意见》第三部分规定：从业机构应当向各参与方详细说明交易模式、参与方的权利和义务，并进行充分的风险提示。要研究建立互联网金融的合格投资者制度，提升投资者保护水平。

6. 行业自律

2014年12月18日，中国证券业协会发布《私募股权众筹融资管理办法（试行）（征求意见稿）》。根据该办法第一章第4条的规定，中国证券业协会为股权众筹融资行业的自律组织,负责对其进行自律管理。第六章第25条至第27条专门规定了股权众筹融资行业的自律管理事项,包括:市场监测中心备案管理信息系统应记录行业市场信息,并与中国证监会、中证协实现数据共享;中证协对会员单位实施自律检查等。

《指导意见》第三部分第19条规定:加强互联网金融行业自律。充分发挥行业自律机制在规范从业机构市场行为和保护行业合法权益等方面的积极作用。人民银行会同有关部门,组建中国互联网金融协会。协会要按业务类型,制定经营管理规则和行业标准,推动机构之间的业务交流和信息共享。协会要明确自律惩戒机制,提高行业规则和标准的约束力。强化守法、诚信、自律意识,树立从业机构服务经济社会发展的正面形象,营造诚信规范发展的良好氛围。

除上述几点之外,预防和管理金融科技风险的方法还有防网络病毒软件、风险预警、现场检查、非现场检查和社会监督等。

> **专栏 14-2**
>
> ### 浙商银行大数据风控平台
>
> 浙商银行成立于2004年,是较早推进数字化转型的银行之一。为应对日益复杂的市场环境,浙商银行综合运用"大数据+知识图谱+多方安全计算"等金融科技手段,利用区块链、物联网基础设施,打造了行业级数智闭环风控平台。
>
> 浙商银行所打造的大数据风控平台采用了分布式微服务架构设计,支持平台弹性扩展,具备系统和风控体系对外输出的能力。该平台通过搭建大数据建模平台与新决策引擎,满足平台模型开发管理和实时高效的在线决策需求。在技术创新方面,平台借助流计算引擎技术,解决大数据吞吐的实时性问题;利用自然语言处理技术,解决外部数据的大量重复问题;并通过光学符号识别技术,解决图像数据等非结构化数据导入问题。此外,平台融合了知识图谱、深度学习等人工智能技术,建立了"人工+智能""实时+批量"的风险防控和预警体系,为风险管理提供了更精准、及时的支持。基于人工智能技术和海量数据,该平台可以实现多场景的金融风险预警。

## 本 章 小 结

金融科技的技术风险是大数据、云计算、人工智能、区块链等数字技术不成熟而带来的潜在风险,主要有风险传染性强、传播速度快、复杂程度高、破坏性强等特征,包括技术选择风险和技术安全风险两类。金融科技伦理风险有狭义和广义之分。狭义的金融科技伦理风险指金融机构及其相关从业人员利用自身信息优势,违背道德伦理,导致客户受到损失的可能性。广义的金融科技伦理风险指一切金融科技参与者因科技伦理而遭到损失的可能性。金融科技伦理风险包括大数据杀熟、大数据隐私与机器替代人类等。通过监管组织、监管技术与机制设计,能够有效管理金融科技的技术风险和伦理风险,维护金融安全和稳定。

## 关 键 名 词

金融科技技术风险　金融科技伦理风险　金融科技风险管理　大数据杀熟　大数据隐私

## 复习思考题

1. 金融科技技术风险有哪些类别？
2. 金融科技技术风险的特点有哪些？
3. 什么是应对金融科技伦理风险的原则？
4. 大数据杀熟对消费市场有何影响？
5. 如何看待大数据隐私？
6. 金融科技风险管理的理念是什么？
7. 如何理解金融科技风险管理的组织与机制？

## 即 测 即 评

## 延 伸 阅 读

[1] 克里斯·斯金纳.FinTech,金融科技时代的来临.杨巍,张之材,黄亚丽,译.北京：中信出版社,2016.

[2] 李伦.人工智能与大数据伦理.北京：科学出版社,2018.

[3] 王前,等.中国科技伦理史纲.北京：人民出版社,2006.

[4] 徐忠,孙国峰,姚前.金融科技：发展趋势与监管.北京：中国金融出版社,2017.

[5] 扬尼斯·阿齐兹迪斯.金融科技和信用的未来.孟波,陈丽霞,刘寅龙,译.北京：机械工业出版社,2017.

[6] 邱志刚.金融风险与金融科技：传统与发展.北京：中国金融出版社,2021.

# 第十五章
# 大数据征信与管理

## 章前导读

长期以来,美国金融机构一直在使用50条左右数据变量来决定是否给一个客户授信,由于许多人没有完整的信用记录,这导致在传统信贷中他们不断吃闭门羹。美国新兴互联网金融公司ZestFinance成立于2009年,是一家专门提供信用评估服务的机构,服务人群定位比较清晰:一是信用记录不完整或者不够完善的人群(约占总体15%);二是信用分数低而借贷成本高的人群。利用大数据技术重塑审贷过程,ZestFinance为难以获得传统金融服务的个人创造可用的信用,降低他们的借贷成本。一方面,大数据从数据来源、数据准确性、数据应用场景和数据覆盖范围四个方面对传统征信模式进行了重构,从而诞生了新的大数据征信商业模式。另一方面,大数据征信的数据权威性和质量有待检验,征信机构独立性问题突出,个人隐私保护和信息安全存在风险隐患,信息共享机制不完善。上述问题均给征信监管部门带来了一定的挑战。

## 本章学习目标

本章介绍征信的内涵、发展、作用、原则和基本流程,大数据征信概念与实践发展;从制度经济学与信息经济学理论视角分析大数据征信的基本机制,介绍大数据征信体系、大数据征信模式、大数据征信存在的问题与监管。通过本章的学习,可以了解征信的内涵、发展历程及大数据征信体系的概念,掌握大数据对传统征信模式的重构、大数据征信的商业模式,理解大数据征信的流程和运作、大数据征信体系的主要发展模式,认识大数据征信给征信监管带来的挑战以及各国监管实践发展。

# 第一节　征信与大数据征信概述

## 一、征信概述

信用是市场经济运行的基础和核心。而征信机制是维系信用活动的一项制度安排,其产生、依附和服务于信用活动,是市场经济必不可少的组成部分。

(一) 征信的内涵

广义征信(Credit Reporting)是通过立法与执法、监督与管理、教育与研发等形式保障信用活动有序运行的一种服务。狭义征信是指为防范信用风险而由独立的第三方提供信用信息服务。在外延上表现为独立的第三方机构通过采集、加工、保存和对外提供有关自然人、法人及其他组织的信用信息,并向信息使用者和其他有关各方提供的信息服务。广义征信相对于狭义征信来说,除了信用登记和信用调查之外,还包括了信用评级等增值业务。

要准确把握征信的内涵,需要从以下六个方面进行解析。一是征信的内容是信用信息,主要是指个人、企业与其他组织在经济社会活动中信用记录,包括在商务领域、金融领域、遵守法律法规领域、社会交往领域以及互联网领域的信息。二是征信活动的主体是独立的第三方机构,指提供征信产品和服务的独立于信息提供者和使用者的专门从事信用信息服务的机构。三是征信信息,其来源于信用信息提供者,包括银行、企业、政府部门以及在互联网领域搜索的相关信息。四是征信信息的主体是个人、企业和其他组织。五是征信服务的对象是信用交易的参与者及政府部门,征信机构采集信息的目的不是自己使用,而是向其他机构提供产品和服务。六是征信活动的核心是信用信息共享,即采集到足够判断信息主体信用状况的信息,涵盖金融、商业、社会和司法等各个领域的信用信息。

征信具有多种分类方式,可以根据收集和处理信息主体类别、信息处理方式和业务类型、所有权的性质等不同属性进行分类。比如按照信息主体不同,可以分为个人征信和企业征信。按照业务方式不同,征信业务可以分为信用登记、信用调查和信用评级等业务类型。按照征信机构所有权或者经营者性质不同,征信机构可以分为公共征信机构和私营征信机构。

(二) 征信的起源与发展

传统的征信活动是由某一授信人在进行授信活动时独自对受信人的资信状况和履约能力进行的一种调查。征信活动具有临时性、随机性和主观性。征信结果一般为授信方自己所用。第三者征信或叫征信所征信,是授信人联合共同调查受信人信用状况的活动而独立出来的征信业务。具体来说,征信就是通过采集、整理和分析自然人、法人和其他组织的信用资料并以此为基础对外提供信用信息咨询、调查和信用评估等服务帮助客户判断和控制信用风险、进行信用管理的活动。

现代征信业起源于19世纪初英国伦敦的裁缝行业,至今已有两百多年的历史。以此为起点,征信行业的发展有三条不同的路径:第一条路径是沿着贸易领域的征信业务的发展,主要集中在企业征信业务方面,以美国邓白氏公司(Dun & Bradstreet)为代表,主要从事企业及其他组织的资信调查工作,服务于贸易领域的信用交易。第二条路径是为满足金融领域市场需求产生的征信业务,主要集中于消费金融、小额贷款等业务领域,为个人以及中小企业等信息主体建立信用档案并提供征信服务,起源于在美国布鲁克林成立的一家个人征信机构,目前以艾克飞(Equifax)、环联(Trans Union)、易博瑞(Experian)和科瑞福(Kressdorf)为代表。第三条路径是由国家的中央银行和金融监管当局建立的公共征信机构,主要从防范系统性金融风险的角度出发,收集金融机构的信贷信息,用于监控银行业金融机构的信用风险,也为金融机构和其他政府部门提供基础的征信服务,以 1934 年成立的德国公共征信系统为代表,目前全世界已经有 80 多个国家具有公共征信系统。

(三) 征信的作用

征信活动服务的范围很广,例如金融业、电信业、公共事业、政府部门等。从这些服务对象的不同角度出发,可以总结出征信的六个作用。

1. 防范信用风险,促进信贷市场发展

通过征信活动,金融机构能够比较方便地了解企业和个人的信用状况,采取相对灵活的信贷政策,扩大信贷范围。

2. 服务其他授信市场,提高履约水平

征信活动通过信息共享、各种风险评估等手段将受信方的信息全面、准确、及时地传递给授信方,有效揭示受信方的信用状况。

3. 加强金融监管和宏观调控,维护金融稳定

通过征信机构强大的征信数据库,可以对信贷市场、宏观经济的运行状况进行全面、深入的统计和分析,为加强金融监管和宏观调控创造了条件。

4. 服务其他政府部门,提升执法效率

征信活动使政府在依法执政过程中存在的信息不对称问题得到有效解决,为政府部门决策提供了重要的依据。

5. 有效揭示风险,为市场参与各方提供决策依据

征信机构提供的信用报告和信用综合评价,可以有效反映企业和个人的实际风险水平,有效降低授信市场参与各方的信息不对称。

6. 提高社会信用意识,维护社会稳定

征信活动有助于金融机构全面了解企业和个人的整体负债状况,从制度上防止企业和个人过度负债,维护社会稳定。

(四) 征信的原则

征信的原则是征信活动顺利开展的根本。通常,我们将其归纳为真实性原则、全面性原则、及时性原则、隐私和商业秘密保护原则、公正性原则。

1. 真实性原则

真实性原则,即在征信过程中,征信机构应采取适当的方法核实原始资料的真实性,以保证所采集的信用信息是真实的,这是征信工作最重要的条件。

2. 全面性原则

全面性原则,又称完整性原则,指征信工作要做到资料全面、内容明晰。

3. 及时性原则

征信机构在采集信息时要尽量实现实时跟踪,使用被征信人最新的信用记录以反映其最新的信用状况。

4. 隐私和商业秘密保护原则

对被征信人隐私和商业秘密进行保护是征信机构最基本的职业道德,也是征信立法的主要内容之一。

5. 公正性原则

征信机构需要以客观、公正的态度对被征信人的信用状况进行评价,避免主观偏见或利益冲突。

(五) 征信的基本流程

征信活动的基本流程包括五个部分:制定数据采集计划、采集数据、数据分析、形成信用报告、信用报告的更新。

1. 制定数据采集计划

制定数据采集计划是征信基本流程中一个重要的环节。一般来说,数据采集计划主要包括采集数据项和采集方式。

2. 采集数据

数据采集计划完成后,征信机构应依照计划开展采集数据工作,要兼顾数据的可用性和规模,在适度的范围内采集合适的数据。

3. 数据分析

数据分析包括数据真实性、可信度和完整度的查证,运用信用评分模型进行信用评分以及借助其他分析方法对征信数据进行全方位分析。

数据查证的目的是保证征信产品的真实性。查证内容包括:一是查数据的真实性;二是查数据来源的可信度;三是查缺失的数据。查证方式包括:查询公司及重要核心人物是否有票据记录、往来厂商及交易方式凭证、同业间查证等。

信用评分是个人征信活动中最核心的数据分析手段,它通过对个人的基本概况、信用历史记录、行为记录、交易记录等大量数据进行系统的分析,以信用评分的形式对个人未来的某种信用表现做出综合评估。

在对征信数据进行分析时,还有其他许多的方法,但主要是借助统计分析方法对征信数据进行全方位分析,并将分析获得的综合信息用于不同的目的。

4. 形成信用报告

征信机构完成数据采集后,根据收集到的数据和分析结果,加以综合整理,最终形成信用报告。信用报告是征信机构最基本的终端产品。征信机构在生成信用报告时,务必要贯彻客观性、全面性、隐私和商业秘密保护的科学原则。

5. 信用报告的更新

形成最终的信用报告,并不代表一次征信过程就结束了,随着时间的推移,被征信人或征信主体因自身原因或外部风险因素其信用状况可能会发生变化。因此,征信机构需要定期更新被征信人的信用报告,以反映其最新的信用状况。同时,被征信人也可以通过在线查询系统或其他渠道,及时了解自己的信用状况变化。

## 二、大数据征信概述

(一) 大数据征信的界定

以大数据为核心的征信,使现代征信业的内涵发生了质的变化。大数据征信(Big Data Credit Reporting)是指通过网上非定向地全面抓取各种数据,获取海量网络信息,从而实现对信息主体的信用轨迹和信用行为进行综合描述,以全面刻画信息主体的诚信度、行为合规度与践约度。

大数据征信的基础是多元化、大体量、大样本的异构数据,其原理是通过将大数据、云计算等新一代信息网络技术运用到征信系统的数据收集和信用评估等环节,对信息主体的行为习惯进行全方位、综合性的收集整理,同时建立针对性的征信评估算法和模型,由该模型演算、倒推出信息主体的信用特征,最终得到较精确的信用评估结果。大数据征信使用的数据涵盖传统的征信数据、消费或财务数据、身份数据、社交数据、经营数据,以及日常活动数据、特定场景下的行为数据等。

(二) 大数据环境下的征信实践

1. 大数据征信的信息处理与整合

大数据征信一般是在信息主体发起服务要求并确认授权之后再行开始征信调查,即征信具有特定性和唯一性。用户在首次使用大数据征信服务时,需要提交各种账户信息,大数据征信公司一般在较短时间内就能完成信息的检索、过滤和有效整合。大数据征信的报告一般包括两部分内容:一是信息主体的金融信息,例如银行卡账单流水、信用卡使用情况等;二是用户在互联网上的"痕迹",大致分为信息主体的基本信息、消费信息以及工作、生活常规性信息等。对于信息主体的金融信息,数据公司在得到用户授权后,会直接访问用户银行账户,对信息主体的金融信息进行抓取和整合。对于信息主体的互联网信息,分为三个层次。第一层是信息主体的公开数据,来源于用户的社交网络;第二层是用户主动提交的非公开数据,例如账单、电商购物清单等;第三层是"黑名单"数据库,例如信用卡中心的黑名单和小额信贷的违约名单等。

2. 大数据征信的商业模式

(1) "传统征信体系+大数据技术"商业模式。美国新兴互联网金融公司 ZestFinance 以大数据技术为基础采集多源数据,一方面继承了传统征信体系的决策变量,重视深度挖掘授信对象的信贷历史。另一方面,将能够影响用户信贷水平的其他因素也考虑在内,如社交网络信息、用户申请信息等,从而实现了深度和广度的高度融合。

ZestFinance 的信用评估分析原理,融合了多源信息,通过收集和分析消费者的个人信息、行为数据、社交网络数据及传统征信重视的金融数据等信息,利用机器学习、人工智能和大数据分析等技术,建立科学的信用评估模型,对消费者的信用状况进行评估和预测。具体来说,首先,数千种来源于第三方(如电话账单和租赁历史等)和信贷者的原始数据将被输入系统。其次,寻找数据间的关联性并对数据进行转换。再次,在关联性的基础上将变量重新整合成较大的测量指标,每一种变量反映借款人的某一方面特点,如长期和短期内的信用风险和偿还能力等。然后将这些较大的变量输入不同的数据分析模型中去。最后,将每一个模型输出的结论按照模型投票的原则,形成最终的信用分数。

(2)"信用报告+增值服务"商业模式。中国大数据征信私营征信机构均是根据市场需求和国际经验,以传统的"信用报告+增值服务"的商业模式来运营的。基于不同的数据平台,大数据征信私营征信机构可区分为以下几种发展模式:

基于电商平台的大数据征信。由于大量用户在线上完成交易,电商平台积累了大量数据,它充分挖掘大数据的价值并建立信用数据库,将其应用于为个人消费提供贷款时的征信服务等。代表性的包括:芝麻信用模式、京东金融模式、考拉信用模式。

基于社交平台的大数据征信。社交平台运用社交网络上的海量信息,如在线时长、登录行为、虚拟财产、支付频率、购物习惯、社交行为等,为用户建立基于线上行为的信用评级产品(包括信用报告和信用评分)和反欺诈产品,主要用作微众银行和其他合作伙伴的授信审批的依据。代表性的包括:腾讯征信模式、闪银模式。

基于同业共享的大数据征信。由会员制同业征信服务平台在收集公开的数据信息和会员企业的信用信息的基础上,提供风险预警监测、公共信用信息查询、征信平台数据共享、银行卡消费征信报告、反欺诈等服务。代表性的包括:上海资信的网络金融征信系统(Network Finance Credit Reporting System,NFCS)、小额信贷行业信用信息共享平台(Microfinance Credit Information Sharing Platform,MSP)以及中关村互联网金融信用服务平台。

基于网贷平台的大数据征信。网贷平台利用用户自主提交的传统征信数据,同时在互联网上抓取用户的电商交易数据、社交数据和政府公开数据,以及线上线下合作机构的数据,利用机器学习、金融云平台等大数据技术,并采取实地调查审核的方式,对用户的信用风险进行评估,为网贷平台的信贷产品提供授信支持。代表性的包括:宜信模式、元宝贷模式、拍拍贷模式。如表15-1所示。

表15-1 中国大数据征信私营征信机构发展模式

| 模式 | 举例 | 数据来源 |
| --- | --- | --- |
| 基于电商平台 | 芝麻信用模式 | 依托淘宝、天猫、支付宝等平台 |
| | 京东金融模式 | 依托京东电商平台和物流平台 |
| | 考拉信用模式 | 依托于拉卡拉的电商平台和金融领域 |
| 基于社交平台 | 腾讯征信模式 | 依托腾讯社交网络平台 |
| | 闪银模式 | 依托SNS社区(如微博、微信、人人网等) |
| 基于同业共享 | NFCS | 依托P2P网贷平台,与P2P实现信息共享 |
| | MSP | 依托与小贷公司、担保公司等实现行业信息共享 |
| 基于网贷平台 | 宜信模式 | 依托用户自主提交的传统征信数据(如信用报告、教育水平、工资单等) |
| | 元宝铺模式 | 依托授权电商后台数据 |
| | 拍拍贷模式 | 依托用户线上行为数据、社交网络信息等 |

3. 大数据重构传统征信模式

总体而言,大数据从数据来源、数据准确性、数据应用场景和数据覆盖范围四个方面重构了传统的征信模式。

从数据来源看,大数据技术推动了征信数据的可得性。首先,征信数据来源的广度和深度不断扩大,各类信息主体在互联网领域留下的海量信息经过交叉分析和索引处理后,可以加工成有价值的信息。其次,征信数据具有更多的层次性,不仅包括信息主体信贷、财务方面的信息,而且包括搜索、社交和购物等行为信息,预测作用更强。最后,征信数据的采集类型更加多样化,不但包括传统的数字类数据,而且可以包括信息主体的音频、视频和图片等半结构化和非结构化的数据。大数据征信与传统征信的区别如图15-1所示。

从数据准确性来看,基于大数据技术的征信具有更高的准确性。大数据征信对于用户当前信息能够有效进行实时追踪,获取用户实时的行为轨迹,并精准预测其未来的履约能力。此外,信用评估体系基于大数据技术,不仅采用机器学习模型,还使用多维度的变量。这样,一方面可以提高信用评估的决策效率,另一方面能明显降低风险违约率。

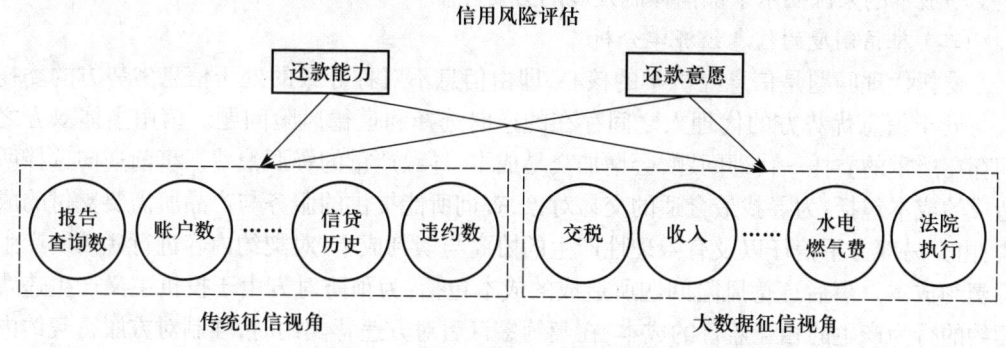

图15-1 大数据征信与传统征信的区别

大数据推动传统信用评分模式的转变,从而增加了大数据征信的应用场景。大数据征信主要通过迭代模型,从海量数据中寻找关联,并由此推断用户的身份特质、消费偏好、经济能力等相对稳定的指标,进而对用户信用水平进行评价,给出综合的信用评分。随着将人工智能技术纳入征信模型,信用分析的结果将更加具有前瞻性。

大数据推动征信覆盖范围增大。传统的征信模式用户信用数据的覆盖面小、准确性低,而互联网背景下的大数据征信有效地解决了这一问题。随着网络覆盖面的扩大,网民人数增多,通过对网上留下的浏览记录进行深度挖掘分析能得到大量的准确真实的信用信息,得到的数据分析结果能成为个人和企业金融风险的判断依据。

## 第二节 大数据征信的理论基础

### 一、征信制度的经济学分析

从经济学的角度来看市场经济的基础是交易,交易以契约为纽带,而信用正是契约关系的灵魂。征信制度又是维系信用约束契约交易行为的一种约束机制,是解决交易双方信息不对称、减少道德风险和逆向选择的一项制度。

(一) 征信制度与交易成本理论

交易成本理论(The Theory of Transaction Costs)能够解释征信制度存在的必要性。交易成本是获得准确市场信息所需要的费用,以及谈判和经常性契约的费用,由信息搜寻成本、谈判成本、缔约成本、监督履约情况的成本、可能发生的处理违约行为的成本构成。

交易成本的来源构成了征信制度建设的需求基础。交易成本来源可以归纳为六个方面,分别是:有限理性、投机主义、不确定性与复杂性、专用性投资、信息不对称以及气氛。有限理性是人在客观层面的属性,对于交易对手相关信息的难以掌握就会造成人的投机主义行为。人的活动在社会分工逐渐细化的基础上变得具有固定性和片面性。当人局限于自己固定的活动范围时,就会造成信息的严重不对称。这种信息不对称体现为信任危机,在交易过程中无法营造一个令人满意的交易关系,徒增不必要的交易困难和成本。这些交易成本的来源揭示了征信体制发展的必要性。

(二) 征信制度的信息经济学分析

委托代理问题是信息经济学的核心,即由信息不对称导致的处于信息劣势方的委托人与处于信息优势方的代理人之间存在的逆向选择和道德风险问题。信用主体双方之间存在严重的委托—代理问题,会增加交易成本,导致严重的资源浪费。事前逆向选择所造成的成本包括:为寻找最合适的交易对象、查询所能提供的服务与产品所需要支付的成本;由交易双方不信任以及有限理性产生的协商与谈判成本;对契约内容进行磋商所产生的契约成本。事后道德风险问题所造成的成本包括:为预防对方由于投机主义产生违背契约的行为产生的相互监督的成本;在契约签订后对方违背契约时,强制对方履行契约内容所产生的执行成本;完成交易后一方更换交易对象所产生的转换成本。

征信制度的建立能有效减少这两种类型的成本。通过公共或私营部门实现信用信息的共享,能够尽可能扩大代理人在签订合同前的有限理性,进而减少逆向选择问题。建立征信制度、完善征信体系对于信息双方主体起到约束作用,使得委托人监督成本降低,对代理人的行为形成有效的控制,以防止造成委托人的损失。

(三) 征信的制度变迁理论分析

征信制度是一种制度变迁(Institutional Change)。根据新制度经济学派的观点,制度是至关重要的,对经济增长起决定性作用,有效率的制度能够促进经济的增长和发展,无效率的制度则起阻碍作用。人们把制度非均衡产生的完善和不断被替换的过程称作"制度变迁",即当现有制度不满足经济发展需要的时候,人们就会促进制度的改革,直到改革的主导者和阻碍者双方博弈达到一种均衡状态。征信制度的发展即是一种制度变迁。

征信是市场经济发展到一定阶段的必然产物,其创立、变更以及随着时间变化而被打破的方式是一种制度变迁。征信制度的建设在执行过程中影响着市场经济的发展:一方面,征信体系的建设促使个体按照制度规则行事,有利于改善人们有限理性的行为,减少个体机会主义行为的倾向,减少失信行为;另一方面,征信制度对提高个体行为规范性,减少交易成本有着重要的意义,有利于提高市场经济运行效率,达到促进经济增长的目的。

## 二、大数据征信的信息经济学分析

互联网金融具有正外部经济、范围经济和规模经济三重效应,从而提高了金融服务的效率和金融资源的合理配置。但是随着借贷融资范围的扩大,交易对象的数量会极大扩充,信息真实的审核难度将加大,信息不对称问题在互联网环境下也将变得更加严重了。

### (一) 逆向选择和信号传递

逆向选择是指在信息不对称条件下,信息优势方通过隐藏信息,在交易中牟取最大利益,给信息劣势方带来利益损失。解决信贷市场上逆向选择问题的方法包括信号传递和信息筛选。信号传递指优质借款人主动向市场发出信号,将其拥有的信息传递给交易中缺乏信息的一方,并提供验证真实性的方式,从而消除交易中信息阻隔的现象,进而实现交易的帕累托改进。通过沉淀借贷数据,征信机构可以对数据进行分析挖掘,使借贷方能够筛选出信用好的借款人,并把信用差的借款人从交易名单上剔除。

大数据征信在解决逆向选择问题方面拥有传统征信不具备的优势。一方面,大数据征信的数据来源非常广泛,不再局限于身份、工作、信用记录等认证材料,还加强了对申请个体网上购物、网上社交等零散数据的整合分析能力。大数据技术的应用让信用申请者在申报信息上作假变得更加困难,也让授信机构在征信过程中拥有了丰富的数据选择权和强大的数据挖掘分析能力。另一方面,大数据征信有丰富的使用场景,用户在这些场景下的网络行为数据会及时提供给授信机构,成为更新用户信用评估的新依据,使得个人征信结果动态化。如此,投资人可以实时掌握借款人的真实信用评价,辅助其做出贷款决策以及贷后管理工作。

### (二) 道德风险和声誉理论

本书第四章已对道德风险进行了介绍。道德风险产生的根源是投资人在与借款人签订不完全契约之后,借款人将所得到的资金挪用到其他高风险投机活动中。由于存在信息不对称问题和非常高的事后监督成本,贷款人在较短的时间内很难监控到借款人的这些违规行为。为了使自身利益最大化,处于信息优势的借款人会选择隐瞒投资人从事一些违规的高风险投机活动,进而损害投资人的合法利益。

声誉(Reputation)是信息不完全和契约不完全状态下,双方交易的信任基础。个人或企业的声誉可以被视为一种良好的意识形态资本,如果声誉资本足够大,行为主体意识到他人会根据信誉来决定是否信任并达成交易,那么该主体将会自觉建立和维护自身良好的信誉,而不是靠法律强制力来保障契约的履行,这就是声誉机制的基本原理。建立声誉机制可以使守信者得到利益激励,以及不守信用者受到惩罚。在信息和法律双重局限下,声誉机制是实现市场交易治理的重要机制。

随着大数据征信技术的不断发展,征信产品将从信息的初次挖掘向深层次挖掘发展,从而加快了信息传递速度,建立了行为主体关联网络。当网络上某一行为主体出现负面信息时,能够迅速识别风险并预警其他相关交易者,并根据风险情况量化预警等级。大数据技术使得征信数据的交叉验证成为常态,实现多主体联动机制,从而形成"一处失信,处处受限"的社会的惩罚和威慑功能,有效地发挥了声誉机制的治理作用。

### (三) 长尾理论

本书第三章已对长尾理论做了介绍。长尾理论解释的是随着互联网技术的不断推进，商品的存储成本、流通成本急剧降低，流通渠道大大扩展，那些基数庞大、需求不旺盛的产品所共同占据的市场份额，完全可以和少数热销品的市场份额相匹敌甚至更大。克里斯·安德森将多个种类的商品销量用产品数量、类型来分别表示，得来的需求曲线是向横轴末端不断延伸的，类似一条较长的尾巴，所以这个理论被称为长尾理论。尾部产品虽然需求较小但数量众多，其市场份额完全能够媲美需求较大的头部产品的份额水平。

传统金融在授信方面的门槛较高，也较为坚持"二八定律"，即认为80%的利润是来自20%的高净值客户。因此，在授信方面，传统金融也主要定位于这20%的信贷市场。传统信贷造成的信贷的缺口，也正是互联网金融崛起的原因，大数据征信正是定位于这部分小微群体的行为痕迹特征进行分析。这部分借贷群体数量庞大，虽然单笔借款数额微小，但借贷总量却不可小觑。基于长尾理论挖掘和满足海量不被传统机构重视的需求，大数据征信有效整合了传统金融中的边缘市场和边缘客户，降低了交易成本和信贷的门槛。

## 第三节 大数据征信体系的模式

### 一、征信体系框架与功能

#### (一) 征信体系的基本框架

征信体系 (Credit Reporting System) 是指由征信机构进行信息采集、加工和对外提供产品和服务相关的法律法规、行业标准、机构体系、行业监管、市场规则和文化建设等要素共同构成的体系。

1. 法律体系以及行业标准体系

征信法规制度涵盖征信业务规则、机构管理、信息主体权益保护等法律、法规和部门规章；行业标准主要包括信息主体的标识标准、信用信息分类及数据格式编码标准以及信用信息的安全保密标准。

2. 征信机构

征信机构是征信市场中从事信息收集、信息调查、信息加工、提供征信产品和服务的组织。它们通过收集个人和企业的信用信息，评估其信用状况，并生成相应的信用报告，为金融机构、企业和个人提供信用决策和风险管理的参考依据。我国的征信机构主要可分为三个类型。① 中国人民银行征信中心，负责整合和管理个人和企业的信用信息，为金融机构和其他合法机构提供征信服务。② 个人征信机构，个人征信机构是指专门从事个人信用信息收集、整理和提供征信服务的机构。它们通过收集、分析和评估个人的信用信息，生成相应的信用报告，为金融机构、企业和个人提供信用决策和风险管理的参考。③ 企业征信机构通过收集多渠道的信用信息，包括企业基本信息、财务数据、经营状况、信用记录等，构建企业信用档案，并基于这些信息为金融机构和企业提供信用评估和风险管理的参考依据。企业征信机构的发展促进了信用体系的建设,提高了金融服务的效率和风险管理的水平。

3. 征信市场体系

征信市场是市场体系的重要组成部分,包括信用信息服务需求方、信用信息服务供给方、产品和业务模式以及交易规则等因素。广义的征信市场也涵盖信用评级业务。

4. 征信监管体系

征信监管是为保护多数信息主体的利益实施征信法规,并以此促进信息共享、规范征信机构的行为。它包含对征信机构和征信业务进行监督和管理的一系列制度和措施,目的是确保征信市场的健康发展,保护公民和企业的信息安全和隐私权益。《征信业管理条例》于2013年3月正式实施,明确了征信机构的法律地位、监督职责、信息收集和使用限制等方面的规定。

5. 征信文化和教育体系

征信文化和教育体系主要是指在征信活动中形成的信用文化以及为提升社会信用水平而构建的宣传教育体系。

(二)征信体系的功能

征信体系在服务于不同国家的经济金融发展的过程中,经历了不同的发展路径。虽然发展模式不同,征信体系的功能都经历了以下逐步拓展与提升的演进过程。

(1)征集的信息类型更加多样,逐步实现从信贷领域向证券、保险、电子商务、社交、公共缴费和司法等多个领域的拓展。

(2)征信机构的综合实力逐渐增强,逐步实现由区域性机构向全国性、国际性机构的扩展。

(3)征信产品和服务更加多元化,逐步实现由基础的信用报告产品朝信用评分、信用评级、风险预警、行业分析和宏观监测等增值服务方向的发展。

(4)征信服务渠道更加便利,逐步由单纯的现场服务和信函服务向互联网、移动终端、代理网点和自助查询设备等渠道的拓展。

(5)征信服务的覆盖范围,在其演进路径上呈现出从发达国家向发展中国家、从发达地区向落后地区、从信贷领域向其他领域的逐步延伸,表现出与金融发展同步的特征,即金融产品和服务的发展,推动着征信行业的发展。

## 二、大数据征信流程与数据链

(一)大数据征信流程

大数据征信行业整体的信息流向以及与之配合的产业相关方如图15-2所示。个人、企业和其他组织在经济、社会活动中产生各种行为,这些行为数据被各类金融机构、政府部门、企事业单位、互联网公司等上游数据生产者采集。通过一定的数据处理被中游征信机构采用,征信机构对这些数据按照某些模型继续加工和分析得到个体的征信情况。商业银行、保险公司等下游信息使用者在有业务场景需要时就会查询个体的征信情况。

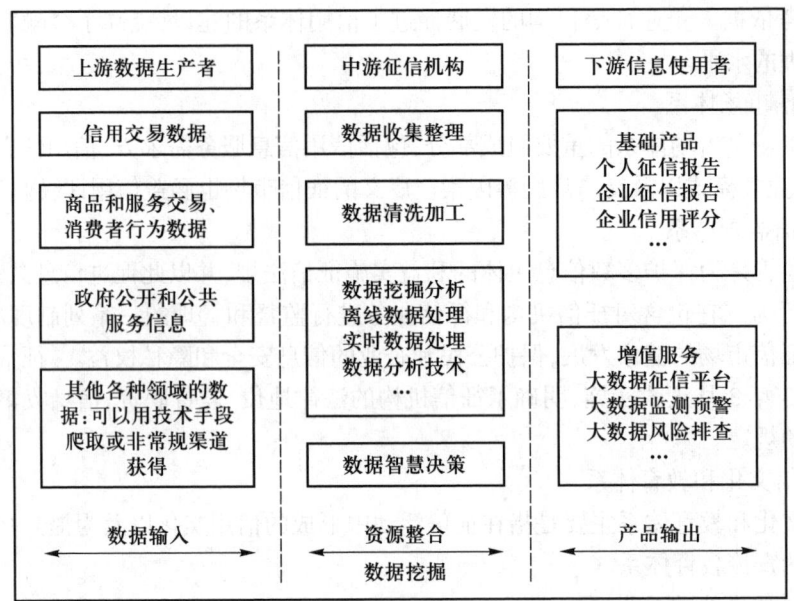

图 15-2 大数据征信流程框架

（二）征信大数据的数据链

1. 征信大数据的上游生产者

（1）信用交易数据生产者。信用交易数据是指从事金融活动时所产生的数据，信用交易数据生产者主要是指金融服务机构，分为三类：金融机构、类金融机构、互联网金融机构。

狭义的金融机构是指传统金融机构，包括商业银行、证券公司、保险公司、基金公司、资产管理公司、金融租赁公司、政策性银行等。这类信息交易数据生产者在长期业务开展中积累了大量的数据，且数据的商业价值大。

类金融机构是指在金融业务方面与传统金融机构相似或具有某些功能的非银行机构，它们提供金融产品和服务，但不同于传统的商业银行、证券公司和保险公司。在中国类金融机构主要包括以下几类：小额贷款公司、融资性担保机构、融资租赁公司、商业保理公司、典当公司、消费金融公司。这些类金融机构虽然不同于传统的商业银行、证券公司和保险公司，但它们在金融领域扮演着重要的角色，丰富了金融市场的多样性，满足了不同群体的金融需求，为经济发展提供了多元化的金融服务。

互联网金融机构是基于安全、移动等网络技术，实现资金融通、支付、投资和信息中介服务等内容的，运用新型金融业务模式的机构。大数据时代下，互联网金融机构是未来最有发展前景的重要的信用交易数据生产者，主要包括第三方支付、数字货币、众筹、大数据金融、信息化金融机构、金融门户等几种发展模式。

（2）商品和服务交易数据以及消费者行为数据生产者。商品和服务数据以及行为数据生产一般来自电商、金融旅游等企业，以及公共服务机构。通过利用自有的工作机制和网络平台，收集留存的客户身份信息，并对客户业务信息、社交行为信息进行整理，形成关于客户的数据库。

(3) 政府公开信息和公共服务信息的数据生产者。政府公开信息中对于大数据征信的有效信息主要为企业的工商注册信息,行政司法机关掌握的企业和个人在接受管理、履行法定义务过程中形成的信息。公共服务信息包括工会服务信息、社区服务信息、中央及地方的信用信息平台的公开信息等。

(4) 通过技术手段爬取或非常规渠道获得的其他各种领域的数据。企业通过技术手段,从互联网渠道爬取或以非常规渠道从黑市交易获得机密数据,此类数据涉及面广,数据量大。

2. 中游征信机构的数据加工

(1) 大数据征信的数据加工过程。中游征信机构对资源的整合主要分为四个阶段。

第一阶段是对征信数据的收集整理,即对从上游各种渠道获得的数据进行收集、存储。

第二阶段是对数据清洗加工,即将第一阶段得到的数据做分类检索和过滤筛选,得到有价值的信息。

第三阶段是对数据进行分析,即利用离线数据处理、实时数据处理、数据分析技术等方法对数据深入地挖掘分析,提取出有效信息。主要通过迭代模型,从海量数据中寻找关联,并由此推断个人身份特质、性格偏好、经济能力等相对稳定的指标,进而对个人的信用水平进行评价,给出综合的信用评分等。这一阶段是数据处理的关键阶段。

第四阶段是对数据进行智慧决策,这是最具创造性的一个阶段,即利用提取出来的数据对未来事件进行风险预测,由此做出相应决策来防范或是降低风险。

(2) 大数据征信的挖掘分析。根据上游数据生产可知,与征信相关信息的数据采集渠道、来源是多方的,数据结构更是多样化,因此,数据的挖掘分析方法也应该是与数据来源、类型相匹配的最优处理方式。征信大数据挖掘方法包括机器学习、神经网络、Page Rank 算法、Apriori 算法、K-means 算法、关联规则算法、自然语言处理(NLP)、分布式计算和存储技术(如 Hadoop、Spark)、人工智能等,这些技术和方法常常相互结合使用,以满足不同场景下的需求。同时,随着技术的发展,还出现了更多新的大数据征信挖掘技术,如深度强化学习、生成对抗网络(GAN)、分布式机器学习等,这些技术的应用不断推动着大数据征信挖掘和分析领域的发展。

3. 下游信息使用者对数据征信产品的使用

下游信息使用者对数据征信产品的使用分为基础产品和增值服务两类。基础产品包括个人征信报告、企业征信报告、企业信用评分等;增值服务包括大数据征信平台、大数据监测预警、大数据风险排查等。

下游的信息使用者所常用的征信产品包括银行评级及其他评级报告、专项评价报告、信用咨询类服务、企业征信、金融机构服务等。该领域的产品主要为从事金融活动的相关方提供,例如担保机构、小贷公司、保险公司、融资租赁公司等。

在政府领域,常用的数据征信产品有评级或评价报告、筹建咨询报告、征信调查服务、信用体系建设咨询等。该领域的产品主要服务于政府部门、行业协会等,不同产品对应于政府相关部门的不同需求。在商业或商务领域,常用的数据征信产品有评级或评价报告、投融资咨询报告、征信评价报告、供应链管理服务、系统开发等。在公共领域常用的数据征信产品有 PPP 咨询、社会信用产品应用咨询、社会责任报告、大数据排名等。在个人领域常用的数据征信产品有：个人征信、个人贷款风险预测等。该类产品应用于针对个人所提供的大数据征信服务。

### 三、大数据征信体系的主要模式

大数据征信体系的建设通常是在现有征信体系的框架下进一步进行拓展，以减少信用风险，确保各国国内和国际市场交易的安全。从征信机构的职能、征信系统的结构、数据采集、征信服务方式等方面考虑，世界各国征信模式可以分为以下几类。

一是市场主导型征信模式(私营征信模式)。该模式借助独立第三方向采集对象收集信息数据，具有该模式特点的征信企业自负盈亏。政府的职能是推动行业立法规范和引导行业发展，并具有实施监督管理权利。

二是政府主导型征信模式(公共征信模式)。这种模式的特点是以政府和中央银行共同建立的消费信贷登记系统为主，为中央银行、商业银行、政府金融机构等提供发放贷款的信息，这就决定了其不是为市场服务，不以营利为目的。此模式在中央银行收集和监督管理商业银行、金融机构、个人和企业信息，以及制定政策法规等方面发挥了重要作用。

三是同业共享型发展模式(会员制征信模式)。该模式引导会员加入行业协会，会员可以通过协会建立的信用信息中心基础数据库为自身提供征信服务。另外，会员在享受服务的同时，可以向协会的信息中心提供自己获得的个人和企业资料，所有会员的信息汇集在一起供所有会员共享，这种信息资源共享机制将信用信息中心变成信息共享平台，既提高了效率又降低了成本。在此模式下，协会向会员收取不同水平的费用，会员得到相应费用标准的征信服务。

这三种模式各有优劣，不同的国家根据自身情况选择符合自身条件的模式。美国和英国采取的是市场主导型征信模式，并建立了一套完善的立法、监督管理和惩罚机制。德国、法国、比利时等国家和主要拉丁美洲国家采取的是公共征信模式。日本采取的则是会员制征信模式。

(一)市场主导型征信模式

市场主导的私人征信体系主要由在市场环境的主导下，以营利为目的，根据市场需求，自由发展设立的各种大大小小的征信机构组成。各类金融机构、贷款机构以及其他信用信息使用者，自愿选择决定是否加入不同的征信平台。该征信体系具有市场化、自愿性的特点。目前，美国是最典型的市场主导的私人征信体系。

美国征信体系模式突出"民营"，美国的征信服务机构都是独立于政府之外的民营征信机构(或称私人信用调查机构)，是按照现代企业制度方式建立，并依据市场化原则运作的征信服务主体。美国的征信服务机构具有一些很明显的特征。在机构组成上，主要由私人和法人投资组成。它们的信息来源广泛，除来自银行和相关金融机构的信息外，还来自信贷协会和其他各类协会、财务公司或租赁公司、信用卡发行公司和商业零售机构等，而信息内容也较为全面，不仅征集负面信用信息，也征集正面信息。此外，这些机构面向全社会提供信用信息服务。

美国私营征信业发展的另一个突出特点在于,征信系统主要通过自律来实现顺利运转。但是,健全征信体系中的法律和法规框架、制定一些有效的纠纷解决方式并强化执行有利于抑制滥用或不使用信息的行为,美国在这方面的执法相对严格和透明。美国对征信的立法是由于20世纪70年代征信业快速发展所导致的系列问题而开始的,走的是一条在发展中规范的立法之路。到现在美国不仅具备了较完善的信用法律体系和政府监管体系,而且与市场经济的发展相伴随,形成了独立、客观、公正的法律环境。政府基本上处于社会信用体系之外,主要负责立法、司法和执法,建立起一种协调的市场环境和市场秩序,同时其本身也成为商业性征信公司的评级对象,这样就保证了征信公司能确保其独立性、中立性和公正性。

美国没有成立专门的部门来监管征信行业,而是由多部门联合行业协会共同管理。虽然行业法律没有特别明确的监管职能规定,但美国的政府和行业协会在监管层面却发挥了作用。联邦贸易委员会是对征信机构的主要监管部门。一些行业管理协会如美国征信业协会和国家信用管理协会等通过教育与游说活动对征信机构的管理也起到补充与支持作用。在美国,征信业具有自我管理性质,征信机构具有较强的自律性和声誉效应。

针对互联网金融的发展,美国制定了《美国金融改革法》《电子资金转移法》《电子银行业务安全与稳健程序》等法案,并明确强调了将众筹作为企业直接融资的主要方式。为进一步完善大数据背景下的征信体系建设,一方面,美国的监管部门强调既有征信体系下各个部门和层级间进行相互协作,如P2P监管法律基础是证券监管法律、银行监管法律和消费者保护法律;第三方支付机构监管机构涉及财政部通货监理署、美联储、保险公司等多个部门。另一方面,美国联邦调查局和消费者金融保护局联合开通信件、电话、亲访等多种渠道,完善互联网金融消费者投诉平台,推进民间监管。

(二) 政府主导型征信模式

政府主导型征信模式即公共征信模式,以德国、法国、意大利、西班牙等欧盟成员国为代表。上述国家均采用以央行建立的中央信贷登记系统为主体的社会信用管理模式,主要用于金融监管和服务商业银行的风险控制工作。央行负责建立信用信息局并搭建全国数据库;所有银行根据统一接口,依法强制向信用信息局提供征信数据。在商业模式方面,这类系统或机构的收费原则是不以营利为目的,系统收费本着覆盖成本的原则。

概括起来,欧洲各国公共信用信息系统具有如下特点。

(1) 从机构组成和主要职能看,它主要由各国的中央银行或银行监管机构开设,并由央行负责运行管理,目的是为中央银行的监管职能服务。

(2) 从信用数据的获取看,公共信用信息系统强制性要求所监管的所有金融机构必须参加该系统,必须定期将所拥有的信用信息数据报告给该系统,但并不收集所有的贷款资料,而只是在一个规定的起点上收集信息数据。

(3) 从信息数据的范围看,公共信用信息系统的信用数据既包括企业贷款信息,也包括消费者借贷信息;既包括正面信息,也包括负面信息。与市场化的征信机构相比,该系统的信用信息来源渠道要窄得多,如它不包括非金融机构的信息,对企业地址、所有者名称、业务范围和损益表以及破产记录、犯罪记录、被追账记录等信息基本不收集。

（4）从信用数据的使用看，许多国家对数据的使用有较严格限制，数据的提供和使用实行对等原则。

（5）信用信息透明度高。各国都通过法律或法规形式对征信数据的采集和使用做出了明确规定。一般来说，采集和共享的信息包括银行内部借贷信息与政府有关机构的公开记录等，由于信用信息包括正面数据和负面数据，各国对共享信息的类型通常都有规定。

（三）同业共享型发展模式

同业共享型发展模式的征信体系是以行业协会为基础建立的不以营利为目的的信用信息体系。个人或个人信用信息在行业协会平台范围内，可供行业协会所有成员内部共享。日本是同业共享型发展模式（也称会员制）的典型代表。目前，日本的信用信息机构大体上可划分为银行体系、消费信贷体系和销售信用体系三类。相应的行业协会分别是银行业协会、信贷业协会和信用产业协会。

以银行业协会为例，全国银行业协会把日本国内的信息中心统一起来，建立了全国银行个人信息中心。信息中心的信息来源于会员银行，会员银行在与个人签订消费贷款的合同时，均要求个人义务提供真实的个人信用信息。个人信息中心负责对消费者个人或企业进行征信。该中心在收集与提供信息服务时要收费，以维持中心的运行与发展，但不以营利为目的。从银行业协会的运营机制和服务方式上看，同业共享型发展模式的征信体系主要有以下几个特点。

（1）以行业协会为基础。同业共享型发展模式的征信体系是在会员共识基础上构建行业征信服务平台，由独立经营的个人信用信息中心进行运营。个人信用信息中心不向非会员提供服务，运营经费来源于对会员的服务收费。

（2）会员制管理。个人信用信息中心制定会员章程，依据会员章程对会员的准入、退出和共享查询行为进行管理。所有会员享有平等的权利，承担同等的义务。

（3）"查询＋数据报送"并行的数据共享模式。会员间信用信息的共享采取"查询＋数据报送"并行的方式，或者说是通过提供查询服务来采集数据的方式，这样可以有效地避免会员查询的随意性，提高共享信息的及时性。

（4）统一的数据规范处理。个人信用信息中心根据行业信贷业务的特点和风险控制技术要求，有针对性地对信息数据进行采集、处理，并按照统一的数据规范为行业会员提供共享查询服务。

（5）保护会员利益。在会员获取的共享查询结果报告中不显示每条信息记录的来源机构，最大限度地保护会员各自的客户资源。

（6）多渠道采集信息。个人信用信息中心除了提供会员间的信用信息共享服务，还会从信息公开的信息源单位和第三方信息提供机构自主采集会员所需的其他个人信用信息，基本可以满足会员对信用信息服务的需求，并使会员的征信成本处于可控的范围内。

# 第四节　大数据征信的监管

## 一、大数据征信存在的问题

在大数据时代,数据处理能力得到大幅度提升。但总体上由于大数据征信业务起步较晚,与传统征信系统相比,大数据征信尚存在以下问题。

(一)数据权威性和质量有待检验

1. 大数据是否准确

大数据抓取技术很难实现对数据质量的保证,噪声数据和不完整数据很容易也被收录其中,噪声数据的过滤和清洗直接影响数据分析结果。从理论上看,大数据征信因采集的信息全、评价的维度多,信息之间能够交叉验证,所以准确性也会较传统征信有大幅度提升。但在大数据征信兴起的初期,并不能达到这一效果,大数据征信的准确度还需要时间去检验。

2. 社交数据能否评估个人信用

大数据征信采集数据的范畴主要来源于电商类平台、社交类平台以及生活服务类平台等,涵盖网上交易数据、社交数据及互联网服务过程中生成的行为数据,这些数据多与借贷行为关系不大,权威性较弱,且各平台的数据完整性各有不同,因而能否作为判断信用主体信用状况的主要指标,尚待市场验证。

3. 算法模型的有效性

征信数据模型的精度提升必须建立在大数据有效、充分抓取以及处理的基础上,需要不断地实践反馈和反复修正。由于应用时间较短,缺乏历史数据参考,现有的大数据模型大都基于规则制定,其中带有大量的传统征信规则,还是一种中间形态,大数据征信的优势难以凸显。

(二)大数据征信机构独立性问题突出

传统征信坚持独立第三方征信原则,征信机构是"市场中立"的——既不与信息提供者或信息使用者有直接的商业竞争关系,也不介入或影响信息提供者或信息使用者在各自细分市场的竞争。而大数据征信突破"独立第三方"的边界,征信机构数据的采集和使用多源于并应用于自身开展的业务,所得的信用评分可针对自身经营业务来进行客户分析和风险判断,但在其他应用场景的相关性和效用性则得不到保证,因而公信力备受质疑。

(三)个人隐私保护和信息安全存在风险隐患

大数据某一维度的数据可能并不反映信息主体的信息状况,也不会侵犯个人隐私,但运用云计算技术对大数据进行多维度验证分析时,就可能涉及个人隐私问题。由于大数据征信模型的特点之一即为基于足够多维度的数据反推信息主体经济实力、财务状况,进而判断其信用状况,这个过程无疑将对个人隐私产生极大的威胁。此外,大数据会采集到征信领域中如指纹等禁止采集的信息。除此之外,大数据能否安全保存采集到的数据也是其所面临的难题。

（四）信息共享机制不完善

当前各大数据征信机构的征信手段各异、采集标准和格式不同、管理体制等问题使得各信息数据库之间形成一个个"信息孤岛"。由于各系统相互封闭无法进行正常的信息交流。信息的多口采集、重复输入以及多头使用和维护影响了信息更新的同步性、一致性和正确性，阻碍了信息资源间的沟通与交流。信息共享机制不完善导致大数据征信机构征信效果大打折扣，信息采集和审核成本增加，甚至由于基于自身利益考虑，出现相互抢占资源、封锁信息等恶性竞争的局面。这很大程度上不利于整个征信市场的健康运作。

## 二、大数据征信监管实践

大数据征信监管为征信监管带来了新的挑战。当前已有的法律法规和监管条例并不适用于发展中的大数据征信行业，对于大数据征信的监管相对薄弱，监管方式与手段也较为单一，监管从业人员的知识结构以及对大数据征信的熟识程度也亟待加强。此外，大数据征信行业在自律方面也远未成熟，目前尚没有行业联盟或者自律性组织协调相关从业机构规范经营。

（一）征信监管的对象、内容和目标

征信监管是指征信监督管理部门对征信机构实施监督管理，规范征信机构经营行为，保障征信活动各方的合法权益，是征信体系建设中一个重要组成部分。征信监管体系包括相关法律法规行政监管以及行业自律等内容，主要是通过体系内各要素共同发挥作用，保证征信机构正常运营，规范发展，有效发挥征信市场主体作用。

1. 征信监管对象

征信监管对象主要包括以下方面：一是征信机构；二是金融信用信息基础数据库的运行机构；三是信用信息提供者和使用者。

2. 征信监管的内容

征信监管的主要内容包括机构、业务和人员的准入和退出、业务开展情况、内控制度建设和执行情况、信息采集和处理情况、投诉和异议处理情况、查询流程及使用合规性等，并以此推动形成良好的征信行业发展环境，促进征信机构规范经营，促进征信产品创新和应用，保护信息主体合法权益。

（二）大数据征信给监管带来的挑战

1. 传统的监管方法将难以适应大数据征信下的监管要求

征信业的监管手段以现场检查和非现场监管为主。在大数据征信的条件下，虚拟化的信息搜索和整合以及数据库的生成是其基本特点，而现场检查这一监管手段对此缺乏着力点。此外，非现场监管手段主要是要求征信机构定期汇报、呈送相关数据和文件，通过对数据和文件的形式性或实质性审查，达到监测、监管的目的。但在大数据征信条件下，这种监管方式缺乏时效性和连续性，监管难度较大，很难达到预期效果。

2. 现有法规制度框架对大数据征信缺乏有效约束

一是对大数据征信等业态的隐私保护不足。从各国监管实践来看，关于个人隐私的规定大多散落在不同的法律法规当中，目前还没有专门针对个人信用信息保护的法律法规。二是现阶段大数据征信机构能否完全遵循征信业务政策面临考验。基于大数据征信本身的开放性和便利性,大数据征信机构批量采集信息的边际成本较低,容易突破已有征信业法律法规的边界。三是大数据征信评估的有效性需要充分权衡。大数据征信才刚刚兴起,模型的预测能力尚待考证。四是现行征信监管法律法规与大数据征信不匹配。近年来,国家和地方也不断推出征信管理的规范性文件,2013 年国务院出台的《征信业管理条例》和央行颁布的《征信机构管理办法》,2021 年中国人民银行正式发布的《征信业务管理办法》,这些法律规范使得我国征信市场逐渐规范化和体系化。然而,这些法律规范主要针对传统金融机构和传统征信方式,而大数据征信涉及的数据广度与深度都较传统征信都有了颠覆式的改变,使得现行的征信监管法律法规能否对大数据征信做出有效规范和监管仍需要进一步验证。

3. 机构自治和行业自律没有发挥应有作用

一是大数据征信机构内部治理机制不健全。有效防范征信活动中的利益冲突是国际公认的征信准则,一些大数据机构在公司治理结构上没有设置严格的"防火墙",容易产生操作风险和道德风险。二是大数据征信机构的网络安全与数据保护难度增加。网络维护不力导致的信息及网络安全风险较大,因黑客攻击、网络病毒带来的信息泄露风险时刻存在。三是行业自律体系尚不完善。大数据征信行业起步较晚,行业联合奖惩机制尚未建立,在一定程度上影响了法律法规和监管政策在监管当局与监管对象之间的顺利传导。

(三) 各国对征信业监管实践

1. 美国

美国没有专门的征信业监督管理部门,但联邦储备委员会、联邦贸易委员会等部门有权分别对征信行业实施监管。美国征信机构的准入退出完全由市场决定,不需要政府部门特别批准。由于美国征信体系发展模式是利益平衡的市场主导模式,美国主要通过立法将诸如隐私权等问题尽可能限制在较窄的范围内,通过立法回应社会关切的金融、医疗、儿童、消费者等不同层面隐私权保护后,把剩下的规制需求交给市场,并通过个案审查的方式加以保护。

美国在征信行业方面的《公平信用报告法》《隐私权法》《平等信用机会法》《金融隐私权法》等法律法规的颁布实施为信息主体权益保护提供了比较完善的制度支撑。针对大数据环境下的隐私保护,美国的《网络世界的消费者数据隐私:隐私保护和推动全球数字经济创新框架》中的《消费者隐私权法案》"尊重语境"要求数据主体间的"语境一致",否则不产生消费者隐私权之权利。社会领域语境支持语境完整性理论,将隐私放在信息流动的恰当性上加以考察。社会语境完整性可以将语境限定为三个独立的参数,分别是行为因素、信息类型、传递规则。总体而言,美国对大数据征信中的隐私问题的监管,是通过比例原则区分隐私的程度来加以保护的,并综合考虑个人人际交往需求、市场需求和民主政治公共领域的发展,以求符合市场发展规律。

2. 欧盟

由于各国多方面差异,欧洲征信行业没有统一的组织和运营模式,大多数欧盟国家都建立了以公共征信机构为主、私营征信机构为辅的征信体系模式,多数欧盟国家还建立了专门的征信监管机构对征信业进行监管。2016 年欧洲议会通过的《通用数据保护条例》(General Data Protection Regulation, GDPR)被称作史上最严格的数据保护法律。该法律于

2018年正式实施,对全球个人信息保护产生了深远影响。

GDPR优先于欧盟各成员国国内法而统一适用,欧盟将个人数据保护与保护个人隐私等同起来。GDPR强调两大原则:一是重罚;二是"长臂"管辖原则。关于重罚,GDPR规定了各种罚款的情况,考虑到罚款的目的是促使数据控制者与处理者谨慎控制和处理数据,因此罚款采用一案一议的原则,追求有效性、适当性和惩戒性协调一致。关于"长臂"管辖原则,鉴于大数据时代的数据控制和处理无物理国界,GDPR采用属地原则和属人原则的模式进行规制。属地原则方面,无论数据主体是否在欧盟境内,只要涉及欧盟,管辖权即成立。属人原则方面,只要数据主体控制的数据涉及欧盟公民,管辖权亦成立。同时,GDPR规定了数据主体同意的明确性要求,强化数据主体控制和获取个人数据的权利,除规定信息主体享有知情权、查询权、异议权等权利之外,特别指出信息主体还应享有"被遗忘权",即当个人数据被处理,或者数据持有者已经没有合法缘由保存该数据时,信息主体有权要求相关机构删除其数据,以阻止该信息主体数据的进一步传播。

3. 日本

日本主要采用的是由行业协会牵头的会员制模式建立征信体系。会员制个人征信机构主要包括全国银行个人信用信息中心、信用卡信息中心以及全国信用信息中心。作为补充,日本也有商业性征信机构,以帝国数据银行和东京商工所为主要代表。会员有义务向征信机构提供信用信息,禁止向非会员提供任何个人信用信息。

在日本,征信方面的立法主要包括《行政机关保有的电子计算机处理的个人信息保护法》《信息公开法》《个人信息保护法》等,从不同层面、不同角度对信息主体信息归档、信息使用与传播限制、信用数据准确性、数据异议处理等方面做出规定。在监管方面,政府部门直接干预较少,征信行业管理主要依靠行业协会的条例、规章等内部制度进行约束。

综合欧、美、日等主要发达经济体的征信体系建设实践来看,要实现对大数据征信的有效监管,一是需要比较健全的法规制度,征信参与各方的法律权利义务关系要覆盖信息采集、整理、保存、加工及向信息使用者提供的整个过程,使征信机构的从业行为在法律法规的框架下运行。二是需要相应的机构履行对口的征信监管职责。无论是成立专门征信监管机构还是由不同政府部门实施征信业联合监管,或是行业自律组织的同业管理,它们的职责都包括:确保各项数据保护法律法规的严格贯彻执行,督促征信机构在信息采集、加工与处理过程中遵守相关规定。三是信息主体权益保护已成为共识。维护信息主体知情权、异议权和更正权等合法权益的实现,是促进征信业健康发展的必要条件。

# 本 章 小 结

征信是指为防范信用风险而由独立的第三方提供的信用信息服务。征信体系是指由征信机构进行信息采集、加工和对外提供产品和服务相关的法律法规、行业标准、机构体系、行业监管、市场规则和文化建设等要素共同构成的体系。大数据征信是指通过网上非定向地全面抓取各种数据,获取海量网络信息,从而实现对信息主体的信用轨迹和信用行为进行综合描述,以全面刻画信息主体的诚信度、行为合规度与践约度。大数据从数据来源、数据准确性、数据应用场景和数据覆盖范围四个方面重构了传统的征信模式。世界各国的大数据征信模式可以分为市场主导型征信模式、政府主导型征信模式和同业共享型发展模式。与传统征信系统相比,大数据征信尚存在数据权威性和质量有待检验、大数据征信机构独立性不足、个人隐私保护和信息安全以及信息共享机制不完善四个方面的问题,给监管带来了挑战。

## 关 键 名 词

征信　征信体系　大数据征信　第三方征信原则　"传统征信体系+大数据技术"模式　"信用报告+增值服务"模式　市场主导模式　政府主导模式　同业共享型发展模式　"长臂"管辖原则

## 复习思考题

1. 征信机构在生成信用报告时需要遵循哪些原则?
2. 大数据对传统征信模式的重构体现在哪些方面?
3. 大数据征信体系的主要模式有哪些?
4. 大数据征信存在哪些问题?
5. 大数据征信给监管带来的挑战包括哪些方面?

## 即 测 即 评

## 延 伸 阅 读

[1] 苏志伟,李小林.世界主要国家和地区征信体系发展模式与实践.北京:经济科学出版社,2014.
[2] 林铁刚.征信概论.北京:中国金融出版社,2012.
[3] 尼古拉·杰因茨.金融隐私:征信制度国际比较.北京:中国金融出版社,2009.

# 第十六章
# 金融科技监管与监管科技

**章前导读**

北京市金融局、北京市互联网金融协会协同公安部门一起,运用"冒烟指数"对 e 租宝等网贷平台进行实时动态监测,成功预测了 e 租宝的风险并提前部署,控制了事件进一步扩散。"冒烟指数"是监管机构和监管科技企业合作,以区块链、大数据、智能算法等技术为基础开发的风险预警指数,用以监测各类平台的非法集资活动。该指数越高,意味着可能存在非法集资的风险越大。近几年,金融科技的飞速发展,带来了法律法规、技术、业务等多方面的风险,为监管机构提出了新的挑战。在新形势下,金融科技创新发展有哪些表现?监管机构应当如何应对?如何发展监管科技?本章将从理论层面回答上述问题。

**本章学习目标**

本章从金融创新的内涵入手,介绍了技术改革对金融创新的促进作用,进而引出了金融科技创新的内涵、表现形式以及发展动力,之后分析了金融科技监管的必要性及其内容,最后介绍了监管科技的逻辑,以及先进技术在监管科技层面的应用。通过本章的学习,可以掌握监管科技的内涵、金融科技创新的特点,了解金融科技监管方式,了解人工智能、大数据、区块链在监管科技中的应用。

## 第一节 金融创新的技术与制度基础

### 一、金融创新的内涵

现代社会,一切重大经济价值、经济增长均与创新有关。金融创新推动了金融发展,并促进了整个经济进步。从 20 世纪六七十年代开始,西方金融领域出现了一系列重大而引人注目的新事物。例如,1966 年,美国出现大额存单和浮动利率债券,这是债券市场的重大变革。又如,1971 年,美国开始使用证券交易自动报价系统。还如,1972 年芝加哥出现货币期货交易等。新技术、新市场、新工具、新交易、新服务令人目不暇接。这场变革源于美、加、英等发达国家。20世纪80年代中后期,伴随着金融开放和自由化程度的加深,发展中国家也纷纷踏上了金融创新之路。20世纪90年代,金融则出现前所未有的新局面,各种形式的创新风起云涌,改变着金融业乃至整个经济的面貌。与此同时,西方学者将创新理论引入金融研究之中,逐步形成了金融创新理论。

金融创新泛指金融体系出现的一系列新的金融工具、新的融资方式、新的金融市场、新的支付清算手段以及新的金融组织形式与管理方法等。整个金融业的发展史就是一部不断创新的历史,金融业的每一次重大发展都离不开金融创新。信用货币的出现、银行的诞生、支票制度的推广等都是历史上重要的金融创新。

### 二、金融创新的技术基础

技术是推动金融创新的前提和基础。提出这一理论的主要代表人物是韩农(T. H. Hannon)和麦道威(J. M. MeDowell)。该理论认为,新技术的出现及其在金融方面的应用,是促成金融创新的主要原因。特别是计算机和电信设备等新发明在金融业的应用,是金融创新的重大因素。

20世纪初期,金融业务尚处在十分落后的水平,因各种经济交易而发生的借贷结算,只能通过交通工具运送货币来完成。因此在当时,货币运行速度不可能超过邮政火车或轮船这些用来运送货币的交通工具的速度。而今天国际债权债务关系无论距离多么遥远,都可以在几分钟内迅速完成。

近年来,在金融业务电子化进程中最引人注目的是金融机构参与国际互联网的开发。随着互联网全球使用率的迅速上升,在互联网上的商业活动和金融活动也逐渐增多,互联网简便快捷、网上信息丰富全面和入网费用逐渐降低的优势吸引着越来越多的金融机构参与到互联网中。新技术成果在企业的广泛运用,大大降低了创新的平均成本,从而能够充分发挥创新的规模优势,提高规模报酬,相对增加金融创新的收益。这是全世界普遍热衷于金融技术创新的重要原因。此外,技术进步还为金融创新开辟了新的资金来源或业务机会,创造出新的市场,给金融家提供了寻求潜在收益的机会和途径,激发了多种与电子技术相关的创新。

经过实证研究发现,20世纪70年代美国银行业新技术的采用和扩散,与市场结构的变化密切相关,从而认为新技术的采用是导致金融创新的主要因素。这一学说的出现,在金融学发展史中有着突破性的意义。然而,该理论的研究仅仅限于自动提款机,而未涉及电信设备方面技术革新与金融业创新的相关性研究,例如,网上银行、SWIFT 系统等,这使得他们对金融创新的研究不够系统和全面。

近年来出现的信息革命应用于金融业的结果,大大提高了金融服务的效率,降低了金融业的经营成本,并加速了金融全球化的进程。当然,技术进步的加快,在成为金融创新主要原因和素质基础的同时,也可能带来新的风险。

### 三、制度改革推动的金融创新

金融创新实际上是与制度结合在一起的。传统分析方法把资本、劳动力、技术作为影响经济增长效率的三个关键因素，没有考虑过交易费用和产权问题，交易费用被假设为零。新制度经济学对这个假设提出了挑战，科斯提出并分析了交易费用和产权的关系问题，以此为基础阐述了制度在经济变迁中的作用。制度经济学认为，人类的天性有"机会主义倾向"，即人是自利的，一有机会就可能偷懒、说谎、投机取巧、破坏规则、钻空子。同时，人在经济活动中，又存在信息不对称和信息不完全的问题。基于上述两点假设，制度经济学认为有效的制度安排可以降低交易成本，减少偷懒、说谎等机会主义现象发生的概率。这是现代经济学理论分析的一个重大贡献。诺思则在科斯的基础上更明确地肯定制度对经济增长的决定作用。他认为："有效率的组织是经济增长的关键。有效率的经济组织需要在制度上做出安排和确立所有权，以便造成一种刺激，将个人的经济努力变成私人收益率的活动。"

金融创新必须有更大的自由，有更大的激励措施，使金融市场主体尽最大能力赚钱。但这又是一柄双刃剑：一方面是随之而来的风险问题；另一方面市场主体会不遗余力进行剥削，会给国家、社会、投资者和存款人造成很大的伤害。因此，金融创新不能离开法制的框架，法制应该与金融创新同步进行。亦即任何意义的金融创新，都只有从制度方面加以诠释才有真正的效力，制度上的改革已成为最关键的一步。就我国而言，金融创新首先要通过主体制度创新，改革国有商业银行，使其成为国家控股下的股份制商业银行。通过在法律前提下的改革和创新，建立金融控股集团和适应市场经济的新兴金融主体。通过股份制改造，解决金融资本和金融资产配置的优化问题。通过建立起产权清晰、权责明确、政企分开、管理科学的现代企业制度，完善金融机构的法人治理结构，实现所有权、经营权、监督权的相对分离和相互制约，保证各级管理者能够及时和负责任地维护所有者的利益。其次，要建立金融行为创新制度和金融工具创新制度，实质上就是建立竞争制度。最后，要创新监管制度，建立适应金融国际化发展要求的金融监管法律制度、金融监管组织体系和金融监管工具体系，完善风险评估系统和提高对风险及时反应的管理水平，将金融监管的重点从资本充足率转向风险管理，并授予审慎监管者足够的资源和法律权力。

## 第二节　金融科技创新发展

在互联网、大数据和人工智能技术的支撑下，在平台化、移动化、场景化和精准化的助力下，金融科技创新与发展能有效解决传统领域里的诸多问题，真正能够以客户为中心，为广大消费者量身定做各种个性化的金融产品与服务，并能大大提升金融产品与服务质量的效率。

### 一、金融科技创新的内涵与特点

(一) 金融科技创新的内涵

随着"互联网+"战略的不断深入，云计算、互联网、大数据等先进信息技术得到了重大突破，同时实现了现代科技创新和金融需求的有效结合，使得我国金融业发展迸发出了巨大创新动力。

金融科技创新是指将互联网技术作为辅助手段并合理地运用于金融领域，促进金融行业的发展。金融科技创新的核心内容是以日新月异的网络信息技术对金融产品和服务模式进行革新,将人工智能、物联网等先进技术与金融行业的营销模式结合,创造出新的金融产品、服务、业务模式。从实践角度来看,金融科技既包括智能分析、智能投顾等金融技术,也包括新型支付清算、网络信贷等对传统金融机构产生巨大冲击的服务模式。

(二) 金融科技创新的特点

1. 数字化

大数据、区块链等技术推进数字货币替代纸币,电子账本替代纸质账本,身份识别和综合性信息逐步替代资质评级的过程,在信用社会体系中发挥重要的基础性作用。

2. 智能化

通过大数据、云计算和人工智能等技术手段,实现投资分析、信用评级、风险评级、投资报告自动生成等金融活动,使得智能获客和智能投顾等业务广泛开展。通过这些新型工具和服务,金融服务业能够更精准地量化客户体验的反馈机制,简化产品和服务流程,更准确地响应预期客户的需求,开创简单易用、具备高消费者参与度的产品与服务。

3. 普惠化

金融科技创新把最新的信息技术融入传统金融服务业的信息处理和投资决策中,这既是传统金融业最关键的营运环节,也是人力成本最昂贵的环节,以往只有少数重要客户才能享受。随着金融科技创新的发展,越来越多的市场主体将分享到金融服务所带来的便捷。

4. 标准化

借助客户预警、欺诈识别、智能监测、互通互联等技术,可以有效提升金融科技监管的能力与效率,使每一类金融活动成为一个标准化的模块,从而有效防范金融风险,大幅度提高金融科技工作效率,保障金融科技运作安全。

(三) 金融科技创新的影响

金融科技重点关注以大数据、云计算等为代表的先进技术的应用与普及,以及其对提高金融服务效率的作用。因此,金融科技创新可以改善我国金融市场服务效率不高、创新能力不强、资源配置落后等问题,从而满足多群体对各种金融服务以及产品等的需要,促进实体经济发展。

1. 金融科技创新拉动居民消费增长

消费是拉动经济增长的重要引擎,扩大内需被认为是我国经济可持续发展的新动力,金融科技的创新能够更好地服务于消费行业,进而促进实体经济的发展。具体而言,首先,金融科技公司可以在网络上进行数据的实时动态抓取,及时分析人们在浏览网页、搜索引擎记录、线上消费情况等过程中的痕迹,根据这些信息推出更符合客户需求的产品,并根据客户的喜好进行推荐,从而引导社会消费。其次,金融科技利用图像识别、电子货币等技术,提高了支付的效率和便捷性,大大简化了用户日常消费的结算流程,从而提高了用户的购买意愿。最后,金融科技公司将大数据、云计算等技术与信用制度结合起来,整体把握用户的行为、偏好、习惯,构建定量模型评估用户的消费行为,合理规划消费金融引导体系,通过大数据征信的技术,让信用良好的用户获得更加充足的资金用以消费,同时也对违约风险进行了控制。

2. 金融科技创新缓解中小企业融资困难

金融科技创新为解决中小企业融资问题提供了新思路。首先,金融科技创新为中小企业提供多种融资方式。互联网众筹、供应链金融等融资模式弥补了传统金融机构服务的不足,为更多的中小企业提供高效便捷的融资服务。其次,大数据征信技术能够为中小企业提供信用服务。金融科技通过对海量数据的收集和分析,能够更好地发现企业的投融资需求,以较低的成本联合其他部门构建企业的信用体系,有效评估中小企业的信用水平,从而为相应企业提供金融服务。最后,金融科技可以降低中小企业的融资成本。大数据分析和智能推荐系统更容易为中小企业定制精准的金融服务,减少了无效的宣传费用,提高了融资效率。因此,金融科技的运用拓宽了中小实体企业的融资渠道,降低了中小企业的融资成本,促进了实体经济的增长。

## 二、金融科技创新表现

金融科技领域的创新主题主要包括支付创新、借贷创新、财富管理创新、信用管理创新等。

### (一) 支付创新

随着科学技术的发展,网络支付产业链不断延伸,支付方式从传统的现金、纸质票据、银行卡支付,拓展到网上支付、二维码支付、手机支付、传感支付等新型支付。市场参与主体和支付服务产品的不断扩大,重新构建了支付清算领域的生态圈。在科技飞速发展的时代,支付领域创新主要体现在以下两个方面:

1. 区块链技术促进支付创新

区块链是去中心化的分布式账本。去中心化,意味着其交互行为都是通过点对点模式发生的,无须任何信用中介或集中式清算机构;分布式账本,也就是意味着当交互行为或者交易发生时,区块链的所有交易方都会在个人账本中获得此交易信息,则该信息完全是公开、经加密和不可篡改的。这对于支付安全非常重要。

2. 人工智能发展促进支付创新

银行传统加密技术仅仅通过数字的组合来生成账户密码,网上银行的密码稍复杂,其不仅包括数字,也包括字母和符号。金融科技机构依托于智能手机,可以用自定义手势和密码进行支付。除此之外,指纹识别、刷脸识别、虹膜识别、声音识别技术也在逐步发展。这些新一代的识别技术一反常规的密码形式,而是用人身上独一无二的自然属性(如指纹、虹膜、面部)作为支付的识别依据。

### (二) 借贷创新

伴随着互联网的普及,为了帮助中小企业以及个人更好地获得融资,解决传统银行贷款门槛高的难题,网络借贷作为一种新兴的金融科技创新形式应运而生,并且得到快速发展。网络借贷是指利用云计算、大数据等互联网技术,通过互联网平台实现资金供需双方的合理匹配,从而降低融资门槛,将资金直接或间接地借给用户和小企业。目前,随着技术的发展,网络借贷业务的创新领域主要包括以下两方面的内容。

1. 运用大数据技术进行小额贷款产品创新

企业可以通过大数据反映的客户需求提前预测企业的未来及发展趋势,通过统计点击率和整理评论来分析网络金融民意,通过对大数据进行归类和分析来进行风险控制等。大数据在产品研发方面的创新在于,根据大数据来分析客户的习惯和偏好,按照客户自己的意愿对产品和服务进行审计和更新,逆向地通过确定的需求量来确定产品的数量。

2. 运用人工智能技术进行客户授信

为用户提供融资、借贷服务的金融机构,会首先对用户的信用进行调查。在人工智能的环境下,通过智能系统判定用户信用程度,再由人工授信。更进一步地,随着技术的发展,将来可能还会普遍实现自动决策功能,免去了人工决定这一最后步骤。

(三) 财富管理创新

在财富管理的过程中,最优管理模式是针对不同投资者的期限、盈利、损失承受能力、投资方向等特性,提出不同的资产组合策略,实现投资服务的供求相匹配。智能投资顾问的出现,为这种最优匹配提供了现实可能性。

智能投资顾问也称机器人投资顾问(Robo-Advisor),其运用云计算、大数据、人工智能等技术将资产组合理论等其他金融投资理论应用到模型中,再将投资者风险偏好、财务状况及理财规划等变量输入模型,为用户生成自动化、智能化、个性化的资产配置建议,并对组合实现跟踪和自动调整。智能投资顾问与传统投资顾问相比,更加体现了普惠金融的理念。例如,投资门槛更低,传统的专业投资顾问的门槛在100万元以上,智能投顾平台对客户的最低投资金额要求都很低,一般在1万~10万元;管理费用更低,传统投资顾问的管理费普遍高于1%,基于计算机算法辅助的智能投资顾问,管理费普遍在0.25%~0.5%;投资范围更加广阔,智能投资顾问平台为用户提供全球范围内的投资组合,若涉及税率问题还可自动选择最佳方案;用户体验更好,投资者只需要在平台上填答相应的投资调查问卷,智能投资顾问系统便可以评估出投资者的风险偏好水平、确定理财方案,自动生成相应的投资配置组合;透明程度更高,智能投资顾问对投资理念、金融产品选择范围、收取费用等披露充分,且客户随时随地可查看投资信息。

(四) 信用管理创新

在互联网时代下,大数据技术与征信行业开始深度融合,数据的获取、挖掘、分析等能力已逐渐成为评估征信体系可靠性的重要指标。通过大数据、云计算、深度算法等新兴技术,可以多维度、多渠道收集能够描述和反映客户特征和风险状况的数据信息,并提供信用报告、信用评估、信用信息咨询等服务,从而判断、控制信用风险,进行信用管理。

相比传统的征信系统,利用新兴技术进行信用管理优势明显。首先,通过互联网浏览记录、电子商务平台消费记录、互联网金融平台金融服务记录,大数据技术可以获取更多的数据信息,覆盖更多的群体,帮助没有纳入传统征信系统的用户获得金融服务。其次,大数据征信不仅包括离线数据,也包括在线实时动态信息,当出现影响客户信用状况的数据信息时,征信系统会自动调整客户信用评分,实现风险实时监控和提示,及时为当前信贷决策提供依据。最后,基于模型的大数据征信可以减小评价结果与客观事实存在的偏差,避免传统征信评价结果容易受到分析人员职业素养、道德品质等主观因素影响的问题。

### 三、金融科技创新的动力

(一) 需求拉动

随着移动互联网的快速发展,数以亿计老百姓的衣、食、住、行等日常生活场景迅速转移到各类互联网终端上的 APP,衍生出大量全新的金融需求,造就了一个以普通大众为中心,以小额、碎片化、高频需求为主,规模庞大的个人金融市场。大数据、云计算、人工智能、区块链等最新技术,改变了传统个人金融服务的信息采集来源、风险定价模型、投资决策过程、信用评级体系等,能够更好地满足线上个人金融市场的需求,进一步促进消费升级,成为人民过上美好生活的金融驱动力。

互联网创新改变了我国居民的生活方式,个人生活场景的全面线上化态势应运而生,如此又催生了全新的金融需求。包括大数据、区块链、人工智能、云计算在内的金融科技手段,在满足全新线上个人金融需求方面,发挥着越来越重要的作用。

金融科技的技术工具变革,推动我国金融体系的创新,以此更好地服务我国居民的生活,是引领我国居民个人消费升级的有效手段,最终可以促进我国经济的高质量增长。

(二) 技术推动

金融科技正在运用大数据分析技术、人工智能、认知计算、机器学习和分布式技术等前沿科技进行革新,将传统的银行、证券和保险业务进行分解,以期提供高效率、高附加值、低成本、更加便利的产品和服务,从而大大降低交易成本,提升整个金融行业的运转效率。

以云计算为基础的金融计算有三个特征:一是计算速度快,未来计算速度将由每秒钟十万亿次,提高到每秒百万亿次;二是计算方法多,金融统计与计算包括现代金融统计学不断开发的新算法、新工具;三是计算能力强,能够对数据、文字、图片、声音和影像等不同类型数据进行清洗加工、研发数据图谱,对不同数据进行综合计算与分析。而人工智能将在投资评估、风险分析以及智能投资顾问等金融科技领域取得重大突破并广泛应用,从而推动金融服务业取得重大进步。

(三) 规避监管

约束诱导理论认为金融机构面对来自外部和内部的双重管制约束,只有通过不断提供新的金融产品,运用新的金融交易方式以及革新现有管理办法,才能摆脱金融管制,实现金融机构利润的提高。此外,也有学者运用动态博弈模型分析金融创新问题,认为金融创新是金融机构为了脱离金融监管的制约和管制而产生的,由此提出了金融创新的规避管制理论。该理论认为金融监管机构为了控制可能发生的金融风险,会逐渐加大对金融机构的监管力度,将其视为隐形税收,认为这种隐形税收降低了金融机构的利润,而金融机构则通过创新活动规避金融机构的管制,实现利润的增加。所以,金融机构具有不断进行金融创新、规避金融监管的内在强烈动因。

无论是约束诱导理论还是规避管制理论都认为如果金融机构面对的金融监管过于严格,就需要进行金融创新,所以,金融科技领域的创新推动因素之一就是合理地规避现有的严格的金融监管,获得高额的创新收益。

# 第三节　金融科技监管

金融科技在提高金融资源的可获得性、便利性和覆盖率的同时,其跨市场、跨业务、跨时空的运作特征不仅使信用风险、流动性风险等传统金融风险变得更加隐蔽,而且导致信息科技风险、网络安全风险、数据安全风险等新风险更加突出,容易引发风险的交叉传染和跨界蔓延,进而加剧整个金融体系的脆弱性和不稳定性,这对现行的以机构监管为主的分业监管框架提出了挑战。金融科技监管的内涵在于,为顺应金融科技高速发展的新趋势和新动向,需要加快制定金融科技发展规划,加强配套制度建设,尤其需要为应对金融科技创新带来风险集中和交叉传染的复杂局面营造兼顾金融科技创新和有效风险管控的监管生态环境。

## 一、金融科技监管的必要性

### (一) 金融与技术融合创新风险

金融科技加深了金融业、科技行业以及提供市场基础设施的企业之间的融合,在增加了整个系统的复杂性的同时,也创造出更多的风险因素。如前面章节所述,金融与科技融合所带来的风险有以下四个方面的特征。

一是风险的隐蔽性、匿名性,加上风险传导速度快、范围广,可能引发系统性风险。随着金融科技的快速发展,金融参与主体逐渐多元化,金融业与科技行业之间业务不断渗透、信息逐渐扩张。单个市场信息的逐步对称掩盖了系统性信息不对称问题,使得风险更为隐蔽和系统化。

二是数据风险与信息安全风险交织概率增大。发展金融科技业务要依靠大数据决策,所以数据风险体现在大数据本身的真实性上;数据真实性得到控制后,无法完全避免数据使用的风险;由于数据本身是信息,当数据使用和保护不当时,数据风险就可能演化为信息安全风险。

三是技术风险凸显。如果技术滞后,则不仅使金融科技机构错失良好的交易机会,而且浪费大量的人力、物力、财力,带来低效率;如果技术和交易平台系统与客户的软件版本不兼容,则将导致信息传输滞后甚至无法传输,从而可能造成客户大量流失。

四是监管套利风险。金融科技公司处于监管灰色地带,做类似银行的业务,却不受与银行类似的监管。目前各国对金融科技的监管理念、模式及措施存在差异,监管套利问题将难以避免。

### (二) 金融科技加剧金融脆弱性

金融科技的发展是一把双刃剑,在促进经济增长、提高居民生活质量等的同时也给金融业带来了更多的风险,加剧了金融的脆弱性,具体表现在以下四个方面。

首先,金融科技在促进金融发展、优化金融供给的同时,并不能降低金融的固有风险,反而可能将风险放大或以新的形式展现出来。金融、技术和网络风险很容易产生叠加与聚合效应,使风险传递得更快、波及面更广。

其次,金融科技的创新性容易产生合规风险和操作风险。金融科技企业依靠试错性创新,会使一些不够成熟的产品被推向市场,并很容易借助网络效应放大风险,造成大规模的资金损失。

再次,互联网环境具有无边界特点,业务环节比较模糊,金融消费者得到的金融服务可能只是一个单一结果,但其背后却包含着多个金融机构的分工协作和复杂整合。如何准确划分和认定金融产品和服务背后多个合作主体的法律责任和风险责任,并使其受到相应的监管约束,仅仅依靠传统监管手段难以解决。

最后,随着大数据技术在金融领域的广泛应用,数据使用不当和隐私保护不足问题日益突出。即使数据在收集过程中进行了"去身份化"处理,当数据量达到一定程度时,仍可以通过技术手段对身份标志进行复原。如果不加强监管,金融消费者很可能在其知情权和隐私权受到侵害时尚不自知。而主要基于形式合规原则的传统监管模式和信息保护手段在这方面则存在明显的短板,迫切需要使用新的技术手段来提高监管的有效性和效率。

(三) 防范科技自身风险的需要

金融科技强调金融和科技的结合,核心是大数据、区块链、云计算和人工智能等科学技术的应用。而在互联网时代,技术本身就蕴含着巨大的风险,具体表现在以下四个方面。

(1) 在大数据方面,大数据容易导致非法用户入侵,窃取重要信息;非法添加和篡改分析结果,可能对金融机构以及个人甚至政府的决策造成干扰;个人信息存在泄露风险,互联网金融业面临用户移动客户端的安全管理和个人金融隐私信息保护的安全挑战,安全与便利性较难平衡。

(2) 在区块链方面,对公有链网络而言,所有加入网络的节点可以无障碍地链接其他节点和接受其他节点的链接,可能导致信息源复杂且不可控;任何人可以通过观察区块链得出关于交易事件的结论,不利于个人或机构的合法隐私保护。

(3) 在云计算方面,由于多个系统共享云端的硬件,可能导致黑客针对安全漏洞趁虚而入,连带损坏其他云客户的系统;如果云计算服务提供商提供的接口不安全,客户会面临各种数据的保护、完整性及可用性上的风险。

(4) 在人工智能方面,如果网络受到攻击、网络设施受损、运转不正常等,都可能造成系统故障,很可能出现"成于互联网,败于互联网"结局、技术失控等风险。随着人工智能对人工的更多取代,一旦应用环境和数据脱离用户的可控范围,将带来巨大的系统性混乱和不可预估的风险。

---

**专栏 16-1**

**蚂蚁金服暂停上市**

2020 年 11 月 3 日,上交所公告说明,蚂蚁金服上市不符合《网络小额贷款业务管理暂行办法(征求意见稿)》,宣布暂缓蚂蚁在科创板的上市进程。公告提到蚂蚁金服存在三个不合规问题:一是在单笔联合贷款中,经营网络小额贷款业务的小额贷款公司,出资比例不得低于 30%;二是小额贷款公司通过银行借款、股东借款等非标准化融资形式,融入资金的余额不得超过其净资产的 1 倍;三是通过发行债券、资产证券化产品等标准化债权类资产形式融入资金的余额不得超过其净资产的 4 倍。

目前,针对蚂蚁金服所涉及的消费信贷领域,面临着较大合规风险的问题。监管的原则主要集中于以下几个方面:① 小额、短期、高效和风险可控原则(单户授信不超过20 万);② 明确风险管理要求,贷前、贷中、贷后全流程进行风险控制;③ 规范合作机构管理。要求商业银行建立健全合作机构准入和退出机制;④强化消费者保护;⑤加强事中事后监管。陆续出台的相关政策对这一领域的监管有所涉及。包括《关于促进互联网金融健康发展的指导意见》《关于规范整顿"现金贷"业务的通知》《商业银行互联网贷款管理暂行办法》《关于进一步规范商业银行互联网贷款业务的通知》《关于加强商业银行互联网贷款业务管理 提升金融服务质效的通知》。

## 二、金融科技监管的内容

### (一)网络支付监管

**1. 明确监管主体,完善监管机制**

由于第三方网络支付平台在业务办理及功能等方面比较复杂,是一种比较烦琐的电子支付方式,所以在法律监管的过程中,对监管主体及监管机制都需要进行明确,并形成一个由上到下、系统的法律监管形式。

由政府对监管机制统筹管理,参照金融行业的监管方式,交由国家金融监督管理总局统一管理,并成立专门的法律监管单位,完善和明确第三方网络支付机构的主体和机制,加大对第三方网络机构清算业务的监管力度,提升第三方网络支付的安全性和可靠性。例如在网络监管方面,可以由国家金融监督管理总局统一制定和管理第三方网络金融机构的准入资格,并要求第三方平台缴纳一定数量的信用保障金,且要保证经过严格的制度审核后方能发放支付业务许可,对第三方平台实现全方位的监控。

**2. 降低和消除沉淀资金风险**

第三方网络支付机构还需要能够有效解决资金沉淀问题,防止第三方网络支付平台独占或随意支配沉淀资金。根据相关要求,第三方网络支付平台需要设置专门的账户,确定存储和滞留在平台的沉淀资金及具体交易资金的归属权。

**3. 加大第三方网络支付平台的法律监管力度**

在第三方网络支付平台的法律制度制定中,可以依据国外的相关立法经验,在已有法律规定中完善细则;在非银行金融机构的法律条款中,设置专门的第三方网络支付机构法律细则,为第三方网络支付平台的运行提供有效的法律参考。

2023年12月,我国政府发布了《非银行支付机构监督管理条例》,涵盖了非银行支付机构的定义、设立许可、支付业务范围、用户权益保护和监管责任等方面的内容。

### (二)众筹监管

**1. 明确监管主体和分工协调,避免监管重叠和盲区**

由国家金融监督管理总局负责对各类互联网金融产品的监管顶层设计和发展规划、股权众筹模式的监管以及投资连结险的监管,由工信部负责对众筹网站资格的备案,由公安部负责网络诈骗与非法集资监管等。在涉及跨行业、跨部门的监管时,由人民银行负责协调统一,从多角度加强和统一监管,降低监管成本,提高监管效率,避免出现监管重复。

**2. 设置行业规则与底线,引导行业健康发展**

对众筹规则和流程做出明确规定,防止众筹融资踩踏非法集资红线。对于股权众筹,积极制定监管规则,通过限定融资上限、最高投资人数、融资方式等指标,界定其与证券发行的区别,防止其变成非法证券活动,并密切关注平台的经营范围,谨防平台朝"自营"方向发展,非法吸收投资者资金。

**3. 建立信息披露及风险评级制度,保护投资者利益**

建立信息披露制度,规定奖励类平台必须按一定格式披露产品信息,对产品质量、发货期限、资金投向做出承诺,及时更新产品生产进度、资金使用状况、物流变动信息,并结合生产实际对消费者做出风险提示。股权类平台需披露项目的融资范围、投资风险、投资人资质要求,定期公布项目融资总额、股东变动状况以及公司财务报表。上述两类众筹平台自身需要定期披露经审计的财务报告,明确说明投资者风险、业务流程、各参与机构的关联关系等,以增加行业透明度,保护投资者利益。同时建立或加入互联网平台风险评级制度,由专门评级机构对众筹平台进行评级,定期向社会和投资者公布评级结果,发布风险警示,以保护投资者切身利益。

**(三)数字货币监管**

目前,美国、日本及韩国是全球三大主要数字货币交易市场,且在数字货币监管方面进行了积极的探索,主要包括以下几个方面。

**1. 通过立法明确数字货币的法律地位**

日本是唯一通过立法明确数字货币法律地位的国家。由于受到较严格的金融监管限制,日本金融科技发展在全球曾处于落后地位,加之经济增长动力不足、人口老龄化等负面因素,日本在金融科技方面开始寻求转变,对数字货币等金融科技前沿的发展采取较积极的态度。2016年5月25日,日本参议院全体会议通过了《资金结算法》修正案,已于2017年4月正式实施。该法案明确了数字货币作为支付手段的法律地位,但也提出数字货币有别于法定货币,应将其看作一种资产。

**2. 通过对数字货币相关交易的中间服务商进行监管,进行风险隔离**

各国政府普遍采取了对数字货币交易所及为数字货币交易开立相关账户的金融机构进行监管的措施。日本对数字货币交易所实行牌照式管理,日本金融服务管理局已为16家数字货币交易所颁发了经营牌照许可。美国纽约州、康涅狄格州等也要求在州内运营的数字货币交易所申请相应的许可证。韩国对是否针对交易所执行严厉的监管政策尚在犹豫,主要对为交易所提供账户服务的银行进行监管。此外,韩国还要求数字货币交易实行实名制管理,目的是加强银行反洗钱等方面的合规性,提高数字货币交易的透明度。我国采取的主要措施是禁止比特币等数字货币的交易及发行,并出台了一系列防范比特币风险、规范代币融资等方面的规定。

**3. 对数字货币相关交易及机构进行征税**

从监管实践来看,各国税务部门多将数字货币看作资产,对其进行征税。2017年,日本国家税务局裁定,通过数字货币交易获得的资本收益列为"杂项收入",根据总收入的情况进行征税,税率在15%~55%。韩国宣布对数字货币交易所征收24.2%的税费(22%的企业税和2.2%的地方所得税),这与现行公司税收政策中的征税要求一致。美国国税局宣布数字货币属于资产,需要对其长期资本收益进行征税。对数字货币进行适当征税能够在一定程度上抑制投机行为,为数字货币的币值稳定提供制度保障。

## 第四节 监管科技

国际金融危机之后,全球监管当局对金融机构的监管逐渐收紧,金融机构遵守监管法令的成本增加。为了满足监管要求,避免巨额罚款,很多金融机构引入科技手段,促进自身满足监管能力的提升。与此同时,许多国家监管部门需要充分利用 IT 提高现有监管流程效率,对新金融产品、模式实现"穿透式管理",确保这些金融科技业务的合规性,成为当前复杂金融环境下的监管新思路。根据 Federal Financial Analystic 的预测,全球对监管、合规、政府软件的需求将在 2020 年达到 1 187 亿美元,由此可见监管科技有望成为金融科技创新的新蓝海。

关于监管科技的定义,国外监管当局、研究机构以及国际组织从不同角度对监管科技的内涵进行了描述和解释。英国金融行为监管局(FCA)将监管科技定义为"利用新技术促使达到监管合规要求"。国际金融协会(IIF)将监管科技描述为"利用新技术以高效和有效解决监管及合规要求"。本书将监管科技定义为满足金融行业监管方与被监管方需求的一系列新技术手段。

### 一、监管科技的逻辑

(一)金融科技监管与监管科技的关系

金融科技的飞速发展需要全新的监管范式。作为传统金融监管体系和合规管理框架下应对金融科技创新的有效监管策略,监管科技是基于金融科技创新衍生出的新型监管手段。监管机构将人工智能、加密技术、生物识别技术、应用程序编程接口、区块链和云应用等新兴技术手段应用于金融科技监管当中,推动监管政策、监管要求、合规准则的数字化,旨在提高监管部门的监管效率,降低金融机构的合规成本。

金融科技监管是指针对金融科技的一系列监管规则以及监管技术,落脚点在监管;监管科技则是运用新兴技术对金融行为进行监管,既包括对金融科技的监管技术,也包括对传统金融的监管技术,落脚点在技术。金融科技监管与监管科技在具体表现形式上不尽相同,各有侧重又有所重叠。

(二)监管科技建设的必要性

全球金融危机后复杂的预先指令的大范围监管,导致监管者与被监管者合规与监管成本高昂。为回应越来越复杂的监管,需要在数据汇报、汇总与分析上更加颗粒化、精确化和高频化,监管科技建设必不可少。

首先,根据巴塞尔协议Ⅲ的资本和流动性监管要求,英美、欧盟和其他地方的压力测试与风险评估,以及 G20 对场外衍生交易的报告要求,与多德法案和欧盟的欧洲市场基础监管要求的内容有冲突。攀升的监管压力提高了被监管方的合规成本,企业需要通过监管科技来降低成本。

其次,很多不同市场的监管碎片化给金融机构增加了新的合规压力。虽然全球决策者在推动相似的后危机改革,但执行这些改革的要求和规则在不同市场却大相径庭。监管上的重叠与冲突促使金融机构采取监管科技来优化合规管理。

再次,后危机监管的快速发展带来了未来监管要求的不确定性,要求金融机构增强对合规性监管的适应能力,利用监管科技让金融机构通过互动的模型与实验,确保其在变化的环境中保持合规性。

最后,监管者自身需要更加积极主动地探索采用监管科技来确保金融机构符合监管要求。利用监管科技可以帮助监管者近距离、实时地了解创新产品、复杂交易、市场操纵、内部欺诈与风险等,进而提高监管的附加值。西班牙国际银行认为,金融行业的监管科技应集中于人工程序的自动化和分析报告程序、数据质量的提高、大数据的创造、全过程的数据自动分析和使用,以及有益报告的产生并发送给监管者,用于促进关键的企业决策。

(三) 监管科技助力金融科技

在分业经营、分业监管格局下,金融科技不仅加大了金融机构的合规难度和合规成本,而且也留下许多监管盲区,这些正是监管科技可以解决的痛点。

建立在人工智能、云计算、机器学习等技术基础上的监管科技更加依赖数据资源的聚合分析,通过构建合规审核评估模型、客户适当性分析评测模型等,实现对金融机构及其业务的数字化监管。基于数据分析、数据预测、数据决策等全方位数据应用,提升监管水平和效率。监管科技进一步弱化了监管机构的人工审核评估机制,更加强调风险评估和监管审核流程的数据挖掘、整合、分析和预测,注重利用新技术对金融机构信用风险、操作风险、流动性风险等进行智能化监测,从而能够敏捷感知金融风险态势,及时跟进风险处置和缓释措施。通过监管流程的数字化以提升监管的时效性、针对性,促进金融科技稳健发展。

## 二、监管科技的技术应用

监管科技通过人工智能、机器学习、区块链、云计算等现代科技与监管合规体系进行深度融合,为监管机构以及金融机构、金融科技企业提供以技术为核心的监管解决方案,有效实现金融安全与金融效率的平衡协调。监管科技的典型技术应用主要有以下三个方面。

(一) 人工智能与监管科技

机器学习特有的数据挖掘算法能够整合和分析高度复杂、非线性的非结构化、低质量数据,通过统计分析方法的改进和更新,可以为风险管理和压力测试构建更加精确、可靠的运算模型,提供更加科学、合理的数据预测结果和决策支持。比如,借助人工智能对金融机构和金融科技企业内部行为进行监测,以识别隐瞒、欺诈和渎职等违法违规行为。人工智能作为智慧金融创新发展的核心技术,在监管科技领域应用的前景广阔。具体来看,主要有以下应用场景。

首先,将人工智能系统和产品嵌入监管流程各个环节,通过发挥其全局优化计算和在线实时监测的优势,快速、准确地识别和应对系统性金融风险,提高监管合规水平。比如,"智能合规官(AICO)""机器人辅助合规手册(RACH)"等人工智能典型应用场景,可以辅助金融机构和金融科技企业进行合规审核和持续合规评估。该类应用系统将线下、间断、分散的人工合规流程,切换至在线、连续、集中的智能化模式,通过实时监测风险数据、监管数据,及时发现和捕捉违规操作和风险隐患,并进行风险提示和预警。

其次,在数字化监管协议基础上引入人工智能。该类应用场景的出现可以帮助监管机构对监管规则、合规准则进行标准化解读和专业化解释,减少人工解读造成的理解歧义和解释错误,提高监管合规的科学性和准确性。

最后,将指纹识别、虹膜识别、面部识别等生物识别技术与人工智能深度结合。该类应用场景促使监管机构以及金融机构、金融科技企业以更加科学有效、安全便捷的方式验证客户身份,满足"了解你的客户"(KYC)的法规要求,提高客户适当性分析评测的精确性。

(二)大数据与监管科技

大数据具有数据体量大、类型多、速度快、真实性高等特点,监管当局如果仅仅依靠传统技术手段,将无法及时有效地挖掘数据价值。监管科技使用云计算、数据湖、数据处理引擎等大数据技术,使金融机构和监管当局能够高效地收集、索引、存储、处理复杂的数据,并捕捉传统分析方法无法获取的有用信息。大数据在监管科技领域的应用主要包括以下三方面的内容。

首先,利用大数据技术把海量的数据中碎片化的信息进行归纳总结,提炼出一些新的模式和算法,从而映射到不同的监管产品设计当中去。比如,应用大数据技术的科技监管,可对私募基金、典当、上市公司等不同行业和业态进行细分产品的评分和评级,并对它们现运行的金融产品资产进行评价,同时也可实现对欺诈行为的客观评价。

其次,利用大数据技术对企业进行全新画像,通过有效识别分析和挖掘涉金融企业的行为特征,可以推动对涉金融企业的有效监管。比如,在数据治理方面,采用大数据技术,可以找到服务于金融监管的诸多数据源,将其清理成服务监管的变量,再依照小贷公司、私募基金、担保机构以及互联网金融公司等不同业态的不同变量,用大数据算法来计算变量可能对监管产生的影响。

最后,通过大数据技术生成的 FIR 金融风险去预测、分析金融机构和涉金融企业的违约概率和非法集资的可能性。比如,有一些违规的涉金融公司,招聘大量低学历的营销人员,却给出极高的工资,这种反经济的异常行为,可能存在洗钱的可能性。通过金融风险的日常监测分析,可以预测企业是否有异常点的存在,进而对其进行有效监管。

(三)区块链与监管科技

区块链本身蕴含的实时动态在线、分布式总账本、全网广播等思想内核,使其天然地与金融高度契合,并且在金融监管、反洗钱、金融风险控制等细分领域有着突出的表现。在区块链以"全息"化的结构连接所有节点的同时,各个节点都实时上链,并且一个节点的信息增删修改,需要全网超过 51% 的节点确认后在所有节点的区块包中进行修改。区块链的这种跨时空连接、全网记录和自信任机制,能够有效提高监管效率。区块链在监管科技领域的应用主要包括以下三方面的内容。

首先,区块链保障监管数据安全透明。在区块链技术背景下,在区块中记录的信息通过加密算法和哈希函数进行保存,每个区块与前一个区块间都有唯一的哈希值。由于哈希函数的不可逆性,前后区块之间也是不可逆的,按照生成的时间先后顺序以时间戳的形式标记。已经记录上链的信息在区块链中全网广播，所有区块节点中都有备份，都可以看到通过其他节点上链的信息，仅仅修改某个节点区块的数据无法实现修改的目标。由于区块链的防欺诈和难以篡改、可回溯查看的优势，用区块链记账的金融机构数据和监管数据将更加安全透明。相比于传统金融监管要求金融机构上报一系列文件材料，需要进行烦琐复杂的会计和审计、尽职调查、出具法律意见书等程序，耗费大量的人力、时间和财力成本，以区块链构建的监管科技平台可以实时存储企业数据和监管政策，企业定期把公司报告、财务报表等上链，也可以在区块链上进行信息披露和发布行业公告，一旦信息上链不可修改，可以有效减少实践中出现的财务造假、获取内幕信息的问题，监管机构可以及时得到真实数据，也可以随时进行查看和复核分析。

其次，区块链打造新型信任机制和线上监管。区块链信任是基于算法、技术产生的，技术、算法乃至建立在数学问题基础上的奖励机制具有中立性和客观性，人们自然会相信其逻辑的自洽和真实性，这实现了信任的重构。在传统金融监管存在的问题中比较明显的就是监管者和被监管者之间缺乏信任，监管机构往往"一放就松，一管就死"，市场主体、金融科技初创企业钻监管漏洞，进行监管套利的现象较为常见。在二元金融体制下，地方金融监管部门和中央监管部门之间也缺乏良好的信任机制，中央的政策能否有效传导到地方，以及地方如何执行、执行的程度，都影响着监管政策效果的发挥。基于区块链监管平台的打造，有利于促进监管机构和被监管方在线上交流互动，及时沟通计划和动向，开展线上研讨、论证，增强金融监管生态中各方主体的信任。

最后，区块链合约促进监管政策智能化。以智能合约为代表的区块链2.0，将智能合约置于分布式结构的上层，用编程式的合约规制经济关系。智能合约也可以应用到行政规制的金融监管领域，通过以假设条件、事实和结果三段论的逻辑结构来构建监管政策。智能合约具有良好的兼容性和延展性，可以根据实际情况进行调整和迭代。因为底层框架是稳定不变的，在这个基础上修改逻辑层和应用层的代码，其成本将比监管层从无到有制定法律法规，以及增删修改现有法规的成本更低。由于在代码层和技术层做出的变动，对金融机构产生的直接效果更明显、约束力更强，通过底层合规和技术合规推动金融机构智能化调整并符合监管规范，可能是未来区块链智能合约发展的趋势之一。另外，由于智能合约降低了监管当局的政策法规成本，监管机构和监管科技企业将能根据金融机构的动态和风险情况，灵活调整监管阈值，以编程化、数字化的法规、部门规章以及算法代替制定成文的监管政策和文件，在智能化过程中促进动态合规，让监管科技和监管政策能够智能化应变、协同化调整。

## 本 章 小 结

金融科技作为金融与科技深度融合的新业态和新模式，其创新主要体现在支付、借贷、财富管理、信用管理及监管技术方面，呈现出数字化、智能化、普惠化及标准化的特点。金融科技作为金融创新与科技创新相互融合的产物，横跨多个金融子市场和金融子行业，混业经营及综合化运作特征明显。金融科技的跨界化混业经营也使得风险关联性大幅升高，增加了系统性风险发生的概率，金融科技监管必不可少。加快制定金融科技发展规划，加强配套制度建设，尤其需要为应对金融科技创新带来的风险集中和交叉传染的复杂局面营造兼顾金融科技创新和有效风险管控的监管生态环境。金融科技监管主要包括对网络支付、众筹以及数字货币等模式的监管。监管科技是为了满足金融行业监管方与被监管方需求的一系列新技术手段。通过人工智能、大数据、区块链等现代科学技术与监管合规体系进行深度融合,为监管机构以及金融机构、金融科技企业提供以技术为核心的监管解决方案。

## 关 键 名 词

金融创新　金融科技创新　金融科技创新的动力　金融科技监管　监管科技

## 复习思考题

1. 金融科技创新的动力有哪些?
2. 金融科技创新对实体经济的影响有哪些?
3. 为什么要加强金融科技监管?
4. 金融科技监管的内容有哪些?
5. 现阶段监管科技主要应用哪些技术手段,效果如何?

## 即 测 即 评

## 延 伸 阅 读

[1] 陈辉.金融科技:框架与实践.北京:中国经济出版社,2018.
[2] 张晓燕,等.金融科技行业发展与监管 2018.北京:经济科学出版社,2018.
[3] 扬尼斯·阿齐兹迪斯,曼努埃尔·斯塔格斯.金融科技和信用的未来.孟波,陈丽霞,刘寅龙译.北京:机械工业出版社,2017.
[4] 小杰伊·D.威尔逊.金融科技:Fintech 定义未来商业价值.王勇,段炼,等译.北京:人民邮电出版社,2018.
[5] Paolo Sironi.金融科技创新.马睿,等译.北京:中信出版集团,2017.
[6] 斯特凡·勒施.监管科技:重塑金融安全.林华,译.北京:中信出版集团,2019.
[7] 巴曙松.金融监管科技.北京:机械工业出版社,2022.

# 主要参考文献

[1] Aramonte, Sirio, Wenqian Huang, Ancleas Schrimpf. DeFi risks and the decentralisation illusion. BIS Quarterly Review 21(2021).

[2] Blei D M, Ng A Y, Jordan M I. Latent dirichlet allocation. Journal of Machine Learning Research, 2003(3).

[3] Eloundou, Tyna, et al. Gpts are gpts: An early look at the labor market impact potential of large language models. arxiv preprint: 2303.10130(2023).

[4] Laura Brodsky, Liz Oakes. Data sharing and open banking. McKinsey China, 2019.

[5] Micali S, Rabin M, Vadhan S. Verifiable random function. Foundations of Computer Science, 1999.

[6] Mikolov T, Sutskever I, Chen K, et al. Distributed representations of words and phrases and their compositionality. Advances in neural information processing systems, 2013.

[7] Ni X, Wang Y, Yin D. Dots modern information technology attentuate mangerial information hoarding? evidence from Edgar implementation. Journal of Corporate Finance, 2021, 71: 102100.

[8] Wang, Qin, et al. Non-fungible token(NFT): Overview, evaluation, opportunities and challenges. arxiv preprint: 2015.07447(2021).

[9] 巴曙松,侯畅,唐时达.大数据风控的现状、问题及优化路径.金融理论与实践,2016(2).

[10] 曹光宇,刘畅,周黎安.大数据征信与平台流量:基于共享单车免押骑行的经验研究.世界经济,2022(9).

[11] 曾途.大数据助力监管科技.金融时报,2017-12-26(3).

[12] 陈健,赵雪.数字货币发展现状及其监管的国际经验与启示.中国物价,2018(10).

[13] 陈亮,梁航,李东菊.商业银行发展场景金融的探索与思考.金融科技时代,2019(9).

[14] 陈旭."淄州交会"铜钞版的发现与研究.中国钱币,2014(6).

[15] 陈学彬.中央银行概论.北京:高等教育出版社,2007.

[16] 程娟,周雄伟.基于人工智能的证券金融服务创新研究.金融科技时代,2018(10).

[17] 道格拉斯·阿纳,亚诺什·巴伯斯,罗斯·伯克利.金融科技、监管科技及对金融监管的重新定义.国际金融,2018(8).

[18] 董啸天,张梦冉.共享金融:国内外述评、发展演变与最新进展.理论学刊,2016(6).

[19] 傅强.监管科技理论与实践发展研究.金融监管研究,2018(11).

[20] 高春平.论中国古代信用票据飞钱、交子、会票、票号的发展演变.经济问题,2007(1).

[21] 谷秀娟.金融风险管理:理论、技术与应用.上海:立信会计出版社,2006.

[22] 郭凯,郭明旭,李育.数字人民币发行与数字支付发展的宏观经济影响研究.中国工业经济,2023(3).

[23] 郭靖华,刘建友,王平.金融大辞典.北京:海潮出版社,2001.

[24] 韩国栋,麦志英,赵玉香.数字货币共识算法综述与展望.青海金融,2020(1).

[25] 何平平,车云月.互联网金融.北京:清华大学出版社,2017.

[26] 何思睿.商业银行的转变及其对策建议.经济研究导刊,2012(25).

[27] 贺培.中国古代和近代金融变迁中的支付体系.东北财经大学学报,2009(1).

[28] 胡娟.第三方支付技术与监督.北京:北京邮电大学出版社,2016.

[29] 华泰证券课题组.证券公司数字化财富管理发展模式与路径研究.证券市场导报,2020(4).

[30] 黄达.金融学:精编版.北京:中国人民大学出版社,2009.

[31] 黄震.区块链在监管科技领域的实践与探索改进.金融经济,2018(19).

[32] 黄卓,王海明,沈艳,等.金融科技的中国时代:数字金融12讲.北京:中国人民大学出版社,2017.

[33] 黄子健,王龑.大数据、互联网金融与信用资本:破解小微企业融资悖论.金融经济学研究,2015(1).

[34] 胡娟.第三方支付技术与监督.北京:北京邮电大学出版社,2016.

[35] 姜海燕,吴长凤.智能投顾的发展现状及监管建议.证券市场导报,2016(12).

[36] 蒋韬.大数据和人工智能视角下的银行业风险防控.清华金融评论,2017(8).

[37] 金业.金融市场量化交易策略与风险研究.金融经济,2019(8).

[38] 卡比尔·塞加尔.货币简史.北京:中信出版社,2016.

[39] 柯新生,王晓佳.网络支付与电子结算.北京:电子工业出版社,2016.

[40] 李福涛.区块链中的共识机制.中国新通信,2019(21).

[41] 李海芳,宋京.论计算机与生产力的发展.生产力研究,1999(4).

[42] 李建军.互联网金融.2版.北京:高等教育出版社,2022.

[43] 李礼辉.解读区块链.中国金融,2019(22).

[44] 李三希,王泰茗,刘小鲁.数据投资、数据共享与数据产权分配.经济研究,2023(7).

[45] 李文红,蒋则沈.金融科技(FinTech)发展与监管:一个监管者的视角.金融监管研究,2017(3).

[46] 李心丹,束兰根.科技金融:理论与实践.南京:南京大学出版社,2013.

[47] 李臻.证券期货市场自动化交易的风险与监管研究.金融监管研究,2019(5).

[48] 励跃.中国支付体系.北京:中国金融出版社,2017.

[49] 蔺鹏,孟娜娜,马丽斌.监管科技的数据逻辑、技术应用及发展路径.南方金融,2017(10).

[50] 刘海新.大数据征信应用与启示:以美国互联网金融公司ZestFinance为例.清华金融评论,2014(10).

[51] 刘姣.国际征信数据治理的理论、制度与实战.黑龙江金融,2024(1).

[52] 刘凯,李敏.关于金融科技创新视角的银行服务能力提升策略研究——以中国建设银行为例.商业经济,2023(4).

[53] 刘明熹,甘国华,程郁琨,等.区块链共识机制的发展现状与展望.运筹学学报,2020,24(1).

[54] 刘生福.数字化支付对货币政策的影响:综述与展望.经济学家,2018(7).

[55] 刘芸,朱瑞博.互联网金融小微企业融资与征信体系深化.征信,2014(2).

[56] 刘志坚.2017金融科技报告:行业发展与法律前沿.北京:法律出版社,2017.

[57] 龙海明,王志鹏,申泰旭.大数据时代征信业发展趋势探讨.金融经济,2014(12).

[58] 卢苗欣.大数据时代中国征信的机遇与挑战.金融理论与实践,2015(2).

[59] 陆强华,杨志宁.深度支付.北京:中国金融出版社,2018.

［60］莫菲，赵大伟．科技重塑金融：Fintech 实践与展望．北京：中国金融出版社，2017．

［61］欧阳卫民．支付与金融．北京：中国金融出版社，2011．

［62］彭鼎翔．我国移动支付现状研究．科学与信息化，2019（5）．

［63］沈艳，陈赟，黄卓．文本大数据分析在经济学和金融学中的应用：一个文献综述．经济学（季刊），2019，18（4）．

［64］史建平．宏观经济运行中的金融风险问题初探．农村金融研究，1999（1）．

［65］帅青红，李忠俊．电子支付与结算．大连：东北财经大学出版社，2018．

［66］宋科，武沛璋，李鸿翔，杨雅鑫．互联网消费信贷与传统消费信贷：互补还是替代？．管理科学学报．2023（4）．

［67］孙明春．从网络经济学视角看互联网金融．新金融评论，2014（3）．

［68］陶广峰．金融创新的制度机理．现代经济探讨，2006（12）．

［69］田国强．高级微观经济学．北京：中国人民大学出版社，2016．

［70］王聪聪，党超，徐峰，等．互联网金融背景下的金融创新和财富管理研究．管理世界，2018（12）．

［71］王广谦．经济发展中金融的贡献与效率．北京：中国人民大学出版社，1997．

［72］王广谦．中央银行学．5 版．北京：高等教育出版社，2021．

［73］王国刚．多层次资本市场体系的构建．中国金融，2015（7）．

［74］王国胤，刘群，于洪，等．大数据挖掘及应用．北京：清华大学出版社，2017．

［75］王红建，张科，李青原．金融科技的经济稳定器作用：金融加速器理论的视角．经济研究，2023（12）．

［76］王靖一，黄益平．Libra 的艰难征程与中国应对．中国金融，2019（15）．

［77］王鹏，边文龙，纪洋．中国央行数字货币的微观需求与"金融脱媒"风险．经济学（季刊），2022（11）．

［78］王士舫，董自励．科学技术发展简史．北京：北京大学出版社，2015．

［79］王欣．第三方网络支付监管中的问题和对策研究．山西农经，2019（2）．

［80］王修华，易澳妮．新时代视域下共享金融的发展与展望．金融理论与实践，2019（2）．

［81］王增武，黄国平，陈松威．财富管理的内涵、理论与实证．金融评论，2014（12）．

［82］王争．简议宋代纸币流通和其监管法制．中国市场，2009（2）．

［83］威廉·戈兹曼．千年金融史．北京：中信出版社，2017．

［84］温晓岳．智慧金融．北京：清华大学出版社，2012．

［85］吴晶妹．未来中国征信：三大数据体系．征信，2013（1）．

［86］吴晓求．互联网金融：逻辑与结构．北京：中国人民大学出版社，2015．

［87］伍旭川，刘学．金融科技的监管方向．中国金融，2017（5）．

［88］武康平．货币银行学教程．北京：清华大学出版社，1999．

［89］夏丽梅．试论唐代飞钱的产生及性质．青海社会科学，2004（6）．

［90］小杰伊·D. 威尔逊．金融科技：FinTech 定义未来商业价值．王勇，段炼，等译．北京：人民邮电出版社，2018．

［91］谢平，邹传伟，刘海二．互联网金融的基础理论．金融研究，2015（8）．

［92］谢星，封思贤．法定数字货币对我国货币政策影响的理论研究．经济学家，2019（9）．

［93］谢众．支付体系创新与发展．北京：中国金融出版社，2018．

［94］徐明星，李霁月，王沫凝．通证经济．北京：中信出版集团，2019．

[95] 徐韶华,何日贵,兰王盛,等.众筹网络融资风险与监管研究.浙江金融,2014(10).

[96] 闫坤如.人工智能的道德风险及其规避路径.上海师范大学学报(哲学社会科学版),2018(2).

[97] 严伟祥,孟德锋.金融科技在金融风险管理中的应用探讨.当代经济,2018,491(23).

[98] 阎庆民.银行业金融机构信息科技风险监管研究.新金融评论,2013(2).

[99] 杨东.监管科技:金融科技的监管挑战与维度建构.中国社会科学,2018(5).

[100] 杨建文,张武刚,朱亚伟.银行全渠道业务分析及发展趋势研究.农村金融研究,2019(9).

[101] 杨凯生.大数据在银行风险管理中的应用.经济导刊,2016(3).

[102] 杨涛,贲圣林,杨东,等.中国金融科技运行报告(2019).北京:社会科学文献出版社,2019.

[103] 杨扬,周一愚,周宗放.基于文本大数据的企业信用风险评估.大数据,2017(1).

[104] 杨悦宾,李子涵,林芙蓉,等.区块链在金融领域的应用前景探究.现代营销(下旬刊),2019(3).

[105] 姚瑶.共享金融视角下的P2P网贷与网络众筹.现代商业,2019(3).

[106] 余航,田林,蒋国银,等.共享经济:理论建构与研究进展.南开管理评论,2018,21(6).

[107] 张丽萍,颜配强,刘波.人工智能时代我国商业银行金融科技业务风险管理.银行家,2019(8).

[108] 张宁,赵亮.金融科技人工智能实战:以Python为工具.北京:电子工业出版社,2020.

[109] 张伟,董伟,张丰麒.中央银行数字货币对支付、货币政策和金融稳定的影响.上海金融,2019(1).

[110] 张晓龙.基于区块链技术的供应链管理:双链合一 走向透明.现代营销(下旬刊),2019(12).

[111] 张晓薇,张远远.量化投资在中国的发展及影响分析.清华金融评论,2022(1).

[112] 张雄.人工智能时代大数据风险管理的建议.信息与电脑(理论版),2019(5).

[113] 张怡超.法定数字货币对我国现有货币制度体系的挑战.金融理论探索,2019(4).

[114] 张玉喜.金融风险管理理论和方法的演变及其借鉴意义.管理评论,2004(6).

[115] 赵昌文,陈春发,唐英凯.科技金融.北京:科学出版社,2009.

[116] 赵亮,张宁.人工智能.北京:北京师范大学出版社,2019.

[117] 赵阳.证券经营机构互联网证券业务发展模式评价研究.金融监管研究,2018(9).

[118] 郑瑶,董大勇.区块链对银行业客户信用构建的挑战与机会.银行家,2016(7).

[119] 郑志来."互联网+"背景下共享金融发展路径与监管研究.当代经济管理,2016,38(8).

[120] 中国人民银行编写组.中国征信业发展报告(2003—2013),2013.

[121] 中国支付清算协会.移动支付理论与实务.北京:中国金融出版社,2015.

[122] 中国支付清算协会.支付清算理论与实务.北京:中国金融出版社,2017.

[123] 周光友.互联网金融.北京:北京大学出版社,2017.

[124] 周继述,王雪松.大数据助推银行全面风险管理.中国金融,2013(14).

[125] 周睿敏,张文秀.金融科技创新风险及控制探析:基于大数据、人工智能、区块链的研究.中国管理信息化,2017,20(19).

[126] 周照乘.程序化交易发展及监管研究.金融经济,2018(22).

[127] 周志华.机器学习.北京:清华大学出版社,2016.

[128] 朱疆.货币银行学.北京:清华大学出版社,2005.

[129] 朱淑珍.金融创新理论述评.东华大学学报(自然科学版),2002(3).

[130] 庄雷,王烨.金融科技创新对实体经济发展的影响机制研究.软科学,2019,33(2).

**郑重声明**

高等教育出版社依法对本书享有专有出版权。任何未经许可的复制、销售行为均违反《中华人民共和国著作权法》，其行为人将承担相应的民事责任和行政责任；构成犯罪的，将被依法追究刑事责任。为了维护市场秩序，保护读者的合法权益，避免读者误用盗版书造成不良后果，我社将配合行政执法部门和司法机关对违法犯罪的单位和个人进行严厉打击。社会各界人士如发现上述侵权行为，希望及时举报，我社将奖励举报有功人员。

反盗版举报电话　（010）58581999　58582371
反盗版举报邮箱　dd@hep.com.cn
通信地址　北京市西城区德外大街4号　高等教育出版社知识产权与法律事务部
邮政编码　100120

**读者意见反馈**

为收集对教材的意见建议，进一步完善教材编写并做好服务工作，读者可将对本教材的意见建议通过如下渠道反馈至我社。

咨询电话　400-810-0598
反馈邮箱　fuyn@hep.com.cn
通信地址　北京市朝阳区惠新东街4号富盛大厦1座　高等教育出版社总编辑办公室
邮政编码　100029

**防伪查询说明**

用户购书后刮开封底防伪涂层，使用手机微信等软件扫描二维码，会跳转至防伪查询网页，获得所购图书详细信息。

防伪客服电话　（010）58582300